"十三五"普通高等教育规划教材

世界经济概论

SHIJIE JINGJI GAILUN

王艳红　彭金荣◎主　编

周　琳　孟　猛◎副主编

中国铁道出版社

CHINA RAILWAY PUBLISHING HOUSE

内容简介

本书以世界经济整体为研究对象,以当代世界经济发展较为突出的大趋势为线索安排体系和设置章节,将开放的中国融入世界经济全球化的大背景下进行一体化研究。全书共分十章:第一章概述了世界经济的内涵、发展历程和趋势;第二章探讨了世界经济发展的基础和动因,介绍和分析了科技信息化的到来及其影响;第三、四、五章阐述了世界经济运行过程中,国际贸易关系的自由化趋势、国际投资关系的跨国化趋势以及国际金融关系的一体化趋势;第六、七、八章剖析了当代世界经济发展整体呈现的三大重要趋势,即经济全球化、区域集团化和格局多极化趋势;第九、十章论述了实现世界经济持续、快速、协调发展的科学发展观必须解决的全球性问题以及建立有效的国际经济调节机制问题。

本书适合作为高等院校经济与管理类本科生和研究生的教材或参考书,也可供从事经济和管理工作的人员学习和参考。

图书在版编目(CIP)数据

世界经济概论/王艳红,彭金荣主编 . —北京:
中国铁道出版社,2016.1
"十三五"普通高等教育规划教材
ISBN 978-7-113-21124-0

Ⅰ.①世… Ⅱ.①王… ②彭… Ⅲ.①世界经济—高等学校—教材 Ⅳ.①F112

中国版本图书馆 CIP 数据核字(2015)第 277836 号

书　　名:	"十三五"普通高等教育规划教材 **世界经济概论**
作　　者:	王艳红　彭金荣　主编
策　　划:	邢斯思　　　　　读者热线:010-63550836
责任编辑:	邢斯思　贾淑媛
封面设计:	一克米工作室
责任校对:	汤淑梅
责任印制:	李　佳

出版发行:中国铁道出版社(100054,北京市西城区右安门西街8号)
网　　址:http://www.51eds.com
印　　刷:中国铁道出版社印刷厂
版　　次:2016年1月第1版　2016年1月第1次印刷
开　　本:787 mm×1 092 mm　1/16　印张:17　字数:402千
书　　号:ISBN 978-7-113-21124-0
定　　价:36.00元

　　本书是在彭金荣主编，王洪、王艳红副主编的《当代世界经济》（第二版）基础上重新编写完善而成。《世界经济概论》自 2006 年作为天津市市级精品课"世界经济概论"配套教材出版以来，应用范围广泛，且受到多方面的好评。该教材不仅主要用于财经类本科和研究生教学，而且成为国际经贸类本科成人教育和本科高等自学考试的教材。在高等职业教育财经类教学和涉外经济干部培训、学习中也有广泛的应用。

　　"世界经济学"是一门基础性学科，也是一门成长中的新兴学科，作为其研究对象的世界经济关系正处于快速发展变化之中。世界与中国迈进新世纪已有 15 年。在信息革命的持续推动下，生产力迅猛发展，全球化运行加速，各国间经济联系更加紧密。与此同时，2008年爆发的国际金融危机又给世界经济与社会发展带来了新的挑战。在日新月异、错综复杂的世界经济发展中，中国经济在"入世"15 年来不仅进入了对外开放的新阶段，而且更紧密地融入了世界经济体系，成为全球经济不可分割的一部分。总结 20 世纪后期，展望 21 世纪前期，世界经济发展正在显示或预示着许多新的趋向。如科技信息化时代扑面而来，国际资本全球范围内巨额流动，世界经济全球化和区域经济一体化进一步增强并相互促进，新兴经济体的崛起对世界经济格局产生深刻影响，众多国家为应对后金融危机的影响纷纷发展战略性新兴产业并寻求全面振兴之策，等等。这些发展态势不仅极大地影响着世界经济的进程，而且也大大影响着我国经济的发展。我国在 20 世纪后期的 20 余年中，得益于改革开放，发生了翻天覆地的变化。但是，进入新的发展阶段更加需要总结世界经济发展的经验，新背景下的对外开放也更加需要并迫使我们密切关注世界经济发展的走向。因此，学习、了解和掌握世界经济发展特点、趋势与规律具有新的重要意义。

　　目前国内外学术界对世界经济学的理论体系尚未形成统一的认识。本书的主要特点是以当今世界经济发展较为突出的大趋势为线索安排体系和设置章节，并将这些内容进行概括，分析的角度大体如下：在世界经济发展的基础和动因方面，介绍和分析科技信息化的到来和影响；在世界经济运行方面，探讨国际贸易关系的贸易自由化趋势、国际投资关系的生产跨国化趋势，以及国际金融关系的金融一体化趋势；在世界经济整体的发展特征和趋势方面，研究世界经济作为一个整体在发展过程中出现的世界经济全球化趋势、地区经济一体化趋势、世界经济格局的多极化趋势以及世界经济的可持续发展问题等；在影响国际经济关系运行的机制方面，分析、解决世界经济发展过程中出现的问题和矛盾，以及这些问题和趋势所呈现的国际经济协调与国内宏观调控的国际化趋势。

　　当然，从不同的角度可以将世界经济发展趋势归纳为不同的、更多的方面，也可以按照不同的标准来设置和安排章节。长期以来，我国从事世界经济教学与研究的理论工作者为这一学科的建立和发展做出了不懈的努力。目前，已有几十本有关世界经济的教材和专著先后问世，这些著作的体系安排和内容虽然各具特色，但其作者都朝着一个共同的方向努力，那就是在"世界经济"作为一门独立学科的基础上，探索建立这一学科的基础理论框架及其逻辑体系。最近几年，中国世界经济学会教学与研究协调委员会在每年一次的工作会议上，仍要求作为该委员会成员单位的全国各高校和研究机构就这方面做出积极努力，以期在集中各单位所编撰的教材和专著的基础上，于近几年内编写出具有更加成熟的理论体系的世界经济学教材。本书的编写，就是我们在这方面所做的探索。

近几年来，世界经济形势和国际经济关系在很多方面发生了重大变化，在中国与世界全面接轨后，开设这门课程的不同层次的学校和培训单位越来越多，因此迫切需要对原有教材内容进行更新。本教材体现了以下几方面的特色：第一，安排了新体系。从内容上看，主要侧重于世界经济发展最新特征与趋势的介绍与研究，但书中没有采用世界经济概论研究所常见的体例，而是以世界经济发展的较为明显的新趋势为线索设置章节。第二，构思了新角度。一般研究世界经济的著作和教材大都专论世界经济发展状况与规律，或者将中国经济放在尾章进行集中分析。本书努力将开放的中国融入世界经济全球化的大背景下进行一体化研究，从世界经济发展的趋势入手，在各章中研究中国面对各种新趋势所承受的影响和所需要采取的战略性思路。这种体系结构和分析角度尽管可能还不够完善，但毕竟做出了自己的努力。第三，采用了新资料。世界经济发展日新月异，为此，书中大量引用了最新资料，许多方面的数据和资料搜集至 2015 年 8 月完稿时。给读者以最新情况介绍与分析，是作者在写作中一直努力的方向。同时，本书力求反映世界经济的最新发展趋势和最新研究成果；体现中国在更紧密地融入全球经济后的最新进展；学习、吸收了兄弟院校和有关方面专家近期出版的教材和论著中的一些观点，对原来的内容进行修改和补充。

本书也是我们长期从事世界经济教学与研究的成果。主要作者长期讲授此门课程，在课堂上突出介绍世界经济发展的最新趋向性特征，并注重紧密联系中国发展实际予以展开分析。我们深感只有这样，才能将最新的知识介绍给学生；才能促进世界经济课程的教学改革，以便提升教学效果和激发学生的创新能力；才能有助于世界经济研究成果为中国经济发展提供借鉴。愿这部教材能够为深化世界经济学科的研究服务，为进一步搞好世界经济教学服务，同时也能够为深入研究新世纪条件下的中国经济改革和发展服务，为实现国民经济和社会发展第十三个五年规划和全面建设小康社会的宏伟目标尽微薄之力。

本书由王艳红、彭金荣担任主编，周琳和孟猛担任副主编。王艳红负责全书的结构设计、统稿、定稿。各章分工如下（按章节顺序）：前言、第一章，王艳红、彭金荣；第二章、第七章、第九章，王艳红；第三章，郭素芳；第四章，孟猛、彭金荣；第五章，孟猛；第六章，周琳；第八章、第十章，周琳、王洪。

本书写作中参阅了大量国内外专家的有关著作及文献，在此一并表示感谢！由于世界经济学仍是一门成长中的新兴学科，其研究对象还处于不断发展变化之中，我们对世界经济问题的观察和对世界经济运动规律的认识还非常肤浅，加上作者水平和一些客观条件的限制，书中不足之处在所难免，敬请各位专家和广大读者批评、指正。

编者

2015 年 9 月

目 录
世界经济概论 *Contents*

第一章　导　论

导论作为本书的开篇章,从分析世界经济的内涵、形成和发展入手,探讨当代世界经济的总体特征及其发展趋势。试图从历史和现实的角度对世界经济有一个总体的把握,为后面各章内容的展开提供基础。

第一节　世界经济的内涵及发展历程

一、世界经济的内涵

《经济大词典》中将世界经济定义为:"在社会发展的一定阶段上形成的处于复杂的相互作用和相互依存中的各国经济的总和。"[①]

对世界经济这一定义内涵的理解可以从三点把握。

(一)世界经济是由不同发展水平的国家和国家集团组成的相互联系、相互依存的共同运动的有机整体

1. **静态分析:三个层次的水平结构**

第一层次:发达国家,系世界上经济发展水平高,市场机制成熟的主要资本主义国家。一般指经济合作与发展组织(OECD)成员,共有 34 个国家,人口约占世界人口的 20%。根据 IMF(国际货币基金组织)《世界经济展望》数据,按照汇率法计算,2013 年发达国家 GDP 占全球的 60%;而按照购买力平价计算该比值为 50%。第二层次:发展中国家和地区,指第二次世界大战后独立的、经济落后于发达国家但又处于发展中的亚非拉国家和地区。目前这类国家数量最多,2013 年按汇率法计算 GDP 占世界的 40%左右。近几十年来,发展中国家出现了两极分化,有些已接近或赶上发达国家(如韩国、新加坡等),有些则发展缓慢或衰退,沦为最不发达国家。第三层次:最不发达国家,指经济上最贫困落后的国家。据有关国际机构统计,这类国家在 1974 年有 29 个,1981 年有 31 个,1987 年有 39 个,1990 年有 42 个,20 世纪末有 49个。2001 年 4 月 12 日塞内加尔又被列入此类国家,共有 50 个,人口近 7 亿。按照联合国采用的三项标准,即人均收入、人力资产标准和经济脆弱性标准,《2014 年最不发达国家报告》共有 48 个国家上榜,马尔代夫和萨摩亚脱离了该类别国家。根据国际货币基金组织 2014 年 4

---

① 《经济大词典》,上海辞书出版社 1992 年版,403。

月发布的 2013 年世界各国人均 GDP 排名中(排名共 181 个国家/地区,还有朝鲜等 20 多个国家/地区未包含在内),居末位的马拉维为 222 美元。

若按各国(地区)的工业化发展水平也可分为三个层次。第一层次,工业化国家,指工业经济高度发展的国家。例如:日本、美国、德国、加拿大、瑞士、英国、荷兰等。第二层次,新兴工业化国家和地区,简称尼克斯,指发展中国家中工业发展速度快、经济发展水平较高的国家和地区。例如:新加坡、韩国、泰国、墨西哥、巴西,以及我国的香港特别行政区和台湾省。第三层次,发展中工业化国家,主要指亚非拉大部分发展中国家(又称基础工业国家),有 100 多个。这些国家农业比重较大,工业结构中主要是劳动密集型为主的加工业等。

2. 动态分析:不同类型国家不平衡的经济增长速度

以美国为首的发达国家,在 20 世纪 90 年代初期摆脱了经济衰退,进入全面复苏的扩张期和增长期之后,实现了连续 10 多年的经济增长。但 2007 年,一场由美国次贷危机引发的国际金融危机,逐渐向实体经济扩散,进而引发了全球经济危机。美国成为这次经济危机的震心,整个发达国家当年经济增长率为 -3.8%,全球经济衰退达到了"二战"以来最严重的程度。发展中国家作为一个整体,经济增长平均速度大于发达国家,其中亚洲国家经济增长居首。尽管受到此次以美国为首的全球经济危机的冲击,但亚洲经济仍然是增长最快的地区。2008 年为 5.8%,2009 年为 3.1%,均高于同期发达国家的增长率。转轨国家经济增长率差别较大,改革起步较早的东欧国家,经济恢复和增长很快,如波兰。有些国家低速增长。俄罗斯在 1997 年结束负增长,1999 年增长 5%,2000 年增长 7.6%,2004 年同比增长仍超过7%。目前大部分转轨国家经济呈现增长趋势,但也存在不少难题和不稳定因素。根据 IMF(国际货币基金组织)报告,2014 年发达经济体 GDP 增速为 3.4%,新兴市场和发展中经济体增速为 4.6%。

(二)世界经济是由不同市场经济模式国家组成的相互联系、相互依存的共同运动的有机整体

现代市场经济是由不同模式组成的。主要包括以美国为代表的宏观需求管理模式,以日本为代表的政府主导型模式,以德国为代表的社会市场经济模式和以法国为代表的指导性计划模式等。

美国的市场经济模式被简称为"自由"市场经济模式,是以私有制为基础,以自由企业经营为主体,同时辅以国家宏观调控的市场经济制度。政府干预仅限于对若干重要的宏观经济目标加以控制,这些目标是:充分就业、经济增长、物价稳定与国际收支平衡。美国选择宏观需求管理模式与其历来崇尚自由竞争企业制度的历史传统直接相关,同时美国具有发达的经济实力、完整的市场体系、工会力量相对较弱以及作为西方盟主等特点,也使其必然选择西方国家乐于接受的较为自由的经济模式与政策。

日本的政府主导型市场经济模式,是指政府具有制订社会经济计划和经济政策的决策权,通过经济计划和经济政策的实施,对经济,特别是对企业决策进行强有力的干预和诱导,对资源配置实施引导。日本的经济计划主要包括中长期计划、年度经济预测、国土开发及地区开发计划三种类型。通过这些计划指明经济走向,表明政府政策主张,协调各方利益,引导企业投资方向。日本的经济政策引导主要是通过产业政策、分配政策、稳定经济和物价政策以及促进经济增长的政策的实施,实现宏观经济目标。

以德国为代表的社会市场经济模式认为,社会市场经济不应该是自由放任的市场经济,而

必须是社会指导的市场经济。由于自由放任的市场经济会引起垄断,引起分配不公和社会不稳定,所以国家必须对市场经济予以指导。解决方法是,在国家和法律的制约下,限制垄断,实现竞争,促进社会公平、稳定和高效率。社会市场经济体系就是据此设计的,包括有效的竞争秩序、政府的有限干预和社会公平。

制订全国性的指导性计划并在实际中有效实施,是法国市场经济独有的特征。法国政府对经济和市场的干预具有悠久的历史。由于法国在"二战"中遭受严重的破坏,以致对国家经济的恢复来说,某种协调计划几乎是必不可少的,因而从 1947 年就开始制订全国性的指导性计划,并在实际中加以有效地实施。其计划的特征是:只规定某些总量经济指标和优先发展的部门或项目,不涉及企业本身的经营决策;政府只通过提供信息、投资优惠、价格补贴等间接手段引导企业参与计划的实施等。目前法国的计划工作正在发生重大转变,其作用日益从"协调"转变为"咨询"。通过指导性计划,使资源配置趋于优化,并纠正市场经济中决策权力分配的不公平。

除上述四种类型的市场经济模式外,还包括以瑞典为代表,具有完善福利制度的福利市场经济模式以及转型经济国家的发展中的市场经济模式等。以上模式虽然各有特点,但都具备了市场经济体制下的交易自由化、市场主体平等化、运行机制市场化以及市场管理法制化的一般特点。

(三)世界经济是在主权国家干预下的二次再生产过程的集合体

社会再生产过程表现为生产、分配、交换、消费四个环节。一次再生产过程完成于各国内部,二次再生产过程则表现为各国外部。世界经济是在世界范围内进行生产、分配、交换、消费等经济活动的总体,具体通过分工国际化、生产国际化、交换国际化、生产要素国际化等来实现。由此,世界经济的含义还可以理解为"世界范围内各国国民经济通过分工的国际化、市场的国际化、交换工具的国际化以及生产要素流动的国际化等经济纽带相互联系而构成的有机整体,是超越民族、国家界限之上的经济体系"。

同时,理解世界经济概念还需要注意:首先,世界经济是一个经济范畴,是人类生产、分配、交换、消费活动的一种方式;其次,它是一个历史范畴,是人类社会发展到一定阶段的产物,并随着人类社会的发展而发展变化;再次,它是一个地理范畴,人类经济活动的地域范围各不相同却又不断扩大,最终突破国家的界限,在整个世界范围内形成相互依存、相互联系的有机整体,即世界经济。

二、世界经济的发展历程

世界经济是在生产力发展到一定阶段后,随着国际分工和世界市场的发展而逐步形成的。它经历了萌芽、初步形成、最终形成和全面深化发展四个时期。它是在资本主义生产方式确立之后形成的,从 14～15 世纪世界经济萌芽的出现,到 21 世纪初世界经济全球化的发展趋势,几百年来,世界经济已经发展成为一个十分复杂的有机整体。

(一)世界经济的萌芽(14～15 世纪)

世界经济最初的萌芽,产生于 14～15 世纪西欧的封建制度向资本主义制度过渡的历史时期。在这一时期,生产力得到了较大的提高,封建社会的工农业生产和商品货币关系有了较大的发展,由此推动了作为手工业和商业中心的城市的兴起,如马赛、里昂、伦敦、科隆等。城市的兴起促进了一个专门从事商品交换的新的社会阶层——商人的出现。欧洲各国间的商品贸易与东西方的贸易往来日益频繁,地中海、北海、波罗的海和不列颠等贸易区相继形成,初步形成了遍及欧洲的贸易网络。在欧洲地区性贸易发展的同时,东方亚洲国家的对外贸易也得到了发展,形成了东亚、东南亚以及南亚等贸易中心,并随之形成了相互间的贸易通道。在欧洲地区性贸易和亚洲地区性贸易发展的背景下,东西方的贸易往来更加频繁。其后的地理大发现对欧洲社会经济生活产生了重大的影响,出现了"商业革命"和"价格革命",同时还造成了欧洲经济中心的转移。大西洋沿岸国家,如葡萄牙、西班牙、荷兰等国家的经济地位得到了极大的提升。地理大发现之后,在航海事业和陆上交通事业发展的基础上,世界各地区之间的经济联系大为加强,开辟了环球的商业通道,从而使得由于各国地理、民族传统和国民经济特点的差异而产生的地域分工有了新的发展,出现了早期的世界市场。这些都为资本主义生产方式在世界范围内的扩张提供了前提条件,出现了作为整体的世界经济萌芽。但由于生产力水平的限制,当时的国际商品交换并不是以国际分工为基础,而是以国内的社会分工为基础。这种交换的规模与社会生产的规模相比没有多大的意义。进入这种交换的主要商品是金银、奴隶、特产品等,它们对于当时各国社会再生产的进行和社会需求的满足来说并不是必不可少的。尽管各国的经济通过国际商品交换已经有了一定的联系,但这种联系是松散的、局部的,世界市场带有区域性特征,并没有形成国际分工和世界市场,因而世界经济还不可能形成。

(二)世界经济的初步形成(16～18世纪)

16～18世纪的原始积累是资本主义生产方式产生和发展的前期,在这一时期,西欧各国的工场手工业得到了迅速的发展,农村中的庄园经济制度瓦解,资本主义生产关系逐步确立。西欧各国通过殖民扩张使它们之间的经济联系更加密切。特别是从18世纪60年代开始,欧美先进国家先后发生了范围广阔、影响深远的产业革命,这是近代发生的第一次科技革命在生产中应用的结果。在第一次科技革命的影响下,资本主义生产方式从工场手工业阶段过渡到机器大工业阶段,标志着资本主义生产方式的确立,促进了国际分工的形成。科学技术是第一生产力,机器大工业的发展,不仅使先进的资本主义国家工业从农业中完全分离出来,成为独立的生产部门,而且使工业与农业的分工越来越超出民族经济与国家范围,向国际领域扩展。原来在一个国家里的工业部门和农业部门的社会分工,逐渐扩大到以先进技术为基础的欧美工业国和以自然条件为基础的亚非拉农业国之间的国际分工,也就是说"一种和机器生产中心相适应的国际分工产生了"。

第一次科学技术革命建立起的机器大工业还为世界市场的形成提供了物质基础。第一次科学技术革命尚未发生之前,已经有了国际贸易,但它的范围和规模都是极为有限的。15世纪末、16世纪初,由于工场手工业的发展、地理上的发现,促进了国际贸易的发展,为世界市场的出现准备了一定的物质条件。第一次科学技术革命发生之后,蒸汽机被广泛使用,1807年发明了轮船,1814年,火车问世,交通运输发生了根本性的革命。同时,冶金炼钢和机械工业也得到极大的发展。这些都促使国际贸易和世界市场得到了进一步深化发展,使各国的商品交换具有全球性的规模。单一的世界货币形成之后,世界市场的作用机制更加完善。马克思、恩格斯在他们的著作中指出:"资产阶级,由于开拓了世界市场,使一切国家的生产和消费都成了世界性的了。""单是大工业建立了世界市场这一点,就把全球各国人民,尤其各文明国家的人民,彼此紧紧地联系起来……"。

由此,世界经济初步形成的前提条件如生产力发展到机器大工业时代,资本主义生产方式确立并巩固,国际商品交换的极大发展,国际分工以及世界市场的形成等条件已经具备,人类

历史上第一次初步形成了以国际分工和世界市场为纽带的世界经济。但这一时期世界上还有相当多的国家与地区仍处在闭关自守和与世隔绝状态,商品经济还没有深入到落后国家的内地,世界经济覆盖的人口还仅占世界人口的10%。此外,各国经济的直接联系渠道还主要是商品交换,生产和资本的国际流动还十分有限。因此,世界经济只是初步形成,还未最终形成。

(三)世界经济的最终形成(19～20世纪中叶)

从19世纪70年代开始,资本主义世界发生了第二次科技革命。它首先发生在美国,以后逐渐波及主要资本主义国家。这次科技革命以电力、无线电、机械、内燃机、钢铁冶炼技术和化学工业技术为代表,并且在能源和动力、材料、交通运输、通信工具等方面取得了突破性的进展。尤其是电力的发明和钢铁技术的进步,使得技术革命的重心从纺织业和采掘业转移到重工业。于是,钢铁工业、化学工业、机器制造业、电力工业等重工业取代轻工业,占据了主要地位。

这次科技革命,首先使社会生产力有了巨大的发展,生产的社会化程度有了极大的提高。这是因为在这次科学技术革命的推动下,蒸汽机、电动机、内燃机的广泛使用,使动力和交通运输业发生了巨大变革;海洋航线的进一步开辟,电报等新的通信手段的发明,美洲、亚洲、非洲铁路的大规模建设,为在更大规模上把越来越多的国家都纳入到国际分工的体系中提供了物质条件,使国际分工的广度和深度有了进一步发展,形成了"工业欧美、原料亚非拉"的国际分工体系。此外,第二次科学技术革命的发生和发展,以及交通运输业发生的巨大变革以及新通信手段的发明,在人类历史上第一次真正地把各国的国内市场汇合成为世界市场。19世纪末,轮船最终代替帆船成为远洋航行的主要工具,随之而来的是铁路由发达和沿海地区大量向落后和内陆地区延伸。由此,极大地沟通了世界各国的生产、流通和消费。同时,电力的应用使全球信息传递速度大大加快,电报的普及和世界市场信息网络的建立便利了国际贸易和国际支付,使世界越来越多不同经济发展水平的国家和地区的经济更加紧密地联系在一起。

第二次科技革命在把人类社会的生产力推向一个更高阶段的同时,也使资本主义生产关系由自由竞争资本主义阶段过渡到垄断资本主义阶段。首先,导致了生产集中,使生产组织形式与企业组织形式发生重大变革。由于电力代替了蒸汽机,资本雄厚的大企业加剧了对小企业的排挤,生产组织也由原来以蒸汽机为基础的机器体系变为一个统一的机构,在生产工艺发生相应变化的基础上形成了按产品加工工艺组成的流水线,并以流水线为基础,产生了如"泰勒制""福特制"等新型的劳动组织和现代管理体系。其次,金融资本在各个资本主义国家形成并逐渐占据统治地位。随着生产集中进程的加速,20世纪初,在工业生产集中、垄断组织不断出现的推动下,各国银行资本集中并得到了迅速增长,在此基础上形成了垄断。工业垄断资本与银行垄断资本互相渗透、混合成长,形成了一种新的、更高形态的垄断资本——金融资本。金融资本通过资本输出的方式,不仅越过了东道国的贸易壁垒,带动输出国的商品输出,霸占和控制原料产地和市场,还通过资本输出,在世界范围控制和垄断工农业生产和商品流通,将资本主义的生产方式渗透到一些正在发展中的国家与地区,最终将整个世界经济都纳入统一的体系中,这标志着世界经济的正式形成。

(四)世界经济的全面深化发展(第二次世界大战后至今)

第二次世界大战后,世界进入第三次科学技术革命时期,其主要标志是原子能、电子计算机和空间技术的发展和利用。这次科学技术革命是在20世纪40年代末、50年代初从美国开始的,以后又逐步蔓延到苏联、日本、西欧和其他国家,在20世纪60年代得到快速发展,20世纪 80 年代以后达到高潮。战后的科技革命,主要是在电子、能源、材料等三个基本技术领域展开的。在电子方面,电子计算机既被广泛地应用于生产过程的自动化方面,也被广泛地应用于经济管理、情报系统和科学研究方面,大大推动了科学和生产力的飞跃发展。在能源方面,核能的发现和利用,无论是在国防上还是在工农业生产上,日益显示出其具有革命性变革的巨大作用。此外,生物工程、空间技术、海洋工程等领域都获得了巨大的进步。

这次科学技术革命的主要特征是高效益、高智力、高投入、高竞争、高风险、高潜能,具有很强的渗透力和扩散性,对世界各国的政治、经济、文化、军事以及整个社会的进步都产生了巨大的影响,是推动生产力发展的巨大动力。战后,世界经济发展的进程表明,科学技术成为世界经济发展的最重要的,也是首要的因素。这主要表现为劳动工具的改革和创新,对生产力的发展起着巨大作用。电子计算机、原子能发电设备、人造卫星、机器人等新型生产工具的出现与应用,改变了传统生产部门的技术装备,极大地提高了劳动生产率并实现了世界经济的持续增长。此外,当代高科技的应用还使生产周期大大缩短,加快了产业结构的调整,引起了经济结构的深刻变化。20 世纪 60 年代以后,一些新兴工业部门,如电子计算机工业、宇航工业等在西方发达资本主义国家发展起来。它一方面改造着传统的工业结构,主要表现在微电子技术渗透到各个传统工业部门的生产和管理中去。另一方面,传统工业部门在工业结构中的比重下降,电子工业明显上升。20 世纪 80 年代以后,发达资本主义国家的产业结构再次进行调整,这次调整的特点是从资本密集型产业向高技术的知识和信息密集型产业转移。

战后科技革命还引起国际分工、世界市场、国际贸易、国际投资等方面关系的巨大变化。由于信息传递、交通运输工具的革新使得运送便利,运送费用大幅度下降,促进了国际分工的加深。海洋运输技术的革新,集装箱、巨型船舶、电子计算机控制技术的发展,使得海洋运输业得到空前发展,国际分工的比较利益更为明显且易于实现。空运技术、高速公路、高速铁路、输油管道技术等方面的发展,使原来受运送速度和条件限制的商品被纳入国际分工体系。在国际分工深化发展的推动下,世界市场的容量迅速增大,1950 年时,全世界出口总额为 579 亿美元,1979 年达到 15 241 亿美元,2004 年进一步增至 91 235 亿美元,2008 年更是达到 157 750 亿美元的高度,相当于 1950 年的 272 倍,远远高于世界生产的增长速度。来自世贸组织《国际贸易报告》2014 的数据显示,2013 年全球商品出口总值已达 18.8 万亿美元。在当前的国际商品贸易中,工业制成品占据了主导地位,并创造了很多新的贸易形式。除了商品贸易之外,国际服务贸易以及技术贸易也在战后获得了很大发展。与此相适应,资本国际流动的形式也更加多样化。战后半个世纪以来,国际直接投资总额迅速增长。作为其主要载体的跨国公司,在生产上把各国国民经济紧密地联系在一起,实现了真正意义上的生产国际化,有力地推动了世界经济的深入发展。在国际直接投资迅速发展的同时,国际间接投资也出现了惊人的增长。金融市场一体化进程和金融资本的流动速度加快运行,使国际金融市场的融资额以惊人的速度迅速上升,企业融资已经由过去的间接融资为主转为通过金融市场的直接融资为主。资本等要素的全球化运动,促进了生产要素的全球优化配置,加强了各国国民经济间的联系,加之整个国际局势保持了长时期的相对平稳,世界经济获得了全面的深入发展。2007 年爆发的危机在经历 3 年的发展之后,世界经济发展进入"后危机时代"。虽然此次危机使美国为首的发达国家遇到了较大难题,对世界不同国家也造成了不同程度的影响。但从整体看,世界经济不会产生长期大幅波动。新兴经济体已经成为世界经济增长的重要支撑力量,全球的联合干预行动已经产生一定效果。经济已经触底反弹;企业投资欲望开始增强;消费者信心开始回升;

失业人数有所减少；一些经济体中央银行上调了利率或制订了"退出"计划。当然，后危机时代的经济并未完全回归正常，一些国家还存在失业率高启、债务危机严重的情况，各国还未能找到新的经济增长点等不确定因素。但是目前全球结束经济负增长，呈现低速增长的态势已经明显显现。近期经过徘徊走出低谷后，总体发展向好的全球经济重拾增长态势仍不会改变。来自国际货币基金组织的数据显示，2013 年和 2014 年世界总产出连续两年增长 3.4%，预计 2015 年和 2016 年分别将增长 3.5% 和 3.8%，全球经济发展逐渐恢复正常。

第二节 当代世界经济的发展特征与趋势

一、科技信息化

当代世界经济的发展，在经历了现代经济以机械化和电气化为动力的时代之后，开始进入以科技信息化为动力的时代。

科技信息化指在科学技术上以信息技术为基础。信息技术是一门综合性很强的技术。它以微电子学、激光、光电子学、超导电子学等为基础，集计算机技术、通信技术、自动控制技术、激光技术、光电子技术、光导技术、人工智能技术之大成。信息技术是高技术群的前导领域和当代新技术革命的核心推动力。由于信息技术对社会各行各业都具有极强的渗透力，信息技术的快速发展就成为加速经济和社会变革的强大推动力，使生产自动化、金融自动化、办公自动化、服务自动化和军事指挥自动化等得以实现。在现代社会中，人类活动的各个领域都同信息技术紧密地联系在一起。从宏观上的航空航天活动到微观上的探求原子和电子的结构，从科研、生产、社会交往、家庭生活直到军事上指挥作战，都同信息技术结下不解之缘。信息技术的飞速进步使得整个社会的生产方式、生活方式以至思维方式都在经历一场史无前例的深刻变化，生产效率成百倍地增长。

自 20 世纪 90 年代以来，世界科学技术突飞猛进，以电子信息、生物技术和新材料为支柱的高新技术取得了一系列重大突破，改变了世界的面貌，推动了经济全球化的进程。当今世界，推动以信息技术引领的高科技群的发展，成为世界各国的共同关注点。历史经验表明，经济危机常常会催生新一轮技术革命，有效抓住机遇的国家将能够引领未来的经济增长和繁荣。面对 2008 年的经济危机，很多国家的领导人在不同场合指出，科技对于国家繁荣非常重要，即使在国际金融危机的背景下也要大力发展科技。为此科技发展在各国施政议程中都居于突出地位。奥巴马执政后，特别强调科技和创新是解决美国面临的诸多紧迫问题的关键。2009 年 9 月，美国出台了《美国创新战略：推动可持续增长和高质量就业》报告，提出要加大投资，恢复美国基础研究的国际领先地位，培养符合 21 世纪知识和技能要求的下一代人才和世界一流的劳动力队伍，建立先进的信息技术系统；推动竞争市场，以激励创新创业；催生在清洁能源、先进汽车、卫生保健等国家优先领域的重大突破。2009 年 9 月，欧盟出台了一项促进关键启动型技术发展的战略，该战略选定的关键启动型技术如信息通信技术、纳米技术、生物技术、材料科学与工程等。时任俄罗斯总统梅德韦杰夫提出要亲自领导科技创新工作，2009 年 9 月，俄罗斯教育和科学部公布了《2030 年前俄罗斯经济科技长期发展预测》部分内容。南非总统府 2009 年 6 月发布的未来 5 年施政纲领——《2009－2014 年中期战略框架》对科技和创新给予了相当重视。未来 10 年，信息技术创新和应用仍将是经济发展的重要引擎。为此，各国仍然非常重视信息技术产业的发展,其重点放在宽带建设、网络安全以及信息技术的前沿研究上。

总之,在科技发展、科技创新中培育新的经济增长点,成为目前世界各国抢占新一轮经济增长制高点的一致目标。

二、贸易自由化

国际贸易是国际经济活动的基本形式,是世界各国经济联系的纽带。当代国际贸易的发展呈现出自由化的特征与趋势。国际贸易的自由化,是指世界各国和地区减少关税与数量限制等贸易壁垒,取消或降低政府对国际贸易的干预范围与程度,不断扩大自由贸易的范围,深化对外开放的程度。

贸易自由化与贸易全球化相伴随。贸易全球化过程开始于 1870 年,市场需求的出现导致早期的商品开始走出国境。今天的国际贸易正在不断发生巨大的变化:国际贸易额以惊人的速度发展,贸易品种不计其数,贸易方式不断创新,几乎所有的生产企业都卷进了贸易全球化的漩涡。到 20 世纪末,推动贸易全球化的国际协议适用范围扩大到了服务业、农产品、纺织品等新领域,完善了市场准入、反倾销、知识产权等方面的内容,新的国际贸易机制正在形成,世界贸易组织取代了延续 40 多年的关税与贸易总协定。这些都是贸易全球化获得高度发展的重要标志。贸易全球化的持续发展,已经使全球商品市场形成一个整体。

贸易全球化必然要求贸易自由化。贸易自由化的努力既可以在区域贸易一体化集团中进行,也可以在以关贸总协定(GATT)以及后来的世界贸易组织(WTO)为主体的多边主义基础上进行。未来 10～15 年,国际贸易的基本趋势仍表现为自由化。为推进贸易自由化的进程,实现世界经济的稳定增长,GATT 制定了一系列的基本法律、规则作为无歧视原则和互惠原则的载体,其中最重要的是最惠国待遇原则,它是缔结国际经济贸易条约、调节缔约方之间关系的基本原则。WTO 建立后,为多边协定的稳定性提供了制度保障,提供了使自由贸易度最大化的激励与约束相交织的贸易制度,为进一步实现国际贸易自由化创造了条件。它在进一步削减关税和非关税与其他贸易壁垒、解决国际贸易中歧视性待遇问题、促进世界经济与贸易发展等方面,发挥着其他机构难以替代的作用。经过 50 多年的努力,国际多边贸易体制在实现贸易自由化的目标上取得了巨大的进展。

贸易自由化发展到今天已经取得了许多成就,但是,它的发展远没有到尽头,今后仍会继续发展和深化,并与生产跨国化、金融一体化共同推动世界经济一体化的进程。在推进贸易自由化进程的道路上会遇到形式多样的保护主义和新问题,甚至会遭受挫折或出现暂时停顿,"次贷危机"后不断爆发的局部贸易战就是证明。但是贸易自由化发展的大趋势是不可改变的。危机过后,贸易投资自由化、便利化航船将重新启动。实际上,贸易自由化的推进正是建立在同贸易保护主义不断斗争的基础上。正是在摩擦、较量和奋争中推进了贸易自由化的进程。自由贸易发展到一定阶段,保护贸易的做法就可能抬头;保护贸易一旦壁垒森严,自由贸易的呼声就会高涨。世界贸易就是在这种两极碰撞和摩擦中讨价还价,在相互妥协中曲折发展。WTO 的任务就是在一个有管理的全球贸易体系中,提高贸易的自由化程度,降低贸易保护和争端给贸易发展带来的破坏和危机,推动贸易自由化进程。

三、生产跨国化

生产跨国化是指跨国公司跨国经营的分支机构在数量和地域覆盖上极大地扩展,并借助

于跨国公司及其分支机构多种形式的联系,实行组织和管理体制上的无国界规划,逐步建立以价值增值为基础的跨国生产体系的过程。跨国公司是生产跨国化的微观基础。

20世纪90年代经济全球化、一体化的发展改变了企业竞争环境。信息技术革命为经济全球化提供了技术条件;技术创新速度加快,产品生命周期缩短;经济自由化和区域一体化的发展为企业提供了新的发展空间,无国界竞争逐步形成。为了适应新的竞争环境,跨国公司纷纷调整了竞争战略:变传统的以扩大市场与出口为目标的"国际市场战略"和以直接投资为目标就地生产、就地销售的"国际投资战略"为"全球战略"。新的发展战略的含义不单纯指企业的经营活动跨越国界,而是强调从总体上追求整体机遇,从全球范围构造企业的整体竞争优势,在发展思路、业务经营、组织管理等方面以全球为中心谋划、安排和实施,在全球范围内获得最大的国际利益。

这种新的战略自20世纪90年代初基本形成之后,生产跨国化以及直接投资资本的全球性运动获得了迅速发展。自1985年起,全世界由企业跨国生产所导致的对外直接投资以年均34%的速度迅猛增长。国际直接投资总规模从20世纪90年代初的2 000亿美元,达到2007年创纪录的1.8万亿美元。2013年和2014年分别为1.47万亿美元和1.23万亿美元。对外直接投资(FDI)流量的增长率超过了任何其他世界经济主要综合指标。外国直接投资已经超过国际贸易,成为经济全球化中最活跃的因素。据统计,2008年全世界共有约82 000家跨国公司,其国外子公司共计810 000家。跨国公司的生产总值约占世界总产值的40%,世界贸易的60%,工业研究与开发投入的80%～90%,生产技术转让的90%,国际直接投资的90%。企业跨国化的发展尽管可能会给母国和东道国带来某些问题,但是,它却推动了国际分工的深化,促进了产业结构的调整,弥补了资金不足,加速了先进技术传播,客观上发挥了合理的资源配置者的功能,有利于各国经济和世界经济的发展。

进入21世纪以后的国际投资市场,在全球化竞争压力进一步增强的环境下,以跨国公司为主要载体的国际投资又出现了一些新的发展特征,如大量采用并购方式进行直接投资,竞相引进最新技术和投资建立研发基地,服务贸易领域成为外商投资企业角逐的新热点等。最为突出的表现就是世界各国和地区为谋求自身的快速发展,对资本的竞争异常激烈。它们纷纷制定各种优惠政策,在很大程度上降低或消除国际投资的投资壁垒,吸引跨国公司在本国的投资。与此相应,各国跨国公司在其全球化战略指导下,在高额利润的驱使下,也纷纷寻找稳定的投资环境,以期获得长期、一致的服务。这直接导致跨国公司在数量、规模和对外投资总额上快速摆脱由于世界经济进行调整带来的消极影响,实现以跨国公司为主要载体的国际投资的新突破,同时也预示着新一轮投资高潮的到来。

四、金融一体化

金融一体化是指一国金融活动越出国界,与各国金融日益融合在一起的过程和状态。金融一体化包括金融机构、金融市场、金融业务、金融资产以及货币的国际化。金融一体化是经济全球化的重要发展阶段,是世界经济和金融发展的必然趋势,也是经济全球化的核心。在经济全球化的进程中,世界金融市场朝着全球一体化的方向发展,金融资本在世界经济中的作用日益突出。

推动金融一体化的主要动因是西方国家20世纪80年代以来金融自由化、技术信息化、融资证券化和金融创新等的发展。经济全球化要求金融一体化,金融一体化过程导致金融市场向全球开放。新兴金融市场与发达国家或地区的金融市场相互联结,构成了全球化的金融市场运作体系,使得国际金融市场缩小了空间,并形成24小时不间断的连续运行。

金融一体化最基本的特征是随着国际资本大量迅速流动,各国相互开放金融领域,实现货币自由兑换,金融机构和金融业务跨国发展。在国际货币基金组织180多个成员国中,目前已有超过150个国家承诺实现经常项目可自由兑换,37个国家已经实行或承诺实行资本项目可兑换,即本币自由兑换。国际资本跨国界、跨币种、跨银行流动,推动了金融一体化的发展。20世纪70年代末80年代初,美国、日本、澳大利亚、加拿大和欧洲一些发达国家纷纷宣布实行"金融自由化"的金融改革。21世纪的第一个10年,一些发展中国家也纷纷加大了改革的力度。这些改革无疑推动了金融一体化的发展。

金融一体化促使全球性融资和国际资本的有效配置更为便捷,有利于推动世界经济一体化的发展。对发展中国家来说,则在降低了融资成本、增加了资金来源的同时,促进了金融监管的不断加强和法规的不断完善。但是,金融一体化扩大了发达国家和发展中国家的差距,特别是对巨额投机资本缺乏有效监督,增加了发展中国家和新兴市场国家的风险,不断引发国际金融动荡和危机。尽管如此,一体化趋势毕竟是社会生产力高度发展的必然结果,它将在不断的"纠偏"中持续获得发展。

五、经济全球化

经济全球化是指生产要素超越国界,在全球范围内的自由流动,使世界各国相互依赖增强,以至相互融合成整体的历史过程。它包括贸易全球化、生产全球化和金融全球化三个阶段,以及与此相适应的世界经济运行机制的建立和规范化过程。

第二次世界大战结束以来,相对稳定的和平环境、渴求发展的强烈愿望和第三次工业革命的引发和深入,使世界经济在战后的几十年间有了巨大的发展。20世纪80年代后,尤其是随着东西方冷战的结束,随着"和平与发展"这一世界潮流的形成和高新技术的高速发展,世界经济以它前所未有的规模和速度向市场化、网络化和自由化纵深推进。尤其是信息产业的迅猛发展,突破了地域时空的限制,互联网使世界各国之间的距离缩小,使商品、资金、技术、信息的流动空前加快,成本空前降低。网络化极大地推动着经济全球化的进程,从而使当代整个世界经济出现了一种势不可挡的以空前速度和力度向前发展的全球化趋势。与此同时,以建立多边贸易体系为宗旨的世贸组织成员的增多客观上也推动了经济全球化进程。由于越来越多的国家在融入世界经济体系中得到了贸易自由化所带来的利益,使之在20世纪90年代纷纷加入到贸易自由化体系中去。1995年1月1日世界贸易组织的正式运转,标志着一个以贸易自由化为中心的多边贸易体制的建立。世界多边贸易体制的确立,统一的国际经济规则的形成,对民族国家的约束力逐步加强,又大大推动了世界经济全球化以及贸易和投资自由化的进程。

世界经济全球化使各国开放度越来越高,相互依存度越来越大,市场自由化的程度也愈加明显。经济全球化产生了较为深刻的影响。它在促进世界生产、贸易、投资、就业等增长和协调机制建立的同时,又扩大了世界各国贫富之间的差距,增加了各国经济运行的风险,使各国经济安全随时受到挑战,面临考验。这不仅在发展中国家较为明显,而且在发达国家也有所体现。如国际经济贸易规则的不尽合理(这些规则很多是以发达国家为主体制定的),使得财富越来越向少数富国集中,不发达国家有被边缘化的危险;产业结构的全球整合,使发达国家一部分人失业;工业化的步伐又使环境问题越来越突出等。因此,从20世纪90年代起,世界出现了一股反全球化的浪潮。反全球化浪潮的兴起提醒世界,全球化进程应当调整,需要反思,

应使全球化成为一个共赢共享、可持续发展的经济全球化。

全球化是人类社会发展的大趋势,是世界科学技术革命和生产力发展的产物。全球化趋势不可能避免。在参与全球化进程时,必须保持清醒认识,采取积极措施,趋利避害。危机中经济全球化可能会经历一些局部调整和挫折,但长期看难以发生根本逆转。第二次世界大战后历次危机也充分证明了这一点,一旦危机过去,经济全球化进程就将重新启动,世界经济贸易发展的一些长期趋势仍将保持下去。

六、区域集团化

与经济全球化一道,区域经济合作(即区域经济集团化),成为世界经济发展的又一个重要趋势。区域经济一体化是指地理位置相邻近的两个或两个以上国家(地区),以获取区域内国家(地区)间的经济集聚效应和互补效应为宗旨,为促使产品和生产要素在一定区域内的自由流动和有效配置而建立的跨国性经济区域集团。区域经济一体化出现于 20 世纪50 年代,到 80 年代逐渐形成一种不可抗拒的潮流。在欧洲,1993 年欧共体正式启动统一大市场,实现商品、资本、人员和劳务的充分自由流通,一体化进程进一步深化。1993 年 11月 1 日《马斯特里赫特条约》的正式生效,欧洲联盟开始启动,开始逐步走向经济与货币联盟乃至政治联盟。在北美,1992 年 8 月 12 日,美国、加拿大、墨西哥三国达成了《北美自由贸易协定》,并于 1994 年 1 月 1 日生效。拉美各国的区域经济一体化热情也重新高涨:一些原有的一体化组织纷纷加强内部建设或提高一体化程度,同时还建立起南方共同市场、三国集团等新的区域经济一体化组织。1994 年 12 月,在美国的召集下,在美国迈阿密举行了由北美、南美和加勒比海所有国家(古巴除外)共 34 个国家参加的"美洲首脑会议",讨论建立美洲自由贸易区。2001 年 4 月 20 日,南北美洲共 34 国的国家领导人和政府首脑在加拿大魁北克举行了有关美洲经济自由贸易区的第三届美洲国家首脑会议,决定于 2005 年建成美洲自由贸易区。在亚太地区,1989 年 11 月,亚太经济合作组织成立,现有成员 21 个国家和地区,总体规模超过了欧洲联盟和北美自由贸易区,成为世界上最大的经济合作体。在东亚,1994 年东盟决定提前 5 年于 2003 年建成自由贸易区,并先后吸收了越南、老挝、缅甸和柬埔寨加入,成员国增加到了 10 个。中国与东盟在 2002 年确定在 10 年之内建成中国—东盟自由贸易区。在非洲,非洲各国决定在巩固次区域性经济合作组织的基础上,共建非洲共同体,向统一的非洲大市场迈进一步。在拉美,拉美国家经济集体化的进程逐渐连成一片,并于 1996 年 4 月成立拉美国家共同体筹建委员会负责协调各国政府和会议,开展拉美一体化的工作。在独联体,苏联解体后,独联体国家为了适应世界经济集团化的形势,也开始寻找建立经济集团的合作伙伴。截至 2015 年 8 月,在 WTO 的 162 个成员中,有 90% 以上隶属于不同程度的区域经济组织。全球贸易一半以上发生在各个区域集团内部,以优于 WTO 最惠国待遇的条件进行。

此轮经济危机发生以来,区域经济一体化步伐非但没有停止,相反,发展势头更加迅猛,呈现出许多新动向。越来越多的国家在遭受贸易保护升级的打击之后,加强多边区域合作,力求在贸易集团内寻求出路。因而将其提到与多边贸易同等重要甚至更加优先的地位,区域范围内贸易自由化的进程已经改变了传统国际贸易的竞争博弈格局,国际贸易的竞争已从国家间的个体博弈迈向集团间的群体博弈。目前,世界上绝大多数国家和地区均参与了不同形式的区域贸易安排,签订了为数众多的区域贸易协定,建立了不同类型的区域经济一体化组织。危机之后,区域经济一体化将迎来新一轮高潮,带动区域内双向贸易和投资的进一步发展。

七、格局多极化

世界经济格局是指包括在世界经济统一体中的多个国家、集团之间的经济实力对比、各自所处的地位和相互之间的关系。20世纪70年代形成了美国、日本、欧共体三足鼎立的世界经济格局。进入90年代后,内部均衡发生偏移,美国不断走强,而日本和欧盟实力明显减弱。不仅如此,随着冷战的结束,世界经济全球化与区域化的加速发展,世界经济格局日益由"三极"走向多极化。90年代中后期以来,中国、俄罗斯、印度、东南亚各国及其他新兴工业化国家的迅速发展,打破了美国一极称霸世界的梦想,推动世界经济格局走向"一超多强"的局面。2003年之后有关新兴经济体的概念不断出现,美国高盛集团全球经济研究部主管、首席经济学家奥尼尔,在21世纪初就开始关注和研究中国、印度、俄罗斯和巴西经济的可能发展,并在2003年发表了《与"金砖四国"一起梦想——2050年之路》研究报告,提出了"金砖四国"(BRICs)的概念。"金砖四国"都是大国,尽管在这场历史罕见的金融危机中,俄罗斯经济严重衰退,巴西经济陷入零增长,但由于中印经济的拉动,"金砖四国"经济总和占全球GDP的比重还是由2007年的13%上升为2009年的15%,成为一支不可忽视的国际力量,加速了南北经济格局的变化。继"金砖四国"之后,美国高盛集团于2007年推出了所谓"钻石十一国"概念(菲律宾、孟加拉、埃及、印度尼西亚、伊朗、韩国、墨西哥、尼日利亚、巴基斯坦、土耳其和越南),指出在2004年至2007年4年间,十一国的经济增长率平均约为5.9%,是欧洲国家平均增长率的两倍以上。日本"金砖四国"研究所在2007年则提出一个新的专有名词"展望五国"(VISTA),系指越南、印度尼西亚、南非、土耳其和阿根廷,认为这五个国家具有很大的发展潜能,在未来几十年内,其经济将会有飞速的发展。根据日本"金砖四国"研究所的推算,从2005年至2050年,西方七国集团的经济规模以美元计算,与现在相比最多扩大到2.5倍,"金砖四国"将扩大到20倍,而"展望五国"可能扩大到28倍。这虽然只是对未来的一种展望和一种预期,但从一个侧面反映了南北经济未来发展的变化趋势,是世界经济格局变化的典型体现。

从新兴经济体发展态势可以明显看出,其追赶发达经济体的空间依然十分巨大,在全球经济中将发挥越来越重要的作用,这一趋势必将有助于世界经济格局及世界经济政治秩序的变革。有助于打破个别大国对全球经济的垄断,从而进一步促进相互间的竞争并进而推动世界经济的发展。

八、发展持续化

发展持续化是指世界经济发展必须建立在处理好人口、自然资源和生态环境三者关系基础上的经济发展,是既要考虑当前发展需要又要考虑未来发展需要,不以牺牲后代人的利益为代价来满足当代人利益的经济发展。

可持续发展问题是世界范围再生产的重要问题。世界范围再生产的正常运行,不仅要求世界再生产的各个环节,即生产、分配、交换、消费之间保持平衡,还要求各产业部门之间保持平衡,要求世界范围的物的再生产与人的再生产之间保持平衡。产业部门之间或再生产各环节之间比例关系的失调会导致经济危机,使再生产过程中断,给社会带来严重危害,但这种危害是暂时的,经过一段时间的自动调节和政府干预是可以消除的。物的再生产与人的再生产之间比例关系的失调,导致的是社会与自然资源、生态环境之间平衡发展的危机,这种危机是

长期的,是人类社会全面的危机,一旦爆发是很难恢复的。所以,可持续发展涉及人、社会和自然之间的关系。自然界是一个全球统一的系统,某个地区自然资源或生态环境遭受破坏,受影响的将不是一个地区,而是波及周边地区,最后蔓延至整个地球。因此,可持续发展问题是全世界面临的共同问题。

20世纪以来,随着科技进步和社会生产力的发展,人类创造了前所未有的物质财富,极大地推动了文明发展的进程。但与此同时,由于受传统增长观的影响,各国普遍追求数量上的经济增长,最终导致自然资源的浪费和环境资源的破坏。全球性环境污染和生态破坏日益严重,对人类的生存和发展构成了现实威胁,以致使20世纪60年代末、70年代初发达国家环境污染达到难以容忍的程度。为此,保护生态环境,实现可持续发展,已成为全世界紧迫而艰巨的任务。自从1992年地球首脑会议通过《里约宣言》以来,各国相继制订自己的行动议程。人类已经认识到,从300多年前产业革命沿袭下来的发展模式再也不能继续下去了。为了人类本身的生存,必须改变传统的发展模式,实行可持续发展。

目前,可持续发展已经成为联合国和各国政府的行动目标之一,可持续发展战略已经成为全世界的共识。各国已经或正在制订行动议程以及与此配套的措施来逐步实现可持续发展的要求。各国间环保产业方面的国际合作日趋活跃;跨国公司的经营战略向可持续发展方向调整;可持续发展成为国际经济合作的新内容。"低碳经济""绿色经济""循环经济"等将席卷全球。低碳经济概念自2003年英国政府提出以来,引起世界各国的高度关注。由于各国自身可持续发展的根本需要,低碳经济成为带动新一轮经济增长的引擎,此次金融危机更促进了这一趋势。低碳经济的发展将促进经济结构、产业结构、能源结构的调整和经济增长理念与发展方式的转变,达到经济社会发展与生态环境保护双赢的一种经济发展形态。与低碳经济相伴随,"绿色经济"也呈加快推进之势。2008年联合国环境署发起了在全球开展"绿色经济"和"绿色新政"的倡议,呼吁各国将国内生产总值的1%投入到五个关键领域:①提高新旧建筑的能效;②发展风能、太阳能、地热、生物质能源等可再生能源;③推广清洁能源车辆,发展高速列车、公共汽车等便捷公交系统;④对淡水、森林、土壤、珊瑚礁等地球生态基础设施进行投资;⑤发展包括有机产品在内的可持续农业。"全球绿色新政及绿色经济计划"得到了许多国家的积极响应。同时,通过"循环经济"这一新的发展方式,能够促进低碳经济与绿色经济发展。低碳经济、绿色经济与循环经济的发展,无疑对各国经济的发展模式转变与经济发展产生巨大而深远的影响。

九、调节国际化

调节国际化是指世界各国政府为了维持国际经济的稳定并促进其发展,对国际经济活动进行的联合干预和调节。随着世界经济全球化、信息化的深入发展,各国经济交往的日益密切,国际市场竞争激烈程度的愈益增强以及阻碍世界经济发展的各种矛盾日益增多和复杂化,在客观上要求各国加强宏观经济调控,在全球范围内建立起更加富有成效的经济协调机制。

调节国际化产生于世界经济的动荡与危机。例如,20世纪30年代时某几个大国之间出现的货币战、贸易战、汇率战等损害了彼此间的利益,各有关国家政府便出面协调,采取某些共同政策,加以弥补或解决。不过,当时的调节一般是临时性的、应急性的、有特定目的的,范围也很有限。因此称之为"危机管理"。第二次世界大战后,世界经济格局的变化和世界经济波动的加剧成为国际经济调节的现实基础。此时的国际调节进入广泛发展阶段,逐渐变为经常性的、较大范围的、深层次的国际经济调节。国际经济调节既包括各国之间的国际经济协调，又包括各国政府宏观经济政策的国际协调。各国之间的国际经济协调表现为国际贸易、国际汇率、国际投资和国际债务协调等内容。各国政府宏观经济政策的国际协调，是指各国政府为实现经济增长、充分就业、物价稳定、收支平衡的宏观经济目标，在财政、货币、外贸、收入、产业等政策上的协调。各国之间的国际经济协调以及各国政府的宏观经济政策调控，是实现世界经济稳定发展的最必要和最可取的选择和措施。例如：在国际金融危机背景下，世界主要经济体纷纷出台刺激经济举措，以应对二战后最严峻的全球经济形势。全球经济刺激力度之大、范围之广、数额之巨，为世界经济史上所罕见。在危机刚刚爆发之后，主要经济体应对金融危机政策的着力点在于救助金融机构，防止金融危机再度恶化。金融危机很快波及实体经济，主要经济体应对措施的着力点在于采取扩张性的财政和货币政策阻止经济下滑，促进经济复苏；展望未来，主要经济体刺激政策的着力点还落在扶植新兴产业，提前谋篇布局，抢占制高点。这些措施在一定程度上有助于恢复市场信心，促使经济回暖，但全球经济复苏的基础仍然薄弱，全球经济走出衰退，尚需要更多的后续政策支持。

国际经济协调作为稳定国际经济秩序并推动世界经济发展的机制，一直在发挥着有效的积极作用，如国际经济协调对减轻各种危机对世界经济的冲击，缓和各国经济之间的矛盾和冲突，抑制通货膨胀，促进国际贸易和资本流动并进而促进世界经济的增长等方面发挥着积极作用。但是，国际经济协调也有一定的局限性，并且带来了一些消极后果。

21世纪国际经济协调不仅不会减弱，相反，将进一步向深度和广度发展。这是因为：世界经济在信息技术革命的推动下会加速全球化的步伐，加深各国在生产、贸易、金融领域的相互依存与联系，从而强化对各国经济的协调干预；世界经济的动荡、冲突和失衡不仅仍将存在，甚至还会有所发展，这仍是加强国际经济宏观协调的动力；区域集团化将进一步发展，世界经济政治发展的不平衡规律作用会使各经济主体彼此实力的较量和争夺国际市场的投资场所的竞争更为激烈，通过国际经济协调谋求矛盾的解决，仍是必然的选择。因而在未来的世界经济发展中，国际经济协调的组织机构在数量和规模上会呈现较大发展；各个国际经济组织间的彼此协调功能和权威性会进一步得到加强。国际经济的协调在坚持公正、公平原则的基础上会有助于各种危机和经济失衡的减少，从而对经济全球化的进一步发展和世界经济的稳定增长起到积极的促进作用。

复习思考题

1. 试述世界经济的定义和内涵。
2. 简要说明把各国联系在一起的主要渠道。
3. 简述世界经济形成的历史过程。
4. 分析世界经济发展的总体趋势。

第二章　科技信息化

科学技术的进步,是推动世界经济发展的根本动力。当代世界经济的发展显示出科技进步在世界经济发展中的决定性作用,它决定了各国在国际分工中地位的变化,导致了全球产业结构的不断调整和升级。20世纪80年代中后期以来,新的科技进步突飞猛进,使整个人类社会的经济形态发生重大变化,从工业社会进入信息社会,在全球科技竞争愈演愈烈的背景下,我国要采取相应的策略以应对新的挑战。

第一节　科技革命概述

一、科技革命的内涵

科技革命是科学革命和技术革命的合称。科学革命是指人们对客观世界发展规律认识的质的飞跃,具体表现为自然科学基础理论的重大突破和对自然界客观规律的重要发现,即人们在认识客观世界上的质的飞跃。技术革命是指人们改造客观世界的技术发生了根本变革,它具体表现为人类改造自然界的手段和方法的重大发明和突破,即人们在改造客观世界上的质的飞跃。科技革命是指科学革命引起技术和生产的具有革命意义的变革过程。只有在认识和改造客观世界方面的突破性,才是真正意义上的"科技革命"。马克思主义认为,生产力和生产关系的矛盾是人类社会的基本矛盾,二者的对立统一推动着社会的进步。在这一矛盾中,从根本上说,生产力起着决定性作用,而科学技术是生产力的主要构成要素。在前资本主义社会,生产力水平低下,发展缓慢,这样的生产力虽然也推动着生产关系的变化及社会的进步,但因其变化是缓慢的,其作用范围只能局限于局部地区和一国之内,不可能跨越国界,成为世界性的。但是,随着科学技术的进步和资本主义生产关系的诞生,封建关系被打破,资本主义生产关系使生产力摆脱了封建关系的束缚,得以迅猛提高。再生产过程从一国扩大到世界范围根本的动力就是生产力的发展,科学技术是推动世界经济形成和发展的基本动力。

二、科技革命的历史回顾

(一)第一次科技革命

第一次科技革命发生在18世纪中叶,与英国的产业革命同时发生。主要标志是纺织机、蒸汽机和机器制造业的发展,实现了从手工工具生产向机械化工业生产的转变。这场革命发端于英国,而后遍及整个欧洲,在世界范围内产生了深远影响。英国工匠瓦特在18世纪60年代,应用当时英国物理学家在潜热方面研究的成果,提高了蒸汽机的效率。以蒸汽机的广泛使用为主要标志的第一次技术革命使社会生产力空前提高,带动人类从农业和手工业时代进入以大机器生产为特征的工业化时代。在第一次科学技术革命的影响下,资本主义生产方式从工场手工业阶段过渡到大机器工业阶段,标志着资本主义生产方式的确立,促进了国际分工的形成。机器大工业的发展,不仅使先进资本主义国家的工业从农业中完全分离出来,成为独立的生产部门,而且使工业与农业的分工越来越超出民族经济与国家范围,向国际领域扩展。原来在一个国家里的工业部门和农业部门的社会分工,逐渐扩大到以先进技术为基础的欧美工业国与以自然条件为基础的亚非拉农业国之间的国际分工。这次科技革命实现了科学和技术的初步结合,近代科学在方法上由于使用了各种实验仪器并重视观测实验,代替了以往单纯依靠观测、思辨和推理演化的方法,实现了科学的技术化。近代技术更是对近代科学的自觉运用,在第一批纺织机中,就已运用了伽利略、牛顿建立起来的力学原理。瓦特则是根据布莱克关于潜热、比热和物体热容量的科学知识才实现了对蒸汽机的重大改进。这些事实表明,近代技术在某种程度上实现了技术的科学化。

(二)第二次科技革命

第二次科技革命发生在19世纪中叶,在热力学、电磁学、内燃机、化学、生物学等一系列科学理论的发现下,技术革命蓬勃兴起,规模远远大于第一次。这次科学技术革命以电力的发明和使用为主要标志,它首先发生在美国,以后逐渐波及其他主要资本主义国家。这次科技革命使得科学与技术的联系越来越密切。一方面,技术本身越来越科学化,这时的新技术已不是单纯基于操作者的发明,而主要是基于科学的直接应用;另一方面,科学也越来越技术化,生产技术发展的要求推动了科学的进一步发展,而且科学的发展也越来越离不开愈加精密的实验仪器。与前一次科技革命相比,这一次科技革命的范围大大扩展了。新兴的科学领域较以往大大增多,而技术革命由能源动力革新扩展到材料、信息及运输技术的全面革新,形成了以电力为中心的技术体系。这次科技革命极大地推动了社会生产力的发展,使人类社会跨入了电气化时代,它促使世界经济新格局的形成。

(三)第三次科技革命

第二次世界大战后,以美国为先导发生了以原子能、微电子、高分子合成和航天技术为代表的科技革命。这次科技革命波及领域之广、规模之大、影响之深,都是前所未有的。它既在自然科学理论上有重大突破,又在生产技术上有全面的革新。这次科技革命从美国开始,又蔓延到前苏联、西欧和日本等国家,在20世纪60年代得到快速发展,20世纪80年代以后达到高潮。这次科学技术革命的主要特征是高效益、高智力、高投入、高竞争、高风险、高潜能,对世界各国的政治、经济、文化、军事以及整个社会的进步都产生了巨大的影响,具有很强的渗透力和扩散性。战后的科技革命集中在电子和信息技术、新材料及加工技术、现代制造及工程技术、现代交通运输及航天技术、能源和环境技术、遗传工程为核心的现代生物技术六大领域,主要是在电子、能源、材料等三个基本技术领域展开的。在电子方面,电子计算机既被广泛地应用于生产过程的自动化方面,也被广泛地应用于经济管理、情报系统和科学研究方面,大大推动了科学和生产力的飞跃发展。在能源方面,核能的发现和利用,无论是在国防上还是在工农业生产上,日益显示出其具有革命性变革的巨大作用。此外,生物工程、空间技术、海洋工程等领域都获得了巨大的进步。

三、第二次世界大战后科技革命的特点

(一)科学技术的发展速度加快,规模程度空前

第二次世界大战后,科学技术的发展经历了6次伟大的革命。这6次革命,每次大约10年时间。1945年至1955年是以原子能的释放与利用为标志,人类开始了利用核能的时代;1955年至1965年,以人造地球卫星的发射成功为标志,人类开始了摆脱地球引力向外层空间的进军;1965年至1975年,以1973年重组DNA实验的成功为标志,人类进入了可以控制遗传和生命过程的新阶段;1975年至1985年,以微处理机大量生产和广泛使用为标志,揭开了扩大人脑能力的新篇章;1985年至1995年是以软件开发大规模产业化为标志,人类进入了信息革命的新纪元;1995年至21世纪初,纳米科学和纳米技术、生命科学和生物技术、信息科学和信息技术以及认知科学迅猛发展,这四大领域交互作用并有机融合,推动整个科技领域的革命性变革,不仅推动着人类整体认识能力的飞跃,对客观世界的认识在深度和广度上有更大的进展,而且使社会生产力的发展跃进到一个崭新的质的阶段,使21世纪先进生产力发展具有新的特征。由此可见,第二次世界大战结束后至今,人类所取得的科技成果,比过去2000年的总和还要多。战后科技革命几乎涉及所有领域,席卷了包括发展中国家在内的全世界,规模和程度是以往两次科技革命无法比拟的。

(二)科学技术向综合化方向发展

19世纪中叶以前,科学与技术是分离的,它们各自独立发挥社会作用,它们的发展经常是脱节的。技术的进步往往依靠传统技艺的提高和改进,只凭经验摸索前进。科学理论也经常是跟在实践之后来概括和总结人们在生产技术活动过程中积累起来的经验材料。因此,常常出现这种情况,在科学理论上还没有搞得十分清楚的东西,在技术上常可以实现它,而科学上已发现了的东西,在技术上很久不能实现,关键性的技术突破常常同理论科学没有直接联系。现代科学技术则不同,现代科学技术发展的一个鲜明特征是日益求助于多学科融合战略解决各种问题。尤其是电子、生物、新材料技术的发展和渗透,各种技术的"融合"越来越密切。各门学科技术间相互交叉、相互一致和相互渗透,出现了史无前例的大综合现象。如人工智能技术涉及计算机、系统科学、心理学、人脑科学等多种学科;机电一体化是机械技术与电子技术的结合;计算机集成制造技术融合了机械、计算机、网络、人工智能等多种技术。现在,科学技术的发展日益求助于多学科融合战略解决各种问题的趋势导致了新的跨学科研究领域的出现,最终形成了具有确定的特有概念和方法论的新学科和新领域,并开辟了一个全新的研究系列。

(三)以科学理论的革命为先导,"科学—技术—生产"的周期加快

以往科技革命发生时,往往首先是来自生产过程中实践经验的积累,缺少科学领域中的先行突破,缺乏科学理论的论证指导。科学理论的发展,常常是在对已有技术进行研究的前提下才出现的。因此,所遵循的是"生产—技术—科学"这样一种过程。当代科学技术革命遵循的则是"科学—技术—生产"这样一种过程,也就是说,当代科学技术是在基础科学已取得重大成就的条件下发生的。这些科学革命的观念形态的成果,与高度现代化的工艺水平相结合转化为技术上的飞跃,而这些技术革命的成果又经过广泛的开发和在工业中的应用,转化为物质形态的技术产品。不仅如此,"科学—技术—生产"的周期越来越短。蒸汽机从研制到18世纪定型投产用了84年,电动机为65年,而第三次科技革命中的技术大多在10年内就投入应用,从发现雷达原理到制造出雷达用了10年,原子能的利用从开发到应用为6年,晶体管4年,移动

电话4年,激光从发现到应用不足2年,而微型计算机诞生后几乎每隔两年甚至半年就换代一次,许多与信息有关的技术从发明到应用甚至已不能用年来计算。随着信息网络技术的发展,计算机和网络的结合,数字化、网络化、信息化,把人类社会推向一个崭新的时代。

(四)全面革新了机器体系和劳动方式

近代以来发生的三次科技革命,每一次都对以往的生产体系作了重大改进。但前两次科技革命有一个共同的特点,发明和创新的机器系统都是对人体力的代替和扩大,机器系统也一直是由三个部分组成,即工作机、发动机和传动机,机器系统的出现和改进使"用机器制造机器"成为可能。而在战后科技革命中,由于电子计算机的诞生和应用,在传统机器系统的基础上,又产生了一种崭新的机器,即自动控制机,从而革新了机器系统,使"用机器操纵机器"成为可能。机器不再只是人体力的延伸,而且还部分地代替了人的脑力劳动。机器成了人类智力的延长和扩展,从而深刻地改变了人们的劳动方式。科学技术对社会生产、经济发展的影响越来越大,科技进步日渐成为社会经济发展的决定因素。

(五)科技发展及其在生产中的应用得到了政府的大力支持

近代发生的第一次和第二次科技革命中,科学突破和技术创新大多是个人、科研机构或企业的行为,政府干预较少。战后的科技革命在难度和规模上较以前有很大的提高,一项科技突破往往需要大量人力、物力和财力的投入,而且需要许多相关部门,包括国外相关机构的密切配合,这是个别企业或机构无力承担的,客观上需要政府加以组织和协调。另一方面,由于凯恩斯理论的指导,政府干预社会经济的力量加强,从而也具备了干预科技发展及推广应用的能力。战后,各国政府纷纷制订了自己的科技发展计划,如美国的"阿波罗"登月计划、日本政府的"科技立国"政策、欧共体的"尤里卡"计划、我国政府的"863"计划等,这些计划的制订和实施,客观上加速了战后科技革命的发展。政府对科技发展的支持,还表现在政府对教育的支持和投入上。教育作为一种公共产品,具有很强的外部性,政府对教育的支持和投入,弥补了私人供给教育产品的不足,为科技革命的发展提供了大量的高素质人才。

四、战后科技革命对世界经济的影响

第三次科技革命不仅极大地推动了人类社会经济、政治、文化领域的变革,而且也影响了人类的生活方式和思维方式,使人类的社会生活和人的现代化向更高境界发展,对世界经济的发展也带来了影响。

(一)科技革命推动了生产力的巨大发展,进而推动了世界经济的增长

第二次世界大战后,世界经济发展的进程表明,科学技术已成为世界经济发展最重要、也是首要的因素。战后的科学技术革命,由于其自身规模的宏大及其物化为生产手段过程的加速,在短短的几十年中,现代科学技术特别是高技术已经融合、渗透并扩散到生产力诸要素中,使生产力发生了飞跃,推动了社会的进步,促进了战后世界劳动生产率的大幅度提高,使人类进入到一个历史新阶段。测度技术进步对经济增长的贡献率一直是经济增长理论的核心内容之一。美国经济学家罗伯特·索洛在其1957年发表的经典性论文《技术变化与总生产函数》中,提出了一个以柯布-道格拉斯生产函数为基础,计算技术进步对于国民经济增长贡献率的新方法,并据此测算出1909年至1949年间美国制造业总值中约有88%应该归功于技术进步,而只有12%左右来自生产要素投入的增加。此后,许多学者对于技术进步与经济增长和

生产率提高之间的关系进行了多方面的研究,得到的结论也都无一例外地肯定了技术进步与经济增长之间的正相关关系。科学技术的进步引起劳动生产率的提高,而劳动生产率的提高又导致经济有较高速度的增长。新技术已成为世界经济发展的主要动力之一。

(二)科技革命促进了国际分工的扩大和深化

科学技术改变和扩大了世界经济的自然资源基础。一方面,先进的科学技术手段可以使我们在世界范围内发现更多的已知自然资源分布,从而促进了以自然资源为基础的国际分工;另一方面,科学技术的发展又可以为许多未知资源发现诸多新用途,从而扩大以自然资源为基础的国际生产专业化,并使不同国家的资源优势发生变化。科学技术的发展也使国际分工的社会经济基础不断发生变化。现代工业的每一步发展都离不开科学技术的支持,而科学技术的每一次突破又为工业发展提供了更为广阔的空间。目前,沿着生产要素界限而建立的国际化专业生产已经成为当代国际分工的最主要形式。科学技术的发展不断突破产品之间的传统界限,使生产专业化程度不断提高,国际分工也随之不断发展深化。科学技术研究活动本身也出现了国际专业化的发展趋势。科技开发的国际分工主要表现为技术开发与技术利用之间的国际分工、开发性技术与成熟技术之间的国际分工以及复杂技术开发利用的国际分工等几种形式。从某种意义上说,当代国际生产的专业化分工在很大程度上就是由技术专业化领域的国际分工所决定的,发达国家与发展中国家之间的垂直型分工也因为这种国际技术专业化分工而得到了进一步的强化。

(三)科学技术进步扩大了国际商品交换的范围和规模

科学技术发展的不平衡强化了各国技术基础和产业结构的差异,使产业内贸易和企业内贸易迅速发展。科学技术的发展使一些原先不可能进入国际商品交换领域的产品进入了国际市场,运费下降和便利的信息在这里起着至关重要的作用。国际货币基金组织的报告认为,技术进步,特别是信息与通信领域的技术进步,"可以使企业在不同地区以最为节约的方式协调生产活动,可以使新技术和技术诀窍更为迅速广泛地扩散开来,而且通常它还可以减少世界商业中的摩擦"。科学技术发展创造了新的国际贸易商品。科学技术发展使得各种各样的新材料、生产技术、能源资源以及生产和消费品范围不断扩大。从 1970 年到 1993 年,高技术产品贸易在经济合作与发展组织成员国贸易总额中所占比重从 14％增加到 26％左右,其中以计算机、半导体、电信设备、药品、科学仪器增长幅度最大。

(四)促进了世界经济格局的变化和经济全球化的深入发展

科学技术是通过企业的技术创新对世界经济施加影响的,而技术创新的直接结果就是各种各样的新产品新工艺。在市场机制的作用下,这些新产品新工艺的生产很快从创新企业中分化独立出来,并迅速发展成为新兴的产业部门。随着这些新兴产业部门的发展壮大,一国的产业结构和经济结构也随之发生变化。由于科学技术发展的相互关联性质,一个领域的重大技术突破及其产业化往往会带动其他领域的技术突破,从而使技术创新和产业发展在一定时期呈现出明显的集群趋势,并且在长期内呈现出波浪形发展形势。世界经济中的主导技术群不断更迭,工业体系也不断发生变化,而世界经济中的主导国家也会随着工业体系的演变而更迭。个别先进工业国由于率先掌握了代表未来技术发展方向和机会的先进科学技术,并且率先通过技术创新建立起了新一代工业体系,因而成为世界经济中的新一代主导国家,而一些老牌工业强国则因为没有能够充分利用先进科学技术成果或者脱离了世界技术创新的基本方向而处于相对衰落状态。在这种情况下,由于新旧世界经济主导国家的更替,世界经济格局将发生剧烈变动。与此同时，科学技术的发展还促进了经济全球化的深入发展和各国之间相互依赖程度的提高。飞机、计算机和卫星定位通信系统，使全球信息交换、商品贸易以及人与人之间的接触规模空前扩大，新的国际专业化模式、产业内和企业内贸易不断增加等，都是技术发展的必然结果。科学技术的迅速发展不仅促进了世界经济的全球化，而且它自身也成为这一进程的有机组成部分，各国政府和企业所制订的科技发展战略也不再局限于单一国家的范围之内了。关于经济合作与发展组织成员国的一项研究表明，自 20 世纪 80 年代初以来，包括技术许可、专利和商标出售、技术专家和智力服务在内的技术贸易增长了 3 倍以上，而且通过设备进口而获得技术知识的重要性也呈不断增强趋势。因此，"技术发展既受到全球化的驱动，又是全球化的关键推动器"。

(五)科学技术革命引发世界经济结构大调整

战后科技革命所引起的世界性经济结构大调整是以往任何一次科技革命都不能比拟的。由于当代科技革命的深度、广度以及高新技术应用于生产领域周期的缩短，加快并带动了产业结构的调整，并引起了经济结构的深刻变化。战后世界性产业结构调整有两个突出特点。第一，调整范围广。从调整的国家情况看，涉及所有发达国家、新兴工业化国家及大部分发展中国家。从调整的产业范围看，几乎涉及国民经济的各部门。第二，产业向高层次化发展。战后初期工业部门的比重急剧增加，农业部门的比重显著下降，重工业部门增长，轻工业部门下降。20 世纪 60 年代以后，传统工业部门在工业结构中的比重下降，电子工业明显上升。20 世纪 80 年代以后，发达资本主义国家产业结构调整的特点是从资本密集型产业向高技术的知识和信息密集型产业转移。

(六)带来了可持续发展的新问题

科技革命的发展一方面扩大了人类改造自然的活动领域，提高了人类向自然作斗争的能力，从而把人类社会的物质文明和精神文明推进到一个前人所无法想象的新高度；另一方面也带来一系列棘手的全球性问题，如生态环境的恶化、自然资源和能源的过度消耗、核灾难的威胁和人口的过度膨胀。这些问题的恶性发展使人类的处境受到越来越严重的困扰，引起了全球对世界经济可持续发展的关注。资源、环境和人口问题严重地阻碍着经济的发展和人民生活质量的提高，继而威胁着全人类未来的生存和发展。人们不得不注意到，要创造舒适的生存条件，满足日益增长的物质与文化需求，就必须通晓环境的演变规律，认识环境的结构与功能，维护环境的生产能力、恢复能力和补偿能力，使经济和社会发展不超过环境的容许极限。这就需要合理调节人类与自然的关系，正确协调经济社会发展和环境保护的关系。

(七)加剧了世界各国经济发展的不平衡

科学技术已成为一国经济发展的决定因素，谁能在新一轮科技革命中占据领先地位或取得主动，谁就会在其后的经济竞争中赢得优势。第一次科技革命首先在英国发生，随后逐渐向西欧其他国家和美国扩展，在这之后的世界经济格局中，英国成为世界经济的中心，西欧国家紧随其后，而没有经历工业革命的亚非拉地区，经济发展水平落后，处于世界经济格局的底层。19 世纪末 20 世纪初，世界经济中心开始从英国向美国和德国转移，这是美、德率先发起第二次科技革命的必然结果。战后科技革命中，美国和前苏联处于相互竞争的第一行列，这种状况决定了战后初期两强对峙的冷战状态。到了 20 世纪 80 年代，由于多种原因，前苏联迅速衰落，日本和西欧崛起，世界经济竞争中的座次也发生了相应的改变，这种状况也导致了 20 世纪 80 年代以来世界经济格局中三足鼎立以及区域经济一体化的发展趋势。除了发达国家

经济发展的不平衡,发展中国家之间也出现了经济发展的差距。在战后的世界经济格局中,发展中国家不再是铁板一块,而相应区分为贫穷国家、中等收入国家、高收入石油出口国家以及新兴工业化国家和地区,除了自然条件的差距影响之外,最重要的因素还是科技实力的差距。

第二节　科技革命与国际分工

社会生产力发展到一定阶段,产生了国际分工。科技革命的发展,带来了国际分工的巨大变化。随着科学技术水平的不断提高,国际分工也进一步深化。

一、国际分工概述

(一)国际分工的含义

国际分工是指世界各国之间的劳动分工,是超越国家界限的专业化分工,是社会分工的延伸和发展。当社会生产力发展到一定阶段后,一国国民经济内部分工冲破国家界限,即出现了国际分工。国际分工是国际贸易和世界市场的基础,国际的商品交换是国际分工的表现形式。

国际分工与资本主义机器大工业的发展联系在一起。机器生产出丰富多彩的制成品,但同时也对原材料、劳动力和土地提出了需求。市场的扩大本身表现为对原材料、劳动力和土地等生产要素需求的国际延伸,于是机器大生产在地理意义上得以扩展,国民经济的发展也就超越了国家的界限,通过国际贸易而与世界各国的经济发展相联系。随着科技革命的深入开展,跨国公司大量涌现,区域经济集团不断发展,使国际分工发生了许多变化。不仅存在发达国家与发展中国家的国际分工,还存在发达国家之间和发展中国家之间的国际分工。还有一个突出的发展趋势,就是部门间的分工逐步向部门内部、工厂之间的专业化分工发展。

(二)国际分工的类型

按照参加国际分工经济体的经济发展水平及生产技术水平和工业发展情况的差异来分类,可划分为三种不同类型。

1. 垂直型国际分工

垂直型国际分工是指经济发展水平相差较大的经济体之间的分工。它分为两种:一种是指部分国家供给初级原料,而另一部分国家供给制成品的分工形态,如发展中国家生产初级产品,发达国家生产工业制成品,这是不同国家在不同产业间的垂直分工;另一种是指同一产业内技术密集程度较高的产品与技术密集程度较低的产品之间的分工,或同一产品的生产过程中技术密集程度较高的工序与技术密集程度较低的工序之间的分工,这是相同产业内部因技术差距引致的分工。

2. 水平型国际分工

水平型国际分工是指经济发展水平相同或接近的国家之间在工业制成品生产上的分工。发达国家的相互贸易主要是建立在水平型分工的基础上的。水平分工可分为产业内与产业间水平分工。前者又称为"差异产品分工",是指同一产业内不同厂商生产的产品虽有相同或相近的技术程度,但其外观设计、内在质量、规格、品种、商标、牌号或价格有所差异,从而产生的分工和相互交换。这种部门内水平分工不仅存在于国内,而且广泛地存在于国与国之间。后者则是指不同产业所生产的制成品之间的分工和贸易。由于各国工业发展有先有后,侧重的工业部门有所不同,各国技术水平和发展状况存在差别。因此,各类工业部门生产方面的分工日趋重要。

产业内部分工主要有以下三种表现形式。第一,同类产品不同型号规格专业化分工。在某些部门内某种规格产品的生产专业化,是部门内分工的表现形式。第二,零部件专业化分工。许多国家为其他国家生产最终产品而生产的配件、部件或零件的专业化。目前,这种生产专业化在许多种产品的生产中广泛发展。第三,工艺过程专业化分工。这种专业化过程不是生产成品而是专门完成某种产品的工艺,即在完成某些工序方面的专业化分工。

3. 混合型国际分工

混合型国际分工是指垂直型分工和水平型分工混合而成的国际分工方式。如果一国在国际分工体系中既参与垂直分工,又参与水平分工,即为混合型国际分工。目前世界上绝大多数国家既参与垂直型国际分工,又参与水平型国际分工,属于混合型国际分工。许多发达资本主义国家都属于这一类型,它们既同发展中国家交换产品,属于垂直型分工;同时它们之间也相互交换产品,属于水平型分工。

(三)国际分工的产生与发展

15世纪末16世纪初地理大发现以后,国际贸易从欧洲向亚洲和新大陆迅速扩充,存在于国际交换中的地域分工有了新的发展。由于工场手工业的发展,这一时期无论是用于国际交换的商品的种类、数量,还是参与国际交换的国家和地区都有了迅速增加。西欧国家在大力推行重商主义政策的同时,还采取超经济手段在一些殖民地建立起面向宗主国市场的早期专业化生产,形成了早期的国际分工。这一时期的国际分工还只是建立在手工工场基础上的地域分工。

真正意义上的国际分工是伴随着产业革命和机器大工业的形成而建立和发展起来的。18世纪60年代,从英国开始的工业革命推动资本主义的技术基础向机器大工业过渡。机器的广泛使用不仅实现了能满足市场需要的大规模生产,而且使工业内部分工进一步发展,以至于分离出专门生产原材料和专门生产消费品的各种独立的工业部门。同时,随着产品产量的迅速增加和这种工业内部分工规模的不断扩大,为适应国际交换中大规模长途运输的需要,以轮船、铁路等为代表的交通工具和以电报和海底电缆为标志的通信业迅猛发展。在这些条件下,生产的民族性和地域性逐渐消失了。大规模生产所需的原材料已非本国所能满足,其产品也非本国市场所能容纳。于是,先进国家逐渐垄断了工业部门的生产,而强迫落后国家成为其原料产地和销售市场。这种分工不断地在世界范围扩展,逐步把经济发展水平不同的国家不同程度地纳入到这种国际分工之中。当时的英国经济史学家史丹莱·杰温斯还就英国在国际分工中的巅峰地位有过一段非常形象的描写:"实质上,世界的五分之一是我们的自愿进贡者。北美和俄罗斯大平原是我们的谷物种植园;芝加哥和敖德萨是我们的粮仓;加拿大和波罗的海沿岸是我们的森林;在澳大利亚和新西兰放牧着我们的羊群;在阿根廷和北美的西部大草原则放牧着我们的牛群;秘鲁运给我们白银,黄金则从南美和澳大利亚流到伦敦。中国人为我们种植茶叶,而印度则把咖啡、茶叶和香料运到我们的海岸;西班牙和法国是我们的葡萄园,地中海沿岸各国是我们的果园。我们的棉田,长期以来都是分布在美国南方,而现在差不多扩展到地球上各个热带地区去了。"

从19世纪70年代开始到第二次世界大战结束,国际分工体系逐渐形成。铁路、轮船、电报等交通和通信工具的发展,使海路和陆路的交通运输成本大幅降低。在新的科技革命影响下,世

界工业产量和世界贸易量成倍地增长。在从自由资本主义向垄断资本主义过渡的过程中,借贷资本输出逐渐取代了商品资本输出而占据统治地位,促进了国际分工的深化。参加国际分工的各个国家大都有一些产业部门为世界其他国家生产,同时每个国家中生活所需的许多食品和生产所需的许多原材料和工业制成品也由不同国家的生产者制造。国际分工的深化极大地促进了世界范围内社会生产力水平的提高。

"二战"以后,随着第三次科技革命的发生、发展中国家的崛起以及跨国公司的不断发展壮大,国际分工不断深化。主要表现在:自19世纪以来形成的以工业部门和原材料部门分工为特征的部门间国际分工转向以各个产业部门内部分工为特征的新的国际分工。在战后科技革命的影响下,用于国际交换的产品更加多样化、产品生产工艺更加复杂化、产品技术和质量要求更加严格,需要实现更高水平上的生产专业化分工,主要是零部件生产的专业化,即实现同一产业部门内部在国际范围内的专业化分工协作。在国际分工的深化过程中,跨国公司的对外投资和贸易加强了国际的经济联系,使得国际分工进一步深化了。

(四)当前国际分工的发展特征

(1)传统的以自然资源为基础的世界工业与农业的分工已经削弱,以现代科学技术和现代工艺为基础的新型的工业分工日趋加强。经济结构相似、技术水平接近的工业国之间的分工迅速发展,并在国际分工中居于主导地位。

(2)国际分工的形式有了很大变化。国际分工从"垂直型"分工日益走向"水平型"和"混合型"分工。20世纪70年代中期以来,在科技革命的推动下,发达国家之间水平型分工取得了较大的发展,主要表现为制造业内部的分工发展,出现了产品的专业化分工、零部件的专业化分工与生产工艺的专业化分工。同时,发达国家与发展中国家间的分工也不断发展深化。

(3)参与国际分工的国家类型多样化。"二战"以后的国际分工是由各种经济制度和不同经济发展阶段的民族与国家参加的综合性分工,结束了资本主义生产关系一统国际分工的时代。当前的国际分工表现为纵横交错的网状分工,形成的是垂直、水平、混合型分工并存的格局。

(4)国际分工基本上是以美国为中心形成的。由于美国率先抢占了信息经济的制高点,在全球享有绝大多数最先进的技术并占有超出70%份额的信息产品,使得其在生产力水平提高的基础上经济规模迅速扩大。2014年美国国内生产总值以17.4万亿美元高居世界第一位,中国以10.4万亿美元居第二位,日本以4.6万亿美元居第三位。

随着经济全球化的发展,世界范围内的国际分工格局发生了变化,这种国际分工格局大致呈金字塔形:美国处于金字塔的最顶端,其他各个发达国家构成了金字塔塔身的顶部,而包括中国在内的广大发展中国家则处于金字塔的底部。其实质是由美国等发达国家组成的创新中心和设计中心,主要从事技术密集型和资本密集型的生产,而广大发展中国家则组成了制造中心,主要从事劳动密集型生产。

由此可见,国际分工的产生与发展是科学技术革命和社会生产力进步的必然结果,它对世界经济活动产生了重大影响。

二、影响和制约国际分工形成与发展的因素

(一)社会生产力水平和科技进步

首先,国际分工是社会生产力发展的必然结果,这突出表现在科学技术的作用上。其次,

生产力水平的高低又决定着一国在国际分工体系中的地位和作用。生产力的发展将不同类型的国家都卷入到国际分工体系中，并促成分工形式从"垂直型"向"水平型""混合型"的过渡。最后，生产力的发展还决定了国际分工的产品构成。随着生产力的不断提高，国际贸易的产品构成从最初以初级产品为主，发展到战后以工业制成品为主，高精尖产品的比重不断增加，中间产品、技术贸易和劳务贸易更多地出现在国际分工中。综观历史与现实，正是由于生产力的发展，各种自然资源如煤炭、石油、金属矿藏等才能够被开采出来，并形成国际分工的物质基础。一个国家纵然有丰富的资源，但如果没有一定的技术和生产能力，还是不能把它变成真正的财富。有些国家即使资源贫乏，但凭借先进的技术和较高的生产力，仍然可以建立起新兴的工业部门。科学技术是社会生产力中最活跃的因素，生产力对国际分工形成与发展的决定性作用突出地表现在科学技术的重要作用上。历史的事实表明，真正对国际分工的形成与发展起决定性作用的，是生产力发展水平和科技进步的力量。

(二)自然条件的差异

自然条件是国际分工形成与发展的基础。自然条件是指一个国家的气候、土壤、国土面积、矿产资源、地理位置等，这些条件是一切经济活动的基础。没有一定的自然条件，进行任何经济活动都是困难的。各国自然条件的差异，构成国际分工的自然基础，并对国际分工的发展产生重要影响。比如，热带作物一般只能在热带地区种植，矿产品只能在拥有矿藏的国家开采和出口，东南亚适宜种植天然橡胶，中东则盛产石油，这些都是由自然条件造成的。自然条件的这种差异，导致了不同国家在不同生产领域的相对优势，而自然条件基础上的优势互补，是推动早期地域分工和国际分工的直接动因。自然条件对国际分工的形成和发展以及各国在国际分工中的地位起着不容忽视的作用。但是，自然条件只是提供了进行生产和国际分工的可能性，并不提供其现实性，要把可能性变为现实性，还需要一定的生产力条件。随着生产力的不断发展，自然条件对国际分工的影响在逐步减弱。

(三)跨国公司的国际资本流动

战后出现的跨国公司对国际分工的进一步发展也有着深远的影响。跨国公司资本雄厚，其业务涉及各行各业，他们利用不同国家和地区的有利条件，分工协作，并同众多国家的有关企业保持较为固定的供求关系，形成世界范围内的国际专业化分工。事实上，跨国公司的发展是促使传统国际分工格局发生重大变化的直接原因之一。在国际分工的深化过程中，跨国公司发挥着越来越大的作用。跨国公司的对外投资和贸易加强了国际的经济联系，其在世界范围内进行资源的优化配置，逐渐把不同国家企业的生产经营活动纳入其内部管理活动中，使垂直分工、水平分工和混合分工等分工形态并存发展。跨国公司的生产经营活动，可以分解为一系列互不相同但又互相关联的活动，如研发、采购、制造、分销、服务等，形成了企业的"价值链"。由于生产经营活动的更加专业化，导致国际分工从最终产品的分工进一步向价值链中不同活动之间的分工发展。跨国公司依据不同区位建立在生产要素密集度之上的比较优势，将生产活动和其他功能性活动进行细密的专业化分工。通过跨国公司在全球的生产布局，国际分工进一步深化发展了。

(四)各国的生产关系和上层建筑

从历史上看，国际分工的产生不仅与机器大工业紧密相连，而且还与资本主义生产方式密切相关。正是上述二者的结合，才产生了资本主义国际分工及其体系。国际分工的性质也是由各国的生产关系决定的。国际分工作为国际经济形成和发展的必要条件，总要同各国的生

产关系和国际生产关系联系在一起,并受它们的制约。国际生产关系是由各国生产关系超出了国家和民族的界限而形成的,主要包括生产资料的所有制形式,各国在国际分工中的地位,以及它们在国际分配、国际交换和消费中的各种关系。国际分工不仅要受到生产力和生产关系这两个基本要素的决定和制约,还要受到各个国家政治法律制度、经济贸易政策、文化观念等上层建筑的影响。战后在国际经济领域里建立起来的国际货币基金组织、关税与贸易总协定以及后来的世界贸易组织等超国家的经济组织,它们通过相互协调经济贸易政策,逐步消除各国之间在国际金融与国际贸易领域里的障碍,对当代国际分工的深化发展产生了重要影响。因此,上层建筑可以推进或延缓国际分工的形成和发展。

三、国际分工对世界经济发展的作用

(一)国际分工有利于发挥各国的比较优势,提高技术水平,节约社会劳动

亚当·斯密的绝对优势理论和大卫·李嘉图的相对优势理论从理论上论证了国与国之间利用各自优势开展国际贸易,进而能够提高各国人民的福利水平。参加国际分工的国家,在资源、劳动力、科技水平及历史条件等方面各不相同。根据比较利益原理,利用国际分工,各国按照本国有利的生产条件进行专业化生产,不仅能充分利用本国资源,发挥本国资源、技术和劳动力等方面的优势,达到节约社会劳动的目的,而且由于实行了专业化分工,使用专用设备和专门技术人才,有利于改进技术、采用新技术、提高技术水平,从而有利于提高劳动生产率以及产品质量的改进,这是任何一个国家,哪怕是大国的国内生产所不可比拟的。

(二)国际分工促进了世界生产的快速发展

国际分工是社会分工在国际上的延伸和深化,它的产生和发展推动了生产的日益国际化,不仅节约了社会劳动,提高了劳动生产率,也带来了生产力水平的极大提高和产品的极大丰富。在国际分工发展的推动下,世界工业生产与农业生产都获得了长足的发展。国际分工已经成为几乎一切国家国民经济运转的一个必要条件,国际分工所决定的世界经济联系已成为许多国家再生产正常运行的重要环节,闭关自守的封闭型经济已成为一个国家贫穷落后的主要原因之一。实践证明,越是开放的国家,参与国际分工的程度越深,经济发展速度也越快。

(三)国际分工有利于实现规模效益

国际分工有可能使各国在其具有相对优势的部门或产品上,扩大生产规模,形成规模经济,取得规模效益。例如,一个国家的某种生产如果具有优势,则在国际分工中可以以世界市场为对象,重点发展该种生产,扩大其生产规模,从而实现规模经济效益。这同各国都从事以本国市场为对象的小规模生产相比,效率自然要高得多。

(四)国际分工促进了国际贸易的发展

国际分工不仅提高了劳动生产率,增加了世界范围内的商品数量,而且增加了国际交换的必要性,从而促进了国际贸易的迅速增长。从国际贸易发展的实际情况来看,凡是国际分工发展快的时期,国际贸易也发展较快;相反,在国际分工发展缓慢的时期,国际贸易也发展较慢或处于停滞状态。

(五)国际分工提高了资源配置效率

激烈的国际市场竞争,奠定了稀缺资源更加合理配置的基础。国际分工、国际贸易、国际市场,要求在世界范围内实行生产要素的流动,包括资金、技术、劳动力、人才、原材料、信息、知识等的流动,这也就意味着这些资源有可能在流动中接近最有效的配置,从而有利于生产效率

的提高、资源的节约和生产的发展。

(六)国际分工推动了世界经济的形成与发展

国际分工使生产方式和交换方式日益国际化,打破了各个国家、各个民族闭关自守和自给自足的自然经济状态,把商品经济关系推向世界各地,从而把各个国家的国民经济和民族经济纳入到世界经济的生产、分配、交换、消费的再生产循环之中。从世界经济形成和发展的历史中可以看出,世界经济的发展和国际分工的发展是同步进行的。国际分工的每一次发展,都促进了各国国民经济更紧密地结合。总之,国际分工对促进世界生产力和世界经济的发展,促进生产现代化和人类社会的进步,具有巨大的作用。世界经济的形成、发展与国际分工的不断扩大和深化过程是同步的。

第三节　科技革命与产业结构

一、产业结构的含义

产业结构(industry structure)是指国民经济中各产业的比重以及这些产业间的相互关系。一般由两个指标来说明:一个是价值指标,即某一产业部门的产值占国民生产总值的比重;另一个是就业指标,即某一产业部门就业人数占就业总人数的比例。当我们从世界经济范畴谈论产业结构时,这一概念的外延就应该从国民经济扩展到世界经济。世界产业结构是指通过各个产业在世界经济中的份额反映的世界各个产业之间的比例关系。这一关系具体由各产业的产值占世界国民生产总值的比重来表现。世界产业结构可以分层次进行考察。第一个层次是指世界三大产业之间的比例关系,即农业、工业和服务业(第一产业、第二产业和第三产业)之间的比例关系。第二层次是指三大产业内部各个组成部分之间的比例关系,例如,世界工业结构内的制造业与采掘业的比例关系,进一步考察还可以分出第三、第四层次,例如,世界制造业中的消费品工业与资本货物工业之间的比例关系等。决定和影响一个国家产业结构的因素一般包括:①需求结构,包括中间需求与最终需求的比例,社会消费水平和结构、消费和投资的比例、投资水平与结构等;②资源供给结构,有劳动力和资本的拥有状况和它们之间的相对价格,一国自然资源的禀赋状况;③科学技术因素,包括科技水平和科技创新发展的能力、速度,以及创新方向等;④国际经济关系对产业结构的影响,有进出口贸易、引进外国资本及技术等因素。

产业结构高度化也称产业结构高级化,是指一国经济发展的重点或产业结构重心由第一产业向第二产业和第三产业逐次转移的过程,标志着一国经济发展水平的高低和发展阶段、方向。产业结构高度化往往具体反映在各产业部门之间产值、就业人员、国民收入比例变动的过程上。

二、三次产业结构理论的建立与发展

产业分类是建立产业结构概念和进行产业结构研究的基础。三次产业的分类方法是西方学者进行产业结构研究的最重要的分类方法之一。从理论上看,三次产业结构理论的建立与发展经历了一个不断完善并创新的过程。

三次产业分类的主要原则,是把全部经济活动按照经济活动的客观序列与内在联系,划分

为第一产业、第二产业和第三产业。这是欧美、日本和前苏联等工业发达国家普遍采用的一种产业分类法。我国三次产业划分的具体标准和范围如下。

第一产业：农业（包括种植业、林业、牧业、渔业等）。

第二产业：工业（包括采掘业、制造业、自来水、电力、蒸汽、热水、煤气）和建筑业。

第三产业：除了上述第一、第二产业以外的其他各业。由于第三产业包括的行业多、范围广，根据我国的实际情况，第三产业可分为两大部分：一是流通部门；二是服务部门，具体又可分为四个层次：

第一层次：流通部门，包括交通运输业、邮电通信业、商业、饮食业、物资供销和仓储业。

第二层次：为生产和生活服务的部门，包括金融业、保险业、地质普查业、房地产业、公用事业、居民服务业、旅游业、咨询信息服务业和各类技术服务业等。

第三层次：为提高科学文化水平和居民素质服务的部门，包括教育、文化、广播电视事业、科学研究事业、卫生、体育和社会福利事业等。

第四层次：为社会公共需要服务的部门，包括国家机关、政党机关、社会团体以及军队和警察等。

经济学界普遍认为，三次产业分类法的确立，实际上是由英国经济学家、新西兰突塔哥大学教授费希尔（A. G. D. Fisher）完成的。20 世纪 30 年代初，费希尔研究认为，第一产业和第二产业并没有穷尽全部经济活动。于是，把第一产业和第二产业之外的所有其他经济活动，统称为第三产业。费希尔不仅提出了第三产业的概念，而且指出第三产业的本质在于提供服务。1935 年，费希尔在《安全与进步的冲突》一书中，从世界经济史的角度对三次产业分类方法进行了理论分析。他认为：纵观世界经济史可以发现，人类生产活动的发展有三个阶段。在初级生产阶段，生产活动主要以农业和畜牧业为主，迄今世界上许多地区还停留在这个阶段上。第二阶段以工业生产大规模的迅速发展为标志，纺织、钢铁和其他制造业的商品生产为就业和投资提供了广泛的机会。显然，确定这个阶段开始的确切时间是困难的，但是很明显，英国是在 18 世纪末进入这个阶段的。第三阶段开始于 20 世纪初，大量的劳动和资本不是继续流入初级生产和第二阶段生产中，而是流入旅游、娱乐服务、文化艺术、保健、教育和科学、政府等活动中。处于初级阶段生产的产业是第一产业，处于第二阶段生产的产业是第二产业，处于第三阶段生产的产业是第三产业。

费希尔虽然提出了三次产业的分类方法，但他没有总结出规律性的东西。英国经济学家和统计学家克拉克则在继承费希尔研究成果的基础上，在 1940 年出版的《经济进步的条件》一书中，运用三次产业分类方法研究了经济发展同产业结构之间关系的规律，从而拓展了产业结构理论的应用研究，使得三次产业分类方法得到了普及。因此，三次产业分类方法更多的是与克拉克的名字联系在一起，这种产业的分类方法又称为克拉克产业分类法。

配第-克拉克定理是揭示经济发展过程中产业结构变化的经验性学说。早在 17 世纪，西方经济学家威廉·配第就已经发现，随着经济的不断发展，产业中心将逐渐由有形财物的生产转向无形的服务性生产。1691 年，威廉·配第根据当时英国的实际情况明确指出：工业往往比农业，商业往往比工业的利润多得多。因此，劳动力必然由农转工，而后再由工转商。克拉克是在威廉·配第的研究成果之上，计量和比较了在不同收入水平下，就业人口在三次产业中分布结构的变动趋势后得出结论的。克拉克认为他的发现只是印证了配第在 1691 年提出的观点而已，故后人把克拉克的发现称之为配第-克拉克定理。

克拉克首先把整个国民经济划分为三个主要部门,即现在普遍称作的三次产业:农业——第一产业;制造业——第二产业;服务业——第三产业。克拉克所说的农业除了包括种植业外,还包括畜牧业、狩猎业、渔业和林业。矿业被认为处在边界线上。采矿业在经济活动中分明是取自于自然的产业,理应划入第一产业。但采矿业有更多的属性近乎制造业。克拉克在1951年出版的《经济进步的条件》(第2版)时,将其划入了第二产业。这个部门的特点是所有行业都直接地依赖于自然资源的使用。在技术不变的情况下,这个部门除少数例外,通常遵循报酬递减规律。制造业被定义为:一个不直接使用自然资源,大批量连续生产可运输产品的过程。这个定义排除了不可运输产品(建筑与公共工程)的生产和小规模的不连续过程(如手工缝衣或修鞋等)。制造业的基本性质是它的材料和产品都可以远距离运输,它要求有相当大的资本投资和高度的组织。在大多数情况下,这个部门的生产具有报酬递增的特点。第三部门由大量的不同活动所组成,克拉克把它们统称为服务部门。这个部门包括建筑、运输与通信、商业与金融、专业服务(如教育、卫生、法律等)、公共行政与国防以及个人服务业等。服务业按照某种目的还可以区分为直接提供给最终购买者(消费者、投资者和政府)的服务和被用来帮助其他生产过程的服务(如商品运输、批发商业以及为商业目的的乘客旅行和旅馆提供等)。

克拉克在搜集和整理若干国家的统计资料基础上,进行了国际比较和时间序列分析,得出如下结论:"随着时间的推移和社会在经济上变得更为先进,从事农业的人数相对于从事制造业的人数趋于下降,进而从事制造业的人数相对于服务业的人数趋于下降。"克拉克认为,劳动力在产业之间变化移动的原因是由经济发展中各产业间的收入出现了相对差异造成的。因此,配第-克拉克定理可以表达为:随着经济的发展和人均国民收入水平的提高,劳动力首先由第一产业向第二产业移动;当人均国民收入水平进一步提高时,劳动力便向第三产业移动。劳动力在产业间的分布状况是:第一产业减少,第二、三产业将增加。这不仅可以从一个国家经济发展的时间序列分析中得到印证,而且还可以从处于不同发展水平国家在同一时点的横断面比较中得到类似的结论。人均国民收入水平越高的国家,农业劳动力在全部劳动力中所占的比重相对来说越小,而第二、三产业中劳动力所占的比重相对来说就越大;反之,人均国民收入水平越低的国家,农业劳动力所占比重相对越大,而第二、三产业劳动力所占的比重相对越小。

因此,从理论的形成与发展上看,克拉克所发现的规律,其理论来源主要有两个:一是配第定理,即产业间收入相对差异的描述性规律现象;二是费希尔的三次产业分类法。

三、国际产业结构调整和国际产业转移

(一)国际产业结构调整

21世纪初期,世界产业结构调整的总趋势是,高新技术产业化步伐进一步加快,改造后的传统产业将赢得新的发展空间,知识型服务业成为拉动经济增长的主导产业。从发达国家看,美国新一轮结构调整的目标是适应网络时代知识经济和服务经济的结构变化,以信息技术、航空航天技术、国防和生化技术工业作为支柱产业,提高金融和资讯等产业领域的竞争力,在全球化进程中占领更大的国际市场。欧盟的调整重点则是通过市场和货币一体化的进程来推动体制、产业结构、就业、技术的市场化调整。日本也是将增强竞争力作为结构调整的主要目标,重点是加强对大型跨国公司治理结构的调整以及开放和重组长期受保护的银行业、不动产、建筑和零售业等,提高其国际化程度。

在美日欧不断调整产业结构的同时,中国的三次产业结构也在不断向优化升级的方向发

展。改革开放 30 多年来,三次产业中,1979 年至 2007 年第一产业年均增长 4.6％,第二产业增长 11.4％,第三产业增长 10.8％。从构成看,第一产业所占比重明显下降,第二产业所占比重基本持平,第三产业所占比重大幅上升。其中,第一产业所占的比重从 1978 年的 28.2％下降到 2007 年的 11.3％,下降了 16.9 个百分点;第二产业所占比重由 47.9％上升为 48.6％,上升 0.7 个百分点;第三产业所占比重由 23.9％上升为 40.1％,上升 16.2 个百分点。现代经济的结构性特征越来越明显。三次产业就业结构也发生了明显的变化。伴随着经济结构的大调整,70％的就业人口从事农业的局面有了很大的改观,相当比例的人口转而从事工业和服务业。其中,第一产业就业人数占总就业人数的比重由 1978 年的 70.5％下降到 2007 年的 40.8％,下降了 29.7 个百分点;第二产业就业人口所占比重由 17.3％上升至 26.8％,上升了 9.5 个百分点;第三产业就业人口所占比重由 12.2％上升至 32.4％,上升了 20.2 个百分点。服务业的大发展,是改革开放 30 多年来中国产业结构调整最鲜明的特征。2013 年,中国三次产业产值比例为 100：43.9：46.1,三次产业就业比例为 31.4：30.1：38.5,较 2007 年又有了大幅提升。

(二)国际产业转移

第二次世界大战后,全球经济结构经历了数次大规模调整,伴随着国际产业转移的发展。国际产业转移是指某些产业从一个国家和地区通过国际贸易和国际投资等多种方式转移到另一个国家和地区的过程。而国际产业转移的动因主要有两方面:一是降低成本;二是市场扩张。国际产业转移所必需的前提和条件主要有产业转移国与接纳国之间存在成本差异、产业转移国与接纳国之间存在产业级差。此外,还必须有能适应全球化经营的载体和环境。国际产业转移主要是通过资本的国际流动和国际投资来实现的,往往是从劳动密集型产业的转移开始,进而到资本、技术密集型产业的转移,是从相对发达的国家转移到次发达国家,再由次发达国家转移到发展中国家和地区,逐层推进。

第二次世界大战以来,世界上有三次大的产业转移:一是 20 世纪 50 年代美国将钢铁、纺织等传统产业向日本、西德等国转移,集中力量发展半导体、通信、电子计算机等新兴技术密集型产业;二是 20 世纪 60～80 年代,日本、西德等国转向发展集成电路、精密机械、精细化工、家用电器、汽车等耗能耗材少、附加价值高的技术密集型产业,将附加值较低的劳动和资源密集型产业转移到亚洲"四小龙"等新兴工业化国家和地区,这些国家获得了扩大劳动密集型产品出口的良机,实现了由进口替代型向出口导向型经济的转变;三是 20 世纪 80 年代后,全球经济结构进入了新一轮以"信息技术为核心的新技术广泛采用"为特征的结构调整期,出现了美国、日本和欧洲发达国家发展知识密集型产业,新兴工业化国家和地区发展技术密集型产业,劳动密集型和一般技术密集型产业转向发展中国家的景象。这一轮的产业结构调整既体现为一些产业的整体性转移,又体现为同一产业中一部分生产环节的转移,同时还体现为不同产业之间的相互整合,其主要特征可以归纳为以下几点。

第一,新技术革命推动了国际产业转移向高级化方向发展。

从 20 世纪 80 年代开始,以发达国家为中心,世界经济正在兴起以信息技术为主要标志的新技术革命浪潮。如今世界各国特别是发达国家均把发展高新技术产业作为产业结构战略性调整的方向以及在国际竞争中取得优势的重要手段。同时,新技术也给发展中国家的经济发展和产业结构优化带来了难得的机遇。近来发达国家在继续向发展中国家转移劳动密集型产业的同时,开始向发展中国家转移资本技术双密集型产业,在国际产业垂直型转移占主导的同时,水平转移也日趋增多。

第二,企业并购浪潮加快了国际产业转移的步伐。

近年来,随着全球经济一体化步伐的加快,许多企业在竞争加剧的压力下,将生产经营目标调整到立足全球经济,因此跨越区域、国界的跨国并购比重日益增大。这种扩展到世界范围内的企业并购加快了国际产业转移的步伐,促进了产业结构的升级和优化。一方面,发达国家向外转移成熟产业,为本国高新技术产业的发展腾出空间;另一方面,接受转移的发展中国家也能加速完成本国的工业化,有助于发展中国家建立起较为完整的产业结构,从而加快了世界各国产业结构调整的步伐。与在国外投资新建企业相比,收购兼并国外企业时间短、见效快,能充分利用收购企业的资源、技术、设备和人才,因此它越来越受到跨国公司的青睐,正日益成为国际产业转移的重要方式。

第三,跨国公司成为国际产业转移的主体。

20世纪90年代以来,跨国公司迅猛发展,它们依靠雄厚的资金、先进的技术和管理优势,实行全球投资,进行跨国、跨地区、跨行业的生产和经营,推动全球资源的优化配置。目前全球存在的6万多家跨国母公司以及80多万家的国外附属机构,已经成为当今国际贸易、国际投资和国际产业转移的主要承担者。同时,由于这些跨国公司的子公司有50%多分布在发展中国家,因此,跨国公司的直接投资对发展中国家的产业结构升级有重大意义。新一轮产业转移主要是技术、知识和资本密集型产业,载体是跨国公司。传统产业转移采取梯度方式,主要着眼于劳动力优势与区位优势。而产业链转移则以跨越方式,更加注重东道国的技术、人才、研发能力等综合优势与信息基础设施。这些特点将对国际分工格局变化产生深刻影响。

第四,产业转移规模不断扩大。

从20世纪80年代后期开始,发达国家为了赢得全球经济竞争的优势,抢占全球产业结构制高点,纷纷把产业结构的调整推广到全球,以产业结构转移为手段,进行大规模的结构重组和升级,从而引发了世界范围的产业转移浪潮,世界对外投资的大幅度增长便是很好的证明。进入20世纪90年代以后,世界经济的全面复苏推动了对外投资和产业转移的加速发展,世界对外直接投资(FDI)由20世纪90年代初的2 000亿美元,至2000年猛增到创纪录的1.4万亿美元,2007年达到创纪录的2万亿美元。2008年金融危机后有所下滑。2014年全球FDI总流量为1.23亿美元,2015年预计上升11%,达1.4万亿美元。2016年、2017年,全球FDI有望达到1.5万亿美元和1.7万亿美元。当前,发达国家为了赢得全球竞争优势,进一步加快了产业的国际转移,而发展中国家为了发挥后发优势,实现赶超战略,则充分利用国际产业转移的机遇,进一步扩大了对国际产业转移的接纳,从而使国际产业转移的规模进一步扩大。

第五,产业转移呈现区域内部化。

世界经济区域集团化的迅速发展,促进了区域内贸易和投资的自由化,区域内的资本流动和产业转移已成为当前国际产业转移的重要特征。欧盟国家对外投资的1/3是在成员国之间进行的。在北美,美国、加拿大都互为最大的投资对象国和产业转移国。近年来,亚太区域内各国之间的相互投资和产业转移也非常活跃。APEC成立的五年里,区域内的直接投资增长了65.9%。进入21世纪后,区域内的直接投资依旧保持增长。数据显示,2013年我国对外贸易总额、对外直接投资总额及利用外资总额中,对象为APEC成员的分别占60%、69%和83%。据官方预计,未来10年我国对外投资将达1.25万亿美元,而这些投资近70%的份额将集中在APEC成员身上。随着区域经济集团化的步伐进一步加快,产业转移的区域内部化

将会是国际产业转移的主要趋势。进入 21 世纪,随着区域经济集团化的步伐进一步加快,产业转移的区域内部化必将成为国际产业转移的新趋势。

值得一提的是,外包逐步成为国际产业转移的新兴主流方式。外包是指跨国公司把非核心的生产、营销、物流、研发、设计活动,分别转包给成本低的发展中国家的企业或专业化公司去完成。21 世纪初,越来越多的跨国公司更加注重核心业务的发展,而将非核心业务以"外包"的方式,交由其他专业公司处理,其实质在于截取价值链中的高利润环节,缩小经营范围,将有限的资源集中配置到企业的强势领域,以降低企业的运营成本,突出企业的竞争优势。2007 年,全球外包市场达到了 8.1 万亿美元的规模,占全球商务活动总额的 14.8%,其中,离岸外包项目占外包总项目的比例超过了 50%。预计全球外包市场将以每年近 20% 的速度递增,2013 年,全球服务外包市场规模约为 13 000 亿美元,未来几年,全球服务外包整体市场和离岸市场将维持 5% 和 16% 的复合增长。

四、世界主要国家调整优化产业结构的经验

(一)美国——产业政策与宏观、微观经济环境协调配合

长期以来,美国政府认为,产业结构协调过程中面临的资源配置问题只有通过市场机制才能解决,政府的作用就是完善市场机制,为产业结构调整创造良好的经济环境。为此,美国政府努力营造促进产业结构优化的宏观、微观经济环境。也正是在这种经济环境之下,美国产业结构逐步优化,经济持续增长。同时,美国政府推行旨在直接促进产业技术进步的国家技术政策,这种综合性的、系统的国家技术政策使得技术对经济持续增长、创造就业机会、改善生活质量和改善国防的贡献最大化。美国进行产业结构调整的另一个经验是,十分注重经济政策和科技政策的协调配合,避免国家有限资源的分散重复、低效浪费。

(二)日本——通过产业结构优化推动经济发展

从步入经济高速增长期的 1955 年至今,日本产业结构经历了产业合理化和技术密集化的演变。从其产业结构演变的分析中,我们可以得到如下启示:在经济发展的不同阶段,日本政府采取了以尊重企业自主选择为原则,直接干预和间接诱导相结合,根据不同发展阶段制定适宜的产业政策。另一方面,日本政府高度重视引进技术的消化吸收并提高二次创新能力,由此强化产业技术创新,促进企业技术进步。日本的经验告诉我们,要使技术引进获得成功,必须以选择、吸收、消化和改良技术能力作为基础,即需要技术积累。要做到这一点,就必须高度重视研究开发。

(三)意大利——发挥小企业集群优势,提高产业竞争力

意大利之所以能够保持强大的经济发展实力,主要是由于小企业集群巨大的推动作用。首先,意大利政府充分认识到小企业集群对产业结构升级的特殊作用,不断地进行组织创新,并调整出适应本国国情的产业结构。其次,意大利政府非常重视企业集群中的社会网络关系发展。因为企业间通过紧密的技术合作实现隐性知识的有效传递,大大提高了企业的技术创新能力和产业竞争力。另外,意大利鼓励企业采用先进灵活的生产方式,使企业在快速变化的市场需求条件下,采用多品种、小批量的"后福特制"生产方式,提高企业的国际竞争力。

(四)以色列——发展高效农业,以农业信息化促进产业结构优化

高技术和超集约是以色列农业的显著特点。以色列通过发展高效农业推动产业结构调整和优化的经验主要体现在以下几个方面。①重视新产品和新技术的研发,并保持较高的农业

研发投资水平。以色列农业研究与开发的资金来源是多渠道的,除了政府提供的大量资金外,还有由美国、荷兰以及欧盟等提供的基金,农业销售税以及化工、种子、农药和食品行业的私人公司等提供的研究经费。②注重利用三次产业的互动来推动产业结构优化。一方面,利用具有较高技术含量的第二产业来改造传统的农业生产方式;另一方面,则利用农业的大力发展来推动第二、第三产业的发展。③利用高新技术改造传统农业技术。以色列十分注重充分发挥生物技术的巨大功能,不断培育一些抗逆性能的作物品种。另外,通过开发一系列计算机硬件和软件,成功地实现了温室中的气候、供水和施肥的自动化控制,借此大力发展了工厂化农业。

(五)韩国——通过产业结构合理化,推动经济全面发展

韩国在工业化初期主要采取了强有力的"政府主导型"产业政策,其中包括:通过政府直接干预金融活动而使金融业成为"政策金融",为重化工业部门的发展提供了大量的低息政策性资金;采取强有力干预,促进企业合并,扩大企业规模,以提高产业的集中度等。韩国的三次产业结构调整,既考虑了自身的经济基础和发展阶段,又及时抓住了国际产业结构演变的机遇,顺利地接过每一轮发达国家产业结构调整中转移出的产业,从而打破了产业结构内向发展的封闭模式,同工业发达国家的产业之间形成了互补关系。韩国战后成功地引进和利用外资,并注重对外资投向进行引导,弥补了国内投资资金严重不足,既促进了经济总量的高增长,又加速了产业结构的转换和升级。韩国政府一直将科学技术进步视为经济发展的动力之一,注重制定与经济发展计划紧密配合的技术进步政策。从 20 世纪 50～60 年代属于单纯引进或产业移植阶段,到 70 年代对引进技术进行消化、吸收以及实现国产化的阶段,再到 80 年代对国外先进技术的模仿与创新相结合的阶段,直至 90 年代为独立能力的发展进行奋斗的阶段,这个过程充分展示了一个发展中国家通过引进、消化、吸收与改进国外先进技术,积累自身"技术能力"的技术进步战略的成功典型。

第四节　面对世界科技发展中国应采取的战略

一、世界主要国家科技发展的政策

尽管世界各国历史文化、现实国情和发展水平存在着种种差异,但面对信息社会的来临及世界经济发展的新形势,各国政府都在认真思考和积极部署新的科技发展战略,调整科技政策,高度关注科学技术发展趋势,重视对科技的投入。

(一)美国力图保持其科学技术的全面领先地位

美国是世界的科技超级大国,在基础科学和诸多技术领域领先世界。在科学技术成为国家竞争力核心的今天,为了确保综合竞争优势,近几十年来,历届美国政府都极为重视科技发展,制定新的科技政策,加大对科技的投入,出台科技计划,重点扶持航空航天科技、信息科技、生命科学和生物技术、纳米科技、能源科技和环境科技的发展。提出了诸如国际空间站计划、21 世纪信息技术计划和网络与信息技术研究发展计划、人类基因组计划和植物基因组计划、国家纳米计划、国家能源计划、气候变化研究计划和国家气候变化技术计划等,并正在出台相应的国家计划,促进纳米科技、生物科技、信息科技与认知科学之间的融合。"9·11"之后,美国借助反恐,加大了对有关国家安全和国防科技的投入,2004 年美国联邦政府的研发投入已达 1 227 亿美元。2014 年美国政府的研发投入预算总额已达 1 428 亿美元。美国政府还相继

出台了一系列支持民用工业技术创新的重大计划,用于鼓励、促进美国企业的技术创新,保持产业优势。

(二)日本将科技创新立为国策

1995年,日本政府明确提出"科学技术创新立国"战略,力争由一个技术追赶型国家转变为科技领先的国家。进入21世纪之后,日本在科技领域出台了一系列重大举措,加大科技投入,加快科技体制改革步伐。2001年,日本政府设立综合科学技术会议,作为日本首相的科技咨询机构和国家科技政策的最高决策机构。同年,日本为了提高科技创新能力和创新效益,将89个国立科研机构合并重组成为59个拥有较大自主权的独立行政法人机构,实行民营化管理。同年,日本还启动了科学技术基本计划,确定政府5年内的科技投入增至约2 400亿美元,使得日本成为能创造知识、灵活运用知识并为世界作出贡献的国家,成为有国际竞争能力可持续发展的国家。日本政府每年对科技的投入都占到了GDP的3%以上,2009年金融危机期间,其科技预算额仍达35 548亿日元,与2008年持平。日本政府还提出了21世纪初重点发展的科技领域,即生命科学、信息通信、环境科学、纳米材料、能源、制造技术、社会基础设施以及以宇宙和海洋为主的前沿研究领域。同时,日本政府还强化了科技领域的竞争机制,加大对科技基础设施的投入并出台相应的政策,培养和吸引国内外优秀人才进入科技领域。

(三)欧盟力图建成世界上最具竞争力的知识经济组织

在统一货币和市场之后,欧盟各成员国一致认为,为了协调和促进科技合作,最大限度地提高各成员国科研产出率,发挥其潜力,欧盟应有统一的科学研究与技术开发政策。2002年11月,欧盟正式启动第六框架研究计划,整合欧洲的科研力量,确定信息科技、纳米科技、航空航天科技、食品安全科技、资源环境科技为优先领域,支持跨地区、跨领域的研发活动,特别是联合企业的研发活动,建设欧洲研究区,加强科技基础设施建设,鼓励人力资源建设和人才流动。2003年3月,欧盟委员会决定加大对科技的投入,至2010年,欧盟的年科研经费总额提高到GDP总量的3%。欧盟已出台并实施"科教兴盟"战略,旨在整合欧盟各国的科研力量,在全欧洲营造科技创新环境。欧盟委员会还公布了一项"地平线2020"科研规划提案,将在2014至2020年间投入约800亿欧元的巨额资金发展科技。

(四)俄罗斯力图重振科技大国雄风

进入新世纪,俄罗斯政府认识到,基础研究、最重要的应用研究与开发是国家经济增长的基础,是决定国家国际地位的重要因素。2002年,俄罗斯政府制定"俄罗斯联邦至2010年及未来的科技发展基本政策",将发展基础研究、最重要的应用研究与开发列为国家科技政策支持的首位,规定基础研究优先领域既要考虑国家利益,又要考虑世界科学、工艺和技术的发展趋势,并要求根据科学、工艺和技术的优先领域开展最重要的应用研究和开发,解决国家面临的综合科技与工艺问题。为此,政府加大了科技投入,加强了国家调控,积极推进国家创新体系建设,提高科技成果的转化率,发展科技创新队伍,并通过专项行动计划,支持科学与教育的结合,大力支持先进制造技术、信息科技、航空航天科技等领域的发展。

(五)韩国力图成为亚太地区的科学研究中心

经历了经济崛起和亚洲金融危机的韩国,深切认识到科技在国家发展中的核心作用。1997年12月,韩国政府制订了"科学技术革新五年"计划,提出2002年政府对研发的投入达到政府预算的5%以上,从根本上改变韩国科技现状,提升韩国的科技实力。1998年,韩国政府发布"2025年科学技术长期发展计划",力争2005年科技竞争力达到世界第12位,2015年达到世界第10位,2025年达到世界第7位,成为亚太地区的科学研究中心,并在部分科技领域位居世界主导地位。为了实现这些目标,韩国政府确立了科技政策调整思路,科技开发战略由过去的跟踪模仿向创造性的一流科学技术转变,国家研发管理体制由过去部门分散型向综合协调型转变,科研开发由强调投入和拓展研究领域向提高研究质量和强化科研成果产业化转变,国家研究开发体制通过引入竞争机制,由政府资助研究机构为主向产学研均衡发展转变。进入21世纪,韩国政府的科技投入每年都以超过10%的速度增加,并确定了信息技术、生物技术、纳米技术和环境技术为重点发展的领域。

(六)印度力图通过发展科学技术实现强国梦想

印度独立之后,一直大力发展高等教育,至20世纪90年代,印度科技人员的数量已仅次于美国和俄罗斯,居世界第三。进入新世纪,印度的生物科技和信息科技已经居于发展中国家的前列,并且掌握了较为先进的空间技术和核技术。但是印度的科技发展并不均衡,特别是在一些关系国计民生的科技领域,明显落后于世界先进水平,印度的基础研究整体水平也呈下滑态势。为扭转这一情况,2001年,印度政府制定了新的"科技政策实施战略",大力支持空间科技、核技术、信息科技、生物科技、海洋科技的发展。此外,还确定了一些重要的基础研究领域以及一系列应用技术发展的重点。

二、中国科技发展的战略选择

科技发展战略指为促进科学技术发展优化而制定的有关政策体系,其实质是规划如何在世界范围内的竞争中争取到科学技术发展的战略主动地位。确立战略目标是制定科学发展战略的关键环节,它一般具有全局性、长期性、可行性、最优性等特征。确定科技发展战略目标分为两个阶段:首先,根据国家总体发展战略目标,确定科学技术总的发展水平;然后,根据科学技术总的发展水平目标,根据科技、经济、社会发展的实际可能性,确定科技发展的战略目标体系和战略重点。

(一)改革开放30多年来,中国科技发展取得了辉煌的成就

改革开放30多年来中国科技战略决策与部署与时俱进,科技事业实现了中华民族历史上最快的发展与最大的跨越。30多年的伟大实践实现了四次战略思想的飞跃:一是以1978年全国科学大会为标志,解放思想,拨乱反正,确立了科学技术的关键地位,实现了科学春天的开篇;二是以改革为动力,引导科学技术在为经济建设服务中实现新的发展;三是加速科技进步,实施科教兴国、人才强国战略;四是走中国特色自主创新道路、建设创新型国家。党的十七大把提高自主创新能力、建设创新型国家作为国家发展战略的核心,提高综合国力的关键,摆在促进国民经济又好又快发展的突出位置。中国科技事业进入创新发展的新阶段。

30多年来,中国科技创新能力不断提升,基础研究、高新技术产业化成果卓著,科技支撑重大工程建设能力大幅提升,农业科技创新为解决"三农"问题、保障粮食安全发挥了重大作用,民生科技保障了社会可持续发展,国际科技合作形成全方位、多形式、广领域、高水平的良好局面,科技为北京奥运成功举办和富有成效的抗震救灾提供了强有力支撑等。特别是中国在当代科技的许多重要领域涌现出如载人航天、探月工程、超级杂交水稻、高性能计算机、超大规模集成电路、核电技术、节能与新能源汽车等为代表的重大自主创新成果,实现了跨越发展。

研发投入强度是指一个国家或地区研发投入总量与GDP之比,是国际上通用的反映一个国家或地区研发能力的核心指标。OECD公布的数据显示,2012年中国将GDP的1.98%投

入研发,而欧盟 28 国只有 1.96%,研发投入比 1998 年增长了 3 倍。同期美、日、德的分别为 3.2%、2.7% 和 2.92%。

(二)中国科技发展的重点

习近平同志在十八大报告中指出:"科技创新是提高社会生产力和综合国力的战略支撑,必须摆在国家发展全局的核心位置。"科学技术是引领经济社会发展的主导力量。科技创新是解决中国发展中面临的新课题新矛盾的根本途径。我们必须高举中国特色社会主义伟大旗帜,深入贯彻落实科学发展观,认知客观规律,创新关键技术,走出一条在资源有限的国情下,依靠科技实现科学发展、建设和谐社会,进而实现现代化的发展道路。

第一,建立可持续发展的能源体系。综合分析世界及中国化石能源可开采储量以及未来经济社会发展对能源的需求和环境承受能力,中国能源消耗必须向大幅度节能减排方向发展,大幅度降低对化石能源的依赖度。到 2050 年,中国单位 GDP 能耗应相当于届时发达国家的中等水平。短期应重点发展节能和清洁能源技术,提高能源效率,力争突破新一代零排放和二氧化碳大规模捕捉、储存与利用的关键技术,积极发展安全清洁核能技术和先进可再生能源技术,前瞻部署非传统化石能源技术。中长期应重点推动核能和可再生能源向主流能源发展,突破快中子堆技术、太阳能高效转化技术、高效生物质能源技术、智能网格和能源储存技术,重点发展可再生能源技术规模化应用和商业化,力争突破核聚变能应用技术,建成中国可持续能源体系。

第二,有效突破水问题对经济社会发展的瓶颈式制约。中国是全球人均水资源贫乏的国家之一,正面临最严峻的水问题挑战。解决中国水问题从科技角度看,近期要加快开发水污染综合治理技术、水污染物减排与清洁生产技术、饮用水安全保证技术等,重点发展节水和循环利用技术、高效低成本海水利用和淡化技术等,前瞻部署和发展水生态系统相关科技问题,初步建成节水减排型社会的技术支撑体系。中长期建成行业性节水和循环利用技术体系,开展重点行业和重点城市、区域的技术体系示范,开展湖泊、流域水体生态系统修复工程,使中国主要水体污染得到根本治理,研究全球变暖和气候变化条件下的水资源和水生态系统变化的适应技术并进行示范。

第三,从基本遏制生态环境恶化趋势逐步过渡到有效修复生态环境。全球环境变化是人类面临的共同挑战。中国已呈现大范围生态退化和复合性环境污染的严峻局面,严重制约着中国经济社会可持续发展。近期要坚持和完善源头治理战略,重点开发生态和环境监测与预警技术、重污染行业清洁生产集成技术、废弃物减量化和资源化利用技术、温室气体减排技术,开展环境污染综合治理、典型生态功能退化区综合整治的技术集成与示范。中长期要深刻认识自然系统的演化规律和人类活动对自然系统的影响,系统认识中国生态环境的现状和变化趋势,建立生态、环境、气候综合监测与预警系统和生态补偿机制,开展退化生态重建转型、区域污染综合治理、环境健康监控防治、循环经济研发示范、全球环境变化适应与减缓、环保产业技术和设备研究,形成环境污染控制和生态建设的科技创新体系。

第四,实现由"世界工厂"向"创造强国"的跨越。要从根本上转变中国经济发展方式和产业结构,必须抓住信息科技更新换代和中国即将成为世界第一大网络通信和计算机市场的难得机遇,大力发展以知识和创新为基础的现代服务业,加快振兴装备制造业、先进材料产业,发展工业生物经济,力争突破一批关键技术,掌握一批重大自主知识产权,大幅度提升中国产业的国际竞争力。近期要重点发展低成本、高能效的硬件、系统软件、互联网服务技术,突破

CPU芯片、高性能宽带信息网、分布式操作系统等关键技术；提升重大装备的自主设计和制造能力，推进制造业信息化技术向支持产品全生命周期管理发展；研发高性能复合材料、轻质高强结构材料、高性能工程塑料等基础材料及应用技术，发展新一代信息功能材料及器件、能源材料和环境友好材料等新材料；发展微生物代谢工程与生物基产品开发等工业生物技术。中长期要突破服务科学和网络化、智能化、可持续的服务技术，初步建成中国信息科技软件和服务工业体系；推进制造技术与电子、信息、生物、纳米、新材料、新能源等相互融合，发展新的制造技术，根本改变产品的设计和制造过程；突破现代材料设计、评价、表征与先进制备加工技术，发展纳米材料与器件；加强生物科技在相关领域的应用，把生物科技作为未来高技术产业迎头赶上的重点。

第五，重视开发利用天空和海洋。天空和海洋科技是关系中国发展空间和国家安全的战略性必争领域。目前世界空间强国都制定了至2050年的空间科技发展战略规划，中国也应当从和平利用空间出发，加强空间科技发展的战略布局和统筹安排，抓紧制订发展路线图。在海洋科技方面，近期要重点发展海洋监测技术，大幅提高海洋综合观察能力；发展海洋生物技术，催生海洋生物制品新产业的兴起；发展海洋资源开发利用技术，促进海水淡化和海水化学资源综合利用技术产业化；加强海域综合地质调查，开展近海天然气水合物前期勘探；开展海岸带可持续发展研究，全面监测近海环境，有效遏制污染扩展趋势。中长期要促进现代海洋渔业、海洋生物经济、海洋精细化工业和海洋服务业等快速发展，实现中国海洋产业结构的升级换代。发展深海矿藏与油气资源探测技术和天然气水合物的采集与安全利用技术，广泛应用大规模海水淡化技术，有效缓解中国能源、资源和淡水紧缺的压力。发展海岸带生态环境监测治理和生物修复技术，提高预报和减轻海洋灾害能力，使得海岸带更加宜居，初步实现中国海洋数字化。

(三)建设创新型国家

进入新世纪，我们必须进一步丰富对科技创新与经济发展关系的认识，加强科技宏观管理改革，坚持创新驱动，加快推进国家创新体系建设，走中国特色的自主创新道路，努力建设创新型国家。

首先，要推进自主创新，推广自主创新科技成果，积极应对全球金融危机。在推进自主创新方面，把培育新兴产业作为新的经济增长点，作为扩大内需的一条重要途径；积极推进传统产业改造升级，大力推进制造业信息化，推广应用节能减排新技术，降低能耗，减少排放，降低成本，促进产品换代升级；充分利用积极财政政策，加强民生科技；加大科技型中小企业技术创新基金和创业投资引导基金的支持力度，支持有创新潜力的中小企业渡过难关，发展壮大；推广节能减排技术，促进钢铁、电力等行业的发展。

其次，要大力促进企业自主创新能力建设。通过技术创新引导工程、创新型企业试点和建立产学研技术创新战略联盟，加快推进企业成为创新投入的主体、创新活动的主体和创新收益的主体，提高企业的自主创新能力。

再次，要通过提供法律保障、制定创新政策、增加创新投资、强化政府宏观调控和协调，使创新特别是自主创新真正成为国家战略和政策的核心。同时，要加强科技宏观管理改革，为创新驱动发展提供体制机制保障。

(四)关系中国科技创新的重要问题

科学发展观是中国经济社会发展的重要指导方针。要实现科学技术的跨越发展，必须坚持以科学发展观统领科技创新工作全局。

第一，要统筹处理好影响中国科技工作全局的若干重大关系。统筹知识创新、技术创新、体制创新和管理创新，统筹基础研究、社会公益性研究、高技术创新、知识技术转移转化和规模产业化，统筹队伍创新、基础设施创新、文化创新和制度建设创新，统筹科技为中国经济社会协调发展、国家安全、人民健康幸福服务的功能，统筹自主创新与对外开放合作，保证中国科技工作整体协调、持续发展。

第二，要深刻认识人才成长规律，建设结构合理、充满活力的宏大创新队伍。人才始终是科技创新的最重要、最根本、最宝贵的资源。要坚持以人为本，坚持党管人才，坚持德才兼备的人才观，坚持当代中国优秀科技人才的价值标准，坚持公开、公平、公正、竞争择优的原则，任人唯贤、唯才是举，不论资排辈，不任人唯亲，不拘一格选拔和任用人才。建立体现科技人才创新价值和兼顾公平的薪酬体系，探索建立人员角色转换、有序流动、动态更新与优化的机制，形成科学合理的宏观结构。要着力营造宽松和谐的学术环境，尊重学术自由，提倡学术争鸣，鼓励理性质疑，坚持真理面前人人平等，排除地位影响，排除利益干扰，排除行政干预，使科学家的首创精神受到鼓励、创新思想受到尊重、创新活动受到支持、创新成果得以推广和应用。

第三，要立足在更加开放的条件下走中国特色的自主创新之路。要以开放的心态对待人类创造的一切知识，把有效利用全球创新资源作为创新跨越的起点，作为自主创新的重要基础；必须不断前瞻，提升中国科技的世界眼光和战略视野，不断明晰重大科技领域的战略和发展路线图，从根本上改变长期存在的模仿跟踪的发展模式；切实做到以我为主，对事关中国经济社会发展全局和国家安全的重大战略高新技术做出国家层面的战略安排，掌握核心关键技术，部署前瞻先导技术，大幅降低技术对外依存度，逐步取得战略主动权；必须充分预见到，随着经济快速增长、产业结构升级和外贸规模的提升，中国必将面对更加激烈的国际竞争，面对发达国家的不公平对待。我们要有所安排，制定适应中国应对这一必然态势的国家知识产权战略，积极参与国际知识产权规则的制定和完善；必须集中力量支持中国企业提升国际市场竞争力，打造一批具有强大自主创新能力和国际市场竞争力的以中资为主的跨国公司。

第四，要探索有效发挥国家科技规划宏观指导功能的新思路新办法。要按照科学发展观的要求，突出重点，面向未来，使国家战略需求、区域经济社会发展需求与世界科学技术前沿有机结合。关系全局的重大科技问题和重大专项，应由国家统一规划组织实施；提高企业自主创新能力和技术转移转化工作水平，应主要发挥市场作用；基础研究和前沿探索，应立足营造宏观战略引导与尊重科学家自主创新相结合的良好创新环境。落实科技规划涉及战略谋划、政策制定、组织实施、资源配置、监督审计、咨询评估等重要环节，这些环节之间应是相对独立、相互促进而又相互制约的关系。政府重点制定战略规划、优化政策供给、建设制度环境、加强科技投入，成为战略谋划和政策制定两个环节的执行主体。国家研究机构、研究型大学和部门与行业研究机构，应成为组织实施环节的执行主体。发挥市场在资源配置中的基础作用，发挥政府在资源配置中的重要作用，建立绩效优先、鼓励创新、竞争向上、协调发展、创新增值的资源配置机制，形成科技不断促进经济社会发展、社会不断加强科技投入的机制。加强对重大科技问题的国家宏观决策咨询，发挥好中国科学院、中国工程院和中国社会科学院的科技咨询作用，建立科学民主的决策评估制度、监督机制和责任制度，加快建设定位准确、分工明晰、竞争合作、运行高效的国家创新体系。

复习思考题

1. 简述科技革命的含义。
2. 分析战后科技革命的特点。
3. 试述战后科技革命对世界经济的影响。
4. 分析影响和制约国际分工发展的因素。
5. 试述国际分工对世界经济的作用。
6. 简述配第-克拉克定理。
7. 分析国际产业转移的基本特征。
8. 其他国家科技发展政策带给我们的启示。

第三章　贸易自由化

国际贸易是国际经济活动的基本形式,是世界各国经济联系的纽带。近年来,随着科技的进步、国际分工的不断深化和扩大,国家之间的相互联系、相互依赖的程度不断提高,在贸易自由化和金融国际化的驱动下,各国经济相继冲破了民族国家的限制,使世界经济各个领域呈现出全方位、全球化的发展态势,世界贸易得到了前所未有的迅速发展。

第一节　当代国际贸易概述

一、当代国际贸易的含义和分类

(一)国际贸易的含义

国际贸易(international trade)是指世界各国(或地区)之间进行的商品和劳务的交换活动。由于这种交换活动发生在世界范围内,所以又称为世界贸易(world trade)或全球贸易(global trade)。国际贸易是世界各国相互间劳动分工的表现形式,是国际经济关系的基本形式,也是世界经济发展的重要因素,它反映了各国在经济上的相互依赖关系。

(二)当代国际贸易的分类

最初的世界贸易只是实物商品的交换。但是,随着生产力的发展,科学技术的进步以及各国各地区间经济联系的增强,国际贸易所包含的内容进一步扩大化。当前,国际贸易按其交易内容可以分为货物贸易、服务贸易与技术贸易三大类。

1. 货物贸易

货物贸易亦称有形贸易,是指贸易双方交易的商品是具体的、有形的实物商品。国际贸易中有形商品种繁多,为便于统计,《联合国国际贸易标准分类》把国际货物贸易共分为十大类、63 章、233 组、786 个分组和 1 924 个基本项目。十大类中商品分类为:食品及主要供食用的活动物(0);饮料及烟类(1);燃料以外的非食用粗原料(2);矿物燃料、润滑油及有关原料(3);动植物油脂及油脂(4);未列名化学品及有关产品(5);主要按原料分类的制成品(6);机械及运输设备(7);杂项制品(8);没有分类的其他商品(9)。其中,0～4 类商品被称为初级商品,5～8 类商品被称为制成品。在标准分类中,目录编号采用 5 位数,第一位数表示"类",第二位数表示"章",第三位数表示"组",第四位数表示"分组",第五位数表示"项目"。上述商品贸易,是传统的国际贸易内容。

特点：货物贸易要办理海关手续才能够进出口，所以货物贸易的贸易额一定会体现在一国的海关统计表上，是国际收支的重要构成部分。

2. 服务(或劳务)贸易

按世贸组织《服务贸易总协定》，国际服务贸易是指："从一参加方境内向任何其他参加方境内提供服务。在一参加方境内向任何其他参加方的消费者提供服务。一参加方在其他任何参加方境内通过提供服务的实体的介入而提供服务。一参加方的自然人在其他任何参加方境内提供服务。"具体又包括两方面内容：其一，为有形贸易服务的经济活动，如运输、保险、咨询、信息、金融、邮电等有偿劳动服务等；其二，与商品进出口没有直接关系的其他与经济有关的对外活动，如旅游、劳务输出入等。世界贸易组织《服务贸易总协定》将服务行业分为 12 个部门：商业、通信、建筑、销售、教育、环境、金融、卫生、旅游、娱乐、运输和其他。

特点：服务提供与消费同时进行；服务贸易多为无形、不可储存；服务贸易保护更具刚性和隐蔽性；服务贸易额在各国国际收支表中只得到部分反映，不进入各国海关统计。

3. 技术贸易

技术贸易是指技术供应方通过签订技术合同，将技术有偿转让给技术接受方使用，包括专利权、商标使用权、专有技术使用权等知识产权的贸易，以及技术、知识产品如计算机软件等贸易。这部分贸易近年中随着科学技术日新月异的发展，有迅速扩大之势。

特点：转让的是技术使用权；技术贸易中涉及的法律更加广泛和复杂；以利润分成作为贸易标的物的作价原则；以知识产权作为贸易标的物的无形的技术知识；统计入账反映在一国国际收支平衡表的经常性项目中。

二、国际贸易的发展历程

(一)国际贸易的产生

国际贸易属于历史的范畴。它的产生，必须同时具备两个基本条件：一是有剩余产品可以用来交换；二是作为独立的政治和经济实体的国家的产生。从根本上说，社会生产力的发展和社会分工的扩大是国际贸易产生和发展的基础。

原始社会初期，生产力水平极度低下，人类社会处于自然分工的状态，依靠共同劳动获取仅供维持生存所必需的产品，并在部落成员中对产品实行平均分配。这一时期，既没有剩余产品和交换，也不存在阶级和国家。当然也就不存在对外贸易。

原始社会后期人类历史上的三次社会大分工，极大地推动了社会生产力的发展。第一次社会大分工后，畜牧业从农业中分离出来，使产品有了少量的剩余，在氏族部落之间开始出现偶然的物物交换。第二次社会大分工后，手工业从农业中分离出来成为独立的部门，由此产生了以交换为目的的生产，即商品生产。但这时的商品交换活动还主要是生产者的自身行为。第三次社会大分工后，商人出现了，商品生产和商品交换得到迅速的发展，阶级和国家相继形成。在这个时期，商品交换开始超出国界，产生了最初的国际贸易。

(二)第二次世界大战前的国际贸易

1. 奴隶社会时期的国际贸易

奴隶社会是以奴隶主占有生产资料和奴隶为基础的社会。自然经济占统治地位，生产的目的主要是为了消费。商品生产在整个社会中并不占主要地位。进入交换领域的商品极其有限，商品品种不多。同时，由于生产技术落后，交通工具简陋，使对外贸易的范围受到很大限

制。然而,它促进了手工业的发展,促进了商品经济的扩大,对奴隶社会向封建社会过渡起了一定的推动作用。

2. 封建社会时期的国际贸易

封建社会的经济仍然属于自给自足的自然经济,农业在各国经济中占据主要地位,商品生产仍处于从属地位。但封建社会的生产力和对外贸易较奴隶社会有了较大发展。这一时期,国际贸易中心首次出现。特别是到了封建社会晚期,随着城市手工业的发展,商品经济和对外贸易都有相应的发展,商品种类有所增加,贸易范围不断扩大,各国之间的经济往来以及文化技术的交流日益密切。

3. 资本主义时期的国际贸易

国际贸易历经奴隶社会和封建社会,到了资本主义时期才真正获得巨大的发展,根本原因在于资本主义制度本身具有扩张性,决定了它以大规模生产和大规模销售为前提来实现资本的无限扩张。在资本主义生产方式下,国际贸易额急剧扩大,商品种类日益繁多,国际贸易活动范围遍及全球,国际贸易的地位与作用不断提高,成为资本主义扩大再生产的重要组成部分。然而,在资本主义发展的各个具体时期,国际贸易的发展情况又有所区别。

(1)资本主义生产方式准备时期的国际贸易。16世纪到18世纪中叶,是西欧封建主义生产方式向资本主义生产方式过渡的时期。在这一时期,城市手工业的发展推动了商品生产和交换的进一步发展,这为国际贸易的扩大提供了物质基础。意大利北部的威尼斯、佛罗伦萨、热那亚等城市以及波罗的海和北海沿岸的汉撒同盟诸城市,相继成为欧洲的贸易中心。随后的地理大发现和国际分工萌芽的产生,使国际贸易在其物质基础上迅速扩张,欧洲贸易中心从地中海区域扩展到大西洋沿岸。参加国际贸易活动的国家和民族迅速增加,国际贸易范围空前扩大,交换的商品种类和数量不断扩大,世界贸易额急剧增长。

(2)资本主义自由竞争时期的国际贸易。18世纪60年代到19世纪60年代,是资本主义自由竞争时期,也是确立资本主义制度统治地位的时期。这一时期,随着蒸汽机的发明,英国以及其他欧洲先进国家相继完成了产业革命。资本主义生产从工场手工业过渡到机器大工业,生产力迅速提高,社会产品极大丰富,国际分工开始形成,这就为国际贸易的发展提供了空前丰富的物质基础。同时,交通运输和通信工具的显著改进和广泛使用,又推动了国际贸易的发展。专业性国际贸易组织机构相继出现;贸易方式随信贷发展而有较大进步;贸易商品结构不断变化,商品种类越来越多;国家之间的贸易条约也普遍发展起来。同时,配合国际贸易发展的银行、保险等服务性行业也得到迅速发展。

(3)垄断资本主义时期的国际贸易。19世纪70年代到19世纪末20世纪初,资本主义由自由竞争向垄断过渡。垄断成为资本主义经济的基础。垄断逐渐取代了自由竞争,资本输出代替了商品输出。由于生产和资本的高度集中,垄断组织控制了国际贸易,垄断并瓜分世界市场和原料供应地,国际贸易成为垄断组织追求最大利润的一种手段。在这一时期,虽然国际贸易额绝对数量有显著增长,但其增长速度明显下降。同时除英国外的其他资本主义国家如美、法等相继发展起来,国际贸易的地理格局不断变化。各帝国主义国家之间矛盾日益加深,争夺世界市场的斗争更加尖锐,最终导致了两次世界大战的爆发。

(三)第二次世界大战后的国际贸易

第二次世界大战以后,由于第三次科技革命的发生以及国际分工和生产国际化的不断发展,各国间的经济联系日益密切,经济全球化趋势不断加强,国际贸易得到空前的发展,已经成为世界经济的重要组成部分。但在不同的阶段里,国际贸易的发展速度并不一致。战后国际贸易的发展大体可以分为三个阶段。

1. 国际贸易的迅速发展阶段("二战"结束至 1973 年)

1950 年时国际贸易额仅为 600 亿美元,1973 年增加到 5 740 亿美元。在 23 年间世界贸易额增加了 8.5 倍,年平均增长率为 10.3%,这一增长速度超过了国际贸易史上增长最迅速时期 5.6% 的水平。国际贸易的迅速发展主要得益于世界经济的迅速发展。从第二次世界大战结束到 1973 年,世界经济发展迅速。虽然其间曾爆发过战后第一次世界性经济危机,但工业生产的年平均增长率仍高达 5.4%,超过了第一次世界大战前 1900 年至 1913 年间的 4.2%,被誉为第二次世界大战后世界经济发展的"黄金时期"。此外,由于战后国际分工的进一步深化、国际经济一体化的兴起、跨国公司的迅速发展以及国际货币制度的建立等因素的推动,"二战"后国际贸易的增长速度要明显快于世界生产增长速度。

2. 国际贸易的缓慢发展阶段(1973 年至 1990 年)

1973 年至 1990 年间世界出口贸易量的年平均增长率仅为 3.9%,国际贸易的增长速度明显减缓。造成这种情况的主要原因是世界经济的低速增长,世界生产的年平均增长率在 1973 年至 1983 年间仅为 3.3%。其中 1974 年至 1982 年间爆发的两次严重的经济危机,促使各资本主义国家加强对外贸易的干预和管理,构建贸易壁垒,限制进口,直接阻碍了国际贸易的发展。此间爆发的能源危机和货币制度危机也影响了国际贸易的发展。虽然西方国家在 1983 年以后相继摆脱了经济危机的困扰,走出了滞胀阶段,但经济增长依然缓慢。这一时期,由于受到前期利好因素的影响,国际贸易的增长速度仍然高于世界经济的增长速度。

3. 国际贸易的恢复性增长阶段(1990 年至今)

20 世纪 90 年代,虽然经历了两次经济增长大幅下降的挫折,但是国际贸易仍然保持着较高的增长势头,年均增长率超过了 7%。根据世贸组织发表的《世界贸易报告 2014》显示,1993—2013 年全球 GDP 平均增速约为 3%,而同期全球出口贸易额平均增速约为 5.5%,国际贸易增速远大于 GDP 增速。

发展中国家作为一个整体参与国际贸易的程度加深,发展中国家的出口占 GDP 的比重从 20 世纪 90 年代初的不到 15% 提高到 2011 年的 47%。2008 年,发展中国家商品贸易占世界商品贸易的份额均创新高,其中出口贸易占比达 38%,进口贸易占比 34%。进出口增速明显加快。首先,表现为发展中国家自身的出口增速高于进口增速;其次,表现为发展中国家进出口增速均高于世界贸易的平均扩张速度。据 WTO 统计,1990 年至 2000 年间发展中国家货物出口量和出口额均增长 9%,高于全球的 6.5%,货物进口量和进口额均增长 8.5%,高于全球的 6.5%。近几年发展中国家同样受到了金融危机的冲击,贸易增速有所减缓,但仍远高于世界平均增速。

从 20 世纪 90 年代开始,几乎所有主要的发展中国家集团的贸易增长比发达国家更快更迅速。但是由于发展中国家数量众多,在自然资源状况、人口密度、工业发展水平和人均国民生产总值等方面存在着巨大的差异,因此各地区贸易发展状况极不平衡,只有少数国家占据了本地区对外贸易的绝大比例。相比较之下,不发达国家和一些低收入国家的增长速度较慢,这是这些国家的贸易日益边缘化的根本原因。

在经济全球化的带动下,使得一些地理位置相距遥远的国家之间在经济、市场交换关系方面的联系不断深化,科技发展导致的要素流动性增强,尤其是资本的快速流动使各国之间的经

济技术合作成为可能。

第二节 当代国际贸易的发展特征与趋势

一、当代国际贸易发展的特征

当代国际贸易在科学技术进步和国际生产力增长的推动下,其规模、范围、形式都得到了空前的发展,不仅出现了数量上的巨额增长,而且具有许多新的特征。

(一)国际贸易高速发展

第二次世界大战后,在第三次科技革命作用下,在贸易自由化和投资国际化的推动下,国际贸易取得重大发展。体现在国际贸易额上,1950年时,全世界出口总额为579亿美元,1979年达到15 241亿美元,2004年进一步增至91 235亿美元,2008年更是达到157 750亿美元的高度,相当于1950年的272倍。据世界贸易组织统计,全球贸易总额由1999年的6.8万亿美元增至2013年的18.8万亿美元,全球贸易额与总产值之比从1999年的23%提高至25%。随着国际贸易的持续发展,世界各国国内市场与国际市场的互动性不断加强。

(二)国际贸易格局稳中有变

虽然发展中国家的贸易地位与战前相比有了很大的提高,发达资本主义国家在国际贸易格局中仍然居于支配地位,其在世界货物贸易中的比重1950年为60.7%,2001年为64.1%。此后几年发达国家一直维持这一比例。如在20世纪80年代中期以前,美国尽管在世界贸易中所占的比重呈明显的下降趋势,但它仍然占据着世界第一进出口国家的显著地位。从20世纪50年代起,原联邦德国和日本在经过了战后初期一段短暂的恢复阶段后,经济得到了迅速的发展。到了70年代初,原联邦德国在世界出口贸易中所占的比重已和美国接近,俨然已经成为一个世界排名第二的贸易大国,并且到了1986年,它第一次超过美国,一跃成为世界第一出口大国。自此以后,在第一位出口国家的"宝座"上,开始上演一幕幕激烈的争霸赛。日本的对外贸易也以惊人的速度迅速发展着,它在世界贸易中所占的比重也开始节节上升,从1971年开始终于超过了强大的英国,成功占据第三大出口国的地位。20世纪90年代开始,发展中国家在国际贸易中的份额不断提高,特别是中国,对外贸易飞速发展。据世界贸易组织统计,中国进出口总额已连续两年位列世界第一。当然,除一些新兴市场国家在国际贸易中具有一定的竞争力外,多数发展中国家在总体上仍将处于不利地位,南北差距依然巨大。

(三)国际贸易商品结构发生变化

首先,从实物商品看,制成品在国际贸易中所占比重明显上升,初级产品比重明显下降。历史上,初级产品在国际贸易中的比重一直超过工业制成品。但自20世纪50年代初起,工业制成品在国际贸易中的比重开始超过了初级产品。在此之后,工业制成品的比重不断上升,1960年为55%,1980年为57%,1990年跃至70%,2000年进一步急增至74.85%,2009年进一步急增至83.74%。据2011年联合国工业发展组织发布的世界工业发展报告,自20世纪90年代以来,工业制成品贸易年均增长9.8%,而初级产品贸易仅增长2.2%。可见,在世界商品贸易中,最具活力的是工业制成品贸易。近年受世界经济疲软的影响,虽然工业制成品贸易份额有所下降,但在整个出口份额中依然占据80%以上的份额。与此同时,世界初级产品贸易中,几大类初级产品贸易发展不平衡,农业原料、矿产原料和食品比重不断下降,而燃料比重迅速上升。制成品则呈现机械产品迅速增长的态势,其比重已由 20 世纪 50 年代的 1/5,增至 80 年代的 2/5,占世界各类出口商品总额也已达到了 1/3。正是工业制成品尤其是技术含量高的工业制成品在世界贸易中比重的上升以及初级产品比重的下降,使得国际货物贸易商品结构向高级化方向发展。

随着知识经济的日益发展,产业结构中技术、服务比重的进一步提高,经济发展重心由原来工业经济时代的制造业逐步转向高新技术、服务行业等领域。知识密集型产品成为重要的交易对象。近几年来,国际贸易出现了一个新的增长点——主要工业化国家高技术产品出口增长均高于全部出口增长的速度。为此,国际贸易在商品结构方面也随之发生了变化。高技术产品如通信设备、客运车辆、办公设备及医药等在国际出口市场所占的份额迅速增长。据统计,在 2005 年以后的 10 年中,世界高新技术产品出口一直维持在制造业产品出口份额的 20% 左右。

其次,国际服务贸易发展异军突起。由于世界商品贸易的增长和国际旅游业的兴旺及劳务出口的扩大,也由于世界绝大多数国家中就业人口从第一、第二产业部门转向第三产业部门的趋势,国际服务贸易得到了迅猛发展。据世界贸易组织统计,1982 年国际服务贸易总额为 4 050 亿美元,1992 年为 10 800 亿美元,2004 年达到 4.18 万亿美元,2008 年达到 7.2 万亿美元,25 年间增长了 17.8 倍。其中出口 3.7 万亿美元,进口 3.5 万亿美元。近几年中,金融服务、信息服务等新的服务项目后来居上,大有超过运输和旅游等传统的服务贸易,占据主导地位的势头。最新数据显示,2014 年全球服务贸易已达 9.8 万亿美元。

最后,技术贸易迅速发展。技术贸易是战后国际贸易中出现的新现象。"二战"后,发达国家为了实现产业结构的进一步高级化,加快自身过剩技术、资本和设备的向外转移速度,而发展中国家为了缩短与发达国家之间的差距,则不断吸收国际先进技术。在技术供给与需求的推动下,国际的技术交流日益频繁,技术贸易也在近年得到迅速发展。1965 年世界技术贸易额为 30 亿美元,1980 年初达到 160 亿美元,1985 年超过 400 亿美元,到 20 世纪 90 年代中期,则又急升至 2 500 亿美元。进入 21 世纪之后,世界技术贸易已超过 1 万亿美元。从技术贸易的国家结构看,发达国家之间的技术贸易额占了世界总技术贸易额的 80%,发展中国家之间的技术贸易额不到 10%,发达国家与发展中国家间的技术贸易约占 10%。

技术贸易的迅速发展主要得益于以下原因。首先,发达国家为了实现产业结构的进一步高级化,他们必定会加快自身过剩技术、资本和设备的向外转移速度;其次,由于科技的不断创新,技术的生命周期也以惊人的速度不断缩短,发展中国家单纯引进技术的后发优势将明显减弱。作为发展中国家,为了缩短与发达国家之间的差距,势必要在不断提高自身技术开发、创新能力的前提下,加快有效吸收国际技术贸易的步伐,积极参与科技领域的国际分工和高技术领域的国际合作,集中精力发展技术贸易。

世界各国的经济合作与依赖在经济全球化和自由化浪潮的推动下,得到进一步加深。国际技术交流也表现得更加频繁。技术对经济的贡献率从 20 世纪上半叶到 21 世纪初,从不到 50% 增长到 80%～85%。技术进步是发达国家经济增长的主要渠道。

(四)跨国公司成为国际贸易的主要推动力量

进入 21 世纪,跨国公司在全球范围得到了进一步扩张。它跨越国界,通过对外直接投资和技术转让等多种形式,建立了众多的分支机构,形成了全球性的经营和销售体系,极大地影响着国际贸易。这种影响不仅表现在国际贸易额的迅速增长上,而且反映在国际贸易商品结

构和地理方向的重大变化上。据统计,1970 年,跨国公司在全球有 7 000 多家,目前,全球已有 8 万多家跨国公司,而且这些公司平均每家拥有 14 个国外分支机构,因此他们在全球的分支机构大约有 112 万家。在世界经济中,以跨国公司为主要载体的对外直接投资发挥着重要的作用。

2011 年,全球跨国公司海外分支的销售总额同比增长 8.14％,达到 27.9 万亿美元,生产总值占到世界总产值的 40％以上,贸易额占到世界贸易的 50％以上;跨国公司海外分支总资产达到 82.1 万亿美元,同比增长 8.14％;跨国公司海外分支雇佣人数达到 6 906.5 万人。2011 年全球跨国并购热度继续回升,数量达到 5 769 项,金额为 5 259 亿美元,占当年外国直接投资流入量约 35％。2012 年,受经济环境影响,全球跨国并购额下挫明显,但仍为 3 101 亿美元。全球绿地投资为 9 043 亿美元,占全球外国直接投资流入量的 59％,2012 年同比下降 34％,仍占全球投资 2/3。同时跨国公司还控制 80％世界工业研究,90％的专有生产技术和 75％的技术贸易。

(五)贸易区域化、集团化、一体化趋势加强

近年来,随着世界经济和国际经济关系的变化,贸易区域化、集团化和一体化趋势得到了进一步加强。这种趋势使得世界各国经济正在从以贸易为主要纽带的松散性联合向更深层的联合发展,冲破了现有国家的界限限制,实行超出国家范围的经济协调与合作。这种区域化、集团化、一体化的组织最早出现在 1958 年,到了 20 世纪 80 年代就成了全球性的不可逆转的一种趋势,进入 21 世纪,更是成了十分引人注目的潮流。经贸集团已从 20 世纪 80 年代的 80 多个增加到 21 世纪初的 150 多个。近年,美国再抢国际贸易规则制定权。2015 年 10 月,由美国主导的"跨太平洋伙伴协议"(TPP)12 个谈判国刚达成基本协议,美国立即把目光转向美欧间的"跨大西洋贸易与投资伙伴协议"(TTIP)。美国从战略层面出发力推 TPP 与 TTIP,以形成北美自由贸易区为躯干,TPP 与 TTIP 为两翼的架构,使美国继续保持世界经济霸主地位。再加上全球范围的次区域集团的运作,这种紧锣密鼓的一体化趋势对国际贸易产生了极大的影响。它一方面促进了成员国之间贸易的扩大,改变了成员国对外贸易的商品结构,对本地区贸易有着积极的推动作用。另一方面,又由于其对外的排他性特征,使得各集团间贸易保护增强,在不同范围、不同层次上加剧了国际贸易的摩擦和竞争。

(六)贸易保护主义层出不穷

从战后初期的自由贸易占主流逐步转向贸易保护主义。一方面,发达国家仍以高关税和配额对进口设限。目前高关税主要集中在农业、粮食产品和服装等发展中国家具有比较优势的出口产品上,如肉类、糖、牛奶等的关税税率往往超过 100％。另一方面,发达国家更多采用了非关税壁垒措施,从而使贸易保护的手段更加隐蔽。20 世纪 90 年代兴起的绿色贸易壁垒和技术贸易壁垒就是典型的贸易保护主义的隐蔽做法。发达国家设置了许多技术出口限制,如美国把计算机产品的出口国分为四类,对包括中国在内的第三类国家实行许可证限制。欧盟以"绿色指标"对进口产品设置贸易壁垒。据估计,各种形式的贸易保护主义给发展中国家造成的外贸损失每年达 1 000 亿美元,相当于发达国家每年给发展中国家官方援助额的两倍。

(七)多边贸易体系推动了全球自由贸易的发展

1947 年由 23 个国家在日内瓦签订并于 1948 年 1 月 1 日临时适用的关税与贸易总协定,以及在此基础上发展起来的于 1995 年正式成立的世界贸易组织,是推动世界贸易自由规范发

展的多边贸易体系。从 1947 年以来,在关税与贸易总协定的主持下,举行了 8 轮多边贸易谈判,在 100 多个成员国范围内不断地降低进口关税,各缔约国的平均进口最惠国待遇税率已经从 50％左右大幅度地下降到 5％左右,降低税率的范围达 6 万个税目以上,涉及的商品占世界贸易的一半以上。在降低关税成为不可逆转的世界潮流的大趋势下,各国为了"奖出限入",更多地利用除关税以外的非关税措施限制进口。国际多边贸易体系为排除当今国际贸易发展中的主要障碍,针对以灵活性高、针对性强、歧视性大、隐蔽性深为特征的数不胜数的非关税措施,于 1973 年 9 月开始为期长达 6 年的第七轮多边贸易谈判和于 1986 年 9 月开始历时 7 年多的第八轮多边贸易谈判。通过艰难的谈判,在非关税壁垒的措施上达成了某些协议,在一定程度上减少、抑制了非关税壁垒,推动了国际贸易的发展。

二、当代国际贸易发展的新趋势

跨入新世纪,一种以知识和科学技术为支撑的经济形态——知识经济,正在不断渗透到全球各个领域,它将更加有力地推动国际经济与贸易的进一步发展,并使国际贸易的发展呈现出以下新趋势。

(一)高技术密集型产品贸易将急剧增长

知识经济是一种信息化经济。知识经济时代,智能的物化产品将成为世界商品市场的主体,传统的劳动力密集型产品、资本密集型产品以及一般技术密集型产品将让位于"高技术密集型产品"。同传统的商品相比,利用这些高技术生产的产品属于"轻型"或"无重量"产品,它们类型多样、实用性强、操作使用方便、价格相对便宜,具有许多传统商品不可比拟的优点。在未来的国际贸易商品结构中,该类产品所占比重将越来越大。与此同时,许可证贸易即技术专利、技术知识和商标使用权的交易等也将得到迅速发展。

(二)电子商务和网络贸易将成为贸易方式的主流

国际贸易方式的变化主要表现为随着计算机的普及和互联网的崛起,以及"电子商务"的出现对传统贸易方式的改变。"电子商务"是指通过电子通信,包括电话、传真机、信用卡、电视、自动提款机和互联网等方式进行的商业贸易。"电子商务"是信息技术进步在商业领域发动的一场革命。自 1995 年以来,北美、西欧和日本加入互联网的企业以每月翻一番的速度增长,越来越多的企业正在通过鼠标操作在"电子商务"市场上推销产品和提高利润。据国际电信联盟统计表明,1996 年因特网上交易总额为 20 亿～30 亿美元,2006 年网上交易额 6.2 万亿美元。随着网络贸易的发展,未来 10 年,全球国际贸易将会有 1/3 通过网络贸易形式来完成。网络经济的兴起是世界经济全球化的产物,它的出现既是对传统贸易的挑战,又会给传统贸易带来飞跃。它大大简化了贸易的中间环节,降低了贸易成本,增加了贸易机会,提高了企业的国际竞争力。可以预言,网络贸易的兴起,必将大大推动全球贸易的迅猛发展。

(三)技术壁垒将成为贸易保护的最主要手段

在全球贸易自由化浪潮的冲击下,各国逐步取消关税,各种传统的非关税壁垒,如"配额""许可证"等会明显减少,"自愿出口限制"等"灰区措施"也将被限制使用。因此,今后在国际贸易中,保护主义将更多地运用高技术标准的措施来抵制外国商品的进口,达到保护本国市场的目的。目前,国际贸易中盛行的"绿色壁垒",正是某些国家特别是发达国家借保护本国环境之机,制定出非常苛刻的环保技术标准,使其他国家的商品无法进入这些国家的市场。随着科技水平的进一步发展,知识经济时代的到来,这些技术性措施将会被更加广泛的运用,

成为新世纪某些国家保护国内市场的主要手段。

(四)知识产权方面的纠纷将成为国际贸易中的主要争端

知识产权是指人们对自己创造性劳动所完成的知识或智力成果依法享有的专有权利。知识经济时代,知识将成为最重要的生产要素,因此,知识产权的转让理所当然地成为未来国际贸易的主要内容。尽管一些国际组织以及各国政府会对知识产权采取严格的保护政策与措施,但是,作为知识经济时代的最主要特征的高技术也可以更加有效地被用作侵犯他人知识产权的工具。例如,高技术的复制和模仿不仅速度快,而且能够以假乱真。这意味着在未来的社会里,世界贸易组织、世界知识产权组织以及各国政府可能面对繁杂的侵犯知识产权的行为,未来的国际贸易领域也将可能出现更多的知识产权方面的纠纷。

(五)全球贸易自由化的进程将进一步加快

国际贸易自由化发展的趋向是不会改变的。今后它仍然会同生产一体化、资本国际化共同推动世界经济的发展。在它前进的道路上虽然还会出现阻碍其发展的屏障,会有新的形形色色的贸易壁垒,会出现一些新问题。但是,国际贸易朝着自由化发展,则是世界经济发展的内在规律。特别是在知识经济时代,由于高技术突破了速度和重量的概念,经济活动的流动性加快,货物、劳务、资本和技术等在全球范围内的流动更加容易,其规模不断扩大。区域经济组织、跨国公司大量涌现,个人计算机、各种现代通信手段及互联网迅速发展,把各国、各地区越来越紧密地联系在一起,各国经济和社会生活互相依赖关系大大加强。由此,国内市场与国际市场,国内贸易与国际贸易将融为一体,市场竞争也将成为全球性竞争。这种全球贸易自由化的趋向已经显而易见。

第三节 国际贸易政策的演进及主要趋向

一、国际贸易政策的含义与类型

国际贸易政策是指国家与国家之间在商品和劳务交换方面所采取的立场、态度和行动准则。各国为实现其经济发展目标,根据其政治与经济利益会制定有利于各自经济发展的对外贸易政策。这种政策基本包括两大类型,即保护贸易政策和自由贸易政策。

保护贸易政策是指国家对进出口贸易进行干预,利用各种措施限制进口,保护国内市场和国内生产,使之免受外国商品竞争;而对本国的出口则给予优惠和补贴,使其扩大出口。

自由贸易政策是指国家对进出口不加干预或较少干预,对进口商品不加限制,不设障碍;对出口商品也不给以特权和优惠,使商品在国内外市场上自由竞争。

一国实行何种政策或实行以哪一种政策为主要倾向的对外贸易政策主要取决于三个因素。第一,经济实力,即一国的经济发展水平和在国际经济中所处的地位以及其产品的国际竞争力。在国际经济中,经济发展水平高、经济实力强、产品具有竞争优势的国家,一般实行自由贸易政策或带有自由化倾向的政策。而经济发展水平和经济实力较差,产品不具备竞争优势的国家,则通常采用保护贸易政策。第二,经济发展周期。一国经济发展一般具有周期性,呈现出增长、繁荣与萧条、危机的交替。在一国经济运行的增长或繁荣期,通常倡导自由贸易政策,而在萧条或危机期,则一般倡导保护贸易政策。第三,经济发展战略。目前世界各国的经济发展战略基本分为三种类型,即出口导向(外向)型战略、进口替代(内向)型战略和平衡发展

（结合）型战略。一般实行外向型经济的国家与之配套的政策为自由贸易，实行内向型经济的国家与之配套的政策为保护贸易，结合型战略的国家则两种政策混合使用。

二、国际贸易政策的演进

国际贸易具有悠久的历史，它在几千年前的奴隶社会早期就已出现。而较为系统的贸易政策的使用则出现在现代生产方式的产生时期。

(一)资本主义生产方式产生时期对世界贸易采取严厉的国家管制政策

16 世纪到 18 世纪是资本主义生产方式的准备时期，西欧各国在重商主义的影响下推行带有强制性的贸易保护政策，通过限制货币的输出和扩大贸易顺差的办法来加速资本的原始积累步伐。

在资本主义生产方式的产生时期，西欧各国又普遍实行了法律的方法、行政的方法乃至晚期普遍采用的税收等经济方法限制货币输出，发展对外贸易，维持贸易顺差，以此达到增加社会财富的目的。

(二)资本主义自由竞争时期不同国家的两类政策

18 世纪末到 19 世纪末，资本主义生产方式占统治地位，资本主义进入自由竞争时期，整个资本主义经济处在不断发展的过程中。然而，由于资本主义各国发展水平不同，经济的起点并不一致，因而采取的贸易政策也不完全相同。但是，自由贸易政策是这一时期国际贸易政策的主流。

英国在产业革命后，工业迅速发展，成为世界上最早的工业化国家，在经济实力上大大超过其他的后起工业国。当时英国的产品具有强大的国际竞争力，但它同时也非常需要用工业制成品换取大量的生产原材料。为此，英国极力宣传自由贸易，要求自由进入别国市场。

在英国大力宣传自由贸易的同时，德国和美国等则极力推行保护贸易政策，其根本原因是这些国家尚处在工业化的起步阶段，民族工业刚刚发展，没有实力同先进国自由竞争，而只能采取保护贸易的手段与之相抗衡，借以保护本国的"幼稚工业"。

(三)两次大战期间的超保护贸易政策

19 世纪末到第二次世界大战之前，资本主义进入垄断时期，各国相继完成了产业革命，工业得到了迅猛发展，世界市场的竞争也因此开始变得日益激烈。1930 年到 1933 年的世界性经济危机，将市场矛盾彻底激化，为了垄断国内市场和争夺国外市场，各个主要的资本主义国家纷纷实行超保护贸易政策。

超保护贸易政策同自由资本主义时期的贸易保护相比，具有不同的特征。首先，它的保护对象范围有所扩大，超保护贸易不但保护幼稚工业，而且更多地保护国内已经高度发展或出现衰落的垄断工业；保护的阶级不只局限于工业资产阶级，而是逐步转向大垄断资产阶级；保护目的不再是培养自由竞争的能力，而是巩固和加强对国内外市场的垄断。其次，超保护贸易要在垄断国内市场的基础上，采用多种保护措施，实现对国内外市场的进攻性扩张。最后，资本主义国家各自组成了具有排他性的相互对立的货币集团。

总之，在这一特殊的历史时期，保护贸易政策不仅成了具有攻击性而不是防卫性的武器，而且也成了各国争夺世界市场的重要手段，这样不仅使贸易保护盛行，同时也导致了世界经济秩序的混乱、世界贸易规模的不断缩小。

(四)第二次世界大战后到 20 世纪 70 年代初贸易自由化为主的政策

20 世纪 30 年代西方世界的超保护贸易政策的实施产生了严重的国际经济和政治后果。第二次世界大战后,世界政治经济力量得到重新分化组合,同时不少国家做了反思,认为正是战前以邻为壑的贸易保护主义政策导致了战争的爆发。当时随着经济的恢复和发展,具有强大经济实力的美国,不仅需要而且完全有能力冲破当时发达国家的高关税政策;日本和西欧也愿意相互放松贸易壁垒,扩大出口。国际分工的进一步深化,促使了生产国际化、资本国际化和跨国公司的迅速兴起,于是,发达资本主义国家的对外贸易政策先后出现了自由化倾向。此时的贸易自由化倾向主要表现在:首先,各国开始大幅度削减关税和降低甚至撤销非关税壁垒。其中关贸总协定缔约国的平均最惠国税率下降至 5‰左右;欧共体实行关税同盟,对内实行零关税,对外减让关税,使关税直线下降。其次,发展中国家通过努力,进一步争取到了发达国家给予的普遍优惠制待遇,发达国家对其不仅实行货币自由兑换,而且也不同程度地放宽了进口数量的限制,放宽甚至取消了外汇管制,有效地推动了贸易自由化的发展。

这一时期的贸易自由化,主要反映了垄断资本的利益。这里的自由不是没有条件的自由,它在一定程度上和保护贸易政策相结合,是一种有选择的贸易自由化。具体表现为:发达国家之间的贸易自由化程度高于其对发展中国家的贸易自由化程度;工业制成品的贸易自由化程度高于农产品的贸易自由化程度;机器设备等资本品的贸易自由化程度高于工业消费品的贸易自由化程度。因此,这种贸易自由化倾向的发展不是平衡的,更不是稳定的。一旦本国的经济利益发生危险或受到威胁的时候,保护贸易倾向势必会重新抬头。

(五)20 世纪 70 年代至今有管理的自由贸易为主的政策

进入 20 世纪 70 年代,受世界性经济危机的打击,主要西方国家市场问题日趋尖锐,而且这些国家宏观经济结构长期失调,增长不稳定。为了维护自身的利益,许多国家纷纷推出新的贸易保护主义措施,加强对进出口贸易的干预,广泛采用非关税的手段,在全球掀起了一股贸易保护主义浪潮。这股浪潮的出现,对国际贸易的危害极大,不仅伤害了发展中国家,也使发达国家付出了巨大的代价。面对国际贸易领域矛盾和冲突加剧、贸易战愈演愈烈、贸易自由化进程受到严重阻碍的形势,国际之间经贸关系的协调以及国际贸易机构的规范自然提到了新的高度。从 20 世纪 80 年代开始,世界上有管理的自由贸易提上议事日程。它不是以一国的国内立法为基础,而是以多边谈判达成的协议为管理依据,致力于开放、公平而无扭曲的贸易竞争;它既争取本国对外贸易的有效发展,又在一定程度上兼顾他国利益,达成双方或多方均能接受的贸易协调方案,彼此相容,而避免极端形式的贸易冲突,以使贸易各方共同担负起维护国际贸易关系相对稳定和发展的责任。它的出现,缓解了世界各国之间的贸易冲突,促进了国际贸易和世界经济的发展。

三、国际贸易政策演进的主要趋向

国际贸易政策演进的全过程贯穿着一条促进贸易自由化发展的主线,它在冲破贸易障碍中产生,又在冲破贸易障碍中发展。纵观国际贸易政策演进的历史,可以得出以下结论。

(一)自由贸易政策、保护贸易政策在各国是交替采用的

国际贸易政策的演进基本经历了由现代生产方式童年阶段的保护到自由资本主义时期的自由贸易,由垄断资本主义时期的超贸易保护到战后繁荣阶段的贸易自由化,由 20 世纪 70 年代两次石油危机之后新贸易保护浪潮的兴起再到当前的规范管理贸易的发展过程。尤其当前的带有

规范、管理特点的贸易政策,同通常的保护贸易有着根本的不同,它制约和削弱单边保护,强调的是各国之间的协调,即保护必须符合国际规则或双方条约与协定,它所倡导的仍然是自由贸易,是在逐步使保护贸易得到遏制基础上的自由贸易。从这个意义上讲,它是保护贸易过渡到自由贸易的桥梁,是通过有组织的自由协调性保护最终顺应世界经济发展的客观要求,是实现自由贸易的必经之路。

(二)落后国家赶超先进国家的过程中,一般都实施贸易保护主义政策

这种保护是出于防御动机而对本国幼稚或新兴工业的保护;是为了改变落后和从属地位,增强同先进国家竞争实力、积蓄能量的保护。保护是手段,不是目的;保护是有限度的,不是无限度的。这一结论无论是从英国在现代生产方式的童年阶段为成为贸易中心、工业中心而做的努力,还是从美国、德国等老牌先进国所实施的政策,甚至战后至今一些发展中国家在一定时期所采用的防范先进国家对本国民族工业冲击的措施上,都可以得到验证。因而,保护是为了发展,是为了扶植起参与国际市场自由竞争的能力,保护贸易为过渡期,自由贸易才是最终目的。

(三)贸易自由化发展的大趋势不会改变

在推进贸易自由化前进的道路上会遇到形式多样的保护主义和新问题,甚至会遭受挫折或出现暂时停顿。自由贸易发展到一定阶段,保护贸易的做法就可能抬头。保护贸易一旦壁垒森严,自由贸易的呼声就会高涨。世界贸易就是在这种两极碰撞和摩擦中讨价还价,在相互妥协中曲折发展。但是贸易自由化发展的大趋势是不会改变的。正是在摩擦、较量和奋争中推进了贸易自由化的进程。WTO的任务就是在一个有管理的全球贸易体系中,提高贸易自由化的程度,降低贸易保护和争端给贸易发展带来的破坏和危机,推动贸易自由化。

第四节 国际贸易基本理论

一、贸易保护理论

(一)重商主义

重商主义(mercantilism)是资本主义早期的国际贸易理论,是贸易保护的起点。产生于15世纪到17世纪欧洲资本原始积累时期,即资本主义生产方式准备时期建立起来的代表商业资产阶级利益的一种经济思想和政策体系。作为资本主义早期的国际贸易学说,重商主义没有形成完整的理论体系,但它是国际贸易理论发展的逻辑起点。

重商主义的国际贸易学说在其发展过程中大致经历了早期和晚期两个发展阶段。早期的重商主义(15世纪到16世纪中叶)被称为重金主义或货币差额论,主要代表有英国的斯塔福德、法国的博丹和孟克列钦等人。主张在对外贸易中要遵循少买多卖的原则,用以积累货币;倡导国家应采取强制措施禁止货币输出;外国人到本国进行贸易后,必须将其所有销售所得用于购买本国的货物。这与资本主义早期处于资本原始积累的现实是一致的。晚期的重商主义(16世纪下半叶到17世纪晚期)被称为贸易差额论,以英国的托马斯·孟(Thomas Mun)等为代表。晚期的重商主义者主张国家应该允许金银(货币)流出,大力发展对外贸易,更注重"奖出";认为一国货币财富的来源,除开采金银矿藏外,就是要发展贸易;为了确保贸易顺差,国家必须通过关税、航运垄断等措施管理货物的进出口,以达到金银流入本国的目的。

重商主义,尤其是后期贸易差额理论在历史上曾起过积极作用,促进了资本的原始积累,推动了资本主义生产方式的建立和发展,但没有能够结合生产和流通说明国际贸易及贸易利益的产生。因此,重商主义还是一个不成熟的国际贸易理论。

(二)保护幼稚工业理论

保护幼稚工业理论是由德国著名经济学家弗里德里希·李斯特(Friedrich List)最先提出的,是保护贸易的代表性理论。他在 1841 年 4 月出版的《政治经济学的国民体系》一书中,抨击了古典学派的自由贸易理论,提出了以生产力理论为基础、以经济发展阶段论为依据、以保护关税制度为核心,为经济落后国家服务的保护幼稚工业理论。他认为财富生产力比财富本身更重要。从国外进口廉价的商品,虽然短期内可以获得贸易利益,但这样做使本国的工业得不到发展,以至于长期处于落后和依附的地位。古典自由贸易理论只是单纯追求当前财富利益,而不考虑国家的长远利益。

李斯特的保护幼稚工业理论对德国工业资本主义的发展曾起过积极作用,促进了德国早期资本主义的发展。这一理论对经济不发达国家有重要的参考价值。然而,由于其以资本市场发育不完全为理论前提,所以不可避免地存在先天缺陷。

(三)超保护贸易学说

超保护贸易学说是在两次世界大战期间盛行的一种贸易保护学说。其中以英国著名经济学家凯恩斯(John Maynard Keynes)及其追随者哈罗德(Roy F. Harrod)等人的理论最具代表性。

早在 20 世纪 20 年代末,凯恩斯在《就业、利息与货币通论》一书中提出了投资乘数论。该理论是关于投资怎样决定国民生产总值或国民收入的均衡水平的理论。其主要思想是:增加一笔投资,会产生大于这笔增加额数倍的国民收入增加。也就是说,国民收入的增加额会大于投资本身的增加额。

凯恩斯的追随者们在其投资乘数论的基础上,引申出了对外贸易乘数理论。该理论认为贸易顺差不仅能够增加国民收入,而且能够扩大就业;而贸易逆差则会减少国民收入,加重失业。因此,他们极力主张扩大出口,并通过外贸乘数论加以证明:一国的出口和国内投资一样,有增加国民收入的作用;一国的进口则与国内储蓄一样,有减少国民收入的作用。为达到扩大出口的目的,当时"奖出限入"的各类措施成为增加贸易顺差的手段。凯恩斯主义的对外贸易乘数,深刻地反映了国际贸易与国民经济发展之间的内在、必然的规律性。

超贸易保护主义不但保护幼稚工业,而且保护那些高度发达或开始衰落的工业。加强对国内外市场的垄断性扩张以及各种奖出限入的政策在很大程度上刺激了资本主义国家经济的发展,但为追求贸易顺差,一味地实行奖出限入政策,势必导致各种关税、非关税壁垒盛行,从而阻碍国际贸易的健康发展。

(四)新贸易保护主义理论

20 世纪 70 年代以后,发达国家的经济增长速度普遍放慢,失业率不断提高,贸易政策所处的环境明显恶化。古典经济学中用来支持自由贸易的经济分析显得越来越不切实际,一种新的要求国家干预,通过扶持某些"战略产业"以刺激经济增长的新理论观点随之出台。20 世纪 70 年代末,克鲁格曼提出的战略贸易理论具有一定的代表性。

战略贸易理论最重要的主张是实施战略性贸易,即一国政府在不完全竞争和规模经济条件下,通过关税、进口保护和出口补贴等奖出限入措施,对现有的或潜在的战略性产业(部门、企业)

进行支持和资助,以便谋取规模经济和外部经济之类的额外收益,增强其竞争能力,并伺机掠夺他国的市场份额和利润,最终实现增加本国福利的目的。

战略贸易理论为这一时期的贸易政策提供了依据。它们在实践中确实起到了扶持相应产业发展的作用,但却以牺牲他国利益为代价,因而势必引起其他国家报复,导致贸易保护主义抬头。

(五)发展中国家的"中心—外围"理论

"中心—外围"理论是1949年5月由阿根廷经济学家劳拉·普雷维什(Raul Prebisch)提出的。他把国际经济体系分为"中心"和"外围"两个部分。他认为,"中心"和"外围"的形成具有一定的历史必然性,根据国际分工,技术进步的国家就成了世界经济体系的"中心",而处于落后地位的国家则沦落为这一体系的"外围"。其中无论是"中心"还是"外围",它们都是整个资本主义世界经济体系的一部分,而不是两个不同的经济体系;"中心"与"外围"之间的关系是不对称的,是不平等的,"外围"发展中国家的贸易条件在不断恶化;传统的国际分工和国际贸易理论只适用于"中心"国家之间,不适用于"中心"国家和"外围"国家之间。"外围"国家必须通过实行保护贸易政策独立自主地发展民族经济,实现工业化,来摆脱在国际分工和国际贸易中的不利地位。

经济全球化的加速发展,使国际分工的内容发生变化,在"中心"与"外围"之间将形成新的国际分工格局。在这一格局下,"中心"国家将以生产和出口技术含量和附加值高的知识产品作为主要的发展手段,而在"外围"国家中,有些国家将继续从事初级产品的专业化生产和出口,有些国家则会转向劳动密集型工业产品或初级知识产品的生产和出口,相比之下,它们的技术含量和附加值非常低。

因此,在短时期内不仅不会消除"中心"与"外围"之间的差异,而且"外围"国家贸易条件将有长期恶化的趋势。

二、自由贸易理论

(一)重农学派及休谟的自由贸易理论

自由贸易主张最早是由以法国著名经济学家魁奈(Francois Quesany)等为代表的重农学派提出的。他们主张以农产品为中心开展自由贸易,反对重商主义的贸易保护,反对征收高额关税。英国学者休谟(David Hume)在重农学派的自由贸易理论基础上,提出了"物价与金银调整机能的理论",他认为,如果一国出超,黄金将流入,国内货币供给量将自动增加,国内物价上升,此时,国外的产品将变得相对便宜,进口增加;反之,一国入超,黄金将流出,国内货币供给量减少,国内物价下降,本国产品将更具国际竞争力,出口将增加。这样在金银和物价的动态调节下贸易会自动恢复到平衡状态,而政府采取的贸易保护政策将毫无意义。

(二)绝对成本理论

绝对成本理论,亦称绝对优势论,是由英国著名经济学家、国际贸易理论的创始人亚当·斯密(Adam Smith)最早提出的。

斯密在1776年出版的《国民财富的性质和原因的研究》一书中,批判了重商主义关于财富及其来源的错误观点,提出了绝对成本理论。他认为,有利的先天禀赋或后天条件可以使一国生产某种产品的绝对成本低于其他国家,从而在该产品的生产和交换中占有绝对优势。如果各国按照自己的优势进行分工和交换,通过自由贸易,可以使各国的资源得到最有效的利用,从而极大地提高劳动生产率和增加物质财富,使各国在贸易中获利。

绝对成本理论首次从生产领域出发,阐明国际贸易发生发展的必然性,对国际贸易的发展作出了巨大贡献。但是斯密只从具有比较优势国家的角度讨论如何参与国际贸易,具有很大的局限性和片面性。

(三)比较成本理论

比较成本理论是由英国著名经济学家大卫·李嘉图(David Ricardo)在 1817 年出版的《政治经济学与赋税原理》一书中最先提出的。他认为,国际分工应该按照"两优取其重,两劣取其轻"的原则。也就是如果一国在两种产品的生产上都处于绝对有利地位,而有利程度不同,应该专门生产相比之下更为有利的产品;另一国在两种产品的生产上都处于绝对不利地位,而不利程度不同,此时应该专门生产不利程度较小的产品。通过对外贸易,双方都能从中获益,实现社会劳动的节约。

比较成本理论先后被英国及其他许多国家所接受,成为推行自由贸易政策的强大思想武器,促进了国际贸易理论和实践的进一步发展。但是,李嘉图的理论也存在把复杂的贸易问题简单化的弊端。

(四)要素禀赋理论

要素禀赋理论(也称 H-O 理论)包括狭义要素禀赋理论和广义要素禀赋理论。其中,前者是由瑞典著名经济学家厄里·赫克歇尔(Eli Heckscher)在 1919 年发表的《对外贸易对收入分配的影响》一文中首先提出的。随后其学生俄林(B. Ohlin)在 1933 年《地区间贸易与国际贸易问题》一书中,对要素禀赋理论作了进一步的修改和完善,并因此获得 1977 年度的诺贝尔经济学奖。狭义要素禀赋论从一个国家的生产要素和经济结构来解释贸易格局。他认为,一国出口的是用本国丰富的要素所生产的商品,进口的是本国稀缺要素所生产的商品或根本不能生产的商品。因而,商品价格的绝对差异是国际贸易产生的直接原因和影响进出口商品结构的重要因素。广义要素禀赋论是由美国著名经济学家萨缪尔逊提出的。其反过来分析国际贸易对生产要素价格和经济结构调整的影响。其认为,国际贸易的产生和发展,一方面扩大了对相对丰富的生产要素的要求,从而提高了以前低廉的要素的价格,增加了要素的报酬;另一方面,减少了对相对稀缺的生产要素的报酬,从而降低了以前较贵的要素价格,减少了要素的报酬。所以说,通过国际贸易,可以改变一国生产要素的供求、价格与经济结构,使生产要素得到最有效的利用,从而提高产量,增加收入。

要素禀赋理论曾经有力地推动了国际分工和国际贸易理论的发展,但由于当代科学技术的发展可以改变要素成本的比例,所以不适用当代国际贸易的发展。

三、当代新贸易理论

(一)需求偏好相似理论

需求偏好相似理论,是由瑞典经济学家林德尔(S. B. Linder)在 1961 年出版的一篇名为《论贸易和转变》的论文中提出的。

林德尔将国际贸易视为国内贸易的延伸,他认为一个产业最初往往表现为国内经营,待国内市场饱和后或因偶然机会(被动地)才会向外延伸到国际市场,并且根据需求偏好相似原则,产业通常会先选择相邻国家而后才是全球市场。

他认为一个国家产品的出口结构、流向及贸易量的大小完全决定于本国的需求偏好,并且一国的需求偏好又取决于该国国民的平均收入水平。平均收入水平越高,对消费品需求的质和量就会越高。因此,只有当两国平均收入相同或相近、需求偏好相似的时候,两国间可相互实施贸易的范围才会最大;如果两国间人均收入水平相距甚远,需求偏好相差太大,那么两国之间的贸易就必定会存在障碍。因此,对于一个出口国而言,首先应该出口那些拥有巨大国内市场的大多数人都需要的商品,因为具有相似偏好和收入水平的国家之间的贸易量是最大的。

(二)产业内贸易理论

产业内贸易理论是20世纪70年代中期在西方发展起来的一种新兴国际贸易理论,是由美国经济学家格鲁贝尔(H. G. Grubel)等人在研究共同市场成员国之间贸易量增长时提出的。当代国际贸易大致可分为两大类:产业间贸易和产业内贸易。格鲁贝尔等人认为,发达国家之间的贸易并不是按H-O原理进行,即初级产品和工业制成品之间的贸易,而是产业内同类产品的相互交换。产业间贸易指不同产业之间的产品贸易;产业内贸易是指一国同时进行进口和出口同类产品的贸易活动,即进行贸易的两个国家彼此之间互相买卖同一产业生产的产品。其中,同类产品是指在消费方面能够相互替代并且在生产方面投入的生产要素相近或相似的产品。同类产品又分为同质产品和异质产品。同质产品是性质完全一致并且能够完全互相替代的产品;异质产品是指那些性能、质量、牌号、设计、规格、装潢等不同,不能完全互相替代的产品。产业内贸易论主要分析的对象是异质产品。

总之,产业内贸易论的核心思想是,产品的异质性是产生产业内贸易的基础,规模经济是产业内贸易的来源,需求结构的相似程度决定了产业内贸易的数量。

第五节 经济贸易组织对贸易自由化的推动

一、关贸总协定对贸易自由化的推动

关税与贸易总协定简称关贸总协定或总协定,是1948~1994年47年间推动国际贸易自由化发展的最重要的多边经济贸易组织。在47年间,它主持了8轮多边关税与贸易谈判,形成了一整套的内容,几乎涉及国际经济贸易所有领域的规章制度。在1995年初它被世界贸易组织取代之前,一直是当代涉及世界经济贸易范围最广、影响最大的国际多边协定与组织。它极大地促进了贸易自由化的发展,成为战后至20世纪90年代中期国际贸易自由化的主要推动力量。其对贸易自由化的推动主要有如下表现。

(一)大幅度削减关税

大幅度削减关税是关贸总协定最主要的成就。通过主持八轮全球多边贸易谈判,促进缔约方在互惠互利的基础上削减关税,并带动全球范围的关税减让,极大地促进了国际贸易的发展。八轮谈判关税减让的情况见表3.1。

表3.1 关税与贸易总协定主持的八轮多边贸易谈判

次数	时间	地点	参加国家数量	减税幅度	别称	历时时间
第一回合	1947	日内瓦(瑞士)	23	达成123项关税减让谈判协议,涉及关税减让的商品45 000项,使占缔约方进口值54%的应税商品平均降低关税35%		一年

续上表

次数	时间	地点	参加国家数量	减税幅度	别称	历时时间
第二回合	1949	安纳西（法国）	33	达成关税减让协议147项，涉及关税减让的商品5 000项，使占缔约方5.6%的应税商品平均降低关税35%		一年
第三回合	1950—1951	多尔基（英国）	39	达成关税减让协议150项，涉及关税减让的商品8 700项，使占缔约方进口值11.7%的应税商品平均降低关税26%		一年
第四回合	1956	日内瓦（瑞士）	28	涉及关税减让的商品达3 000项，使占缔约方进口值16%的应税商品平均降低关税15%		一年
第五回合	1960.9—1962.7	日内瓦（瑞士）	45	涉及关税减让的商品达4 400项，使占缔约方进口值20%的应税商品平均降低关税20%	"狄龙回合"	一年多
第六回合	1964.5—1967.6	日内瓦（瑞士）	54	涉及关税减让商品达60 000项，使工业品全部应税贸易商品关税率下降35%，分5年完成，每年削减1/5	"肯尼迪回合"	3年
第七回合	1973.9—1979.4	东京（日本）后移至日内瓦	99	关税减让涉及1 550亿美元贸易额，全部应税商品平均下降约33%，减税范围由工业品扩大至部分农产品。世界上9个主要工业品市场上制成品的加权平均关税率由7%降至4.7%	"尼克松回合"	近6年
第八回合	1986.9—1993.12	埃斯特角（乌拉圭）	117	涉及减税产品贸易额12 000亿美元，减税幅度达40%，其中20个产品实行零关税，部分产品关税下降50%。工业品关税发达国家缔约方税率约束比例由乌拉圭回合前的78%扩大到97%，加权平均关税率由6.4%降为3.7%，发展中国家缔约方税率约束比例由21%上升为65%，加权平均关税率为11%，对农产品关税的削减，也做了相应调整	"乌拉圭回合"	7年多

(二)消除非关税壁垒

针对形形色色数量激增的非关税壁垒限制进口的措施，关贸总协定制定了大量旨在消除非关税措施的规定，采取了一些实际并卓有成效的措施，推动了贸易自由化的进程。

1. 对进口限额、进口许可证等数量限制的约束

数量限制是世界各国使用的最为普遍的非关税限制进口的措施。关贸总协定自创立之初即提出了取消数量限制的原则。如总协定第十一条明确规定"数量限制的一般取消"，指出"任何成员不得对任何其他成员领土产品的进口或向任何其他成员领土出口或销售的产品设立或维持除关税、国内税或其他费用外的禁止或限制，无论此类禁止或限制通过配额、进出口许可证或其他措施实施"，这一措辞表明其意图要将除关税、国内税或其他费用外限制货物进入一成员领土内的措施的任何种类都包括进来。第十三条还规定，应该非歧视地实施数量限制，即若确有必要实施数量限制应在非歧视、最惠国待遇原则的基础上实施。此后，还针对实施情况及出现的问题，在新颁布的有关协议中重申了逐步取消限额、配额等数量限制的规定。

2. 对倾销和反倾销的限制和规范

倾销和反倾销也是当代重要的非关税壁垒措施。总协定明确规定,倾销应受到谴责,可以对倾销行为征收反倾销税。由于有些国家如美国等发达国家常常把反倾销作为实施贸易保护,力图扭转或减少逆差的手段,总协定又在第八轮谈判上对反倾销措施的实施细则及期限等重新做了详细的规定,并设立了专门负责裁决反倾销案的小组,使之逐步规范化。

3. 对实施补贴和反补贴条件的限制

总协定允许受到出口补贴危害的缔约方实施反补贴措施,第七轮谈判达成的协议禁止对初级产品之外的其他产品给予补贴,但是对于国内补贴却没有明确的说明和规定。乌拉圭回合谈判所达成的协议将补贴划分为应禁止的、可以诉讼的和不可诉讼的三类,并对可以实施补贴的情况,在条件上进行了严格的限制。如规定凡人均 GNP 达到 1 000 美元的国家不再有权对出口商品实施补贴等。

此外,总协定还在不断涌现出的新措施的规范方面取得了一定进展。

(三)消除贸易歧视,解决贸易纠纷

总协定为保证贸易的公平竞争和扩大交易,规定了国民待遇和最惠国待遇条款。如关于国民待遇,它明确说明,缔约方之间应相互保证给予另一方的自然人、法人和商船同等待遇。总协定缔约国的贸易歧视被限制在一定的限度内,国民待遇和最惠国待遇得到越来越广泛的运用,已经成为各国普遍接受的国际惯例。

总协定还有一套争端解决机制,为缔约国争取公正的处理、解决国际贸易纠纷提供了场所。由于一些国际经济纠纷的成功处理,促进了国际贸易的顺利发展。

(四)发展中国家贸易发展得到一定保护

总协定明确指出了要促进发展中国家的贸易发展,并提出了优惠性例外安排。如第七轮谈判达成的授权条款,发达国家向发展中国家和地区提供普遍、非歧视和非互惠的关税优惠待遇,给予发展中国家进行国际贸易往来和本国经济建设一个相对宽松的环境。对发展中国家的优惠性例外安排或过渡性措施,有利于发展中国家对外贸易的发展,同时对国际贸易的自由化发展起到了积极的推动作用。

(五)适用自由化的贸易领域不断扩大

总协定通过多边贸易谈判,尤其是第八轮乌拉圭回合谈判,已经把纺织品、农产品这两个顽固堡垒、服务贸易以及与服务贸易有关的知识产权和投资措施纳入了多边贸易组织的框架。由此使这些产品及产业在自由化的道路上大大前进了一步。由于有些领域将纳入世界贸易组织的管辖范围,也由于乌拉圭回合协议的具体实施多在世界贸易组织成立之后进行,所以对该问题的分析集中放在世界贸易组织对世界经济的影响中进行。

二、世界贸易组织对贸易自由化的推动

世界贸易组织是根据乌拉圭回合多边贸易谈判达成的《建立世界贸易组织协定》于 1995 年 1 月 1 日建立的,取代了原关贸总协定,并按照乌拉圭回合多边谈判达成的最后文件所形成的一整套协定和协议的条款作为国际法律规则,对各成员之间经济贸易关系的权利与义务进行监督、管理的正式国际经济组织。

(一)世界贸易组织取代关贸总协定的必然性

关贸总协定作为协调国际经济贸易关系的国际组织,其贡献是有目共睹的。但是,随着世

界经济、政治和科学技术的迅速发展与变化，其固有的局限性日益显现出来，大大地限制了总协定对国际贸易自由化的领导能力。这种局限性主要体现在以下几个方面。

第一，地位不明确。由于总协定没有像一般国际条约那样有明文规定的有效期，也没有通过各缔约方立法机构按法定程序予以批准而奏效，因而对缔约方的法律约束力不强。自总协定成立以来，屡次发生某些缔约方公然违背总协定基本原则、以国内立法或行政措施推行贸易保护主义和对别国实行贸易歧视的案例。这同总协定的地位不明确有一定关系。因此，第八轮谈判中同意以法律地位更为明确的世界贸易组织来取代。

第二，规则不够严密。一些缔约方通过双边安排强迫其贸易伙伴采取总协定中未能明确规范的保护主义措施，如"自愿出口限制""双方自动限制"等，以达到保护其国内市场的目的。凡此种种，都限制了协议的效力。

第三，争端解决机制不完善。表现为专家小组权威性不够、争端解决时效性不强等方面。如以专家小组权威性为例，由于专家小组不是仲裁机构，无权做出裁决，只能是经过调查得出结论并提出解决争端建议，这种建议需经理事会的一致同意才获通过。由此造成只要当事方动用否决权便不能通过的结局。

由于上述局限性日渐突出，所以迫切需要一个涉及面更广、地位更明确、争端解决机制更为有力的全球多边贸易组织来推动国际贸易自由化的新发展。世界贸易组织自然承担了这一重任。

(二)世界贸易组织对贸易自由化推动及对世界经济发展的影响

世界贸易组织自1995年1月1日正式成立并开始运行以来，在完善和实施乌拉圭回合协议、建立和健全新的多边贸易体制框架、推动全球贸易自由化的进程以及有效解决国际贸易争端等方面发挥了积极的作用。当前，它正在以其健全的机构、严密的贸易规则和运行机制规范着世界贸易。在其管辖的范围内，不仅包括所有的货物贸易，而且包括了所有的服务贸易及与贸易有关的知识产权及投资措施。160个成员加上积极申请加入的国家和地区，其贸易、投资占据全球份额的90%以上。可以说已经将其触角延伸到世界经济的每一个角落，这势必对世界经济的发展产生重大影响。

第一，贸易自由化的步伐进一步加大。世界贸易组织成立之后，通过执行乌拉圭回合协议和开始多哈回合谈判，贸易保护主义的蔓延得到了进一步遏制。各缔约方大幅度降低了关税，发达国家在2000年对药品、医疗设备、建筑、矿山及钻探机械、农业机械、钢材实现了零关税。在2005年，对家具、酒、纸制品及印刷品、玩具实现零关税，同时取消纺织品、服装的进口配额限制，并将纺线、织物、服装的关税降为5%、10%和17.5%。农产品方面，发达国家在1999年已经将关税化后的关税减让实现了实质性突破的基础上，又大力度地削减了出口补贴。发展中国家的农产品出口补贴在2005年1月1日也兑现了削减24%的目标。与此同时，有关非关税壁垒措施协议也得到了有效实施。这些都有效抑制了非关税壁垒的进一步泛滥，维护了良好的国际经贸环境，促进了国际经济的发展。

第二，国际服务贸易和国际投资加速发展。在关贸总协定第八轮谈判即乌拉圭回合谈判中，作为最新成果的服务贸易以及与服务贸易有关的投资措施和与贸易有关的知识产权等，在世界贸易组织正式成立之后又有了新的进展。在服务贸易领域，有关金融服务的谈判在1997年12月底达成协议，关于基础电信的谈判在1997年3月就逐步开放各自的市场达成了协议，69个世界贸易组织成员承诺更广泛的基础电信服务自由化，涉及基础电信服务业的国内和国际营业额 6 000 多亿美元。此外,1997 年 7 月 1 日起,发达国家开始实施《信息技术协议》,分 4 个阶段到 2000 年 1 月 1 日,将 280 多个税目的信息技术产品实现零关税,发展中国家签字方到 2005 年实现零关税,涉及信息技术产品贸易额达 6 000 多亿美元。由于上述领域自由化的推动,国际服务贸易、国际投资等的增长都继续高于国际商品贸易的增长速度。

第三,为技术扩散创造了良好条件。随着科技革命的兴起,技术和知识日益成为经济发展的重要推动力,高科技产品和技术本身在国际贸易中的比重不断上升,乌拉圭回合谈判达成了《与贸易有关的知识产权问题协议》。该协议在与知识产权相关公约的原则协调的基础上,扩大了知识产权的涵盖面,强调加强保护机制的重要性和必要性,要求确保实施产权的措施及程度对合理的国际贸易不造成任何障碍,力求杜绝知识产权的国际侵权行为,使贸易商和投资者大大提高了从事贸易与投资的兴趣。世界贸易组织知识产权理事会根据《与贸易有关的知识产权协定》审议其成员的有关知识产权法律,以使其避免与《贸易有关的知识产权协定》相冲突,澄清各成员提出的有关问题,使该协定能够在更加广泛的范围内得到有效实施,加快技术与知识产权的国际交换,为技术贸易提供良好的制度保证,同时对新产品的开发、科学技术的进步起到了积极的推动作用。在世界贸易组织正式运行后的今天,由于贸易自由化的推动,全球技术贸易有了突飞猛进的发展。

第四,促进了世界市场的活跃和世界经济的稳定发展。由于贸易自由化的推动,全球可供交换的货物、服务以及知识产权贸易大幅度增加,加之参与贸易的国家、地区及公司的增加,这种多层次、多领域发展的贸易自由化,大大促进了竞争并活跃了世界市场。但同时也必然会使各国之间,特别是贸易大国之间的贸易争端在所难免。世贸组织最主要的职能是监督与管理其统辖范围内的各项协议和安排的贯彻与实施,乌拉圭回合谈判中所达成的所有协议和东京回合谈判中所达成的部分协议都要由其来监管。这种监管和争端解决机制,是世界经济稳定发展的基础。它要求各成员应该按照世贸组织规则,而不是按某一成员国贸易立法或政策措施来裁决国家间的贸易争端,未经世贸组织授权也不允许某一成员单方面采取行动。一旦世贸组织做出裁决,争端双方必须执行裁决结果。这种具有权威性的争端解决机制,在过去十几年的时间里已经处理了 300 多起贸易争端,避免了多起国家间的矛盾与冲突,保证了世界经济健康和稳定发展。

第五,降低了企业的经济运行成本。世界贸易组织的贸易自由化、公平贸易等基本原则的贯彻使得各成员的企业在一个更为公平、公正、客观和透明的竞争环境中从事生产和贸易活动,并使得企业避免因各国贸易法规、政策的巨大差异而使成本上升,经营风险加大。更重要的是努力使一国内的生产要素得以在国内的市场进行合理配置,提高经济效益,降低生产成本。同时,世界贸易组织的贸易政策评审机制,对企业来讲,意味着更加确定和清晰的商业环境,政府必须增强决策的科学性,提高管理效率,从而降低企业管理成本,促进经济的发展。

第六节　贸易自由化趋势下的中国外贸发展

一、中国对外贸易的发展进程与特征

(一)中国对外贸易发展进程

从阶段上划分,中国对外贸易发展变化大致经历了以下四个阶段。

第一阶段:改革开放前的对外贸易(新中国成立以来至 1978 年)。改革开放前中国实行的是国家管制的内向型的、国家垄断的保护贸易政策。这一时期,对外贸易体制高度集中,以行政管理为主。国家管理主要通过进出口许可制度、保护关税制度、外汇管理制度、货运监督与查禁走私制度和出口商品检验制度等。进口受到很大限制,出口由国家垄断和控制。这种贸易政策在当时的历史条件下,对保证中国的政治、经济独立和社会主义经济建设的顺利进行曾起到非常积极的作用,但其中存在着严重的产销脱节、管得过死、缺乏利益激励机制等弊端。因此,中国对外贸易整体发展缓慢。在改革开放初期,中国的出口额仅占世界出口额的 0.75%,在世界贸易中的排名为 32 位。

第二阶段:成长阶段(1979 年至 1989 年)。在此期间,外贸在管理上实行中央统一领导、统一政策、统一规划、中央和省分级管理的体制。对外贸易进出口总额,从改革开放初的 206 亿美元增加到 1989 年的 1 117 亿美元。这一时期,对外贸易额年均增长速度为 12.6%。

第三阶段:稳步发展阶段(1990 年至 1999 年)。此期间,中国的对外贸易政策逐步转变为开放型的适度保护贸易政策。改革了计划外贸体制,中央政府部门开始下放部分权力,国家开始运用价格、利率、退税、出口信贷等经济手段调控对外贸易,即降低了对外贸易活动中的计划成分,同时加强对外贸易立法,进一步完善了对外贸易的宏观调控体系建设。进出口贸易总额 1999 年比 1980 年增长 9.5 倍,对外贸易进出口总额从 1990 年的 1 154 亿美元增加到 1999 年的 3 606 亿美元,年均增长 13.5%。

第四阶段:迅速攀升阶段(2000 年至今)。中国加入世界贸易组织,使融入世界经济的进程加快。外贸政策也相应从开放型的适度保护转向有协调管理的一般自由贸易政策,即通过谈判,进一步明确中国"入世"后的权利与义务,在享受权利的同时,履行好相应的义务,逐步实行贸易自由化。这一时期,是中国对外贸易的高速增长期,中国的年度进出口增量在 2002 年超过 1 000 亿美元和 2003 年超过 2 000 亿美元的基础上,2004 年首次超过了 3 000 亿美元。对外进出口总额从 2000 年的 4 743 亿美元增加到 2014 年的 43 030 亿美元,年均增长保持在 16% 以上。外贸规模也由改革开放初期世界第三十二位攀升到第一位。中国已经成为一个贸易大国。

(二)当前中国对外贸易发展的新特点

第一,贸易地位显著提高。随着中国参与经济全球化进程的加快,对外贸易保持快速增长。2002 年进出口总额达到 6 208 亿美元,在世界贸易大国中排名上升至第五位;到 2004 年全年增长了 35.7%,进出口总额首次超过 1 万亿美元,达到 11 547 亿美元。中国首次超过日本,成为继美国、德国之后的世界第三大贸易国,此后几年这一排名始终维持。2013 年中国货物进出口总额 4.16 万亿美元,超过美国为世界第一大货物贸易国。中国作为世界贸易大国的地位进一步巩固。

第二,贸易产品结构逐步优化。进口产品中制成品所占比例明显下降,而机械设备、能源以及农林牧渔业等进口明显增加。2008 年机械设备制造业进口 8 385.9 亿美元,同比增长 9.9%;原油进口总量 17 888 万吨,同比增长 9.6%;农林牧渔业进口 422.4 亿美元,同比增长 40.4%。2009 年,由于受金融危机的冲击,三大行业进口增速趋缓,但 2010 年上半年,随着经济好转,三大行业进口又出现加速的趋势。出口产品中制成品所占比重持续上升,其中高新技术产品增长迅速,2008 年高新技术出口 4 156 亿美元,同比增长 19.5%,占出口总额的比重上升到 29.1%。出口增长较快的主要是集成电路、手提电脑和液晶显示器等电子类产品。

第三,贸易市场不断扩大并呈现多元化格局。近年来,中国在巩固、深化欧美日等传统进出口市场的同时,积极开拓南亚、中东、中亚、非洲、南美及东欧等新兴经济体和发展中国家市场。2014年,中国进出口前十大贸易伙伴分别为欧盟、美国、东盟、中国香港、日本、韩国、中国台湾、澳大利亚、俄罗斯、巴西。目前,中国对上述贸易伙伴的进出口增势平稳。同非洲的进出口贸易增幅也超过了45%,其中与安哥拉、刚果(金)与毛里塔尼亚等国的贸易增速均超过了100%。这些贸易伙伴基本为发展中国家和地区。这一迹象显示,金融危机使得发达国家和地区的外需有所降低,但也促进了中国对外贸易市场结构的平衡,与发展中国家的贸易增长,将使中国对发达国家高贸易依存度的格局逐渐趋缓。

第四,贸易方式以加工贸易为主。加工贸易作为中国第一大贸易方式,一直保持较快的增长,改革开放以来,中国一直把加工贸易作为吸引外资、促进经济发展,进而提高国际竞争力的主要方式。加工贸易进出口总额从1980年的近17亿美元增加到2004年的5 492.2亿美元,2008年又进一步增加到10 536亿美元,2013年为13 439.5亿美元,和1980年相比增长了790倍。加工贸易出口在外贸出口中的比重从1980年的9.2%提高到2013年的42.1%,成为中国第一大对外贸易方式。

第五,对外贸易摩擦加剧。随着出口贸易持续高速增长,中国出口的产品已成为各国关注并相继采取措施牵制的焦点。1995年至2013年,在由世贸组织成员发起的4 519起反倾销案中,针对中国的就有897起,占比接近20%。特别是近几年受金融危机影响,国际贸易保护主义抬头,中国出口商品更是成为众矢之的。2013年又有19个国家和地区对中国发起92起反倾销、反补贴、保障措施和特保调查,涉及出口金额36.6亿美元。遭遇反倾销的出口商品涉案数量之多,金额之大,涉及商品范围之广,实属罕见。贸易摩擦的方式也由以往的关税、配额许可证,向反倾销、反补贴、绿色壁垒、技术壁垒以及社会和劳工标准转变。新贸易壁垒将困扰中国的外贸发展,从2004年加拿大对中国首开反补贴先例后,国外对中国反补贴调查的数量逐渐增多。而据中华人民共和国商务部统计,2009年中国出口占全球9.6%,而遭受的反倾销占全球40%左右,反补贴占全球75%。

二、当前中国对外贸易发展的主要问题及战略转变

(一)当前中国对外贸易发展的主要问题

长期以来,中国的外贸始终维持着粗放式的增长方式,虽然贸易数额巨大,但在外贸持续高速增长的过程中,贸易结构和创新能力等方面仍有不足。随着中国进入全面对外开放新阶段之后,中国传统对外贸易战略潜在矛盾和问题也在随着中国贸易地位的上升而逐渐显现出来。如不解决,会严重影响国际竞争力的提高及国民经济可持续发展。其中主要表现为以下几个方面。

1. 贸易出口产品缺乏核心竞争力

中国出口总量的55%、高新技术产品出口的90%依靠加工贸易。不少高科技企业实际上是加工组装企业。如英特尔成都公司,年出口额为4亿美元,号称高科技企业,其实只是封装测试厂,属于劳动密集型。中国出口企业中,拥有自主知识品牌的只占20%。

中国高新技术产品出口比重,每年以2~3个百分点的速度增长。但许多关键技术、设备仍需要进口,中国产业技术和核心竞争力并没有因此而得到真正增强,高新技术产品出口占出口总额的比重,发达国家60%以上,而我国只有20%。尽管加工贸易符合中国当前经济发展

需要,但是如果形成长期依赖,与国内产业关联不紧密,就不会形成自己的核心竞争力。

2. 附加值低的加工贸易所占比例大

虽然中国的对外贸易总额大幅增长,但是加工贸易额占中国出口总额的 50%,由于其附加值低,使得加工贸易对国民财富增长的贡献非常有限,而且拥有自主知识产权的出口产品比重相当低。根据国际经验,采取来料加工形式的加工贸易,国家从中实得外汇收入平均约为贸易额的 20%,而国民从加工贸易中获得的收益则更为有限。

3. 服务与货物贸易发展不协调

2013 年,中国货物贸易世界排名跃居第一位,而服务贸易世界排名第三。2013 年服务贸易与货物贸易之比为 12.97%,仅为美国的一半,中国服务贸易逆差 1 184 亿美元,而美国则顺差 2 316 亿美元。当今世界经济结构正向以服务业为主的方向转变,服务业发展水平将更能体现一国的综合竞争力。服务贸易在世界贸易的份额不断提升,将成为国际贸易的新增长点。如果中国服务贸易滞后,必定会直接影响外贸的可持续发展。

4. 贸易进口产品以核心技术和关键设备、零部件为主

在中国近年的外贸发展中,进口与出口同呈快速增长态势。从进口产品结构看,核心技术及关键设备、零部件进口居主要地位。据统计,2013 年高新技术产品进口主要是电子信息产品(主要包括印刷电路、集成电路、液晶显示板、硬盘驱动器等),进口额为 5 495 亿美元,同比增长 12.4%,在当年高新技术产品进口当中的占比达到 52.6%,电子技术产品同时也是中国高新技术产品领域逆差额最大的一类,这种产品进出口结构说明中国大量的核心零部件和关键技术产品仍然依靠从国外进口。进口增加在一定程度上提高了企业的生产能力,但从长远来看,技术密集型产业过度依赖进口会影响企业自主创新能力的提高,特别是像精密仪器仪表这种决定科学技术和国民经济高速发展的关键性技术,如果长期依赖进口,将严重影响以信息化带动工业化的发展战略。

5. 粗放式出口导致国际贸易摩擦频发

中国传统的粗放式出口创汇外贸发展战略以及中国劳动力价格较低等原因,决定了中国出口的商品大多为低附加值、低技术含量的劳动密集型工业制成品。产品价格较低,致使中国的商品大量存在于国际市场,这就容易使其他国家产生倾销的感觉,从而引发国际贸易摩擦。

近年来,世界各国针对中国商品的反倾销案件不断增多。据世界贸易组织统计,20 世纪 80 年代,平均每年立案 6.5 起;20 世纪 90 年代,平均每年立案 34.7 起;而进入 21 世纪后的头几年,中国被反倾销立案数每年基本维持在 50 起左右,然而近几年受金融危机的影响,又呈现出进一步增多的趋势。统计显示,2014 年全球共发起了 236 起反倾销调查,反补贴调查 45 起,中国分别遭遇 63 起和 14 起,占总数的 27% 和 31%。从 1995 年世贸组织成立至 2013 年,国外共发起 920 起针对中国产品的反倾销、反补贴、保障措施及特殊保障措施调查案件,这使中国已经连续 18 年成为遭遇反倾销调查最多的国家,约 400 亿~500 亿美元/年的出口商品受到影响。

(二)当前中国对外贸易发展的战略转变

为了实现外贸和经济增长的协调、健康和可持续发展,中国对本国的贸易政策和贸易发展战略的修订势在必行。在对外贸易上应该进一步提高出口贸易的质量,切实落实科学发展观,使中国对外贸易从数量型向质量型和结构优化型转变,从外延粗放型向内涵集约型转变。继

续发挥劳动密集型产业在增加就业和减少贫困方面的比较优势的同时,加快发展资金技术密集型产业,在继续保持中国产品价格优势的基础上,逐步提高出口产品的营销能力、科技创新能力和品牌意识。

1. 提高创新力度,增强出口产品的核心竞争力

国家和地方政府要协助国内企业提高自主研发和技术创新能力,特别是电子信息、生物医药等高科技产业,不断优化出口产品结构;鼓励跨国公司把高技术、高附加值的加工制造企业和研发机构转移到中国,并给予必要的政策优惠和支持;鼓励国内企业从国外引进高新技术,来弥补自身的不足,把高新技术同中国的传统产业相结合,提高国际竞争力,实现从比较优势向竞争优势的转变。

2. 提高制成品中技术密集型产品的比例

虽然加工贸易对中国外贸出口增长和产业结构提升起了一定的作用,但是有些加工贸易产品虽然技术水平较高,但核心技术尚未转移到中国,在加工贸易这个国际化生产、流通的过程中,中国只是从事低端部分的加工环节。所以,中国应以改善外商投资软环境为重点,引导跨国公司把更高技术水平、更大增值含量的加工制造环节和研发机构转移到国内;根据国内产业升级的需求,对加工贸易商品分类目录动态调整,引导加工贸易向高技术、高附加值方向发展;优化加工贸易产业结构,提高传统加工贸易产品档次和附加值,扩大高附加值产品出口,全面提高出口竞争力。

3. 发展服务贸易

服务贸易是现代经济中最具增长潜力的贸易方式。服务贸易的增长既扩大了 GDP 的经济规模,优化了产业结构,也降低了外贸依存度。同时,服务贸易产品的出口又提升了该国贸易的国际竞争力,所以,大力发展服务贸易将是中国经济和外贸发展的首要任务。政府必须加强政策协调和指导,加快服务贸易国际化进程,积极支持、鼓励那些有实力的服务贸易出口,在更高层面上参与国际分工和竞争。

4. 改进贸易政策,降低高新技术、设备的对外依赖

在贸易领域要实行战略性贸易政策,将贸易、科技和产业政策有机地结合在一起。要加大政府扶植中国高新技术产业和装备制造业的力度,减少关键技术设备对国外的依赖。与此同时要注意寻求核心技术型投资,将投资集中于欧美地区那些在技术、科技含量都有优势的行业领域,以期更直接、更快速地掌握发达国家拥有的先进技术和管理经验,达到提升中国高新技术产品和装备制造产品水平的目的。

5. 化解外部贸易摩擦,营造公平贸易环境

第一,针对外部贸易摩擦频繁的情况,中国企业可加大对欧、美等主要贸易摩擦国家的投资。通过投资绕过关税壁垒、非关税壁垒,将贸易摩擦变成跨国公司内部的交易。同时,加快实施"走出去"战略,将中国劳动密集型优势产业通过直接投资的方式转移到其他发展中国家。

第二,应对新贸易壁垒,关键在于全面提高企业综合竞争力,提高产品的技术含量,加强环境管理和职业安全管理,树立可持续发展理念。企业要主动适应国际标准,从综合能力上缩短与发达国家企业的差距。同时,政府应该发挥主导作用,在外贸基本法确定后,利用新规则,完善相关法律法规体系和贸易管理制度,创造公平的贸易环境,帮助企业提高综合竞争力,突破新贸易壁垒。

复习思考题

1. 试述当代国际贸易的含义与特征。
2. 简述国际贸易政策的基本类型及其发展趋势。
3. 国际贸易包含哪些主要理论？
4. 李斯特保护贸易理论的主要内容及其现实意义是什么？
5. 如何认识贸易与经济增长的关系？
6. 当前世界贸易组织对贸易自由化的推动作用表现何在？
7. 你认为中国外贸发展存在的主要问题有哪些？
8. 试述中国加入 WTO 后过渡期外贸发展战略的转变。

第四章　生产跨国化

国际投资分为直接投资和间接投资两大类型,企业进行国际化生产和经营属于国际直接投资行为。在当代世界经济全球化和一体化的大趋势下,国际资本流动已经成为最活跃的经济因素和经济现象。随着发达国家金融自由化政策的实施和发展中国家对外开放进程的大力推进,以跨国公司为载体的国际直接投资以远远高于国际贸易的速度蓬勃发展,呈现了明显的向外拓展加剧的倾向。

第一节　国际直接投资的基本理论

国际直接投资理论包括马列主义理论和西方经济学家的理论。

一、马克思和列宁关于资本输出的理论

早在 100 多年前,马克思在分析资本主义商品经济的运行规律时就对资本主义资本输出做出了论述,主要涉及了过剩资本的形成和资本输出的动因。

(一)马克思关于资本输出的理论

1. 过剩资本的形成

马克思指出,资本过剩是资本主义经济的内在矛盾和资本主义积累一般规律作用的必然结果。在资本主义制度下,资本为了能够带来更大的增值,必然要扩大生产规模,加速资本积累。与此同时,资本的积聚、集中与垄断必然会出现。在垄断不断发展的条件下,一方面生产和资本积累的规模继续扩大;另一方面,有支付能力的消费需求却愈加狭小,造成其支付能力的相对下降,从而导致生产过剩。在大量商品卖不出去的情况下,一部分积累的资本,会由于找不到有利可图的投资场所最终成为过剩资本。

2. 资本输出的动因是为了追求更高的利润率

马克思认为,过剩资本是资本输出的物质基础和必要前提。过剩资本在国内找不到有利可图的投资场所的情况下,必然会向外寻求出路。因而资本输出成了过剩资本继续追求高利润率的必要出路。

(二)列宁关于资本输出的理论

19 世纪末,资本主义进入垄断阶段,资本输出代替商品输出成为这一时期典型的经济特征。垄断阶段的大量过剩资本为了追求垄断高额利润,纷纷涌向国外,特别是那些资金少、工

资低、地价贱、原料便宜以及利润率高的落后国家和地区。列宁发展了马克思关于资本输出的理论。他提出,垄断阶段,资本输出不仅具有必要性,而且具有可能性。因为许多落后的国家已经卷入世界资本主义的流通范围,主要的铁路线已经建成或已经开始兴建,发展工业的起码条件已经有所保证等。

上述马克思和列宁关于资本输出的理论对于分析当代国际直接投资和跨国公司的发展至今仍然具有重要的意义。

二、西方关于国际直接投资的理论

第二次世界大战后,随着西方国际直接投资的发展和跨国公司规模的扩大,其有关理论也在实践中不断演进。理论发展经历了三个阶段,具有代表性的理论包括垄断优势理论、产品生命周期理论、市场内部化理论、比较优势理论、国际生产折中理论以及投资发展周期、小规模技术、技术地方化等一系列发展中国家对外直接投资理论。

(一)垄断优势理论

垄断优势理论是最早研究对外直接投资的独立理论,它产生于 20 世纪 60 年代初,在此之前基本上没有独立的对外直接投资理论。1960 年美国学者海默(Stephen Hymer)在其博士论文中第一次论证了国际直接投资不同于一般意义上的国际金融资本投资,从理论上开创了以国际直接投资为研究对象的新领域,提出了以垄断优势来解释对外直接投资的理论。以后的美国学者金德尔伯格(Charles Kindleberger)以及其他学者又对这一理论进行了发展和补充。海默研究了美国企业对外直接投资的工业部门构成,发现直接投资与垄断的工业部门结构有关,美国从事对外直接投资的企业主要集中在具有独特优势的少数部门。美国企业走向国际化的主要动机是为了充分利用自己独占性的生产要素优势(是指企业所具有的各种优势,这些优势具体表现在技术先进、规模经济、管理技能、资金实力、销售渠道等方面),以谋取高额利润。强调市场的不完全竞争和以垄断资本集团独占为中心内容的"垄断优势",是战后国际直接投资急剧上升的关键所在。金德尔伯格则强调市场结构的不完全性和垄断优势。海默和金德尔伯格认为,跨国公司之所以存在,是因为它们拥有其垄断优势。这些优势包括:对某种专门技术的控制;对原材料来源的垄断;规模经济优势;对销售渠道的控制;产品开发和更新能力等。他们认为,具有某些垄断优势是开展国际直接投资的主观条件,而当国际投资环境又具备赚取超额利润的因素时,就能使国际直接投资的动机成为现实。

(二)产品生命周期理论

产品生命周期理论是由美国哈佛大学教授费农(Raymond Vernon)在 20 世纪 60 年代提出的。这一理论既可以用来解释产品的国际贸易问题,也可以用来解释对外直接投资问题。其核心观点是,某一产品所处的生命周期不同决定了其生产产地的不同,而外国直接投资则是生产过程或产地转移的必然结果。费农说明,企业从事对外直接投资是遵循产品生命周期,即产生、成熟、下降的一个必然步骤。假定世界上有三类国家,一是新产品的发明国,通常为发达国家;二是发达程度略低的国家,通常为较发达国家;三是落后国家,通常为发展中国家。费农认为,新产品随其产生、成熟到衰退将在这三类国家间进行转移。转移过程是:①产品在发达国家发明或革新,当产品处于第一阶段时,为垄断技术,防止竞争进入,生产者选择在国内生产和销售。在此阶段内,产品的国内生产和销售持续增长,直至生产能力接近饱和。②当产品进入第二阶段时,随着产品出口的增加,生产者垄断的技术也因此扩散,仿制品开始出现,由垄断技术带来的优势出现丧失的危险。为了避免贸易摩擦、接近消费市场和减少运输费用,生产者选择到其他发达国家建立生产基地、在当地销售或向其他国家出口的经营策略。③当产品处于第三阶段时,生产者拥有的技术垄断优势已经消失,竞争的焦点是产品的价格。为了降低生产成本,生产者选择到发展中国家建立生产基地、在当地销售或向其他国家出口的策略。当某产品进入第二和第三阶段时,生产者又开发出新一代产品,并进入一个新的周期。

(三)市场内部化理论

市场内部化理论是20世纪70年代以来西方跨国公司研究者解释对外直接投资的一种比较流行的理论,有时也称其为对外直接投资的一般理论。这一理论主要是由英国学者巴克莱(Peter Bukley)、卡森(Mark Casson)和加拿大学者拉格曼(Alian M. Rugman)共同提出来的。其核心观点是:市场不完全和交易成本高促使企业进行内部化,通过建立企业内部市场来取代外部市场,节约成本,增加利润。该理论指出,外部市场机制的不完善造成中间产品交易的低效率。跨国公司通过其有效的组织手段,变市场上的买卖关系为企业内部的供需关系——市场内部化,使中间产品在公司内部自由流动,提高了交易效率。市场内部化使买卖双方对商品的质量和价格有准确认识,避免因交易不确定性而导致高交易成本。内部化贸易还可以减少贸易壁垒的影响,通过"转移价格"使税收支出最小化。巴克莱等认为,正是市场内部化动机,促使企业进行国际直接投资。

(四)比较优势理论

比较优势理论是日本学者小岛清(Kiyoshi Kojima)在20世纪70年代提出来的。该理论是从国际分工原则出发,以比较成本、比较利润率为基础的比较优势指导一国的对外直接投资。小岛清认为,产品在市场上呈现周期性特征,即大致经历产品创始、成熟和标准化阶段。在不同的阶段,产品的生产特征不同。在创始阶段,产品一般集中在国内生产,国外市场的需求主要靠出口来满足。在成熟阶段,在竞争的压力下,产品开始以对外直接投资的方式占据国际市场。在标准化阶段,产品生产转入低工资、劳动密集的国家和地区,开辟当地市场或出口到传统市场。具有比较优势的企业可以通过出口贸易的发展保持其市场份额。而失去比较优势的企业则应当利用其标准化技术和雄厚资本开拓对外直接投资。凡是本国已经趋于比较劣势的生产活动都应通过直接投资依次向国外转移。

(五)国际生产折中理论

国际生产折中理论又称国际生产综合理论,是20世纪70年代由英国著名跨国公司专家、里丁大学国际投资问题教授邓宁(John H. Dunning)提出的。这一理论目前已成为世界上对外直接投资和跨国公司研究领域中最有影响的理论,并广泛被用来分析跨国公司对外直接投资的动机和优势。

国际生产折中理论继承了海默为代表的垄断优势论、巴克莱的内部化优势论,同时借用了俄林的区位优势理论研究方法,在此基础上有创见地提出了一个企业要从事对外直接投资必须同时具有三个优势:所有权优势、内部化优势和区位优势的理论。①所有权优势主要是指企业所拥有的大于外国企业的优势。它主要包括技术优势、企业规模优势、组织管理优势、金融和货币优势以及市场销售优势等。②内部化优势是指企业在通过对外直接投资将其资产或所有权内部化的过程中所拥有的优势。也就是说,企业将拥有的资产通过内部化转移给国外子公司,可以比通过市场交易转移获得更多的利益。企业到底是选择资产内部化还是资产外部化,取决于理论的比较。③区位优势是指企业在具有上述两个优势以后,在进行投资区位要素

选择上是否具有优势,也就是说可供投资地区是否在某些方面较国内具有优势。区位优势包括:劳动成本、市场需求、自然资源、运输成本、关税和非关税壁垒、政府对外国投资的政策等方面的优势。邓宁认为,这三方面优势是形成跨国公司对外直接投资的关键因素,三者缺一不可。出口贸易只需具备前两项优势,区位优势则无关紧要,而国际技术转让(许可证协议)只需具备所有权优势,可以没有后两种优势。邓宁还归纳出外国直接投资的两个基本必要条件:第一,国外生产成本比国内生产成本要低;第二,跨国公司的生产成本比当地企业低。当跨国公司具备三大优势,又符合这两个基本条件时,它就可以进行对外直接投资。三种优势的不同组合,决定了对外直接投资的部门结构和国际生产类型。

此外,邓宁还具体分析了三方面优势在内容、形式和特点的不同组合时所形成的六种不同类型的跨国公司,它们是:资源开发型、出口替代型、生产或加工型、贸易销售型、服务型和获取战略资产型。由此可见,邓宁的国际生产折中理论的贡献不仅在于综合吸收了以往跨国公司理论的长处,更重要的是邓宁利用这一理论完整地分析了企业从事国际经济活动的形式以及它们之间的内在联系,并对不同类型跨国公司的投资类型进行了细致的研究,拓展并深化了传统的跨国公司理论,使之系统化、动态化,因而具有深远的理论意义。

(六)投资发展周期理论

这是发展中国家对外直接投资理论。20世纪80年代以后,有学者专门研究发展中国家的对外直接投资问题。

邓宁在20世纪80年代初提出了投资发展周期理论。这是国际生产折中理论在发展中国家的运用和延伸。投资发展周期理论是将一个国家吸引外资和对外投资能力与经济发展水平结合起来,认为一国的国际投资地位与人均国民生产总值成正比关系。世界上发达国家和发展中国家国际投资地位的变化大体上符合这一趋势。投资发展周期理论认为发展中国家对外直接投资倾向取决于:①经济发展阶段;②该国所拥有的所有权优势、内部化优势和区域优势。根据人均国民生产总值邓宁区分了四个经济发展阶段,见表4.1。

表4.1 邓宁的四个经济发展阶段

国家发展阶段	人均GNP	垄断优势	内部化优势	区位优势	对外直接投资
一	400美元	没有	没有	没有	无
二	400~1 500美元	有点	少	有点	很少
三	2 000~4 750美元	上升	上升	上升	增加
四	5 000美元以上	强	强	强	已形成

邓宁还强调:一国吸引外资和对外投资的数量不能仅仅用经济指标衡量,它还取决于一国的政治经济制度、法律体系、市场机制、教育水平、科研水平以及政府的经济政策等因素。一国的所有权优势、内部化优势和区位优势可以从国家、产业和企业三个层面上进行分析。国家层面的因素包括自然资源禀赋、劳动力素质、市场规模及其特征、政府的创新、知识产权保护、竞争与产业结构政策;产业层面的所有权优势包括产品和加工技术深度、产品差异程度、规模经济、市场结构等;企业层面的所有权优势包括生产规模、产品加工深度、生产技术水平、企业创新能力、企业的组织结构、管理技术、企业获得低成本要素供给的能力等。

(七)小规模技术理论

美国经济学家刘易斯·威尔斯在1977年发表的《发展中国家企业的对外投资》一文中提

出小规模技术理论。小规模技术理论的最大特点,就是摒弃了那种只能依赖垄断的技术优势打入国际市场的传统观点。由于世界市场是多元化、多层次的,即使对于那些技术不够先进、经营范围和生产规模不够庞大的企业来说,参与对外直接投资仍有很强的经济动力和较大的市场空间。小规模技术理论将发展中国家对外直接投资竞争优势的产生与这些国家自身的市场特征有机结合起来,从而为经济落后国家对外直接投资提供了理论依据。

(八)技术地方化理论

英国经济学家拉奥在1983年出版了《新跨国公司:第三世界企业的发展》一书,提出用技术地方化理论来解释发展中国家对外投资行为。他认为,发展中国家跨国公司的技术特征尽管表现为规模小、使用标准化技术和劳动密集型技术,但这种技术的形成却包含着企业内在的创新活动。在这一过程中,发展中国家具有形成和发展自己独特优势的因素。第一,发展中国家技术知识的当地化是在不同于发达国家的环境中进行的,这种新的环境往往与一国的要素价格及其质量相联系。第二,发展中国家通过对进口的技术和产品进行某些改造,使它们的产品能更好地满足当地或邻国市场的需要,这种创新活动必然形成竞争优势。第三,发展中国家企业竞争优势不仅来自于其生产过程和产品,还与当地的供给条件和需求条件紧密结合,而且来自创新活动中所产生的技术在小规模生产条件下具有更高的经济效益。第四,从产品特征上看,发展中国家企业往往能开发出与名牌产品不同的消费品,特别是当东道国市场较大、消费者的品位和购买能力有很大差别时,来自发展中国家的产品仍有一定的竞争力。

(九)技术创新和产业升级理论

20世纪80年代中期以后,发展中国家对外直接投资出现了加速增长的趋势。特别是一些新兴工业化国家和地区的对外直接投资把触角直接伸向了发达国家,并成为当地企业有力的竞争对手。如何解释发展中国家跨国公司的新趋势,是跨国公司理论面临的重要挑战。

英国里丁大学研究技术创新与经济发展问题的著名专家坎特威尔教授与他的弟子托兰惕诺共同对发展中国家对外直接投资问题进行了系统的考察,提出了发展中国家技术创新和产业升级理论。这一理论提出了两个命题:①发展中国家产业结构的升级,说明了发展中国家企业技术能力的提高是一个不断积累的结果;②发展中国家企业技术能力的提高是与它们对外直接投资的增长直接相关的。结论是,从历史上看,技术积累对一国发展的促进作用,在发达国家和发展中国家没有什么本质上的区别。技术创新是一个国家产业和企业发展的根本动力。

技术创新和产业升级理论还分析了发展中国家技术创新的特征。第一,发展中国家企业技术创新的特征同发达国家不同。发达国家企业的技术创新表现为大量的研究与开发投入,掌握和开发尖端的高科技,引导技术发展的潮流。发展中国家企业的技术创新并没有很强的研究与开发能力,主要是利用特有的"学习经验"和组织能力,掌握和开发现有的生产技术。第二,发展中国家跨国公司对外直接投资的产业特征受其国内产业结构和内生技术创新能力的影响。在产业分布上,首先是以自然资源开发为主的纵向一体化生产活动,然后是以进口替代和出口导向为主的一体化生产活动。随着工业化程度的提高,一些新兴工业化经济体的产业结构发生了明显变化,技术能力得到迅速提高。在对外投资方面,它们已经不再局限于传统产业的传统产品,而是开始从事高科技领域的生产和开发活动。第三,区位特征表现为:发展中国家企业在很大程度上受"心理距离"的影响,其投资方向遵循周边国家—发展中国家—发达国家的渐进发展轨道。

(十)竞争优势理论

波特(Porter)在1990出版的《国家竞争优势》一书中提出:"国与国之间的比较优势体现为在价值链上某一特定环节的优势(也称'钻石模型')"。这些环节包括:第一,人力资源、物质

资源、知识资源、资金资源和基础设施等要素条件。某国家如果拥有对某产业十分重要的低成本要素禀赋或独特的高质量要素禀赋,该国的企业就有可能在该产业获得竞争优势。第二,需求条件。此条件对竞争优势的影响主要是通过三个方面进行的:一是本国市场上有关产业的产品需求若大于海外市场,则拥有规模经济,有利于该国建立该产业的国际竞争优势;二是若本国市场消费者需求层次高,则有利于相关产业取得国际竞争优势;三是如果本国需求具有超前性,那么为它服务的本国企业也就相应的走在了世界其他企业的前面。第三,相关或辅助的行业。在国内获得国际上有竞争实力的供应商和相关产业的支持是一国获得持久竞争优势的力量。某行业相关产业的竞争力同样重要,它们往往带来新的资源、新的技术、新的竞争方法,从而能促进产业的创新和升级。第四,企业战略、结构和竞争对手等。不同国家的企业在目标、战略和组织方式上都大不相同,一个国家的竞争优势来自于对它们的选择和搭配。各个国家企业的对外投资要充分考虑自己的竞争优势。

除上述四个因素外,对国家竞争优势产生影响的还有"机遇"和"政府"两个变量:机遇可以使原来处于领先地位的企业的竞争优势无效,落后国家的企业如果能顺应局势的变化,往往也可以利用新机会获得竞争优势。政府则通过相关政策的制定来创造竞争优势。

在钻石体系中,如果某些环节存在缺陷,就会抵消其他环节的优势,不能形成各环节相互促进的有机整体。

除上述理论之外,近年来,国际经济学者还提出了投资诱发要素组合理论,这是国际直接投资理论的创新。理论的核心观点是:"任何形式的对外直接投资都是在投资直接诱发要素和间接诱发要素的组合作用下而发生的。"投资诱发要素组合理论试图从新的角度阐释对外直接投资的动因和条件。其创新之处在于强调间接诱发要素,包括经济政策、法规、投资环境以及宏观经济对国际直接投资所起的重要作用。投资诱发要素组合理论为发展中国家对外直接投资提供了新的理论支持。

第二节 国际直接投资概述

一、国际直接投资的含义和形式

(一)国际直接投资的含义

国际投资是指一国的资本所有者对另一国所进行的投资活动,它导致了资本的国际运动。按照投资者对所投资项目的控制方式,国际投资可相应划分为间接投资和直接投资两种类型。国际间接投资又称国际证券投资,是指个人或机构投资者在国际证券市场上通过购买股票、债券等有价证券所进行的投资。国际直接投资(foreign direct investment,FDI)是指投资者以国际直接投资为媒介,以取得企业经营权或经营控制权为手段,以获取多重效益为目的,在国外从事制造业、商业和服务业等的投资行为。它们之间的区别见表4.2。

表4.2 国际直接投资与间接投资的区别

国际直接投资	国际间接投资
1. 直接承担投资企业的盈亏	1. 获得股息和红利
2. 对企业有经营管理权	2. 对企业无管理控制权
3. 多要素转移	3. 单一要素转移

直接投资与间接投资不同,它不单纯是资本的经营,而是伴有经营权,即企业经营控制权的资本流动。具体是指投资者对海外企业或资产应该拥有一定的股份,从而对企业拥有相当的支配和控制权。同时,对外直接投资也不仅仅是指资本的投入,而是众多生产要素的投入。它包括向接受投资的国家传播资本、经营能力、技术知识、生产设备等。总之,凡是在国外收买和参与了当地企业的股份,在国外建立了公司或是合资企业,实现了生产要素或资源的转移,并且对企业的生产经营活动实行部分或全部控制,即可称为对外直接投资。

(二)国际直接投资的形式

国际直接投资一般采用以下方式。

第一,独资经营企业,是指根据有关法律规定而在东道国境内设立的全部资本由国外投资者出资,并独立经营的一种拥有全部股权与经营控制权的国际直接投资方式。

第二,收买并拥有外国企业的股权达到一定比例。按国际货币基金组织规定,拥有25%股票权的股东可以视为拥有直接控制权(美日两国以出资比例在10%以上者作为划分直接投资的一条标准)。

第三,合资经营企业,是指由两个或两个以上国家或地区的投资者,在选定的国家或地区投资,按照该投资国和地区有关法律组织建立起来的,以盈利为目的的企业。国际合资经营企业由投资者共同经营、共同管理,按照投资股权比例共担风险、共负盈亏。"二战"以后,合资经营企业逐步成为国际直接投资者主要的方式。合资形式又可具体分为股份制合资企业与合同制合资企业。

股份制合资企业是由合资双方根据其资本份额比例共同组成董事会,由董事会负责任命企业管理人员。企业利润按双方出资比例分配。

合同制合资企业有狭义和广义之分。狭义的合同制合资企业是指合作销售与合作制造。这类企业并不严格地按照出资比例决定出资各方的权利和义务,包括利润分配、风险分担、债务清偿等权利与义务都经双方协商签订的合同来决定。广义的合同制合资企业包括"三来一补",合作研究开发。

第四,合作开发,是指由资源国政府和企业与外国投资者之间签订合同,在资源国指定的地区,在一定年限内,允许外国投资者与资源国合作,进行勘探、开发自然资源,并进行共同生产,按约定比例承担风险,分享利益。国际合作开发适用于大型自然资源,如石油、天然气、矿石和森林等开发和生产项目。

如表4.3所示,在上述方式中,独资企业的形式受到外国投资者的重视。其原因在于:首先,合资企业存在着许多问题难以解决,比如双方在经营管理方法、市场目标、人员安排等方面的不协调。其次,合资企业的建立,在某种程度上是在塑造一个未来市场的竞争者。合资一方将先进技术与管理技能转移给另一方,可能会使另一方成为一个新的强有力的竞争者。所以,从全球竞争战略的角度考虑,许多实力雄厚、技术先进的公司宁愿独担风险,不惜大量投资建立独资公司,也不愿与其他企业合资。

表4.3 2011年至2014年不同形式外商直接投资企业实际利用外资的比重变化

单位:亿美元

企业类型	2011年		2012年		2013年		2014年	
	金额	比重(%)	金额	比重(%)	金额	比重(%)	金额	比重(%)
独资	912.05	78.62	861.32	77.10	895.90	76.19	947.40	79.24

续上表

企业类型	2011 年		2012 年		2013 年		2014 年	
	金额	比重(%)	金额	比重(%)	金额	比重(%)	金额	比重(%)
合资	214.15	18.46	217.06	19.43	237.72	20.21	210.00	17.56
合作	17.57	1.51	23.08	2.07	19.40	1.65	16.30	1.36
股份	16.34	1.41	15.7	1.41	22.80	1.94	21.90	1.83
其他	0	0	0	0	0	0	0	0
合计	1 160.11	100	1 117.16	100	1 175.9	100	1 195.6	100

资料来源:中华人民共和国商务部外资司

二、当前国际直接投资的发展特征与原因

当前,国际直接投资已经取代国际间接投资成为资本国际化的核心和主体,资本国际化运动发展到了一个新的阶段。与此相应,国际直接投资在投资规模、投资主体、投资方向与投资的产业结构等方面都呈现了新特点。

(一)国际直接投资的发展特征

1. 直接投资增长迅速、规模巨大

直接投资成为主要的国际投资方式是在第二次世界大战之后。在第二次世界大战之前,资本主义国家对外投资中间接投资即证券投资占大部分,对外直接投资并不多。战后,对外直接投资取得了长足的发展。尤其是进入 20 世纪 90 年代,直接投资规模迅速扩大。1990 年,国际直接投资额 2 043 亿美元,1996 年增到 3 861 亿美元,1999 年越过万亿大关,达 10 883 亿美元,2000 年创出 14 919 亿美元的新高。自 2001 年开始,由于以美国为首的发达国家经济不景气,国际直接投资出现大幅回落,2003 年和 2004 年开始恢复性增长。2007 年突破 2 万亿。之后,国际直接投资又受全球经济和金融危机的影响开始大幅下降,直至 2013 年恢复上升趋势。2013 年,全球国际直接投资流入达到 1.45 万亿美元。2014 年再次下降,流入量为 1.23 万亿美元,跟金融危机之前的 2007 年 2 万亿美元相比低了 30% 左右。联合国贸发会议预测,2015 年全球 FDI 流量有望上升 11%,达 1.4 万亿美元。2016 年、2017 年,全球 FDI 有望达到 1.5 万亿美元和 1.7 万亿美元。纵观几十年的经济发展,国际直接投资总体上保持了快速增长,其增速超过其他一些重要经济活动指标(世界生产总值、国际贸易、各国国内投资)的增长速度,对世界经济的增长起到了重要的作用。

2. 国际直接投资主体仍为发达国家

国际直接投资的主体,指的是向外输出资本的国家和地区。长期以来,发达国家一直独霸着国际直接投资,发展中国家所占的份额很小。到 20 世纪 70 年代末,发展中国家的国际投资累计额仅相当于发达国家的 1%。20 世纪 80 年代开始,一些发展中国家由于经济实力增强,也加入了对外直接投资的行列。到 20 世纪末,上述数字已达到 10%,发展中国家对外直接投资获得了长足的进展,但发达国家仍处于绝对的主导地位。在发达国家中,第二次世界大战以来,美国一直是最大的对外直接投资国。在 20 世纪 60 年代,美国的国际直接投资累计额曾占到世界总额的 50% 以上,70 年代随着美国经济的相对衰落,美国在直接投资中的地位也相对削弱,而日本、德国及其他西欧国家则发展迅速,90 年代后美国经济增长强劲,又恢复了第一大对外直接投资国的地位。到 2013 年,发达国家对外直接投资累计达到 26.2 万亿美元,约占

世界总额的 80%。目前美国仍然是国际直接投资的舞台上最重要的参与者。在 FDI 流入上，美国是全球第一大外商直接投资目的地。2012 年流入美国的 FDI 比第二名中国高 38.8%，占全球的比重为 12.4%。在 FDI 流出上，美国仍然是全球第一大对外直接投资来源国，占全球比重为 23.6%。同时许多发展中国家将本国公司上市转移到了西方国际金融市场以寻求更多国际资本，出现了资本从发展中国家净流向发达国家的"倒流"现象。

3. 发展中国家对外直接投资日趋活跃

长期以来，发展中国家只是国际直接投资的吸收者。但是，从 20 世纪 70 年代初中期开始，随着一些发展中国家经济的迅速崛起和资金实力的增强，开始"走出去"向国外进行直接投资。发展中国家的对外直接投资不仅投向市场广阔、成本低廉的同类国家，而且越来越多地投向发达国家。这些国家中，从事对外直接投资的主要是石油输出国及新兴工业化国家及地区。2013 年，金砖国家(巴西、俄罗斯、印度、中国和南非的英文首字母组合为"BRICS")对外直接投资 1 997.1 亿美元，占世界总额的 14.16%，其中中国对外直接额 1 010 亿美元，仅次于美国、日本，位居全球国家(地区)排名第三位。发展中国家和地区的"走出去"，在一定程度上打破了发达国家垄断国际直接投资的格局，预示着多元化国际投资主体的格局正在形成。

4. 国际直接投资呈多向流动格局

在第二次世界大战前和战后初期，国际直接投资主要在发达国家之间进行，70% 以上的资金流向发展中国家，国际直接投资(FDI)在发达国家的流动方向也主要是从美国流向西欧、日本和加拿大等国，后者很少对美国进行直接投资。进入 20 世纪七八十年代，情况发生了很大的变化。随着日本、西欧的经济增长和资本实力的增强，大量直接投资涌向了美国，尤其是日本，国际直接投资流向美国和西欧呈现了增速加快和增幅加大的态势。发达国家的直接投资对流特征明显。与此同时，随着新兴工业化国家经济的崛起，发展中国家也一改只是被动接受投资的做法，转而加入了对外直接投资(包括向发达国家投资)的行列。他们的资金，不仅投向发展中国家，也投向发达国家。20 世纪 90 年代后，尤其进入 21 世纪后，中国、印度等国家也加大实施"走出去"战略，国际直接投资呈现发达国家、发展中国家各在其内部对流，以及发达国家、发展中国家之间互相投资的多方向流动格局。

5. 国际直接投资部门结构走向高级化

在第二次世界大战前和战后初期，发达国家的 FDI 大部分投入资源性开发，如采掘业和农业等。20 世纪 60 年代以后，与 FDI 地理流向的变化相适应，逐渐转向制造业部门，表现为发达国家制造业部门之间的相互投资。流向发展中国家的国际直接投资也逐渐转向资源密集型和劳动密集型的制造业部门。20 世纪 80 年代后期，为了使发达国家的国民经济结构向所谓后工业化社会方向的转变相适应，发达国家的跨国公司纷纷将直接投资的目标重点转向其他发达国家第三产业，特别是那些体系完善，机制健全并颇具竞争力的银行、保险等金融行业和直接或间接为国际商品贸易提供服务的行业。进入 20 世纪 90 年代，这种产业偏好更趋强烈，势头更为迅猛，范围更加广泛，规模更趋扩大。在发达乃至不甚发达的发展中国家中，那些获利前景更好、风险较低、关系到受资东道国国民经济命脉或瓶颈的广义服务业甚至战略性产业，如金融、证券、通信、交通、公用事业、律师服务、医疗、经济务与咨询等行业，纷纷成为国际直接投资巨额资金转投的地方，而对传统的制造业的投资比重则不断下降。目前，在全球国际直接投资所有披露的绿地项目和并购交易中，服务业已经占有最大比例。2013 年服务业绿地类 FDI 投资额达到 3 850 亿美元，是以绿地项目总额计

算增速最快的部门,显著增长 20%。

6. 直接投资扩大规模的方式仍以绿地投资为主

企业进行国际直接投资有两种基本方式:一是绿地投资,即外商在东道国,按照东道国的法律,建立合资企业或独资企业;二是跨国公司并购,即跨国公司通过收购目标企业的部分或全部股份,取得对目标企业控制权的产权交易行为。长期以来,由于绿地投资方式具有跨国企业可以拥有更多的自主性、较少受到东道国产业保护政策的限制、更大程度维持公司在技术和管理方面的垄断优势以及选择符合跨国公司全球战略目标的生产规模和投资区位等优势,因而成为跨国企业进行国际直接投资主要方式。但 20 世纪末和本世纪初,跨国公司为进一步加速实现全球化目标,获取规模收益,跨境并购快速增长,跨境并购超过绿地投资方式而成为国际直接投资的主要形式。比如,2007 年跨境并购额达到 16 370 亿美元。但之后,由于受到全球经济危机等因素的影响,跨境并购开始快速下降,直至 2010 年开始才缓慢上升。2013 年全球跨境并购额为 3 490 亿美元,低于绿地投资额(6 720 亿美元)。目前,国际直接投资方式中绿地投资仍是主要方式。

(二)国际直接投资迅速发展的原因

当前,国际直接投资迅速而广泛的发展,有其经济和政治原因。

1. 资本过剩是直接投资跨国延伸的重要因素

对外直接投资的深厚基础在于资本的垄断。当前,由于主要发达国家的资本高度积聚和集中,垄断程度进一步加强,在垄断资本控制了国内主要工业部门和垄断了国内市场之后,必然形成过剩资本。这些过剩资本就会在全球范围内寻找有利于增值的投资场所。于是它们看中了能够比国内市场带来更多利润的国外市场。资本的活动范围也就从一国扩展到多国。

2. 新科技革命要求直接投资跨国发展

当前在新的科技革命推动下,西方发达国家的产业结构发生了明显的变化,新兴工业部门迅速扩大,传统产业部门大为减少。这些新兴工业部门具有技术水平高、生产能力强、生产过程复杂、质量要求高且需要的设备投资多、能够进行大批量和多样化生产的特征。在这种情况下,任何国家都不能垄断所有产品的生产,更不能在所有产业部门和产品生产上拥有绝对技术和经济优势,而只能在某些方面具有相对优势。这就要求企业在国际范围内实行生产专业化和分工协作,利用国际分工分别在不同国家生产和销售不同的产品和半成品,定点生产和定向销售,广泛进行协作。

同时,新科技革命的发展还为交通运输、通信联络、信息传递带来了根本变革,从地理上、时间上缩短了国与国、企业与企业间的距离,为直接投资跨国拓展提供了极为方便的条件。

3. 生产要素的全球流动为直接投资跨国拓展提供了条件

一方面,劳动力在国家间的自由流动,使廉价庞大的产业后备军随处可寻,同时也使高新技术和国际管理人才有了施展才华的用武之地。这些国际产业后备军为资本的国际化创造了必要的运动条件。另一方面,国际资本市场聚积的大量过剩资本又为资本的国际循环提供了充足的资金来源。

4. 发展中国家进行现代化建设需要吸引国际直接投资

发展中国家生产力水平相对低下,资金不足和技术落后的状况较为普遍。要发展生产力,进行现代化建设,就必须同外部世界加强联系,实施开放政策,吸引国际资本进入本国进行直接投资。近年来,尤其是亚洲金融危机爆发以来,全球经济环境恶化,投资者对新兴市场顾虑重重。但由于发展中国家政策的吸引,外国直接投资仍然居高不下。许多国家的实践已经充分证明了它对于解决资金短缺、技术落后,提升产业层次,增加外汇收入,实现优势互补,加快现代化建设步伐的积极作用。

5. 各国政府及国际机构对国际经济关系的调节推动了直接投资跨国拓展

在生产和资本向国际化发展、各国间经济联系进一步加强的条件下,各国政府对国家间经济联系的参与和调节就成为必然。各国政府不仅从国内政策、立法等方面积极鼓励、扶助和保障直接投资对外拓展,而且还同其他国家政府联手进行政策协调,签订各种国际协定,建立区域性或跨区域性的经济组织,为直接投资向国外的发展创造有利条件。

三、影响国际直接投资的因素

(一)影响国际直接投资的宏观因素

宏观因素是从国家的总体特点来分析,它包括国家的资源状况、市场状况、外资政策以及地理位置、文化差异等。这些都是影响外国直接投资的宏观因素,反映了资本输出国与输入国的国家特征。

1. 生产要素成本及自然资源状况

生产要素成本指资金、劳动力、原材料生产要素的价格。这些生产要素的价格差异及质量是决定生产要素成本的重要因素。同时,国际金融市场、资本输入国内部银行系统和金融市场的完善程度、效率以及政府的财政金融政策,也是影响资本输入国资金价格的重要因素。至于资本输出国与输入国的自然资源状况,则是影响其工业结构和制约资本投向的因素。

2. 市场规模和特征

市场规模与特征是指资本输出国与输入国的市场状况。资本输出国国内市场不仅对其产品结构和数量有着直接影响,而且影响他们对国外市场的选择。资本输入国国内市场规模的大小与特征,是决定能否吸引外资的重要因素。如中国近年来吸引外国直接投资呈飞速增长走势,而且很多知名的大公司都争相进入中国市场进行大规模投资,原因就在于中国广阔的市场所产生的吸引力。

3. 外资政策及汇率稳定程度

资本输出国与输入国政府的外资政策影响和制约投资行为,如以资本输入国为例,政府对外国企业税收、信贷、外汇管理、所有权等方面的有关政策、法令、政府政策的稳定性等都是影响外国投资者进行决策的重要因素。只有良好、稳定的政治经济环境、健全的法律法规,才是吸引外国投资者的有效手段。汇率因素对国际直接投资的影响虽然不如对国际间接投资的影响大,但汇率稳定仍然是影响跨国公司国际直接投资的重要因素。

4. 地理位置与文化差异

资本输出国和资本输入国的地理位置不仅影响运输成本,而且影响产品的使用条件、生产条件和市场特征。文化因素不仅直接影响消费特征,而且间接影响公司的内部管理。如何协调公司内部雇员之间文化的差异?以何种方式调动职工的积极性?这些问题能否得到很好的解决,会对公司在当地的经营效益产生直接的影响。

(二)影响国际直接投资的微观因素

影响国际直接投资的微观因素主要是指东道国的行业利润率、项目的资本收益率、风险率以及投资者本身的特点。吸引国际直接投资的利润率是指该国某一行业(部门)的行业利润

率。资本增值是对外直接投资的根本目的和动力源泉。因此,投资者最终的注意力将集中在微观的项目本身的资本收益率和风险上,即每投资一单位资本所能产生的效益以及其中的风险。国际直接投资是一种跨国界的投资行为,其风险较之国内投资更大且涉及因素非常复杂、繁多。

第三节　国际直接投资的主要载体——跨国公司

跨国公司与国际直接投资是两个相互联系密不可分的概念。没有国际直接投资就不能产生跨国公司,而跨国公司产生后,国际直接投资又成为它的重要活动方式。跨国公司通过国际直接投资,逾越民族国家的地理界限,在国际范围内实现生产要素的优化配置,它是资本国际化、生产国际化和商品国际化的有机结合体,国际直接投资是跨国公司参与国际经济竞争、对外扩张的主要方式。跨国公司是国际直接投资的主要组织和推动者,当前全世界90%以上的国际直接投资由跨国公司控制和掌握。因而,国际直接投资的结果是跨国公司的形成和发展,跨国公司是国际直接投资的主要载体和组织形式。

一、跨国公司的含义和历史发展

(一)跨国公司的含义

"跨国公司"(transnational corporation)一词,最早出现于20世纪50年代初的西方报刊。1960年美国学者利恩撒尔在其《多国公司的管理》一文中正式使用了跨国公司的提法。随后,在西方国家的报刊上经常出现"多国公司""国际公司""宇宙公司""环球公司"等不同名称。1974年,联合国经济社会理事会做出决议,统一使用"跨国公司"的提法。目前除联合国以外的大多数国际组织,一般都将跨国公司和多国公司作为同义词使用,中国习惯称为跨国公司。名称尽管基本统一,但对于其定义和含义的解释却众说纷纭。综合国外观点,跨国公司是指:在两个或更多的国家控制有工厂、矿山、销售机构和其他资产,从事营利性经营活动的企业组织。

具体包含的内容,按照联合国跨国公司委员会在《跨国公司行为守则》中的解释,可以有如下理解。

(1)在两个或两个以上的国家形成的公营、私营或混合所有制的企业实体。

(2)在一个决策体系下运营,通过该决策中心使企业内部协调一致的政策和共同的战略得以实现。

(3)该企业内的各个实体通过所有权或其他方式结合在一起,共同分享知识、资源,共同分担责任。

同时,跨国企业的经营活动包括较广的业务范围,既可以是产品制造、采矿等生产领域的业务,也可以是有形、无形贸易业务,国际金融领域的资金融通以及不动产业务也在经营范围之列。

(二)跨国公司的兴起与发展

跨国公司的兴起与发展可以分为三个阶段。

1. 19世纪40年代至19世纪末,产生和初步发展时期

以英国特许贸易公司(Royal Chartered Trading Company)的出现(东印度公司)为代表。19世纪40年代后,第一次科技革命,铁路和电报的发明,企业进入大规模销售时代。1856年英国颁布股份公司条例,现代企业诞生。19世纪60年代,早期跨国公司诞生。以1865年德国拜耳

(Bayer AG)化学公司在美国设厂为标志。此后,欧美企业也开始走向海外。此阶段,以欧洲尤其是英国跨国公司的海外直接投资占绝对优势地位。

2.20世纪初至第二次世界大战,跨国公司的发展时期

19世纪末20世纪初,第二次科技革命,通用、福特等公司建立并发展起来,海外扩张步伐开始加快。此阶段,美国跨国公司的海外直接投资占绝对优势地位。

3. 第二次世界大战后至今,跨国公司的迅速发展时期

尤其是自20世纪70年代至今,在第三次科技革命的推动下,美国企业开始大举资本输出,到70年代对外直接投资已达到860亿美元,20年增长6.5倍。70年代至80年代,美国跨国公司由盛转衰,西欧和日本公司地位上升。90年代以来发展中国家的跨国公司逐步发展。跨国公司海外投资规模成倍扩张,对外直接投资格局逐渐由美国占绝对优势地位向多极化转变。

二、当前跨国公司发展的特征和经营策略

(一)当前跨国公司发展的特征

从21世纪初期的客观条件和跨国公司发展走势看,跨国公司的发展有如下特征。

1."全球化"成为跨国公司的发展战略

跨国公司的发展战略被称为"全球战略"。其含义不单纯指企业的经营活动跨越国界,而是强调从总体上追求整体机遇,从全球范围构造企业的整体竞争优势,在发展思路、业务经营、组织管理等方面以全球为中心谋划、安排和实施,在全球范围内获得最大的国际利益。这种有别于传统的以扩大市场与出口为目标的"国际市场战略"和以直接投资为目标就地生产、就地销售的"国际投资战略",自20世纪80年代末90年代初基本形成之后,推动跨国公司获得了迅速发展。据《世界投资报告》公布的数据,2001年全球跨国公司已由20世纪70年代的7 000多家增至6.5万家,拥有85万家分支机构。2008年全世界共有约82 000家跨国公司,其国外子公司共计810 000家。这些跨国公司已经控制了世界总产值的近50%,世界贸易的60%多(2/3),工业研究与开发投入的80%~90%,生产技术转让的90%,国际直接投资的90%。正因为如此,这一发展战略成为全球关注的热点。

2."内部化"成为跨国公司的管理原则

跨国公司实现其全球战略的关键在于实行公司"内部化"。公司"内部化"首先要求按照"内部一体化"原则实行高度集中管理,即以母公司为中心把遍布世界各地的分支机构和子公司统一为一个整体。所有国内外分支机构和子公司的经营活动都必须服从总公司的利益,在总公司的统一计划下,遵循一个共同的战略,合理利用人力和财力资源,实现全球性经营战略活动。"内部化"还要求跨国公司实现信息内部化、资本货物内部化、中间产品内部化、最终产品价格内部化和资金调拨内部化,以通过"内部化"最大限度地回避风险和获取更大的利益。

3."新兴市场"成为跨国公司抢占的主要目标

新兴市场指发展中国家的市场。许多发达国家的大型跨国公司为尽快实现经营战略全球化目标,首要做法是迅速开发新兴市场,加大对发展中国家的直接投资。这股风潮主要源自20世纪80年代中期发达国家跨国公司对东南亚地区的直接投资。90年代之后,以亚洲、拉美为代表的发展中国家经济的持续高速增长以及对外国直接投资管理的自由化,使得此种风潮进一步向亚洲乃至全球扩散。即使在发达国家直接投资衰退期间,向发展中国家新兴市场的投资也保持了繁荣的势头。当前这股向新兴市场扩张的直接投资热潮有增无减,尤其像中国

这样巨大的市场,理所当然地成为各国跨国公司实现全球化经营的首选对象。美国、日本、德国、法国的汽车公司纷纷在新兴市场建立生产线,生产的汽车不是为了返销发达国家,而是为了在这一市场上销售。发达国家的金融等服务型公司也大举进攻新兴市场。紧随其后的还包括新兴工业化国家和地区的跨国公司,他们已经将开辟新市场作为其全球战略安排不可缺少的一个组成部分。从全球看,当前跨国公司对新兴市场的直接投资不仅会在数量上继续保持大幅增长势头,还将使行业结构进一步呈现高级化倾向。

4. "创新"成为跨国公司发展的新推力

跨国公司是靠"创新"制胜的。这种创新当前突出表现在技术创新、文化创新和组织创新等方面。从技术创新看,跨国公司在事实上已经成为先进技术扩散的驱动力,它们通过公司间签订技术协议的方式,借助其他公司的研究开发力量,不仅将开发出的符合母公司战略要求的新技术、新产品传输到母国,而且根据东道国用户的需求、技术基础以及材料性能等方面的差异,对原有技术进行必要的改良和革新。正是凭借着这种技术优势,跨国公司得以在东道国扎根。从文化创新看,跨国公司注意了解当地文化和风俗习惯,培养企业文化的开放性和兼容性,逐渐摆脱民族观念,不失时机地推行当地化策略,培育全球经营者。从组织制度创新看,跨国公司对外直接投资组织制度也在随着客观条件的变化而不断发生变化。跨国战略联盟成为当前跨国公司组织创新的具体形式。由于市场竞争激烈,新技术、新产品开发风险大,为分散风险和进一步拓展市场,纷纷进行各种股权或非股权的结盟活动。这种联盟一般是多边的、网络化的,是众多"你中有我、我中有你",趋向于"无国界公司"的复杂关系。其涉及的行业主要集中于国际竞争极为激烈的半导体、电子信息、药品、航运、汽车、银行等,涉及的范围大都是从研究、开发到生产、销售、服务等全方位合作。

5. "人才"成为跨国公司争夺的重要对象

跨国公司进入新兴市场后,凭借其资金、科技研究条件、工作环境、出国培训等优势和灵活的用人机制,吸引了大批优秀的本土人才。今后,此种人才资源的争夺战有进一步升级的趋势,这可以从近期一些跨国公司在中国的研究和培训机构的动向明显看出。它们通过设立研究机构吸引人才,如微软中国研究院以优越的条件吸引了大量国内著名高校的博士生,使之成为该研究机构研究人员的主体;通过单独设立管理学院和培训中心加快人才本土化进程。此外,大公司还通过与中国著名高校合作共同建立培训中心等形式实现对高层次人才的争夺。

(二)当前跨国公司的经营策略

1. 产品多样化策略

多种经营有利于针对不同市场的需要推出产品,可以分散跨国公司的风险,还可以同时发展长线和短线产品,使公司在资金上取得较大的回旋余地。

2. 产品生命周期策略

产品生命周期策略是指在产品生命周期的不同阶段,跨国公司采取不同的策略。在产品的成长和成熟初期,主要依靠出口,此时的出口以委托国外经销商为主,只做小规模的投资,用出口带动投资,在进入产品的成熟期后,跨国公司在国外集中投资进行大规模发展,同时增加营销宣传。

3. 转移定价策略

该策略是跨国公司独有的一种经营策略。它是指跨国公司内部在总公司与子公司、子公司与子公司之间相互约定的出口、采购商品和劳务时所规定的价格。这种价格是根据子公司所在国的具体情况和总公司全球战略利益的需要人为制订的。这种价格可能大大高于生产成本,也可能远远低于生产成本,因而它不但和社会价值相背离,而且在一定程度上也不受市场供求关系的影响,是跨国公司牟取高额利润的一种手段。由于不同国家的税收制度和税收优惠政策不同,跨国公司往往根据其经营目标的需要,通过转移价格在母公司与子公司、子公司与子公司之间转移利润,以回避东道国的价格和外汇管制,规避或减少纳税义务。如当产品从甲国向乙国转移时,此时乙国关税较高,又是从价税,公司就将转移价格定得很低,以减少应该交纳的税金。

三、跨国公司对世界经济的影响

跨国公司对世界经济的广泛及深远影响是在 20 世纪后半期跨国公司进入迅速发展阶段之后。尤其在当前经济战略全球化、经济发展信息化的条件下,多数跨国公司的分支机构遍及全球,生产、销售、技术和新产品开发研究形成了一体化网络系统,对当代世界经济的发展产生了巨大的影响。

(一)跨国公司对世界经济的积极影响

1. 跨国公司的发展深化了国际经济一体化

国际经济一体化是当代世界经济发展的一个大趋势。20 世纪初跨国公司兴起,尤其是"二战"后第三次科技革命所带动的跨国公司生产国际化的空前发展,为世界经济走向全球一体化作出了重要贡献。跨国公司通过开展国际化生产经营,扩大和加强了世界经济与东道国、母国经济的联系,发展和加深了世界各国之间生产、交换、消费、技术与产品研究开发等方面的协作关系。由于跨国公司经济实力雄厚,财大气粗,凭借其所有权特定优势,即技术垄断优势、市场垄断优势、规模经济优势以及国际直接投资选择的区位优势等,在全球范围内实现生产、分配、消费、通信、市场、金融、保险、运输等有机结合。尤其在当前跨国公司实施全球化经营战略,从全球范围构造企业的整体竞争优势,在业务经营、组织管理方面以全球为中心进行谋划、安排与实施,更是极大地促进了世界经济一体化的发展。

2. 跨国公司促进了经济资源、经营资源在全球范围内的合理有效配置和流动

由于跨国公司有完备的全球生产体系和销售体系,因而,商品、劳务、资本、人才、信息等生产要素或生产成果能畅通流动和合理配置。近年来,跨国公司国际直接投资和内部贸易大规模增加,能充分地证明这一点。其通过遍及全球的分公司、子公司,通过不同国别、区位上的生产分工,充分发挥资源要素的比较优势,从而在全球范围内降低成本和提高生产效率。具体而言,生产的国际分工是在考虑了原材料的供求及价格,劳动力、资金、技术等生产要素供求以及交通运输成本的基础上,在生产过程中形成的将各类产品生产配置于全球范围内该生产所需的资源要素禀赋综合优势最佳的区位上,从而实现最高生产效率。

3. 跨国公司促进了国际贸易的发展

跨国公司在国际范围内依据企业内部分工的原则进行生产和产品销售,必然对国际贸易产生深刻影响。这种影响主要表现在以下三个方面。

首先,使企业内部国际贸易得到发展。这主要是指跨国公司内部母子公司之间、子公司之间相互进行的原材料、中间产品、生产技术和设备的跨国流动。一般是指生产的纵向分工基础上的商品和要素流动。据目前保守的估计,全球国际贸易中内部贸易的比重至少为 50%。这种贸易为跨国公司降低交易成本、实现全球利润最大化提供了保证。

其次,使产业内部贸易得到发展。这主要是指相同产业的产品在国际的双向流动。它属

于《国际贸易标准分类》同一类别的产品,这种产品相互具有相当程度的消费替代性,相当接近的技术密集度等。一般是指生产的横向分工基础上的商品和要素流动。这种分工和贸易的好处是有助于形成同一产业内部中间产品和最终产品的规模生产和流动,从而通过专有性保持厂商优势。

再次,跨国公司开拓了国际贸易的新领域。这主要是指服务、技术等无形贸易领域。20世纪70年代以来,跨国公司结构变动的一个显著特征是服务部门企业的迅速国际化。银行业是这一浪潮的排头兵,保险公司、广告公司、会计及各类咨询公司也都成为跨国生产无形化浪潮的中间力量。这种服务性跨国公司在国际市场上不仅可以为传统客户国际化经营提供支援,而且可以为发展中国家的新客户提供各种服务。与此同时,技术贸易也进入了跨国公司的业务范围。总之,跨国公司的国际化经营推动了国际贸易的迅速发展。它所涉及的国际贸易在世界贸易总额和各国或地区对外贸易额中的比重迅速扩大,成为促进世界经济发展与繁荣的重要力量。

4. 跨国公司推动了国际资本的流动和国际金融市场的迅速扩大

跨国公司的发展与国际金融市场有着密不可分的关系。如:跨国公司需要把大量的闲置资金存放在国际金融机构,以获得利息或准备再投资;需要在所在国或国际金融市场筹集较多的经营资金;需要通过国际金融机构在各地子公司与母公司之间调拨资金。在当前的货币体系,即牙买加体系实行浮动汇率和国际货币多元化的条件下,跨国公司为减少风险和增加收益,需要经常参与外汇市场的期货交易和套汇套利。上述这些,都会促使国际资本的加速流动,起到活跃和扩大国际金融市场的作用。

5. 有助于东道国,尤其是母国解决经济建设中的某些难题

作为东道国的主要为发展中国家。这些国家经济建设中面临的主要难题是资金短缺,技术、管理水平落后。他们可以利用跨国公司,弥补经济建设资金的不足;可以通过技术转让引进一些先进技术和生产设备,促进新兴工业部门的建立,使不合理的产业结构得到一定程度的改善;可以学到一些先进的管理经验;可以吸纳一定的劳动力,缓解就业压力等。

跨国公司的对外直接投资,对母国的作用表现为:不但有利于解决国内经济发展所需要的自然资源的供应和开拓新市场,避开贸易保护主义的限制,而且可以集中力量在国内发展技术、知识密集型的新兴产业,将已经丧失竞争力的传统工业部门及普通技术产品转向国外生产。由此,给本国带来了巨额利润,使贸易收支及国际收支不平衡的状况得以改善,增加外汇储备,增强国际竞争力。

(二)跨国公司对世界经济发展的消极作用

尽管跨国公司对世界经济有着诸多的积极影响,但也不可避免地带来了不少负面影响。

1. 强化了世界经济发展的不平衡

跨国公司国际化生产经营的目的是为了获取尽可能多的利润,无利可图的生产经营是绝对不会干的。因而他们的国际直接投资一般都流向条件好的国家,而基础差、资源较为贫乏的国家接受的外来直接投资却不多,直接投资的地理分布极不平衡。此外,跨国公司在海外的生产经营,往往是将劳动密集型的下游产业和附加值低的处理品转移到发展中国家,以便利用其廉价劳动力和原材料,扭曲了发展中国家的经济结构和布局,将大量利润赚走,使富国和穷国的差距进一步拉大。虽然发展中国家也从中受益,但其经济的单一性、依附性增强,产业结构的地区分布更加不合理和不平衡。

2. 加剧了同所在国之间的矛盾

跨国公司为了争夺有利可图的投资场所和销售市场,对所在国的扩张、控制欲望极强,这必然引起所在国的不满,使本已存在的矛盾加剧。如大型跨国公司参与、收买当地企业,实施对某些重要部门的控制;当母国发生经济危机或生产下降时,将所在国作为转嫁对象;凭借自己的专业化生产和庞大的金融组织、销售机构和多年的扩张经验,在经营活动中巧取豪夺,使东道国吃亏上当;利用其在经济上的控制地位,肆意干涉所在国的国家主权,甚至在政治上进行颠覆活动。这些都引起了所在国政府和人民的强烈不满,使矛盾加剧,甚至激化和发生冲突。

3. 对国际贸易产生不良影响

由于跨国公司所涉及的国际贸易总额在世界贸易总额中占有绝大部分份额,因而其在贸易流向、商品结构、市场等方面具有举足轻重甚至控制作用。它一方面推动了国际贸易的发展,但与此同时,出于其战略需要或为达到其获取垄断高额利润而采取的手段又会对国际贸易的顺利发展造成危害。这首先表现在对东道国的贸易方面。跨国公司从全球战略出发安排商品生产和销售方向,这种安排有时有悖于东道国的利益,使东道国原有的生产和出口计划落空,不能通过出口平衡国际收支和换回外汇。对东道国的损害还表现在跨国公司对国际市场价格的操纵,尤其是实行"转移价格"上。这种转移价格对东道国的经济损害是严重的,如哥伦比亚政府在 1972 年的调查数据显示,由于"转移价格"定价过高,仅药物一项的外汇损失就相当于所有工业技术部门付出的专利费的总和。此外,跨国公司对所在国的控制和垄断,还加剧了各国垄断资本争夺市场的矛盾和斗争,使主要发达国家之间的贸易战愈演愈烈。各国为使自己占有贸易出口的优势,阻止对方侵占原有市场,纷纷采取了新的贸易保护主义措施,妨碍了国际贸易的正常发展。

4. 使国际金融市场和国际金融秩序更加不稳定

由于跨国公司的资金雄厚,以获得最大利润为目标,依据其全球经营战略,统一调配和使用资金,将资金调用到最有发展前途、收益最高的国家和地区的分公司或子公司,增强其竞争力,争取更多的市场份额,而全然不考虑所在国金融市场和经济发展的特殊情况,引起某国或地区金融市场的失衡。同时,跨国公司还是国际资本市场、国际货币市场和国际证券交易市场的重要参与者,趋利避害的资本属性使其在金融市场上套利套汇,买卖证券,利用各国汇率差异转移资金,都对国际金融市场和国际金融秩序的稳定起了破坏作用。

总之,跨国公司对世界经济既有正面影响,也有负面影响,但在大多数情况下,正效应大于负效应。尤其在当前世界经济全球化背景和各国开放度进一步扩大的情况下,其积极影响远大于消极影响。因而,在一定程度上仍然可以说,跨国公司对世界经济的发展有极大的促进作用。它不仅是发达国家对外直接投资的载体,也是发展中国家可以利用的形式。

四、发展中国家和地区跨国公司的崛起

发展中国家和地区具有一定规模的对外直接投资活动始于 20 世纪 60 年代。当时,新加坡、韩国、印度、巴西等国和中国香港、中国台湾等地区随着自身经济的发展而开始走向生产国际化。此时,作为直接投资载体的跨国公司为数并不多。20 世纪 70 年代初,发展中国家和地区仅有 17 家企业到海外投资,其中 8 家在拉美,4 家在非洲,3 家在亚洲,2 家在中东。80 年代后,发展中国家和地区的跨国公司出现了令世人始料不及的发展。此时,到海外投资的企业发

展到 963 家,拥有 1 964 家国外分支机构,投资地区分布于 125 个国家和地区,投资国达 40 多个。进入 90 年代,随着世界经济一体化步伐的加快,国际直接投资再掀高潮,发展中国家和地区跨国公司得到了更为迅速的发展。1998 年,发展中国家和地区跨国公司的数量已增至 7 932 家。21 世纪,发展中国家纷纷实施"走出去"战略,对外投资惊人增长,其在各国及世界经济发展中发挥了重要的作用。

(一)发展中国家跨国公司的特征

1. 发展中国家为主要投资对象国

发达国家的跨国公司大多都将子公司设在发达国家。发展中国家则多数投资于发展中国家,同时许多发展中国家将本国公司上市转移到了西方国际金融市场以寻求更多国际资本。据统计,目前发展中国家跨国公司的子公司仍有近 3/4 设在发展中国家,而且大多数又设在本地区的邻近国家。如以东南亚国家为基地的母公司,至少有 2/3 的投资投在比自己发展水平低的国家。

2. 多元化的投资动机

具体表现为:第一,出口导向动机。即当正常的贸易手段无法绕过关税和配额等限制时,将限制不够严格的半成品转入投资对象国,由海外子公司组装。第二,降低成本动机。由于本国劳动力成本的提高,将某些劳动密集型产品的生产转移到劳动力资源丰裕、成本低的国家;在原材料产地附近建厂,以节约数目可观的运输费用;东道国低税率、低地租等优惠政策也可降低成本。第三,资源要求动机。巴西等发展中国家,面对不断增长的原料要求和能源危机,到资源丰富的国家去投资开发,以解燃眉之急。第四,南南合作动机。发展中国家间建立合资企业,优势互补,提高自力更生能力,以摆脱和减少对发达国家跨国公司资金与技术的依赖。以上可见,发展中国家跨国公司尚无发达国家跨国公司那种在全球争霸的雄心,相反,表现的是投资动机的"防御性"特征较为突出。

3. 地方性的市场销售战略

发达国家的跨国公司在经营战略上采取了全球战略,这是由其拥有分布在世界各地的庞大子公司网络,国外经营活动的数量、规模、企业股权等高占有率决定的。发展中国家由于并不具备上述条件而具有浓厚的地方性。它们的国外子公司或合资公司在经营战略的选择上一般实施当地市场销售战略,即服务于子公司或合资公司所在地市场,当地生产,当地销售。此外,也有少数发展中国家的跨国公司实行供应战略,即为避开配额或取得方便条件,在子公司所在地向发达国家或其他国家和地区出口。

4. 较为自由的组织系统

发达国家的跨国公司大多已经形成了世界范围的组织机构,而且把战略决策等一系列重要权力牢牢把握在母公司手中,强调公司体系内部的联系,强调子公司服从总公司的集中领导。而发展中国家跨国公司则不同,它们基本还没有建立世界范围的组织系统,母公司、子公司之间也没有严密的组织联系,所以子公司自由度较大,自身独立决策较多。

(二)发展中国家跨国公司的竞争优势

发展中国家同发达国家的巨型跨国公司相比,在财力、技术、经验等方面,有天壤之别。能够在激烈的抢占世界市场的竞争中立足并求得生存和发展,是有自己独特的竞争优势的。

1. 适用技术的优势

技术优势历来是对外直接投资的关键因素。发展中国家虽然处在技术阶梯的"底层",缺乏现代尖端技术,但却有不少适合同类国家的"适用"技术。如劳动密集型技术,通过引进发达国家先进技术和设备并经过改造的"二手技术"和"二手设备"。此外,小批量的制造技术和多功能的机器设备也更为适应发展中国家规模市场的需要。这些都可以使发展中国家成功避开发达国家的优势技术,以自己独特的技术优势占有市场。

2. 适销产品的优势

发展中国家跨国公司主要生产附加值较低的中低档产品,由于对消费需求相仿的其他发展中国家市场较为熟悉,愿意设计和生产适合当地条件的产品,开拓发达国家跨国公司顾及不到的市场。因而,能够使产品更加适销对路。

3. 符合东道国经济条件和发展水平的管理经验

发展中国家跨国公司的管理人员一般工资较低;对同等经济条件下人们的行为和心理特征的了解较为透彻;管理人员与当地职工容易沟通,较少同雇员发生冲突。由于发展中国家跨国公司的管理经验和特征更适合同类国家的实际情况,因而受到东道国的欢迎。

4. 扬长避短的投资策略

发展中国家大都资金匮乏,在国际市场上融资能力也较差。为此,在对外投资时,他们以实物资本和人力资本作为主要投资条件,即把机器设备、技术诀窍、商标牌号和劳务的资本化作为投资手段。与此同时,利用在东道国当地筹资、利润再投资等办法来缓解资金缺乏的压力。这种扬长避短的投资策略,使作为晚辈的发展中国家跨国公司得以跻身强手如林的国际投资市场。

第四节　中国的吸引外资和对外投资

一、中国对外国直接投资的利用

(一)中国利用外资的基本情况

中国实施改革开放基本国策的 30 多年中,成功地引进了外商直接投资,并促进了经济的高速增长。自 1994 年至 2013 年的 20 年中,实际利用外资年度绝对值连续居发展中国家之首,到 2013 年,中国累计批准设立外商投资企业 73 万家,累计实际使用外资金额 1.3 万亿美元。具有巨大经济发展潜力的中国已经成为国际著名跨国公司的投资场所。特别是中国"入世"后认真履行加入世贸组织的承诺,开放领域继续扩大,法律法规体系和投资环境不断改善,增强了外商对华投资的信心,外国直接投资显现了从未有过的好形势。2002 年首次跨越 500 亿美元大关,以 527 亿美元的实际利用外资额继续保持世界第二大引资国地位,2003 年又在战胜"非典"(SARS)带来的消极影响的基础上,以 535 亿美元的新纪录超过美国成为第一大引资国。2004 年则再一次刷新纪录,达到 610 亿美元。而到 2008 年,这一数据已达到 952.53 亿美元。2009 年,因世界金融危机的影响,该数据有所回落,达到 918.04 亿美元。之后又不断增长,2013 年达到 1 187.21 亿美元,外国直接投资对中国经济的增长做出了重要的贡献,以 2003 年为例,约 1/2 的出口、1/3 的工业产值、1/4 的工业增加值、1/5 的税收、1/10 的就业和固定资产投资额是由外商投资企业提供的,外商投资企业已经成为了中国国民经济的重要组成部分。

（二）当前外商直接投资流入中国的特征

外商在中国的投资由于国民待遇的获得、政策透明度和取消外汇平衡等政策的实施，具有了一些不同以往的新特点。

1. 外商直接投资进入方式的变化

首先，独资化趋势加强。鉴于"入世"后中国对相关行业外资控股放宽限制，也由于外资为更便利地谋求技术、销售、人员控制权以实施其在华长期系统化投资战略获取更大收益，纷纷选择独资方式。主要表现为两个方面：一是新成立的独资企业增多；二是越来越多的合资企业要求独资，通过内部收购、增资扩股或稀释中方股权的并购方式，实现其控制经营管理权，从而为进一步扩大投资、开发新产品等奠定基础。当初成立合资企业主要是想借助中方合资伙伴的关系网开拓中国市场，这一优势随着中国"入世"后市场和行业发展的透明化和规范化已失去吸引力。2008年9月，可口可乐公司宣布全资收购汇源果汁集团有限公司，虽然此次收购案最终未通过商务部批准，但是可口可乐公司独资经营的战略可见一斑。

其次，外资大量进入大型国有企业。由于大型跨国公司参与国有企业改革不仅能提供巨额投资，而且经营理念、技术、全球营销网络、管理等各种资源，都会进入被并购的企业。于是中国在"入世"后，为吸引外资，作为国有企业改革的重要战略，出台了一系列吸引跨国公司参与大型国有企业改革与重组的政策。此后外资进入大型国有企业的案例不断出现。2002年以来，有三大重组案例发生：一是中国一汽集团与日本丰田公司的全面合作；二是中国二汽集团与日本日产公司的全面合作；三是深圳市政府拿出深圳五大国有集团的股权面向国际公开招标转让。大型跨国公司与中国大型国有企业合作后大量资金随之进入。如以日产和东风全面合作为例，至少投入6亿多美元，如此巨大的投资项目必然引起巨额的配套采购，日产公司为降低成本，提高服务质量，要求日本的配件公司须转至中国才能长期合作，于是大批供应商移至中国。2007年，华北制药被世界上最大的抗生素和维生素原料制造商、全球500强之一的荷兰DSM公司溢价120％抢购股权。北京大宝化妆品有限公司成立于1999年，是北京市三露厂（国家二级企业，北京市先进福利企业）成功进行股份制改造的结果。2008年7月30日，强生宣布完成对大宝的收购。

第三，采用并购方式进行直接投资。中国"入世"后，外商直接投资加大了控股并购的力度，增资控股趋势非常明显。并购是外资进入中国一个很好的方式，在发达国家并购比例较大。此前，中国则主要为"绿地投资"。随着国内生产能力的过剩和投资环境的改善，大量并购中国企业将是外商在华投资最突出的新趋势。目前，经批准或正在申请批准的跨国公司并购中国国有企业的案例逐步增多，个案规模已达数亿美元。外资通过控股、参股等进入国内上市公司的投资总额也在逐年增长。例如，在上海，国际上大型跨国公司问津国有企业的并购交易频频发生，其中在世界上较有影响的一宗交易是法国威望迪集团以2.45亿美元获得上海市自来水浦东有限公司50％股权。随着全球化竞争压力的进一步增强，跨国公司以并购方式进行的直接投资会更加凶猛。这不仅是为寻求资产规模的扩大和利润的增加，更是为了寻找进行全球化经营的战略合作伙伴，以拓宽发展空间应对各种挑战。

第四，FDI的投资方式呈现出多元化趋势。除加工装配、补偿贸易和国际租赁等已有其他外商投资方式之外，BOT（即建设、运营、移交）、TOT（即转让、运营、移交）、收购产权方式、证券投资等新型方式的出现正成为一股不可忽视的力量，显示外商已经开始理性谨慎审视中国市场,注意发现有潜力的国内资产并进行投资。

2. 外商直接投资技术层次的变化

由于"入世"后中国知识产权保护力度的加大和专利审查进程的加快等因素,使外商在中国的投资在技术层面上一改过去只引进二流技术、避开最新成果的做法,出现了竞相引进最新技术和投资建立研发基地的显著变化。据统计,在 2001 年已有 42% 的企业使用最先进技术的基础上,2002 年又有 80% 以上的新投资项目采用了其母公司最先进的技术,目前这一数据仍在上升。新技术投资涉及的领域中,信息通信首当其冲,生物制药、家用电器等最新技术的使用也纷纷登场。与此同时,外资加大了对研发企业的投资。例如,美国 AMD 公司与中国基础软件有限公司组建合资研发公司;惠普公司在上海成立惠普中国软件研发中心;戴尔首家海外研发机构建立于上海长宁区多媒体产业园;诺基亚的全球性研发中心在杭州设立。全球第六大芯片制造商,英飞凌科技股份公司,计划至少投资 12 亿欧元,在上海扩建研发中心并与中方合作生产记忆芯片;汉高集团在上海投资兴建的技术中心已于 2003 年初投入使用,该中心成为汉高中国业务链和全球技术战略的重要环节。最新资料显示,外资在中国研发项目的水平在迅速提升,原创型研发内容增加迅速,其开发的技术有些已达到全球同行业的尖峰水平。

3. 外商直接投资产业层次的变化

随着"入世"后中国政府对外资进入第三产业门槛的降低和服务业开放承诺的兑现,服务贸易领域成为外商投资企业角逐的新热点。据联合国贸发会议《世界投资报告》研究分析,目前服务业国际直接投资的流量已占全球该类投资流量的一半以上,外商特别是跨国公司正越来越多地把目光投向中国的服务业市场,投资角逐的领域主要集中在保险、金融、批发、零售、物流和旅游等服务业。据统计,2009 年和 2010 年第三产业实际利用外资额分别为 385.28 亿美元和 487.09 亿美元,分别占当年实际利用外资的比重为 42.79% 和 46.07%。2011 年服务业实际利用外资 552.43 亿美元,占当年实际利用外资的 47.62%,而制造业实际利用外资 521.01 亿美元,占当年实际利用外资的 44.91%,比服务业低 2.71 个百分点。服务业实际吸引的外商投资开始超过制造业。此后,中国服务业实际利用的外资比例不断上升。2012 年,中国服务业实际利用外资 538.4 亿美元,占当年全国总量的 48.19%,制造业实际利用外资 488.7 亿美元,占同期全国总量的 43.74%,低于服务业 4.45 个百分点。此外,2012 年我国开始实行新的《外商投资产业指导目录》,其中再次强调促进外资产业结构优化升级,鼓励外资更多投向现代农业、战略性新兴产业、现代服务业和高端制造环节。在这次修订中,服务业增加了包括机动车充电站、创业投资企业、知识产权服务、海上石油污染清理技术服务、职业技能培训等九项鼓励性条目,而且将外商投资医疗机构、金融租赁公司等从限制类调整为允许类。其目的在于通过服务业扩大开放,增强三次产业的协调性。

4. 外商直接投资地区结构的新变化

近两年,随着中国政府对中西部地区经济发展的重视以及引进外资政策的改变,沿海地区在引资政策上的优势有所丧失,中西部地区的比较优势日益凸现,全国区域内吸收外资趋于合理。在这种政治经济背景下,外资企业在华投资出现了纷纷组团或派人去中西部地区考察,有计划地向该地区发展的新趋向,中西部地区吸收外资出现了较大幅度的增长,在全国利用外资总量中的比重有所提高。"入世"后,首家中外合资物流公司兰州捷时特物流有限公司成立,青海省第一个由外商独资,投资 14.2 亿元的直岗拉卡水电站项目的上马等,不仅增加了总投资量,而且改变了过去西部多限于西安、重庆、成都、昆明等较发达地区的投资格局。当然,由于

外商直接投资企业所在的母国的国家竞争优势不同,对华投资的区位选择战略亦有所不同,出于对地缘经济、资源导向、市场导向、劳动力导向等战略分析,尤其出于投资环境、投资成本考虑,由于中国沿海地区具有优越的区位优势、比较完备的基础设施和先行改革开放的体制优势而受到外资的青睐。特别是上海及其周边地区,产业基础雄厚,科技、教育发展水平较高,社会信用、市场秩序、行政效率等投资软环境因素相对较好,吸纳外商直接投资仍然位居全国最前列。因而从总体上看,直接投资的区域仍然相对集中于中国沿海地区。如以德国为例,中国"入世"以来其在华投资相对集中在地区基础设施相对完备、市场发达、劳动力素质较高,能为企业提供比较满意的咨询、金融、保险、法律和物流等投资配套服务的长江三角洲一带。东部沿海地区中,广东省吸引外资最多,但其 FDI 占全国比重逐年下滑。而由于 2008 年奥运会举办城市北京、天津、沈阳等地,具有发展高科技产业得天独厚的条件,首先成为外商高科技产业北移的首要选择地之一。

国际直接投资的大量进入对中国弥补资金缺口、促进技术和管理等各方面的进步、获得全球销售网络资源、提高产业竞争力、增加就业和实现经济持续较快增长等发挥了积极作用。从长期看继续扩大引资规模仍是今后的主要任务。因为全面实现建设小康社会的重任,还需要进一步扩大对外开放,需要在当前全球激烈的争夺直接投资的竞争中更多地引进外国直接投资。何况作为一个绝对引资额大而人均引资额小的国家更是如此。同时还应看到,外国直接投资企业其目标是追求利益最大化,而作为东道国来说,除了经济增长问题,还要考虑产业安全、民族经济发展以及可持续增长等问题。这是不容忽视和必须引起重视的。

(三)应对外国直接投资流入新特征的政策调整

1. 提供更为规范和公平的投资环境,加大力度吸引优质外国直接投资

从近年外商对华投资的增长态势看,中国吸引外资的因素中,廉价生产要素和市场潜力居于前两位,尚未集中到投资环境综合竞争力上。这是值得引起重视的一个重要问题。近两年,外商对中国的投资环境的关注重点已逐步从优惠政策转到法律执行、产业导向、技术标准等方面,对中国进一步健全法律制度、增强执法能力和水平、提高监管制度的透明度、改革行政管理体制、加快各项体制创新和机制创新等,提出了更高的要求。在面临国际资本流动更趋理性的趋势下,中国应进一步完善吸收外商投资的法律体系,保持外商投资政策法律的稳定性、连续性、可预期性和可操作性,进一步营造稳定透明的政策环境、统一开放的市场环境和规范高效的行政环境,优化外商投资产业结构和区域结构,重点支持结构调整、扩大就业、区域发展和节能环保等方面的外商投资等。

2. 把大力促进外资并购作为重要的引资增长点,着力推动跨国公司对国有企业的并购

近些年来,面对企业跨国并购成为直接投资新特征和重要内容的态势,中国却反应迟缓。这对于正处在加快产业结构调整,推进产业升级关键时期的中国经济无疑是一个损失。这主要有两个原因:一是中国现行法律和管理体制对国外跨国公司并购国内企业的限制,使其对中国企业的并购缺乏法律依据;二是由于近年跨国公司并购重点在金融、保险、电信、媒体、航空等领域,而中国此类企业无论在规模还是技术管理水平上都远远落后于发达国家甚至新兴工业国,难以成为跨国公司的并购对象。目前,在跨国公司并购成为国际直接投资新特征和重要内容的形势下,将跨国并购拒之门外等于丢掉了机遇。因此,必须高度重视国际直接投资的新特征,抓住这一机遇,按照国有经济战略性调整的总体部署,结合国内产业升级和结构调整的需要,有步骤地开放投资领域,让出部分国内市场,允许和鼓励外资对一些行业的国内企业进行并购。特别要重点引进美国、欧洲、日本等经济发达、产业层次高、通过长期投资寻求稳定回报的跨国公司从中并购和投资。同时，要根据中国现阶段的特点和产业发展水平与布局的需要，加快制定符合国情的企业并购法律法规，使国际资本对中国企业的并购，尤其对国有企业的并购活动有法可依。

3. 进一步加快服务业对外资开放步伐，提高服务业引资的比重

在外商直接投资产业层次上，除继续鼓励其投资于高新技术产业和配套产业外，目前应将重点放在鼓励服务业的投资上。应该抓住国际资本急于寻找出路的机会，主动开放和扩大开放。在主动加快开放的过程中，采取"以我为主"的策略，根据"入世"后服务业的发展情况，放宽准入条件，并选择最有利于开放的行业和地区，大胆、积极地推进，不应只是有限的"试点"。如中西部地区的外商投资金融机构，可优先允许其经营人民币业务；放开商业、外贸、旅行社以及律师、会计师事务所等中介服务机构外商投资；在目前情况下率先扩大地方政府对外商投资农业、基础设施、非限制类制造业项目的审批权限等。同时要加快完善对服务贸易领域的法律规范，健全统一规范的服务业市场准入制度，重点鼓励引进国外服务业的现代化理念、先进的经营管理经验、技术手段和现代市场运作方式。这既有利于改善服务业结构，提高服务业的水平，又可以为制造业的发展提供有力支持，进而吸引更多的国际资本投入制造业。例如，加大银行、保险等行业的开放，与世界著名的基金管理公司、投资公司进行合资合作，加快发展中外合资的会计、律师、投资咨询等中介机构和中介服务业，将有利于引进国外现代化的管理经验、管理科学和先进技术，培养熟悉国际惯例和资本运作方式的专门人才。

4. 加大中西部地区吸引外商投资的政策力度，努力为西部地区扩大外资引进创造条件

中国仅西部的 12 省区市就占全国面积的 68.2%，其人口占全国的 28.6%，中西部地区引进外资的潜力很大。当前，重要的是要有真正对外资有吸引力的鼓励政策。中西部地区除基础设施、国企改造对跨国公司有吸引力外，其他领域在短时期内还缺乏与沿海地区的竞争条件。因此，一方面，西部地区自身要更加努力。要大力加强基础设施建设，努力改善投资环境。对那些有资源优势、竞争优势的产业应专门制订更加优惠的合资或并购条件，加大引资力度，特别是要大力鼓励外商投资于老工业基地的改造，发挥老工业基地基础雄厚、人才聚集的优势。另一方面，也是更重要的方面，国家应针对中西部地区的实际情况，进一步放宽该地区吸引外资的条件，放宽对中西部地区外商投资项目的国内融资条件，实施"西部大优惠"政策，即推出以所得税优惠为核心内容的更加优惠的西部引资政策。虽然中国吸收外资的政策已逐步向产业倾斜，但是在对外开放中落伍的中西部地区，随着大开发战略的实施势必加大对外资的需求，对这一地区优惠政策的倾斜不仅是不可缺少的，而且还要加大力度。

5. 加强政策导向与法制建设，积极保障国家产业安全

国际直接投资的大量进入对中国会产生重大影响，在积极引进的同时必须对国家产业安全引起足够重视。首先，应制定合理的产业导向政策，促进产业结构合理化。如为了保障国家政治、经济独立和安全，需要限制外资进入国防企业和与意识形态有关的行业及某些具有自然垄断性质的行业，其他行业一般应准许外国跨国公司投资。对一些准许进入的行业，如金融、保险、商品零售批发、物流等，出台相应的管理办法，以减少和避免对国内相关企业的冲击。要按照国家的产业政策，引导外国资金投向技术含量高、工艺先进的产业；投向规模大、产业关联性强的产业；投向基础设施和基础产业。其次，完善有关外资引入的法律体系，运用法律手段规范跨国公司的竞争行为。通过立法和严格执法，制止外国跨国公司及其引起的本国

企业的倾销活动和垄断经营。今后,尤其要注意防止跨国公司利用其优势地位限制竞争、损害国家利益的行为。应使其遵守中国有关反不正当竞争的法律,特别要禁止通过垄断、兼并等手段,限制、消灭竞争,不合理地拒绝买卖,对竞争者的掠夺,歧视性定价等行为的发生。此外,还应建立健全符合中国国情的国家产业管理体制和监控机制,通过一系列措施,将国际直接投资大量进入的负效应减少到最低程度,最大程度地利用其优势为中国的经济发展服务。

二、中国的对外直接投资

近年来,尤其是进入 21 世纪后,中国政府在积极引进外资的同时,大力实施"走出去"战略,努力发展对外投资。据联合国贸发会议统计,到 2013 年底,中国 1.53 万家境内投资者在全球 184 个国家(地区)设立境外直接投资企业(以下简称境外企业)2.54 万家,对外直接投资累计净额(以下简称存量)6 604.8 亿美元,境外企业资产总额近 3 万亿美元。然而与引进外资相比,中国的对外投资又显得比例失调,差距突出,目前只是处于数量少、规模小、效益低的起步阶段,从总体看还存在一些问题。

(一)中国企业对外直接投资存在的问题

1. 投资规模高速增长,但全球所占份额有限

近年来,在国家"走出去"战略的推动下,中国对外直接投资快速增长。2013 年,中国对外直接投资流量达 1 078.4 亿美元,同比增长 22.8%。截至 2013 年年底,中国在全球 184 个国家(地区)共有 2.54 万家境外企业,对外直接投资累计净额突破 6 000 亿美元,达到 6 604.8 亿美元。中国已成为发展中国家中最大的对外投资国。但从总量上看,中国对外直接投资在世界对外直接投资市场所占份额仍然有限。2013 年中国非金融类对外直接投资流量占全世界份额的 7.6%,存量份额仅占 2.5%。2013 年中国对外直接投资存量尽管突破 6 000 亿美元,存量规模远不及发达国家,仅相当于同期美国对外投资存量的 10.4%,英国的 35%,德国的 38.6%,法国的 40.3%,日本的 66.5%。目前,中国多数企业对外投资只是"点式"和分散性的,仍然缺乏全球一体化的生产体系和完整的全球产业链。因此,目前中国对外直接投资虽然增长迅速,但是并没有在全球市场上形成份额优势。

2. 企业对外投资地区分布不尽合理

根据商务部发布的《2013 年度中国对外直接投资统计公报》,中国的境外企业共分布在全球 184 个国家和地区,占全球国家(地区)的 77%。其中,亚洲地区投资覆盖率最高,97.9% 以上的国家中有中国直接投资企业,其中香港占了在亚洲投资流量的 83% 以上。排在亚洲之后的是拉丁美洲,在拉丁美洲投资存量的 88% 以上又集中有避税天堂之称的开曼群岛和英属维尔京群岛。其余的投资存量分布在 100 多个国家。总的来说中国企业的对外直接投资区域分布过于集中,这种过分集中的投资地理分布不利于投资风险的分散;从整个海外投资布局来看,对发展中国家和地区的投资仍明显偏少。这种过于集中的地域投资格局使得中国企业所具备的成本优势、小规模技术优势、海外华人网络优势等不能够在发展中国家,尤其是消费文化与中国类似的亚太地区的投资中充分体现。

3. 企业境外投资行业集中,产业结构有待完善

中国对外直接投资在三大产业均有覆盖,但投资行业相对集中,主要以租赁和商务服务业、金融业、采矿业、批发和零售业、制造业这五个行业为主。截至 2013 年,这五个行业对外投

资累计达到 5 486 亿美元,占中国对外投资存量总额的 83%。然而,中国对外投资中,高技术行业的直接投资占比较小。到 2013 年底,中国科学研究和技术服务业对外累计投资仅为 86.7 亿美元,占 1.3%,信息传输、软件和信息服务业投资累计仅为 73.8 亿美元,占 1.1%。尽管较之前,中国技术密集型项目投资有所增长,比如 2013 年中国对外投资中流向科学研究和技术服务业的资金 17.9 亿美元,较 2012 年增长了 21.2%,但总体上讲,技术密集型产业的投资占比仍然很小,并没有引起足够的重视。

4. 对外投资主体较集中,仍以国有大中型企业为主导

从中国对外直接投资主体来看,尽管近年来民营企业表现活跃,中国对外投资主体正向多元化发展,但投资主体仍以国有大中型企业为主。2013 年末,国有企业在中国非金融类对外直接投资存量中占比为 55.2%,非国有企业占比 44.8%,其中有限责任公司占 30.8%,股份有限公司占 7.5%,私营企业仅占 2.2%。商务部公布的按 2013 年末对外直接投资存量排序的非金融类跨国公司 100 强中,位于前 20 位的均为国有企业。中国绝大多数国有企业由国家控股且处于行业垄断地位,由于历史和现实的原因,在治理结构上存在缺陷,创新意识不强,从而使得国有企业在国外市场竞争中缺乏效率和竞争力。尽管近年来,民营企业对外投资快速发展,民营企业由于普遍存在资金缺乏、规模较小等问题,在对外投资中难以抵御海外直接投资的各种风险。总体而言,目前中国对外投资中投资主体结构整体仍然较为单一且缺乏竞争力,对外直接投资主体需要进一步完善。

5. 对外直接投资绩效较低

对外直接投资绩效指数(OND)是指一国或地区对外投资流量占全球对外投资流量的份额与该国国内生产总值占世界生产总值的份额的比率。该指标反映了一国或地区对外直接投资的所有权优势和区位优势,因此该指标常常用于反映一国或地区在全球外国直接投资市场上的真实地位。该指标越大,如果该指标等于 1,说明该国或地区对外直接投资的绩效达到世界平均水平;如果该指标大于或小于 1,则说明该国或地区的绩效高于或低于世界平均水平。2000~2012 年,中国对外直接投资绩效指数始终小于 1,说明中国对外直接投资没有充分利用中国的所有权优势和区位优势。

(二)加快发展对外投资的战略选择

1. 中国企业加快发展对外投资的条件已基本成熟

按照著名的跨国公司问题研究专家、被世界所公认的指导跨国公司实践的权威理论提出者邓宁教授在 20 世纪 80 年代初提出的投资发展周期、国际生产折中等理论,分析相关国家加快对外投资的发展情况,对比中国具备的条件,可以得出:中国在经过长期大幅度引进外国直接投资的鼎盛期之后,已经迎来对外直接投资的高潮,中国企业加快发展对外投资的条件已基本成熟的结论。

首先,20 世纪 90 年代以来,中国经济已经从卖方市场转向买方市场。目前,国内家电、纺织、重化工和轻工等行业已普遍出现了生产能力过剩、产品积压、技术设备闲置等问题,这些行业要获得进一步的发展,就必须寻找新的市场。通过对外投资,变商品输出为资本输出,在国外投资建厂,建立销售网络和售后服务网点,就可以带动国产设备、原材料以及半成品的出口,有效地拓展国际市场。

其次,"入世"在给中国企业带来压力的同时,也为中国企业走出去提供了良好的条件。因为"入世"后中国企业面临的义务和挑战主要体现在国内,所获得的权利和机遇则主要体现在

国外,即体现在外国向中国的产品、服务和投资等方面更大程度地开放市场和实行国民待遇方面。也就是说,中国企业要想享受"入世"后的权利和机遇,就要尽可能地向海外进军。

第三,从企业国际化道路的一般进程来说,首先是发展间接出口,如通过专业外贸进出口公司进出口商品或服务,而后是直接出口,如企业内部设置专门机构或进出口部门来处理相应的业务,最终再发展到对外直接投资。中国改革开放以来,国际贸易和外汇储备方面获得了巨大成就,2013 年对外贸易以 4.16 万亿美元的总额超过美国成为世界第一货物贸易大国,外汇储备以 3.84 万亿美元的总额继续保持世界第一位。这为企业进一步进行对外直接投资准备了必要的物质基础,提高了外商与中国企业开展合资合作的信心和决心,同时缓解巨额外汇储备及人民币升值的压力。

最后,中国与大多数国家签有投资保护协定和避免双重征税协定,这为中国企业对外直接投资提供了必要的保护和良好的政策环境。

2. 中国企业加快发展对外投资的战略选择

第一,对外投资的区位战略。

当前,国际经济竞争异常激烈,发达国家、发展中国家、转型国家等国家和地区的国际经济合作环境各不相同。在此形势下,中国企业对外投资必须审时度势,权衡利弊,结合自身的优势及特点,积极而谨慎地开展对外经济合作,正确的区位选择是保证对外经济合作成功的重要前提之一。

(1)重点发展对发展中国家的投资。根据国际直接投资区位理论,传统的国际直接投资区位选择的决定因素按目前流行的分类可分为非制度因素和制度因素。其中,非制度因素分为经济因素(包括劳动力及资源、原材料成本、市场规模及其增长率等)、基础因素(包括基础设施、第三产业发展水平及其他配套服务等)、地理因素(东道国与投资国的地理距离及社会文化差异等)。制度因素又分为政治制度(包括政策连续性、政局稳定性等)、经济制度(包括贸易壁垒、对外资态度、外汇制度及双边投资保护条约等)、法律制度(法律完善程度)和企业运行的便利性(信息的可获得性、社会设施、政府清廉程度等)。因为中国产业结构的特点和国家地理位置的独特性,以上这些国际直接投资区位选择的影响因素对中国企业的对外直接投资有特殊意义,从而具备这些区位因素的国家和地区对中国企业有特定的区位比较优势。基于比较优势原则,目前,中国的跨国投资区域应当重点从发展中国家着手。从近期来看,发展中国家(包括经济转轨国家)中的印度、巴基斯坦、巴西、阿根廷、墨西哥、哈萨克斯坦、俄罗斯、尼日利亚等国家,拥有众多的人口和庞大的消费群体,经济增长较快,并且中国许多产业相对于其国内产业具有较强的竞争优势,是许多国内企业进行对外直接投资理想的目标国。另外,周边国家如东盟与中国在政治、经济、文化等方面比较接近,又有"10+1"自由贸易协议的签订,更可成为中国企业开展对外直接投资的伙伴和对象。这是因为:①发达国家近期投资相互渗透增加,减少了对发展中国家的资本输出。这为中国企业扩大对这些国家的投资提供了机会,减少了竞争对手,占领发展中国家市场相对容易些。②这些发展中国家在经济发展水平、技术水平、产业结构和消费者偏好等方面与中国相似,有助于中国发挥相对优势,从而获得比较优势。在这些国家投资有利于中国适用技术优势的发挥,降低投资成本,带动技术、设备、劳动力管理等生产要素的一揽子转移,扩大出口创汇。实践证明,中国的某些传统产品在发展中国家中有相当的优势,其中包括纺织品、服装、日用杂品、文教用品等,在初级产品的加工、一般机械加工等方面也有一定的优势。③中国对外投资,通过就地生产和销售既可以开拓发展中国家市场,又可以利用这些国家的出口配额或享有的外贸优惠条件进入第三国,特别是发达国家市场。例如,中国的一些产品直接销往欧美市场难度较大,而投资于对欧美国家享有自由贸易权或有特殊销售关系的发展中国家,其企业生产的产品则可长驱直入欧美市场。④对大多数发展中国家来说,中国具有独有的相对优势。发展中国家跨国公司理论专家刘易斯·威尔斯认为,为满足小市场需求而形成的小规模技术比发达国家的规模经济在发展中东道国更具有竞争优势。发展中国家丰富的自然资源、廉价的劳动力、土地可以缓解中国的资源短缺,为企业提供稳定的原材料供应。而对于中国制造业企业来说,生产制造环节要求东道国有丰富的廉价劳动力或其他原材料以降低成本,获取比较优势。

(2)有针对性地扩大对发达国家和地区的投资。投资于发达国家,在吸收先进技术、获得较好的投资收益的同时,也可以有效地绕开各种贸易壁垒,长期稳定地占据这些国家的市场。但是考虑到发达国家市场经济发达,企业竞争力强,产品技术含量高,市场竞争激烈,目前中国大部分企业还不具备与之对抗的能力。因而我们现阶段不宜在这些难以发挥企业优势的市场上进行大规模投资,只能针对不同国家的不同行业进行有选择的投资。

(3)鼓励中小企业到非洲、拉美等地区投资。中国与非洲、拉美地区的发展中国家政治关系良好,经贸合作保持不断发展,加之近年来发达国家对发展中国家的投资呈下降趋势,这为中国企业进入发展中国家提供了极好的机会。非洲、拉美洲市场规模一般较小,市场需求有限,大规模生产技术无法从这种小市场需求获得规模收益,而中小企业拥有为不同市场需要提供服务的小规模技术,可以满足低收入国家有限的制成品市场需求。另外,经过几十年的吸引外资与对外投资,中国中小企业的技术积累已达到一个高速对外投资的阶段,有能力到这些发展中国家投资。拉丁美洲地域辽阔,土地肥沃,森林密布,矿产资源丰富,水利资源充沛,不仅有中国紧缺的若干自然资源,而且中国产品和服务在这些地区也比较适销对路,市场前景较好。

第二,对外投资的行业战略。

(1)资源投资是中国企业对外投资的首选产业。中国虽然地大物博,但人均自然资源比较短缺,石油、天然气、金属和非金属矿、林业等,中国人均拥有量低于世界平均水平,存在较大的供需缺口。以石油为例,中国人均可采储量只有 2.4 吨左右,是世界平均的 10%。而事实上,中国石油工业经过多年的开采,已经不同程度地出现了枯竭的现象,中国石油工业的后继发展问题比较严重。因此利用其他国家和地区的资源优势,以重要资源开发为导向的对外投资应是中国跨国经营选择的预防性产业。通过对外投资建立资源稳定的供应基地,可以降低市场转移资源的交易成本,有利于规避世界市场资源价格大幅波动的风险,同时也可以防止受制于他人的被动局面。

(2)重点发挥制造业的优势。中国在对外投资的过程中,要遵循"产业区位比较优势基准"。这是指投资国与东道国同类产业相比较所具有的优势。应当承认,某种产业是否具备区位比较优势,是该产业能否形成跨国生产体系的前提条件。发展中国家开展对外直接投资,意味着这种投资行为是对国际分工和世界市场的进入,国际竞争将迫使发展中国家的对外直接投资必须符合国际资本流动的一般规则,即通过自身的某种特殊优势来占领市场。

根据中国国情,对外投资的行业和产业战略应当发挥产业、行业优势,并利用产业结构调整对外投资,促进国内产业结构的升级换代。具体而言,对外投资首先应发挥第二产业的优

势。中国拥有大量比较成熟的工业化技术,而且已经有不少技术处于世界先进水平,这是中国以工业化技术进入国际市场,特别是发展中国家市场的现实基础;中国的许多传统技术和工艺也深受世界市场的欢迎。因此,要把对外投资作为向发展中国家和地区实行"产业梯度转移"的一种有效手段。中国企业在劳动密集型生产技术、工艺设备以及机电、小规模制造方面拥有传统的比较优势,适时地将这些产业转移到经济发展水平类似或低于中国的发展中国家和地区,不仅可为剩余的生产能力找到出路,还能促进产业结构的升级。

(3)加大发展国外服务业的投资。近些年来,国际直接投资向服务业集中已成为当代国际资本运动一个十分引人注目的新趋向。在国际经济一体化的条件下,服务贸易既要"引进来",也需要"走出去"。目前,许多国家都在采取措施促进本国境内具有优势的服务业出口,大力扶植服务业的发展,如建立服务自由贸易区,鼓励外国投资者在自由贸易区设立服务企业,建立或改造服务基础设施等。就中国而言,中国服务业的竞争力要远远低于制造业,对外直接投资的能力也较弱。

中国服务企业的跨国经营活动始于20世纪80年代,在20世纪90年代呈现良好的发展势头。由于中国企业海外经营的最初目的是为了便利国际贸易,所以贸易类的服务型企业海外经营活动最为频繁。此外,海外工程承包和金融业也是中国企业海外扩张的重点,占海外投资总量的很大比例。例如中国化工进出口总公司、中国粮油食品进出口总公司、中国工商银行、中国建设银行、中国电信集团、中国国际信托投资公司、中国五金矿产进出口总公司等,这些企业管理科学、经营机制先进、信誉好、产品有出口,已经有了一定的跨国经营和海外投资办厂经验,成为中国企业海外经营的领头羊。

(4)进一步加大对高新技术产业的投资。现在的市场是一个全球化的市场,要在全球化市场立于不败之地,企业必须拥有某一领域的系列"核心技术"。近年来跨国公司研究与开发投资所占其销售额比重的不断提高就印证了这一事实。中国企业要提高自身的国际竞争力,离不开技术创新的支持。通过在发展中国家投资于研究与开发型技术产业,可以进一步拓宽投资技术的适用性和竞争能力,并可根据当地市场需要开发新产品,更多地占领当地市场。在发达国家进行研究与开发型技术产业的投资,利用这些国家信息渠道多、信息资源丰富的有利条件,及时跟踪国际科技最新动态,直接利用国际先进技术提高研发能力,提升产品的高新技术含量。

第三,投资主体上应鼓励中小企业,尤其是民营企业"走出去"。

相对国有大中型企业,中国中小企业具有如下优势:

首先,成本优势。劳动力低廉是中国参与国际竞争的比较优势之一,这对于任何规模的企业都是一样的。由于历史和体制的原因,中国大型企业,特别是国有大型企业冗员较多,包袱过重,人力资源浪费的现象非常严重。表面上看,每个员工的工资不高,但因为人均劳动生产率非常低,这样就使产品实际成本大幅度提高,埋没了劳动力成本优势。例如,在《财富》全球500强中排名第73位的中国石化集团,因为雇员人数排名第一而使其利润排名落后到了第354名。民营企业则很少会出现类似现象,倘若成本不能控制,利润就会下降,企业就不可能得到发展。因此,民营企业的生产经营使劳动力低成本的比较优势顺利地演变成了实实在在的竞争优势。

其次,产权优势。在对中国资本输出过程进行分析的时候,一个不容忽视的问题是,国有企业的资本输出到国外时,经常造成一些侵吞国有资产、化公为私的现象,不少国家财产就是以这种途径流失出去的。因此,有的经济学家认为要严格控制国企走出国门。这主要是因为国有资产委托—代理问题没有处理好,加上监督机制不健全或者监督力度不够。而民营企业是拿自己的钱投资,产权约束非常明确,因此在投资决策时会非常谨慎,成功的比例也大一些。

最后,市场营销优势。中国的民营企业都是在国内竞争非常激烈的环境中打拼出来的,表现出很强的生命力和竞争力,比在计划经济的襁褓中长大的国有企业对市场更敏感,更能适应和开拓国际市场。正如西方跨国公司研究专家在 20 世纪 80 年代分析发展中国家跨国公司所说,中小型跨国公司使用的并不一定是最先进的技术,但往往是更符合当地市场需要的实用性技术,而大型跨国公司为追求垄断利润,总是要花大量的研发费用来获取最先进的技术。中小型跨国公司技术、人力和生产成本都比较低,其产品的价格也更容易被东道国所接受。根据"慢半拍"的对外投资原则,中国目前最可取的投资区位应该是与中国经济发展水平接近或稍落后一点的国家和地区,如东南亚、东亚和中亚地区。这种国际市场营销的优势会在这些市场中表现得更加突出。

从上可以看出,中国中小企业尤其是民营企业有着大型国有企业无法比拟的优势,民营企业所具有的潜在优势,恰恰符合了上述理论中发展中国家对外投资的优势,应该成为对外投资的主体。虽然现在走出国门的民营企业还不多,但是仍然可以发现一些非常成功的案例。东方集团拥有境外企业 12 家,分布于俄罗斯、美国、西班牙、日本等地。德隆集团在美欧拥有 3 家企业和销售网络。还有一些有实力的民营企业如远大集团、新希望集团、上海紫江集团等也积极开拓国际市场,成为跨国经营的新生力量。这些迅速崛起的民营企业在国际市场上的成功范例表明,它们必然会成为中国未来资本输出的一支主力军。

第四,在政策法规上应以有利于加快企业"走出去",实现投资效益最大化为标准。

在宏观上,要加强调控对外投资的力度,健全对外投资的管理机制,尤其应加强有关对外投资的立法。至今,中国还没有出台一部比较完善的对外投资法,还没有形成完善的对外投资法律体系。因此,应尽快制定和建立专门的法律,如海外投资法、海外投资保险法等,以鼓励和保护中国企业进行国际化的动力与利益。

在政策上,要坚持"帮大扶小"的原则。选择有实力、管理好、拥有自主品牌的重点大企业拓展境外投资业务,制定切实有效的政策,给予必要优惠,鼓励和引导它们建造能够在世界市场上抗拒风浪、具有中国特色的企业航空母舰,同时也应鼓励民营企业开展对外直接投资。由于民营企业资金来源缺乏,信息短缺,对国外法律政策环境不熟悉,应对中小企业的投资实施特殊的保护和支持政策。首先制定中小企业融资政策,包括对特定领域的投资提供补贴、建立中小企业贷款担保以及中小企业信息通信技术投资担保等多种投融资支持和便利措施;其次,针对民营企业信息缺乏,除了提高有关政府机构的信息服务质量外,根本出路还在于建立商业化的投资咨询机构,让它们与企业的投资项目共存亡。只有这样,才会有足够的激励机制来创新,才能使企业获得真正有用的市场信息。总之,应取消歧视,使其在优惠贷款、信息交流、境外投资保险等方面与国有企业享有同等待遇,真正实现多元化主体,共同开拓国际直接投资市场。

复习思考题

1. 何为直接投资?与间接投资有哪些区别?

2. 试从宏观和微观两个角度分析影响国际直接投资的基本因素。

3. 试述国际直接投资的特征和原因。

4. 简要说明跨国公司的特征与经营策略。

5. 试述有关国际直接投资与跨国公司的基本理论。

6. 试述跨国公司对世界经济的影响。

7. 简要说明发展中国家跨国公司对外投资的优势。

8. 外国直接投资流入中国有哪些特征?

9. 参照国际直接投资理论,中国应如何进行对外投资?

第五章　金融一体化

国际金融作为一种世界范围的经济活动,主要反映了国际货币资本的运动,同时又体现了当代世界各国之间货币金融关系所遵循的一般原则和运行的具体形式。国际货币制度是国际金融的基础和重要内容,国际金融市场则是国际金融活动的空间,反映了世界范围的各种货币金融关系。伴随着经济全球化的运行,金融自由化、资本国际化的趋势不断增强,国际金融资本的运动呈现一体化态势。与此同时,积聚的金融风险也进一步加大。因此,有必要了解当代国际金融的制度基础、当代国际金融资本的运行特征以及金融一体化的风险与防范等。

第一节　当代国际金融的制度基础

国际货币制度是国际金融的制度基础和重要内容。因此,考察当代国际金融必须首先考察当代国际货币制度,比较其与历史上存在的较具影响力的货币制度的利弊。

一、国际货币制度概述

(一)国际货币制度的含义

随着世界经济的发展,国际贸易交往、债务清算、资本转移等活动都涉及各国货币的兑换、汇率决定、国际收支调节和储备资产的供应等问题。各国政府按照某些共同的标准或依据某种国际协定,在上述几个方面做出的统一规定,就构成了国际货币制度。因此,我们可以把国际货币制度解释为支配各国之间货币关系的规则和惯例。也可以说是指国际货币金融机构、国际货币制度以及国际货币秩序的总和。

(二)国际货币制度的形成

国际货币制度是历史的产物,它随着资本主义生产方式确立和世界市场的形成以及各国之间经济、政治、文化关系的日益密切而逐步形成和发展起来。只不过在早期,它不是主要依靠法律的强制力,而是更主要地根据约定俗成的做法形成。以后,随着国际贸易往来的不断扩大,货币的国际流通、支付关系愈加频繁,参与的国家及货币种类也越来越多,国际货币体系的法律和行政色彩也相应增加,内容覆盖面也日益广阔,成为一个具有法律约束力并覆盖170多个主权国家的货币体系。

这种具有法律约束力的国际货币制度,往往同各个主权国家的货币主权有这样或那样的矛盾和冲突。因此,具有法律约束力的国际货币制度只能在讨价还价的基础上,依据各国在国

际经济中的相对实力来建设。它不可避免地具有一种"被动性":即一方面对事实和已有的做法加以承认,其权威性不断受到各国相对实力变化的挑战;另一方面,国际货币制度一经建立,又会在一定程度上影响国际货币金融关系的发展和实践,进而影响各国以及世界经济的发展。

(三)国际货币制度的具体内容和作用

1. 确定有关国际货币金融事务的协商机制或建立有关的协调和监督机构

在早期,有关国际货币金融的事务,一般通过双方协商。随着战后各国间经济联系的加强,参与国际货币金融业务的国家日益增多,形式日益多样,多边协调与磋商便提上议事日程。因而,以监督各国行为、提供磋商场所、制定各国必须共同遵守的行为准则,并为各国提供必要帮助的、多边的、带有一定权威性的国际货币金融机构应运而生。

2. 确定主导货币或国际储备货币

为了给世界经济的发展提供必要的、充分的国际货币,规定了国际货币及其同各国货币的相互关系的准则。如当确定黄金和特别提款作为世界清算和支付工具时,国际货币体系必须就黄金或特别提款权与其他国际货币和各国货币的比价关系和兑换方式作出规定。同时,对黄金或特别提款权本身的定价方式、运动范围等,也需作出具体规定。

3. 确定世界及各国货币的汇率制度

为了进行国际商品交换,各国都必须将自己国家的货币兑换成世界货币或具有世界货币作用的货币。这是国际货币体系的核心问题。国际货币体系的任务之一便是根据世界经济形势和各国经济情况,确定世界范围的汇率制度,即采用何种汇率、汇率波动的界限、调整和为维护汇率所采取的措施等。

4. 确定资金融通机制

即确定当某国发生国际收支逆差时,在什么样的条件下,从何处获得资金和资金的数量及币种,以弥补逆差,避免采取不必要的调节措施或有损别国的政策。

5. 确定对国际货币发行国的国际收支纪律约束机制

这是为防止或避免国际货币发行国由于过多输出纸币弥补国际收支逆差而引起世界性通货膨胀的状况发生。

通过上述内容,国际货币体系在其管辖的范围内发挥着稳定国际金融秩序、促进各国经济平衡发展,进而促进世界经济增长的作用。

二、国际货币制度的历史演变

在当代国际货币制度确立之前大致经历了四个阶段。

(一)以一定成色及重量的黄金为本位货币的制度

这是历史上第一个国际货币体制度,是19世纪初到第一次世界大战前,西方国家相继实行的货币制度。其主要内容有以下几个。

第一,黄金是国际货币体系的基础,可以自由输出输入国境,是国际储备资产和国际结算货币。

第二,金铸币可以自由流通、储藏,也可以按照法定含金量自由铸造,各种金铸币或银行券可以自由兑换成黄金。

金本位制的货币体系是一种较为稳定的货币制度,具体表现为各国货币之间的比价、黄金与其他代表黄金流通的金属铸币和银行券之间的比价以及各国物价水平的相对稳定。因而,曾经对汇率的稳定、国际贸易、国际资本流动和各国经济的发展起了积极的促进作用。

但是,由于这种货币制度过于依赖黄金,而事实上黄金产量的增长却无法满足世界经济贸易增长中对黄金的需要。再加上各国经济发展的不平衡和经济实力的巨大差异,造成黄金储备分布的极端不平衡。于是,银行券的发行日益增多,黄金的兑换日益困难,战争爆发时各国便中止黄金输出,停止银行券与黄金的兑换,国际金本位制宣告解体。

(二)虚金本位制

虚金本位制又称金汇兑本位制,是一种先用银行券兑换外汇,再用外汇兑换黄金的制度。这一体系盛行于第一次世界大战后到 20 世纪 30 年代大危机之前。

一战结束后,世界货币体系的重建问题又受到各国的重视。1922 年,在意大利热那亚召开了国际货币金融会议。会议吸取了战前国际金本位制的教训,确定了一种节约黄金的国际货币制度,即金汇兑本位制。其基本内容如下。

第一,黄金依然是国际货币制度的基础,各国纸币仍规定有含金量,代替黄金执行流通、清算和支付手段的职能。

第二,本国货币与黄金直接挂钩或通过另一种同黄金挂钩的货币与黄金间接挂钩,与黄金保持直接或间接的固定比价。

第三,在间接挂钩的条件下,本国货币只能兑换外汇(挂钩货币)来获取黄金,而不能直接兑取黄金。

第四,黄金只有在最后关头才能充当支付手段,以维持汇率的稳定。

这种金汇兑本位制虽然在某种程度上节约了黄金,但是同世界经济贸易的发展对黄金需要量相比却缺口很大。尤其是在汇率频繁波动时用黄金干预外汇市场来维系固定比价更显得力不从心。

(三)货币集团或货币区

1929 年至 1933 年世界性的经济大危机爆发后,西方各国纷纷放弃金汇兑本位制。从 20 世纪 30 年代到第二次世界大战前,随着金汇兑本位制的崩溃,以国际金本位制为标志的统一的资本主义国际货币体系宣告解体。国际货币体系进入了长达十几年的混乱期。在国际货币金融领域中,逐步形成了以英、美、法三个资本主义大国为中心的国际货币集团,即英镑集团、美元集团和法郎集团。三大集团分别以各主导国的货币(英镑、美元和法郎)作为储备货币和国际清偿力的主要来源,同时展开了在世界范围内争夺国际货币金融主导权的剧烈斗争。货币集团以及各为中心的货币制度的形成使资本主义国际货币制度进一步四分五裂,资本主义国家间货币战、金融战日趋激烈。这种局面一直持续到"二战"结束时为止。

(四)布雷顿森林国际货币制度

布雷顿森林国际货币制度,即 1944 年 7 月在美国新罕布什尔州布雷顿森林举行的有 44 国代表参加的国际货币金融会议上确定的将美元等同于黄金,其他成员国货币的比值按一定数量的黄金或美元表示的国际货币体系。该体系被称为以美元为中心的国际货币体系。之所以能够以美元为中心,是由于当时美国经济实力强大。战争结束时,美国的工业制成品生产占据了世界 53.9% 的份额;对外贸易占了世界贸易总额的 1/3;黄金储备从 1938 年的 145.1 亿美元增加到 1945 年的 200.8 亿美元,约占西方国家黄金储备的 59%;美国已经成了资本主义世界最大的债权国和经济实力最雄厚的国家。这些都为建立美元的霸权地位创造了必要条件。同时,美国也在实际上做了充分的准备,早在 20 世纪 40 年代初就已积极策划建立一个以

美元为中心的国际货币制度,并凭借其经济、政治实力,迫使与会各国接受了美国提出的方案,最后通过了"布雷顿森林协定",建立了以美元为中心的国际货币制度。

1. 布雷顿森林体系的主要内容

(1)建立了国际金融机构。建立了一个永久性的国际金融机构,即国际货币基金组织,对各国汇率的波动限制、外汇管制措施、黄金官价、国际收支调节等统一监督管理,以促进国际贸易的扩大。协助成员国克服国际支付困难,推动国际货币合作和世界经济的发展。

(2)确定了国际储备货币。这个体系以美元作为最主要的国际储备货币,实行黄金-美元本位制。具体内容为双挂钩原则。

第一,美元与黄金挂钩,被当作黄金的法定代表。规定按 35 美元等于 1 盎司黄金并与黄金保持固定比价,各国政府或中央银行随时可以用美元向美国政府按官价兑换黄金。

第二,其他国家的货币与美元挂钩,以美元的含金量,即 1 美元＝0.888 671 克黄金作为各国规定平价的标准,各国货币与美元的汇率,根据各国货币的含金量确定。各国货币不能够随便改变其含金量,如调整幅度超过 10％,须经国际货币基金组织同意。

(3)规定了美元的发行与兑现方式。美元的发行流通,是通过美国发生国际收支逆差的方式,即美国购买别国商品则美元外流,转入其他国家手中,在各国间起着计价支付工具的作用。美元的兑现方式是各国中央银行将所持有的美元按照黄金官价向美国中央银行兑换黄金,美国政府有义务兑换。通过这种方式,最初由于美国国际收支逆差支付出去的美元又流回到美国手中。

(4)确立了固定汇率制。所谓固定汇率制是指一国货币按固定比价同某种或一揽子货币相联系的汇率制度,即各国货币对美元的汇率按其含金量一般只能在平价上下各以 1％的幅度内波动,各国货币当局有义务在外汇市场上进行干预以保持汇率的稳定。只有在一国发生"根本性国际收支不平衡"时,才允许升值或贬值,但平价的变动超过标准须得到基金组织同意。

(5)提出了资金融通方案。为了使固定汇率体系顺利运转,各国必须有大量的储备,国际货币基金组织也应掌握充足、稳定的货币储备。只有这样才可以在成员国出现国际收支不平衡、影响固定汇率体系顺利运转时,由基金组织向其提供贷款。这种贷款被称为普通提款。

基金组织资金来源于会员国缴纳的基金份额。会员国应缴纳份额的大小,根据一国的货币储备、对外贸易量以及国民收入的大小,由基金组织同会员国经过磋商确定。

基金组织成员的贷款即提款。当会员国发生国际收支不平衡、出现国际支付困难时,可以向基金组织申请贷款。其中最基本的一种贷款为普通贷款。会员国提取普通贷款的累积数的最高额度为会员国所缴纳份额的 125％,贷款期限为 3～5 年。

总之,在布雷顿森林货币体系下,储备货币和国际清偿能力的主要来源依赖于美元,美元成了一种关键货币。它既是美国本国的货币,又是世界各国的货币,即国际货币。因此,布雷顿森林体系下的国际货币制度实质上是黄金—美元为基础的国际金汇兑本位制。

2. 布雷顿森林体系对世界经济发展的作用

以美元为中心的国际货币制度执行以来,对第二次世界大战后世界经济的恢复和发展起了一定的积极作用,主要表现在:第一,解决了国际储备短缺的困难,在战后黄金增长停滞的情况下,美元的供应可以弥补国际清偿能力的不足,这在一定程度上解决了国际储备的短缺问题,促进了国际贸易的发展。第二,有利于稳定国际金融环境,促进国际资本的流动。布雷顿森林货币体系实行固定汇率制度,汇率的波动受到严格约束,使其相对稳定,有利于国际资本流动的扩大,有利于国际金融市场的稳定。第三,有利于促进国际金融合作。国际货币基金组织对会员国提供各种类型的短期和中期贷款,可以缓解会员国国际收支逆差带来的问题,有利于世界经济的稳定和增长。

同时也应看到,以美元为中心的国际货币制度自身存在着一些难以克服的矛盾,注定了它是一种不可能长期维持下去的国际货币制度。第一,是一种建立在不平等基础上的货币制度,为美国推行金融霸权提供了有利条件。在这个货币体系中,美元成为国际主要储备货币,具有国际清算与支付手段的职能。因而,美国就可以凭借这一特权获得巨大利益,而其他国家的货币则处于附庸地位。具体表现为:美国可以以极少的现金储备,大量发放贷款和对外投资,加强对其他国家财政金融的控制;可以利用自己发行的美元纸币,作为对外支付的手段;可以在不动用自己的黄金储备的情况下,印制美元纸币,扩大资本输出,使得美元在国际金融市场上泛滥成灾;各国还担负着维持美元固定汇率的责任,一旦市场上美元大量过剩,美元汇率下降,各国政府就不得不做出牺牲,抛本币买美元,从而加剧本国的通货膨胀。而美国则可将此作为转嫁国内通货膨胀和美元危机的渠道。第二,以美元为中心的国际货币制度是一种不稳固的货币制度,自身存在着无法解决的难题。具体表现为,首先,基准货币国具有绝对支配权,其不仅支配着世界货币秩序,控制着世界金融的特权,而且操纵了弱小国家的金融命脉。其次,固定汇率制度将汇率定得过死,当国际收支出现暂时不平衡时,一般不能调整法定汇率。由于过分强调汇率的稳定,忽视了国际收支的调节机制,使得各国收支失调不可避免。再次,无法控制国际资本流动,在战后国际游资大规模膨胀,流速加快的情况下,容易引起国际通货危机,进而影响国际货币体系的正常运行。最后,无法对付"特里芬难题",即在布雷顿森林货币体系下,基准货币国家美国的国际收支无论出现顺差和逆差都会给这一体系的正常运行带来困难。若是顺差,会造成国际市场流通的美元减少,国际清偿能力不足;若是逆差,就要靠美国国际收支赤字,美国国际收支长期赤字又会造成美元大量过剩,从而引发美元危机降低美元信用。这就是美国耶鲁大学教授罗伯特·特里芬于20世纪50年代首先提出的难题。特里芬指出了布雷顿森林体系的内在不稳定性及危机发生的必然性,即随着流出美国的美元日益增多,美元同黄金的可兑换性(按固定的比价)必将日益受到各国的怀疑,美元的可兑换性信誉必将受到严重削弱。随着时间推移和上述矛盾的不断发展,布雷顿森林体系陷入全面危机不可避免。

3. 布雷顿森林体系的崩溃

导致布雷顿森林体系崩溃的直接原因是由于资本主义经济发展不平衡规律引起的各发达资本主义国家经济实力对比的变化。美国经济实力强大,以至于强大到足以保证双挂钩原则的实现才是美元为中心的国际货币体系的基础。当这一根基发生动摇,则建立其上的货币体系便不能维持。

从20世纪60年代初开始,以第一次美元危机为标志,开始了布雷顿森林体系的崩溃过程。当时,由于美国长期实行国民经济军事化,民用生产相对落后,竞争能力减弱;大量海外驻军和20世纪50年代的侵朝战争使军费开支大为增加,大量美元流出国外;美国国内实行凯恩斯主义赤字财政政策的结果又使通货膨胀严重。这些都使美国的国际收支进一步恶化。为了支付大量国际收支逆差,美元大量流向国外,美元的国际信用和国际地位也因此而进一步下降。黄金储备由1949年的245亿美元降至1960年的178亿美元,到1971年进一步降至102亿美元,而此时的外债竟达到678亿美元,黄金储备仅为其债务的15%。与此同

时,日本和西欧经济则进入了快速发展期,其产品竞争力强,取得了大量国际收支顺差,他们用手中握有的大量美元,向美国政府兑换黄金,导致黄金大量流出,黄金储备急剧减少,以至于使美国政府无法维持黄金官价,无法施行美元对黄金的正常兑换。20世纪70年代初,尼克松政府不得不宣布停止兑换黄金,美元对黄金贬值并与黄金彻底脱钩。随后各资本主义国家先后取消了本国货币与美元的固定比价,实行对美元的浮动汇率。至此,作为布雷顿森林国际货币体系支柱的"双挂钩"制已不存在,以美元为中心的国际货币体系解体。

三、当前的国际货币制度——牙买加国际货币制度

布雷顿森林货币体系崩溃后,国际货币制度进入了一个新的时期。美元的连续下滑和汇率的剧烈波动引起国际社会新的不安。为此,国际货币基金组织着手研究国际货币制度的改革问题。1976年国际货币基金组织"国际货币制度临时委员会"在牙买加首都金斯敦召开会议,达成了关于国际货币制度改革的"牙买加协定",并于1978年开始生效。

(一)牙买加国际货币制度的内容

牙买加国际货币制度不是完全摒弃了布雷顿森林体系,它是在保留和加强基金组织作用的前提下,对布雷顿森林体系下的国际货币制度的改革。其改革的内容主要集中在汇率、国际储备、国际调节机制及黄金等问题上。

1. 黄金非货币化

在牙买加体系下,黄金与货币彻底脱钩,不再是汇价的基础,不能用它来履行对国际货币基金组织的义务,成员国货币不能与黄金挂钩。基金组织逐步处理其所持有的黄金,将其持有的黄金总额的1/6,约2 500盎司按市场价格出售,超过官价的部分成立信托基金,用于援助发展中国家,另有1/6按官价归还各成员国。

2. 国际储备多元化

国际储备是指一国货币当局(或中央银行)所掌握的为国际上普遍接受的流动资产的总和或是一个国家所拥有的可以作为国际货币的资产总和。根据国际货币基金组织的规定,作为国际储备的主要有以下几种类型的流动资产。

第一,美元。美元仍然是主要的国际计价单位、支付手段和价值贮藏手段。尽管20世纪70年代美元与黄金脱钩以来,各国都进行了外汇储备多样化的准备,但美元至今仍占世界外汇储备的62.7%,50%的国际贸易都用美元结算,85%的国际金融交易也用美元结算。同时,国际货币基金组织和各国在计算国民生产总值、工农业生产总值、进出口额、外汇储备以及人均收入等经济指标时,也要折算成美元。这样的国际经济格局使得美国经济可以利用其特有的货币优势。

第二,其他主要西方国家的硬通货,如欧元、英镑、日元等。由于美国的经济实力相对下降,美元不断贬值和购买力的降低,给一些国家的美元外汇储备造成损失,因而各国开始减少国际储备中的美元份额,兑换成其他几种硬通货。现在的国际储备已经形成了欧元、日元、英镑等几种货币同美元并存的格局,但美元仍为主要国际储备货币。随着欧元的诞生,美元的主导地位开始受到挑战。欧元是一种超国家主权拥有完整的货币职能的新型货币,与一国货币相比,具有价值较为稳定、汇率风险小的特征,因而是较为理想的储备货币。目前,美国的经济增长率要高于欧元国家。但欧元国家的经济已开始恢复并呈现增长态势。因此,从支撑币值

稳定的基础以及欧元区成员国内生产总值和贸易额占世界总值的比重来看,欧元是一种极具挑战力的货币,很有可能成为除美元以外的第二种强势货币。在储备资产构成中,欧元将对美元的绝对地位产生冲击。

第三,黄金。牙买加国际货币体系虽然已明确了黄金非货币化,但由于它仍然是价值实体和贮藏手段,可以转换成任何货币,因而仍将黄金作为国际储备资产,仍是最后的国际清偿手段和保值手段。如国际货币体系明确规定,各成员国应将其黄金和外汇储备的20%存入欧洲货币基金,作为发行欧洲货币单位的基础。但由于黄金产量的限制,它在国际储备中的数量有限。

第四,特别提款权。特别提款权是人类历史上第一次集体创设的超国家的国际储备资产,由国际货币基金组织发行,是为维护布雷顿森林体系,解决国际清偿力不足而创立的,是国际储备资产的一个组成部分。通过相互转账,作为支付手段用于政府之间的结算和支付国际收支逆差。但由于它并非现实的货币,不能兑换黄金,也不能用于贸易或非贸易支付,又被称为"纸面黄金",是一种虚拟资产。之所以称其为虚拟资产,是因为它不同于黄金储备和外汇储备。黄金储备是一种有价值和使用价值的商品,外汇储备是以储备货币发行国的实际资源和财富为后盾。特别提款权则只是一种价值形式,缺乏与其价值形式相对应的价值实体,缺乏物质基础。在20世纪60年代末特别提款权创设之初,与美元等值,即每单位特别提款权等值于1美元,等于0.888 671克纯金。1974年7月1日,基金组织宣布特别提款权与黄金脱钩,改用16个最大贸易国(指在世界出口总额中比例大于1%的国家)的货币组成的货币篮定值。1981年1月1日又改用美元、日元、马克、英镑、法郎组成的5种货币作为特别提款权的定值基础。2001年1月1日起,欧元代替法郎和马克。这种定值方法可以加强特别提款权作为国际储备的稳定性,但是它没有任何一个国家的实际资源和财富作为基础和后盾。一旦世界经济发生重大波动甚至变故,缺乏物质基础的特别提款权的可接受性将受到冲击。同时,由于特别提款权发行的数量有限,在整个国际储备中的比重很少,它只能作为现阶段国际储备资产的补充,而不可能代替整个国际储备资产。

3. 浮动汇率安排合法化

浮动汇率制,是指一国政府不规定本国货币与外国货币的固定兑换比率,而由国际外汇市场供求变化自动调节的汇率制度。在牙买加国际货币体系下,由于成员国经济发展、经济实力、控制能力等不尽相同,可以根据各自情况选择不同类型的浮动汇率。浮动汇率的主要类型有以下几个。

第一,单独浮动,也可称自由浮动,指一国货币不与任何外国货币发生固定联系,汇率随市场波动而波动。如美元、欧元、日元、英镑、加元、澳元等,西方国家大都采用了这种汇率制度。

第二,联合浮动,也可称共同浮动,指某些国家出于经济发展的需要,组成某种经济联合体,内部共同规定汇率波动的上下界限,稳定参加国之间货币的汇率,对外则联合浮动的制度。实行这种货币制度的国家一般都同联系国有着非常紧密的经济贸易关系,为有利于相互间经济贸易的发展,稳定彼此间的货币汇率,之间实行较为固定的汇率制度。如欧洲货币联盟等实行的就是这种制度。

第三,盯住浮动汇率制,指某些国家的货币按固定比价同某种货币或混合货币相联系,并随被盯住货币的汇率浮动而上下波动的汇率制度。发展中国家大都采用了这种汇率制度。采用这种汇率制度有利于大多数发展中国家和地区保持比较稳定的货币关系,促进经济和贸易

的稳定发展。

第四，管理浮动汇率制，指政府为了避免汇率的剧烈波动对外汇市场上的汇率进行干预，使其在一定范围内浮动的汇率制度。1994年以前，中国先后经历了固定汇率制度和双轨汇率制度。1994年汇率并轨以后，中国实行以市场供求为基础的、有管理的浮动汇率制度。企业和个人按规定向银行买卖外汇，银行进入银行间外汇市场进行交易，形成市场汇率。中央银行设定一定的汇率浮动范围，并通过调控市场保持人民币汇率稳定。实践证明，这一汇率制度符合中国国情，为中国经济的持续快速发展，为维护地区乃至世界经济金融的稳定做出了积极贡献。1997年以前，人民币汇率稳中有升，海内外对人民币的信心不断增强。但此后由于亚洲金融危机爆发，为防止亚洲周边国家和地区货币竞争性贬值使危机深化，中国作为一个负责任的大国，主动收窄了人民币汇率浮动区间。随着亚洲金融危机的影响逐步减弱，近年来中国经济持续平稳较快发展，经济体制改革不断深化，金融领域改革取得了新的进展，外汇管制进一步放宽，外汇市场建设的深度和广度不断拓展，这些都为完善人民币汇率形成机制创造了条件。于是，为缓解对外贸易不平衡、扩大内需以及提升企业国际竞争力、提高对外开放水平，经国务院批准，中国人民银行自2005年7月21日起，开始实行以市场供求为基础、参考一篮子货币进行调节、有管理的浮动汇率制度，人民币汇率不再盯住单一美元。

4. 调节机制多样化

牙买加国际货币体系下，国际收支的调节机制出现多样化的特征。

第一，汇率调节。利用汇率的浮动对国际收支失衡的情况进行调节，是目前国际上使用较多的手段。当一国对外收支经常性项目发生逆差时，即国际收入小于支出时，需要增加外贸出口从而使外汇收入增加。为此该国对外汇率下调，即采取本币对外币贬值的方法，使得出口增加进口减少，从而在贸易实现顺差的基础上对外经常性项目收支状况得到明显改善，增加外汇储备。

第二，利率调节，即通过利率的变动调节国际收支失衡的状况。这种调节是一国变动本国利率，造成其他国家实际利率的差异，来引导资金的流出或流入，从而调节国际收支。通常情况下，高利率可以导致资金流入，低率则会使得资金流出，造成对外收支的资本项目发生变化。需要注意的是，依靠利率调节国际收入与支出也会产生副作用，即实施高利率引导资本流入的同时可能会造成本国对外汇率的上浮，由此抑制了商品出口导致经常性贸易收支逆差的出现。

第三，基金组织的干预和贷款调节。当一国国际收支出现严重不平衡时，由国际货币基金组织出面，向逆差国提供贷款或由基金组织提出整改方案，帮助逆差国扭转逆差，克服国际收支困难，并指导和监督逆差国与顺差国双方调节国际收支，使双方"对称地"承担调节国际收支的任务，以消除全球性国际收支失衡现象。如亚洲金融危机期间，国际货币基金组织就曾经先后向菲律宾、泰国、韩国等实施了紧急援助贷款，在一定程度上缓解了成员国的困难。

此外，国际金融市场中国际商业银行的存贷活动对调节各国的国际收支也发挥了巨大的作用。就逆差国来说，还可动用本国外汇储备或者借外债或吸引投资来应付国际收支逆差。顺差国则可利用增加外汇储备，或者用顺差余额增加对外贷款或对外投资调节收入与支出。

(二)牙买加国际货币制度的作用

牙买加货币制度形成并实施30多年来，对维持全球经济的正常运转，推动世界经济贸易的发展发挥了巨大的作用，目前运转仍然基本正常，没有看出这一制度在近年将会发生重大改革的迹象。因此，评价这一制度的功过是非，首先应该肯定其积极作用。

1. 国际储备多元化基本摆脱了各国对基准货币国的依赖,使不同储备货币的供应和使用更具灵活性

布雷顿森林体系时期,由于实行各国货币与美元挂钩,使得基准货币国与依附国家相互牵连。而当前的货币体系实行多种货币并存的国际储备,即使美元贬值或美国经济发生问题也不一定对各国经济及各国货币的稳定性产生重大影响。同时,国际储备多元化还使得各国对不同储备货币的使用更加灵活,不仅有利于各国调节外汇储备和外债结构,减少外汇风险和外债风险,而且可以采用不同形式的货币进行贸易结算,促进进出口贸易的发展和经济的增长。

2. 国际储备多元化有助于解决"特里芬难题"

当前的国际货币体系下,由于美元已经不再是唯一的国际储备货币和国际清算及支付手段,因而即使美国的国际收支不断出现顺差,不向外投放美元,仍然会有其他国际储备货币和国际清算及支付手段来缓解国际清偿能力的不足。由于美元早已同黄金脱钩,即使美国的国际收支不断发生逆差,导致美元大量外流,也不会发生各国用美元储备向美国兑换黄金的现象。因而有利于美国经济以及全球经济的正常发展。

3. 浮动汇率制有利于在灵敏反映各国经济发展动态的基础上实现对经济的调控

浮动汇率制同固定汇率制相比,在较为及时地反映客观经济瞬息万变的情况方面具有极大的优越性。这种灵活的多种汇率制度可以使得一国的客观经济政策更具独立性和有效性,同时也更具调节性。具体来讲,第一,可以作为政府改善国际收支不平衡状况的工具,有利于进出口贸易的平衡和经济增长。第二,有利于促进资本流动。短期资本的移动对汇率变动的反映最为敏感和迅速。因而它常常作为各国引导资本流动的手段。第三,浮动汇率制下,各国政府不必承担因为维持固定汇率而抛出本国货币干预外汇市场的义务。从而可以减少各国为维持汇率稳定所必须保留的应急性外汇储备,有利于发挥外汇储备的经济效益。

4. 调节机制多样化有利于缓和布雷顿森林体系调节机制失灵的困难

在布雷顿森林货币体系下,由于国际收支调节渠道有限,调节机制失灵。但在当前的货币体系下,由于拥有多种调节机制,各种调节机制可以相互补充结合运用。因此,对国际收支调节的灵敏程度同布雷顿森林国际货币体系相比,要高得多。由此有利于推动全球经济的较为顺利运转和持续发展。

当然,消极作用也是存在的。主要表现为:第一,多元化的国际储备使国际货币格局缺乏统一稳定性和管理的复杂性。这是因为国际储备体系的稳定要受多种货币、多国经济的影响,一旦其中某种有影响的货币储备出现问题,就可能冲击整个储备体系。此外,储备资产多样化还会造成对储备资产管理的复杂化,给国际储备的保值增值增加了难度。第二,多种浮动汇率体制容易加剧国际金融市场的动荡和国际金融体系的混乱。当前实行的多种浮动汇率体制已暴露一些矛盾,即汇率波动而频繁,对未来汇率变动难以预测,不利于国际贸易和国际投资的进行;汇率频繁变动助长国际套汇、套利活动,使大量短期资金从事投机活动,不利于国际金融市场的稳定。近年来,尤其 20 世纪 90 年代以来,先后引发的四次金融市场动荡(欧洲、墨西哥、东亚、巴西)已经充分证明了这一点。第三,多样化的调节机制不能从根本上解决国际收支失衡的矛盾。在当前经济全球化、信息化且国际资本巨额流动的情况下,国际货币基金组织现存的对国际金融市场及各国经济的调节手段更显不足,它使调节作用大打折扣。始自 1997 年 7 月的东亚金融危机中,基金组织曾几次干预、调节,但均未奏效,就是一个证明。

四、当前货币制度的改革趋向

自牙买加国际货币制度形成以来，国际信贷和"象征经济"已经脱离"实务经济"而急剧增大，国际资本大量流动、主要汇率剧烈波动，进一步改革当前的货币制度，建立合理稳定的国际货币新秩序是各国普遍的要求。

各国提出的货币制度改革方案虽然很多，但普遍认为推倒重来的做法在经济和政治上所要付出的代价太大，所有国家都难以承受。因而，赞成保持现行货币体系基本不变的基础上，对其进行一些改革。

改革方案的宗旨和主流观点主要包括：第一，改革和加强以国际货币基金组织为代表的国际金融机构，其中包括设立超越基金组织、世界银行等组织的"金融监督机构"或"经济安理会""国际贷款保险公司"等；第二，维持目前国别性货币作为国际货币手段的基础上对其进行适当的改革，具体做法如增加作为国际货币手段的国别性货币的数量，尤其是增加欧元的数量，强化市场对于各种国别性货币价值稳定的信息传递和各国之间货币管理的同步协调等；第三，增强金融市场的透明度和完善会计制度，实现国际社会对金融市场的有效监控；第四，加强各国政府对本国金融市场的监督、管理以及各国监管的协调合作，防范和化解金融全球化趋势下国际资本巨额流动带来的金融风险。美国金融危机爆发后，G20峰会等相关讨论涉及了一些新的议题，包括：倡导建立健全的国际储备货币体制；通过建立区域性统一货币，削弱美元的独霸地位；建立超主权的世界货币或储备货币。中国人民银行行长周小川认为，特别提款权（special drawing right，SDR）具有成长为超主权储备货币的特征和潜力，因此应特别考虑充分发挥SDR的作用，着力推动SDR的更广泛分配以及拓宽SDR的使用范围。

第二节 金融国际化与国际金融资本的运动

20世纪90年代以来，随着经济全球化步伐的加快，金融资本国际化的趋势不断增强，尤其是计算机、通信、网络技术的迅速发展和广泛应用，使得一个规模空前、真正的全球金融市场得以形成和迅速发展。与此相联系，作为这一市场中最活跃、数额巨大、流动频繁并构成这一市场主体的金融资本，也呈现了新的特征。

一、金融国际化的含义和内容

金融国际化是指一国金融活动跨出国界，日益与国际金融活动融合在一起，即资金的动员、筹集和分配超越国家边界，在全球范围内进行。金融国际化主要包括金融市场国际化、金融交易国际化、金融机构国际化和金融监管国际化。

(一)金融市场国际化

金融市场国际化首先表现为在各国取消或放松金融管制的基础上，国内金融市场向世界开放，居民和非居民均可享受国家的金融服务业市场准入和经营许可的待遇。此外，还表现为不受或较少受管制约束的境外金融市场（还称离岸金融市场）的创设与发展。

世界上第一个离岸金融市场是在20世纪60年代随着欧洲货币市场形成而出现的伦敦境外银行中心市场。该市场以宽松的政策优惠吸引了大量外币的流入和众多国外银行分支机构的进驻。70年代，一些发展中国家和地区也纷纷设立离岸金融中心，经营离岸金融业务，并以优惠的税收待遇、良好的保密性、取消外汇管制和几乎无国际金融法规限制吸引了众多的跨国银行在本国经营国际金融业务。此后的 1981 年和 1986 年,美国和日本也在本国境内开设了国际银行业务,90 年代,国际银行业务的范围进一步扩大。至此,全球性的离岸金融市场已达 40 多个,世界货币存量的 50％要通过离岸金融市场周转,世界上约 20％的私人财富投资于离岸金融市场,银行资产的 22％投资于离岸金融市场。离岸金融市场的广泛出现和离岸银行业务范围的拓宽为国际资本的巨额流动创造了免受国家金融当局管制和约束的活动空间。

(二)金融机构国际化

金融机构国际化首先表现为国际金融市场上参与跨国界金融活动机构的数量和种类的扩大。20 世纪 70 年代之前,跨国银行是国际金融市场上的主力军。80 年代之后,非银行金融机构,尤其是证券公司和金融服务公司获得了空前的发展。此外,这些金融机构,在业务范围上也获得了很大发展。不仅开设各种外币的存贷业务,而且在证券经营、投资组合管理和支持兼并收购等方面大显身手。以数量为例,1987 年,伦敦 23 家初级市场交易商中有 14 家为外国人拥有的公司,而到 1992 年仅在伦敦的外国银行即达 520 家,在伦敦设立的美国银行甚至超过了在纽约设立的美国银行。在纽约,大约 1/3 的美国国库券由日本公司经营;在东京,同样约有 1/3 的国库券由外国公司经营。这种金融机构国际化的现象也为各国资本的跨国界流动提供了极大的便利。

(三)金融交易国际化

由于各国金融市场开放度的扩大和大量适应跨国界投资的金融品种的产生,使得金融交易的国际化得到进一步发展。在当今的国际金融市场上,证券化的筹资工具多种多样。除了传统的欧洲债券之外,还包括各种融资票据,各种异地发行的债券和异地上市的股票以及各类金融衍生产品等。近年来,上述各类证券化资本的跨国交易量急剧扩大,在信息化的条件下,流动速度惊人。

(四)金融监管国际化

在金融自由化发展,金融市场、金融机构和金融交易均出现国际化的条件下,20 世纪 30 年代至 50 年代,一国的经济波动,主要依靠本国政府的宏观经济管理来控制和调节的做法已根本行不通,它所要求的是各有关国家政府进行国际经济合作,制定更为一致的法规和监管标准,在政策上实行集体干预和共同协调的行动。为此,1988 年 12 个工业化国家的银行监管当局组成了巴塞尔委员会,这个银行业国际多边管理的重要机构所制定的著名的规则成为全球银行业共同遵守的准则。此后,区域性以及多层次的监管机构纷纷诞生。在证券领域,国际证券委员会也告成立。金融监管国际化成为了国际金融领域的一股潮流。

从以上金融国际化发展的情况可以看出,金融国际化的规模不断扩大,金融国际化的领域不断拓宽,金融国际化向纵深发展,各国和各地区的国际金融依存度明显增强,这些都必然会使国际金融资本巨额流动成为当代世界经济发展的突出特征。

二、金融国际化下国际金融资本的运动

(一)国际金融资本的含义和构成

国际金融资本是在国际金融市场上投入和流动的资本。由于涉及国际金融市场,因而必须明确金融市场的含义。金融市场是指外汇、有价证券、衍生金融商品、黄金等金融资产买卖与融通的场所。将这一概念扩展到国际领域即为国际金融市场。投入这一市场中的资金成为

国际金融资本。

按照国际金融市场交易对象的不同,资本流动可以区分为以下几种类型。

第一,外汇市场的资本流动,主要由即期与远期外汇交易构成。投入的资本在这个市场上繁忙地进行着各种套汇与投机买卖。外汇市场上的套汇包括地点套汇、时间套汇与利息套汇三种。它们是利用不同地点的汇价差异、未来某一时期汇价波动的可能以及不同国家的利率差异,通过贱买贵卖,从中获利的一种交易行为。

第二,证券市场的资本流动,包括发行和买卖公司股票和各类债券,如各种长短期国库券、可转让大额定期存单、公司债券、银行承兑票据等。其中股票属于风险收益证券,受各种因素的影响,股票价格在交易市场上呈不断变动甚至剧烈波动的态势,成为短期投机资金频繁进攻的目标。

第三,衍生金融商品市场的资本流动,衍生金融商品是近年来迅速发展起来的投资工具,是投资者作为转移风险的工具。它是从利率、货币、股票、债券等传统金融产品衍生而来的金融工具的总称。从其本质上来说,衍生金融商品是一种通过预测利率、汇率、股价等的趋势以支付少量保证金而签订的合约,签约方有义务或可以有选择地在未来某个时期内买进或卖出特定的金融产品。由于市场利率、汇率、股票价格等是一个变量,尤其汇率和股票价格等对客观经济环境的反映具有极强的灵敏性,因而,预测失误产生的风险是很大的。交易得手可以使投机者瞬间暴富,风险发生又会使资本遭受损失甚至全部资本化为乌有。这一特征还会被短期投机者所利用,引起巨额资本频繁地流进与流出。

国际金融市场还包括以信贷方式融通资金的市场和国际黄金市场。这两种市场的资本流动同上述三种市场的资本流动相比,具有一定的稳定性。巨额流动且频繁进出的资本主要活跃于外汇、证券和衍生金融商品市场上。因而,本书以三大市场的资本流动作为重点分析和研究的对象。

(二)国际金融资本运动的特征

进入 21 世纪后,金融资本在各国间的运动将显现出新的特征。

1. 在世界金融市场拓展的条件下,资本规模呈巨额化趋向

21 世纪初,由于各国逐步放松对外汇市场和资本市场的管制,国际金融资本流动的规模迅速扩大,已经远远超出了国际贸易的规模。以外汇市场的急剧膨胀为例,如今全球每日外汇交易量超过 5 万亿,是国际贸易量的 100 多倍。未来国际金融市场将进一步呈现国际化特征。在各国进一步取消或放松金融管制的基础上,国内金融市场向世界开放,居民和非居民均可享受国家的金融服务业市场准入和经营许可的待遇。国际上,不受或较少受管制约束的境外金融市场(又称离岸金融市场)大量出现,国际银行业务的范围进一步扩大。随着金融国际化的迅速发展和资本自由化的进一步推进,尤其是在发展中国家取消对资本交易支付的限制之后(目前发达国家已经全部取消限制),国际资本大规模流动的势头将异常强劲。

2. 在现代电子化网络化通信技术扩大应用的条件下,资本流动呈高速化趋向

21 世纪,高科技和金融业的密切结合是知识经济的首要形式。随着现代科学技术的飞跃发展,在金融资本市场上,当代通信技术和电子网络技术将得到进一步应用。它不仅使各个金融市场通过电报、电话、电传、网络等方式进行的电子交易不断发展,形成由电子计算机和电话线连接、24 小时不间断交易的一体化金融资本市场,而且使巨额资金的交叉流动完全超越时空限制,大大简化了国家间资金的划拨和结算程序,使全球范围内的资金调拨和融通得以在极短的时间内完成。在这种条件下,调动巨额资金只需打个电话或操作几下键盘,天文数字的交易瞬间即可完成,资金也可以每秒钟30万千米的光速移动。巨额资本的高速流动将成为各国经济发展必须面对的现实。

3. 在金融衍生产品交易扩张的条件下,虚拟投机资本呈迅速增大趋向

知识的进步、现代科学技术的发展,推动了金融创新,使得金融衍生产品的种类和交易得到迅速发展。正是这种新的投资工具通过多项资本虚拟化使循环资本得到扩张。尤其在科学技术飞速发展的条件下,大规模国际游资的相当部分会凭借现代通信手段,利用各种投资工具,特别是金融衍生工具进行多重组合投资,铺天盖地而来,呼风唤雨而去,破坏力极大。发生在1997年至1998年的东南亚金融危机已初步预示了未来的前景。而由2007年美国次贷危机迅速演变成的全球金融危机则将这种破坏力显露无遗。

4. 在资本管制放松的条件下,国际游资呈向新兴资本市场无序集中趋向

国际游资又称国际投机资本,是指那些没有固定投资领域,以追逐高额短期利润为目的而在各市场间移动的资本。它们根据预测,利用汇率变动、利率变动、证券价格变动等情况,尤其善于对那些暴露出政策缺口和经济建设中出现问题的发展中国家和地区的新兴资本市场频繁进攻。由于新兴资本市场建立及存在时间短、法律不健全、管理不完善、投资人心理不成熟、投机性强等特征,也由于在21世纪发展中国家和地区国内金融市场开放步伐会加快、巨额资本出入自由度将加大、抗拒风险经验和能力仍不足等原因,新兴资本市场有着比已经完全成熟的市场经济国家大得多的投机取胜机会,因而成为国际游资竞相猎取的对象。

(三)国际金融资本流动理论

"二战"结束后,国际资本流动空前繁荣,对世界经济产生了深刻的影响。经济学家在早期研究的基础上不断地发展出新的国际资本流动理论,包括20世纪50年代末60年代初的流量理论、60年代末70年代初的组合理论、70年代和80年代的货币分析理论、90年代的交易成本理论。流量理论认为利率差异会引导资本流动;组合理论强调投资者能力和资本输入国的资信与利率的差异一样重要;货币分析理论则认为,基于国际收支平衡的货币政策和对国内信贷的控制决定国际资本流动。交易成本理论则认为影响资本跨国流动的最重要因素是各种交易成本。

1. 流量理论

根据流量理论,国外利率的提高会增加本国对国外的资本输出,只要国外利率相对于国内利率维持较高的水平,这种资本流出就会继续下去。相反,如果国内利率高于国外利率,国外资本就会流入国内。流量理论强调资本流动与利率水平之间的关系。

流量理论解释了利率差异引导国际资本流动,因此,可以通过比较国家之间的利率差异来估价国际资本流量。马丁·费尔德斯坦和查理思作了一个非常严格的假设,即在资本完全流动的条件下,所有国家的利率将相等。因此一国储蓄率的外生变化不会影响投资率,他们把储蓄率和投资率联系起来构造了一个模型,用以测度国际资本流动状况。如果资本完全流动,那么储蓄率与投资率不相关,即相关系数等于零。如果资本流动的程度非常低,那么相关系数就接近或等于一。

杰弗里·弗兰克尔认为要衡量国际资本市场的一体化程度,各国之间的实际利率差异是比储蓄投资相关系数更好的指标,可以通过直接衡量实际利率差异来度量国际资本流量。实际利率差异由三部分构成:第一项是抵补利差;第二项是风险溢价;第三项是预期实际贬值率。

弗兰克尔称抵补利差为政治风险溢价或国家风险溢价,反映了国家之间金融市场的障碍,包括交易成本、信息成本、资本控制、税法差异以及未来资本控制的风险。第二项和第三项是货币风险,这两项依据标价货币而不是资产发行国来反映资产的差异。据此,弗兰克尔认为应该比较不同国家之间的实际利率差异来衡量国际资本市场的一体化程度。

2. 组合理论

20 世纪 60 年代,经济学家注意到利率差异不是决定国际资本流动的唯一因素,还应该考虑国内和国外的风险水平以及投资者或潜在投资者的能力。马柯威茨在其资产组合选择理论中指出,投资者总是想在预期收益和风险之间找到最理想的均衡点,并非一味追求收益的最大化。托宾批评现金需求与利率负相关的凯恩斯主义假设,这个假设的基础是每个投资者仅持有一种资产。托宾认为分析不同类型投资的投资行为的基础是其对风险的态度,在收益与风险之间有一个投资者偏好的最佳平衡点。马柯威茨—托宾的资产组合模型揭示了资产的分布取决于其收益和对替代资产的风险的估计。

布兰逊应用马柯威茨—托宾的资产组合理论分析国际资本流动,认为短期资本流动由进出口、利率和汇率决定,长期资本流动由国内收入、国外收入和利率决定,得出:国外资产(F)占给定财富(W)的比率是国内利率(i)、国外利率(i^*)、风险(E)和财富存量的函数,即 $F^f/W = f(i, i^*, E, W)$。该模型下,投资者可以根据收益与风险的权衡来配置各类资产的比例。当资产市场出现供求失衡,人们实际资产组合比例与意愿资产组合比例不相吻合时,由此会对现有资产组合进行调整。然而,布兰逊模型具有严格的假设条件,如风险外生、汇率不变、国际投资通畅和金融工具同质。后来学者对这些假设条件进行了修正,提出了参数不确定模型、托宾的 Q 理论和跨国投资障碍模型,布兰逊模型有了新的发展。

3. 货币分析理论

货币分析理论认为国际资本流动本质上是一种货币现象,是由储备变化和国内货币政策所决定的。货币主义学派的约翰逊给出了国际资本流动的货币分析模型。

货币需求函数:$H^d = H(P^+, Y^+, I^-)$

货币供给函数:$H^s = H(l/\varphi) \cdot (R + D)$

其中:P 表示价格水平;Y 表示总产出;i 表示利率;D 表示国内信贷;R 表示国际储备;φ 表示商业银行的存款准备率($1/\varphi$ 则表示货币乘数)。

货币需求等于货币供给:$H^d = H^s$

货币供求均衡:$R + D = \varphi H(P, Y, I)$

国际收支货币均衡:$dR = Hd\varphi + \varphi H^1 dP + \varphi H^2 dY + \varphi H^3 dI - dD$

从国际收支的货币均衡公式中我们可以看到,国际储备的变化是存款准备率、价格水平、利率以及国内信贷的变化的结果。与流量模型不同,货币分析理论认为总产出的增加或价格水平的上涨会增加货币需求,从而改善国际储备;而利率的提高会降低货币需求,从而恶化国际收支。把该公式应用于国际资本流动时,其分析结论与流量模型相矛盾。全球货币主义者认为,产出、价格和利率都是外生决定的,在资本完全流动的情况下,国家之间的价格与产出不相同,国际资本流动由国内货币政策来解释,而流量模型缺乏解释能力,因为在资本完全流动的条件下,国内利率与国外利率是一致的。当产出、价格与利率都是内生变量时,它们对国际资本流动的影响就取决于引起它们变动的原因。如国外利率的提高导致国内利率的提高,流量模型认为会引起资本外流(在此,国内利率提高的机制是外国利率的提高引致国内资本流出);如果国内利率的提高是由国内货币政策的紧缩所造成的,货币分析理论认为会引起资本内流,因为国内信贷与国际储备负相关。当价格上升是由国内经济力量引起的,流量模型认为会导致资本外流;如果价格上升是由国外通货膨胀引起的,货币分析理论认为这将导致资本内流。流量模型认为,由国内供给能力的提高所引起的产出增加将导致资本外流;货币分析理论认为,如果产出增加是由需求增加所引起的,这将会导致资本内流。

上面的分析并不意味着流量理论与货币分析理论是完全对立的。弗兰克尔、贺里威还发展了一个一般均衡模型,在他们的模型中,国际资本的短期流动决定于利率水平,国际资本的长期流动受货币存量调整和国内信贷政策的影响。因此,流量模型可以用来解释短期国际资本流动,货币分析理论对长期资本流动具有较好的解释能力。

库里和郜特将资产组合理论与货币需求函数结合起来,发展出组合余额模型。在该模型中,他们引入了国内货币、国外货币、国内债券和国外债券等资产,国民收入、财富和期望收益率等变量。该模型指出,国内货币供给、经常账户差额与国际资本净流量呈负相关;国内产出和国内财富与国际资本净流动呈正相关;此外,只要国内利率可以灵活调整,那么国外利率就不是国际资本流动的主要原因,但是,国外利率会通过影响产出和资本账户来影响资本跨国流动。

4. 交易成本理论

20世纪90年代,金融市场全球化的趋势日益明显,国际资本流动也呈现出一些新的特点,如规模大、多方向以及证券化等,现有理论难以对此作出有力解释。H. M. King提出了交易成本模型来解释资本流动全球化的现象。假设某投资者既在国内投资,又在国外投资,那么他的投资收益是国内外投资收益的总和[1]:$Y^t = Y + Y^*$ 或 $Y^t = \mu(K - I) + \mu^*(I^*)$。另外,国外投资的边际收益率是国外投资的预期收益率与国内投资的预期收益率之差,即 $dY^t/dI^* = \mu^* - \mu$;在不完善市场条件下,$\mu = r(1 - C)$;$\mu^* = r^*(1 - C^*)$[2]。进而,国外投资的边际收益率可以表达为:$dY^t/dI^* = r^*(1 - C^*) - r(1 - C)$。与国际资本流动流量理论相比,国际资本流动交易成本理论认为,国际资本流动不仅受国内外利差的影响,还受国内外投资交易成本的制约。

交易成本理论说明了交易成本是影响国际资本流动的重要因素。抽象地说,交易成本包括搜寻和信息成本、谈判和决策成本以及执行和监督成本。具体到国际投资来说,交易成本主要包括资本转移成本、信息获得成本、管制成本、财务成本等,因此,通信技术的发展、金融工具的创新、管制的放松以及优惠的税收待遇等都会降低交易成本,促进资本的国际流动。

(四)国际金融资本流动的原因

20世纪90年代以来,国际金融资本巨额运动,金融创新品种和证券化趋势的迅速发展,有着其深刻的背景和原因。

1. 大量过剩资本的存在

近年中,由于一些国家经济增长强劲,形成了大量过剩资本,如以美国为例,自1991年起至2007年已经保持了200多个月的持续增长,大大超过20世纪60年代106个月的经济增长周期。经济增长带来了高利润,由此又形成了大量过剩资本,加上具有9 200多亿美元海外纯

---

[1] Y^t:国内外投资收益之和;Y:国内投资收益;Y^*:国外投资收益;K:国外投资收益总和($K = I + I^*$);I:国内投资额;I^*:国外投资额;μ:预期国内投资收益率;μ^*:预期国外投资收益率。

[2] r:国内实际利率;r^*:国外实际利率;C:国内交易成本;C^* 国外交易成本。

资产的日本及全球存在的过剩资本,形成了天文数字的资本额。在趋利避害本性的驱动下,它们会迅速地流进、流出,寻找能够使其最大限度增值的途径。

2. 当代科学技术的发展

在高科技日新月异发展的今天,电子信息技术、计算机及网络的迅速发展和普及使用给整个世界经济的发展带来了深刻的影响,也带来了金融业的革命。这种革命不仅体现在金融资本交易品种的创新,而且体现在交易手段的变化。它采用最新的信息处理技术,运用计算机和卫星通信网络,将全球金融市场连为一体。全年无休,每天 24 小时都能提供服务,大大降低了金融机构获取、传递与处理信息的成本,为金融机构适应客户需求进行大规模交易品种的创新和巨额高速交易提供了条件。

3. 多国金融政策的变化

20 世纪 80 年代以来,主要发达国家的金融政策发生了很大的变化,由原来国家管制、干预为主转向金融自由化为主。崇尚市场力量,增强微观经济活力,在金融领域放松监管成为主基调,并由此形成了一股金融自由化浪潮。金融自由化包括放弃利率管制、放松金融机构业务范围的限制、开放国内资金市场、放宽外国银行的业务范围、放松对本国证券市场的控制等。这股自由化浪潮也影响到发展中国家,许多发展中国家尤其是新兴工业国纷纷放松监管,开放金融市场,融入了金融自由化潮流之中。由此,巨额资金流入流出的国别障碍被进一步扫除。

4. 国际金融资本避险的需要

1973 年,布雷顿森林货币体系解体后,国际上的主要货币改为浮动汇率制,将汇率、利率交由市场决定。由此,外汇市场上汇率变动幅度加大,变动方向也具有不确定性。与此相联系,美元的国际汇率剧烈波动影响了美元国际利率的稳定。此外,20 世纪 80 年代初爆发的发展中国家债务危机也使国际银行贷款的风险急剧增加,甚至形成巨额的呆账损失。为最大限度地规避风险,国际金融市场上不断产生出许多避险工具,出现了新的金融衍生品种。原来通过国际信贷筹资为主的局面也发生逆转,通过证券市场融资逐渐成为主流。金融资本一级市场即发行市场的变化带来了二级市场即交易市场的变化。长期较为稳定的资本大量转向短期、频繁运动的资本,加剧了金融资本市场的不稳定性。

5. 新金融理论的提出

"借贷互利理论"是古典的国际资本流动理论。这一理论认为,资本从充裕国和利率较低的国家,流向资本缺少和利率较高的国家,从而使资本资源得到更有效利用。资本输出国可以得到更多的资本报酬,而资本输入国可以利用外资发展本国经济,由此,促进世界经济的发展。第二次世界大战后,上述理论得到了进一步发展,突出表现为一系列的资产组合及定价理论的提出。如 1952 年马克维茨的证券组合理论,1964 年夏普的资本资产定价模型,1973 年布莱克等的期权定价模型,1979 年哈里森等的动态资产定价理论等。上述理论的出现使原本十分空泛的金融产品定价有了理论上的支持,促进了新的金融交易市场的形成。近十几年来,各种定价模型和模拟技巧得到了不断更新和改善,使市场参与者更能掌握和计算金融产品尤其是衍生金融产品的理论价值。由此带来了投资人数的增加,市场规模的扩大和巨额资本的流动。

(五)国际金融资本运动的影响

国际金融资本的加速和巨额流动对 21 世纪世界经济的发展具有双重影响。

1. 积极影响

(1)推动世界经济一体化的进一步发展。世界经济一体化的进一步发展仍将通过金融一体化推动。首先,金融交易的无国界化和金融产品全球交易的自由化,再加上金融机构全球扩张所形成的国际网络,不仅使巨额资金在万里之外能够瞬间调动,而且促使世界主要金融市场国际资本价格以及统一国际规则的形成。其次,国际金融资本市场规模的扩大,巨额资本的国际游动,会使国际贸易的融资更为便利,尤其体现在是短期贸易的融资和避险之上。这将在更大程度上推动国际贸易的发展,并进而推动世界经济一体化的进程。

(2)促使全球性融资和国际资本的有效配置更为便捷。与从商业金融机构得到贷款这种传统的间接融资方式相比,直接融资工具的运用,会使大规模融资的成本大大降低,全球金融交易规模进一步扩大。而且大量新型的证券化融资在突破传统国际信贷中品种、期限、方式和交易条件等限制的基础上,使融资、交易更为迅速。此外,在金融市场全球化、规模扩大化的条件下,一批发展中国家的新兴金融市场崛起,使得发展中国家的资金融通更为便利。发达国家的巨额过剩资本在寻找资本缺乏、投资收益率高的场所,而发展中国家的新兴证券市场为筹集到更多低成本的资金,正以较高的回报率予以吸引。由此,资金的供给和需求汇合在一起,两类不同的国家形成资金上的相互依赖和相互补充,实现国际资本的有效配置并进而推动经济的发展。

(3)促进金融监管的不断加强和法规的不断完善。随着金融创新品种的出现,证券化趋势的增强和资本市场全球化的发展,一国金融机构面临着更为激烈、范围更大的竞争,由此经营风险不断加大。近年来,金融机构破产案的不断发生就是证明。尤其是自20世纪90年代以来不断爆发的金融危机(1992年发生在欧洲的金融危机、1994年墨西哥金融危机、1997年至1998年的亚洲金融危机及1999年1月的巴西雷亚尔货币危机),由2007年美国次贷危机迅速演变成的全球金融危机使各国及国际社会认识到,单纯的放松监管已经被事实证明是导致金融动荡的重要原因。因此,对金融机构进行规范、完善的监管得到了世界上众多国家的响应,形成了全球范围内对国际金融资本市场要求监控和管制的热潮,并进而推动各国及全球资本市场法规的制定。

(4)带来金融衍生产品市场的快速发展。由于国际金融资本巨额流动造成汇率、利率的频繁波动,从而使得衍生金融产品市场的发展有了必要性。这种新的交易品种在20世纪70年代初一问世,就出现了旺盛的发展势头,在世界上得到了广泛的认同。它不仅成为金融资本多元化投资,以规避金融原生品价格风险的工具,而且因提供未来价格信息,对于引导国际投资、生产、贸易和金融活动的运行,促进世界资源的优化配置,产生了重要作用。在21世纪,随着金融资本流动规模的增大和各国的进一步开放以及发展中国家的市场经济发育成熟,金融衍生产品交易将在一些国家乃至全世界得到扩张。新的金融工具的发展,国际金融资产的膨胀,将加速国际金融市场的发展。

2. 消极影响

(1)增加国际金融市场的动荡和监管难度。国际巨额资本的流动,尤其是短期投机套利资金的频繁出入,使国际金融市场的动荡成为常态,使得各国生活在一个不确定的世界之中。更为严重的是,它还产生了巨大的波及效应和放大效应,由一国引发之后,冲击波可以迅速扩散到若干国家。这种效应使各国的国内经济政策和国际干预的效力大大减弱。如,以1997年至1998年发生的由泰国作为导火索,迅速蔓延至整个亚洲乃至影响全球的金融危机为例,其不仅波及、放大效应明显,而且恶果已经超出了国际金融组织的权力和控制力之所及。国际金融组织曾几次进行干预,但收效甚微。

（2）引起汇价的大起大落和汇率制度的不正常变动。国际金融市场上的巨额资金以外币形式由一国频繁地流进或流出，必然使得该国外汇市场供求迅速变化，引起汇价大起大落。在现行浮动汇率制且是多种浮动形式的条件下，那些实行钉住浮动或管理浮动汇率制度的国家为维系原有汇率制度就要对外汇市场进行干预，投入或吸纳外汇以求得市场的平衡。当一国因外汇流出数额大、时间快而没有能力进行干预时，原有的汇率制度只得改变，转为实行自由浮动汇率制。这种变化又成为国际金融市场上投机资本获取丰厚利润的渠道，与此同时，也给被攫取利润的对象国带来了巨大的资本损失和国际收支的失衡。

（3）误导国际资本的配置并引起资本流入的不平衡。巨额资本尤其是投机资本在国际金融市场上寻找目标，常常以泡沫成分大、投机气氛浓的市场为对象，而这些国家和地区的市场并不一定是资金缺乏的市场，而且常常不急需外来资金。大量投机资金流向该类市场进行活动造成了各种经济信号的严重失真，从而难以引导资金在国际金融市场上和不同国家间合理地配置和流动。由此造成的一个结果是，那些急需资金、较为落后、资本市场欠发展的国家更难以获得资金。

第三节　金融危机和金融监管

金融危机是指以资产价格的急剧下降和许多金融和非金融公司的倒闭为特征的金融市场大动荡。20世纪90年代金融国际化和自由化的发展使各国对金融管制放松，国际资本的大量增加（尤其是国际"游资"——游离于银行正常运行体系之外的资金的急剧增加）、国际金融运作的高新技术化（电子传输和信息网络系统等），加上国际金融市场缺乏有效统一的管理和监督约束机制，金融危机越来越成为当今世界资本主义经济危机的主要表现形式。

一、金融危机

（一）金融危机理论分析

迄今为止，较有影响的金融危机理论大致包括以下几种：一是由亨德森（1978）、克鲁格曼（1979）及弗卢德、加尔伯（1986）等人提出的金融危机的第一代理论；二是由奥伯斯菲尔德（1994）等人就1992年至1993年欧洲汇率机制解体而提出的所谓金融危机的第二代理论；三是由杜雷（1997）、克鲁格曼（1997）和麦金农（1997）等人提出道德风险模型，萨克斯（1998）等人提出的银行挤兑和流动性危机模型以及金融恐慌模型。

1. 第一代金融危机理论

克鲁格曼提出了金融危机第一代理论早期雏形。在克鲁格曼的理论框架下，许多学者从不同角度逐步改进、修正了这一模型，形成了所谓的第一代货币危机理论。由于该理论的实践主要源于墨西哥和阿根廷等国家20世纪80年代末发生的货币危机，因此，这一理论特别强调外汇市场的投机攻击和国内宏观经济基础变量之间的联系。

克鲁格曼认为货币危机的根源在于政府的宏观经济政策与稳定汇率政策之间的不协调，而政府不恰当的财政与货币政策使投资者完全预见到汇率的变化，投资者为保卫自己的资产价值而抢兑汇率，理性的投资攻击由此就会发生。

在政府大量财政赤字的前提下，中央银行大量增发货币，弥补赤字。随着货币供应量的增加，本币贬值，外币价格上升，理性的投资者调整资产结构，增加对外币的购买。随着政府持续为财政赤字融资,在理性的投机攻击之下,政府最终耗竭外汇储备,固定汇率崩溃。

强调投资者的完全理性与事实不符,于是弗卢德和加尔伯放弃了克鲁格曼中的完全预见能力假设,认为国内信贷过程是随机游走的,投机攻击的时间是不确定的,并在此基础上通过简化的线性模型概括了克鲁格曼的思想。

第一代金融危机理论认为危机的根本原因是宏观经济基础变量的恶化——过度扩张的货币政策与财政政策、实际汇率升值、经常项目恶化等,由此得到的政策建议是,必须保证政策间的一致性,不断强化宏观经济基础变量调控能力。

2. 第二代金融危机理论

由于第一代理论无法对 20 世纪 90 年代发生的几次危机作出合理解释,而且该理论自身也存在诸多缺点,经济学家们开始寻找其他理论解释。1994 年,奥伯斯菲尔德在第一代金融危机理论基础上引入公众的预期行为变量,构成了第二代金融危机理论。这一理论强调危机发生时政府与投机者预期之间的博弈过程,认为即使宏观经济基础面没有恶化迹象,但由于市场预期的突然变化,人们普遍形成贬值预期,最终可能引发金融危机。

第二代理论假定:①政府往往面临多个且相互矛盾的优化目标;②经济中存在多维平衡点,存在导致多维平衡点的循环过程,不同的预期会导致不同的经济平衡点,强调市场参与者在决定平衡点实现时的作用。

在解释金融危机发生的机制时,这一理论主要从三个方面分析:①存在促使政府捍卫固定汇率的动机;②存在促使政府放弃固定汇率的动机;③市场对贬值的预期最终导致政府放弃固定汇率。

第二代金融危机理论具有危机的自我促成性质,投资者的预期和信念最终可能导致政府捍卫或者放弃固定汇率。当政府内外政策不协调时,投机者预期汇率最终会贬值,就会提前抢购外汇,结果是国内的经济状况提前恶化,政府维护汇率的成本增加,货币危机提前到来,因而预期的作用使货币危机具有自促成的性质。

3. 第三代金融危机理论

亚洲金融危机以及由美国次贷危机引发的全球金融危机均表明,金融自由化、大规模的外资流入与波动、金融中介信用过度扩张、过度风险投资与资产泡沫化、金融创新产品的滥用以及缺乏审慎监管等,是与金融危机相伴发生的经济现象。许多学者开始跳出汇率机制、货币政策、财政政策宏观经济分析范围,着眼于金融中介、资产价格等微观因素分析,提出一系列基于金融中介的金融危机理论。

第三代金融危机理论尚没有一个统一的分析范式,但共同的特点是从不同侧面分析银行业信用的过度扩张,由此导致过度风险投资,特别是股票和房地产的泡沫化——进而导致银行业危机并诱发货币危机,而这两种危机的自我强化作用进一步导致严重的金融危机。

"资产泡沫化模型"分析了资产泡沫化是导致银行业危机的机制。在泡沫形成过程中,预期的经济增长,导致缺乏审慎监管的金融中介信用过度扩张,风险投资加大,资产出现泡沫化,而资产价格的上涨使金融中介报表状况更加良好,又导致进一步的过度风险投资。当泡沫崩溃过程来临时,资产价格的暴跌使过度暴露于资产市场的金融中介状况恶化,面临流动性危机而不得不收缩信用,抛售资产,结果使资产价值进一步下跌,非流动性演变成非清偿性,金融危机爆发。由资产泡沫导致的危机典型案例有 1929 年美国股票市场崩溃,20 世纪 90 年代的日本经济危机以及本轮次贷引发的全球金融危机。

"道德风险模型"强调了金融中介的道德风险在导致银行过度风险投资,形成资产泡沫化中的核心作用。他们认为,资本充足率较低且缺乏审慎监管的国内银行投资于高风险领域,导致资产泡沫化。当泡沫破灭后,国内银行经营陷入困境,不良贷款急剧增加。从东南亚金融危机到此轮全球的金融危机都印证了这一模型的合理性。

"外资诱导型模型"分析了金融自由化与外资流入在导致金融中介信用扩张、资产泡沫化及产生和放大商业周期中的关键作用。这类模型强调外资通过银行业信用过度扩张的传导机制使本国的宏观经济和金融业脆弱性增强。

"金融恐慌模型"指出金融恐慌等预期心理因素导致银行业的流动性危机;"孪生危机模型"则分析了银行业危机与货币危机的关系及二者之间的自强化机制;"金融系统不稳定性模型"认为银行存款者间"协调失败"引起的银行挤兑是金融危机爆发的根本原因。另外,第三代金融危机理论还包括危机的国际传染模型和羊群效应模型。

(二)20世纪90年代以来金融危机的主要案例

1. 1992年9月的"英国英镑危机"

20世纪90年代世界范围内的金融危机首先是在欧洲引发的。1992年9月,一向秩序井然的欧洲货币体制汇率机制(ERM)突然陷入其成立13年来最严重的危机之中,该汇率机制中的"软弱"货币突然受到外汇市场的全面冲击。首先是芬兰马克经不住货币市场的重大压力而于9月8日宣布芬兰马克汇率自由浮动并大跌。9月14日,意大利里拉被迫宣布贬值7%,并被迫宣布暂时退出汇率机制。9月18日,法国法郎、丹麦克朗、爱尔兰镑、瑞典克朗、西班牙比塞也受到市场力量冲击,跌至其在汇率机制内汇率波幅的下限。而其中受到最大冲击的当数英国英镑。9月17日英镑被大量抛售,尽管英国政府一天之内两次提高利率,并动用了800亿美元储备,仍未止住抛售英镑狂潮,最终不得不于9月19日宣布暂时退出欧洲汇率机制。由于英国英镑在这场欧洲金融危机中受到的创伤最深、损失最惨、影响最远,所以一般将这次欧洲金融危机称为"英镑危机"。

2. 1994年底的"墨西哥比索危机"

墨西哥比索(货币)危机爆发于1994年的岁末,正是墨西哥人兴高采烈地准备迎接一年一度的圣诞狂欢节的前夕。1994年12月19日,墨西哥财政部长突然宣布:为扭转墨西哥货币汇率过高、外贸连年巨额逆差、资金大量外流、国家储备急剧下降的局面,政府决定中央银行不再干预外汇市场,并决定从12月20日起将墨西哥比索贬值15%,比索与美元的汇率实现自由浮动。这一消息如同晴天霹雳,震惊了墨西哥,震惊了整个世界。20日一早,比索与美元的汇率立即出现大幅度下跌,从19日的3.47比索兑换1美元跌至5.1比索兑换1美元。21日,比索继续贬值跌至6比索兑换1美元,与两天前的19日比较,比索贬值幅度达40%以上,而且因为政府在决定比索与美元的汇率实行自由浮动的前一天已宣布比索贬值15%,因此,在短短的几天内墨西哥货币比索实际贬值了50%以上。墨西哥比索的急剧贬值引起资金纷纷外逃,几天之内外流资金多达50多亿美元,并引起美国、加拿大货币市场随之波动和汇率下滑。西方大国和国际金融机构为制止墨西哥比索的进一步下跌和防止墨西哥货币危机可能对西方金融造成进一步的冲击而迅速提供了180亿美元,美国也迅速提供了5.5亿美元,企图托起比索汇率。然而,由于公众丧失信心和国际投机者从中兴风作浪,比索跌势不但未被止住,反而继续下滑,并引发了席卷整个北、南美洲并波及欧亚地区的股市暴跌。紧急之际,美国再次急拨250亿~400亿美元的贷款担保,加上许多国家、国际金融组织的艰苦努力,墨西哥比索危机才得以在 1995 年的 1 月 12 日稍稍趋于平静。虽然墨西哥货币危机的大风暴暂时被扼制住了,但墨西哥比索至今还仍在缓慢地下跌。

这场金融危机使墨西哥的经济遭受了沉重的打击,近 300 亿美元的外汇储备基本耗尽,上百亿美元外流,外债高达 1 788 亿美元,物价上涨 30%……这场金融危机也严重冲击了拉美国家和地区的金融市场。墨西哥比索贬值后,巴西、阿根廷、智利、秘鲁等国家的股票指数分别下跌 2~3 个百分点,而美国投资者在这场危机中损失 100 多亿美元。这场金融危机给墨西哥同时也给全世界带来了巨大的冲击和影响。

3. 1997 年亚洲金融危机

1997 年 7 月,世界又一场更大的金融危机发生在东南亚地区。事先没有人做过预测,也没有人发出警告,但在短短的几天时间内,这里骤然掀起了一场几乎席卷整个亚洲的金融风暴。整个金融风暴分为三个阶段。

第一阶段:起源于泰国,迅速蔓延至整个东南亚。自 1997 年 1 月份开始,国际投资基金——索罗斯的量子基金,已经开始利用泰国"资本项目完全自由化"这个政策缺口,以美元做担保,按照泰国外汇市场上 1 美元兑换 25 泰铢的固定比价(泰国实行盯住美元随美元汇率变动而变动的制度)大量吸入泰铢,转而抛向泰国外汇市场。到 5 月份,抛售泰铢,暗中吸纳美元的行动加剧,引发了市场投资者的恐慌心理,纷纷加入抛售行列,促使泰国金融体系发生动摇,盯住浮动汇率制告急。为捍卫泰铢汇率,泰国央行曾大量运用外汇储备回购本国货币和调整利率,但终因外汇储备不足,没有能力同巨额投机资金反复较量而于 7 月 2 日放弃实行了 14 年的盯住浮动汇率制。由此,外汇市场上泰铢大幅贬值,最低时曾贬至 1 美元兑换 57 泰铢,投机资金由此获取暴利。

用同样的方法,投机资金又袭击了相邻国家和地区。加上泰国货币政策的变化给邻国带来的沉重压力,菲律宾比索、印尼盾、马来西亚林吉特相继成为投机对象,金融市场大幅波动,在央行对外汇市场汇率进行干预无效的情况下,也不得不于 7 月 11 日之后放弃盯住浮动而转为实行自由浮动的汇率制度。由此,三国外汇市场的汇价和股票市场的股价指数等都创下了近年中的新低。

10 月 17 日,中国台湾地区宣布放弃与美元挂钩的盯住汇率,实行完全的自由浮动,并宣布新台币贬值。由此引来国际金融市场上的巨额资金于 10 月 20 日开始对中国香港金融市场尤其是对港元联系汇率(港元对美元保持固定联系,1 美元等于 7.8 港元)进行大规模冲击,并在股票市场、金融衍生产品市场连环出击,声东击西。在香港金融管理局的强力捍卫下,国际投机商最终无功而返。但是,为保住汇市,守住联系汇率,继续维系香港的国际金融中心地位,香港股市付出了沉重的代价。香港股市的暴跌引发了全球性的股市跌风。由此巨额投机资金所造成的波及效应得到了极为充分的反映。

第二阶段:席卷东北亚。韩国金融市场大幅动荡始自于 1997 年 10 月中旬。其表现是:韩元下跌、股市急挫、利率猛升。进入 11 月份,金融风暴更加猛烈冲击韩国。韩元的跌幅已达 40%,创下了历史最低点。仅汇率下跌一项,韩国企业就蒙受了 30 亿美元的兑换差额损失。与此同时,股市也创下了 10 年来的新低。更为严重的是,韩国高负债、低储备。在其 1 569 亿美元的外债当中,短期负债 922 亿,1998 年第一季度需要偿还的为 216 亿,而国家的外汇储备只有 60 亿。这 60 亿美元的外汇储备,只够该国两周进口外国商品的付汇量,不用说去偿还外债,更谈不上运用外汇储备去稳定韩元汇率。由此,投资者对韩国经济在短期内得以恢复失去

了信心,纷纷抛售韩元,抛售股票,汇市、股市狂泻,12 月 23 日韩元兑美元的汇率竟由危机前的 860 韩元兑 1 美元跌至 2 067 韩元兑 1 美元的历史低点。

东南亚国家和韩国金融危机的深化,使在该地区有大量直接投资和间接投资的日本经济受到了重创。不仅在该地区的出口和生产受阻,而且大量的日元贷款无法收回,在原已存在大量呆账的情况下,银行的呆账、坏账剧增,由此导致了日本山一证券公司、北海道拓殖银行、德洋银行等大量金融机构的破产。到年底,日元汇率和日经指数不断创出新低。

第三阶段:向北延伸,进而波及全球。1998 年初,已经危机四伏的俄罗斯受东亚金融危机的影响形势更为恶化。东亚金融危机导致世界原油和初级产品价格的下跌,造成了俄罗斯经常性项目的逆差。由于其短期外债过多,超过了外汇储备,又使大量资本外流。实行自由浮动汇率制的俄罗斯,面对不断贬值的卢布,在没有能力用外汇去稳定汇率的情况下,本来可以通过提高利率来稳定卢布,但是由于其利率水平已经很高,政府利息负担已经很重,只好采用卢布贬值的办法。卢布大幅贬值,由原来的 1 美元兑换 6 卢布,降至兑换 16.4 卢布。人们纷纷抛售卢布,兑换美元,兑付网点无力应付,俄罗斯的中央银行不得不停止国内外的外汇交易,停止卢布对美元的兑换。与此同时,股指倾泻直下,债市上纷纷抛售俄罗斯债券等有价证券。至此,其外债加上非居民出售的有价证券已近 2 000 亿美元,超过了国家 GDP 的 40% 和出口的200%。金融形势全面恶化,金融机构陷于瘫痪,银行体系基本解体。其后果之严重远远超出了国际投机者的预料。俄罗斯的金融危机成了国际金融投机资本的“滑铁卢”,几乎是在 1998年 8 月的几天之内,国际游资在俄罗斯股市和债市即损失上千亿美元,投资基金从俄罗斯银行购买的 2 000 亿美元的远期货币合约,也由于银行体系的基本解体而不可能兑现。

就在俄罗斯形势告急之时,日本由于经济衰退,经济负增长创下 -5.3% 的新低。国民对恢复经济信心丧失,造成外汇市场上屡创新低,在跌破“140 日元兑 1 美元的心理防线”之后,最终创下了 147.64 日元的纪录(这一指标在 1995 年是 79.75 日元)。受此影响,有所缓解的东南亚国家和地区再度告急,国际投机资金也伺机出动,再度卷土重来,巨资阻击中国香港的外汇市场、股票市场和金融衍生产品市场,沽售港元等联合行动。自 7 月底至 8 月 13 日止的近 10 个交易日内,恒生指数一路滑落至 6 660 点,比 1997 年同期的 16 600 点跌落 10 000 点。危急关头,特区政府经过周密考虑,自 8 月 14 日起果断动用大量外汇基金,入市干预。在 10个交易日内以 1 200 亿港元买入股票,并在期货合约市场上买入 4.7 万张合同和 1 100 亿港元。其中 8 月 28 日(8 月期指的结算日)成交金额高达 790 亿港元,创历史最高纪录,恒生指数以 7 829 点收盘,比干预前上升 1 100 点,最后迫使以索罗斯为首的量子基金、老虎基金等国际投机资金在期指结算中损失退场。

亚洲金融危机是自 1945 年以来,在该地区发生的最为严重的危机。同 20 世纪 90 年代以来全球金融市场发生的几次危机相比,又是影响面最大及造成的伤害最为严重的一次。它不仅造成货币恶性贬值,股票市场狂泻,金融机构瘫痪及全球金融市场震荡,更严重的在于金融市场背后对于整个世界经济的深层伤害及影响,是给国际社会教训最惨痛、反思最深刻的一次金融危机之一。

4. 2008 年全球金融危机

始于 2007 年初的美国次贷危机,在 2008 年 8 月急剧恶化,演变成为一场自 20 世纪 30 年代大萧条以来最为严重的金融危机。金融危机导致货币市场和信用市场流动性枯竭,股票价格大幅跌落,银行等金融机构的信贷资产损失数以万亿计,世界经济陷入战后以来最为严重的衰退。从次贷危机浮出水面到演变成为全球金融危机,是一个逐步深化和扩散的过程。

第一阶段:初步爆发。2007 年 2 月,作为美国第二大次级抵押贷款公司的美国新世纪金融公司发出 2006 年第四季度盈利预警,4 月 2 日,面对来自华尔街 174 亿美元的逼债,申请破产保护、裁减 54% 的员工,从而拉开了美国次贷危机的序幕。次贷危机的触发因素是美联储为抑制经济过热连续提高利率,使得美国房屋价格全面下跌,引发次级住房抵押贷款的违约率急剧上升和以次贷为基础资产的结构化证券资产的价格大幅下降,导致金融机构的资产遭受严重损失和货币市场的流动性紧缩。之后,美国次级抵押贷款企业就发生了多米诺骨牌效应,30 余家次级抵押贷款公司被迫停业,演变成了次级抵押贷款的系统性危机。但是,这一阶段次贷危机对金融体系和金融市场都没有产生太大的冲击,因此,人们对危机的严重性未给予足够的重视,美国政府对开始暴露出来的次贷危机并没有采取相应措施。

第二阶段:扩散,波及欧洲、日本。从 2007 年 6 月,次贷危机开始迅速在美国金融体系扩散,金融市场(尤其是股票市场)做出剧烈的反应。6 月美国第五大投资银行贝尔斯登公司旗下两只对冲基金出现巨额次级抵押贷款投资损失。7 月穆迪公司降低对总价值约 52 亿美元的 399 种次级抵押贷款债券信用评级。8 月,美国第五大投资银行贝尔斯登宣布旗下对冲基金停止赎回,引发投资者撤资行为,从而触发了流动性危机。这被视为美国次贷危机全面爆发的标志。

8 月初,美国之外的法国、德国、日本等国金融机构开始披露次贷相关损失,次贷危机开始向全球金融体系扩散。8 月 2 日,德国工业银行宣布盈利预警,后来更估计出现了 82 亿欧元的亏损,因为旗下的一个规模为 127 亿欧元为"莱茵兰基金"(Rhineland Funding)以及银行本身少量参与了美国房地产次级抵押贷款市场业务而遭到巨大损失。8 月 9 日,法国第一大银行巴黎银行宣布冻结旗下三只基金,同样是因为投资了美国次贷债券而蒙受巨大损失。此举导致欧洲股市重挫。8 月 13 日,日本第二大银行瑞穗银行的母公司瑞穗集团宣布与美国次贷相关损失为 6 亿日元。随之,世界上其他许多金融机构相继出现了流动性紧缺、盈利预期下降以及重大亏损等问题,全球股票市场开始出现强烈反应。在这一阶段,由于担心次贷危机引起信贷紧缩和金融体系流动性的枯竭,在美联储的带领下,美联储、欧洲央行、英格兰银行、日本银行开始向金融体系注入流动性,美联储在 8 月中旬开始降低美联储的再贴现率,9 月开始下调联邦基金利率,扩大了金融机构从美联储获取贷款的抵押资产的品种。不过,在这一阶段,各国在危机管理时仍然对通货膨胀感到十分担心。

第三阶段:深化。2008 年 1 月至 5 月危机进入了深化阶段,卷入到危机当中的金融机构规模越来越大,知名度越来越高,而且公告的损失也常常让人始料未及。2008 年 1 月中旬,美国花旗集团和美林证券分别公告,因次贷净亏损 98.3 亿美元和 98 亿美元的资产减计,摩根大通公布 2007 年财报显示第四季度亏损 35.88 亿美元。1 月底,瑞士银行第四季度预计出现约 114 亿美元亏损。2 月 9 日,七国集团财长和央行行长会议声明指出,次贷危机影响加大。2 月 18 日,英国决定将诺森罗克银行收归国有。3 月 16 日,经营陷困的华尔街投资银行贝尔斯登,在联邦准备理事会大力促成下,以 2.36 亿美元清仓价售于摩根大通银行。2008 年 4 月 8 日,IMF 称全球次贷亏损 1 万亿美元。4 月 29 日,德意志银行宣布五年来首次出现净亏损。2008 年 6 月,纽约股市暴跌,危机进一步扩大。投资者的恐慌情绪开始蔓延,对经济前景预期越来越悲观。为了应对可能的经济衰退,布什政府还实施总额达 1 680 亿美元的经济刺激计划,美联储在一周之内两次大幅下调联邦基金利率的目标值。

第四阶段:恶化,转化为全球性金融危机。2008年7月,危机不断恶化并迅速地向全球蔓延,不仅股票市场反应强烈,许多非美元货币开始大幅贬值,投资者陷入极度的恐慌之中。2008年7月中旬,资产总额达5万亿美元以上的房利美和房地美,因陷入财务困境和投资者的担忧,其股价双双大跌50%以上,"两房"危机把次贷危机拖向了深渊,保尔森于9月初宣布对两房实施大规模的救助并进行国有化。9月中旬,雷曼兄弟申请破产保护,美国保险巨头AIG陷入困境,美林证券被美国银行以503亿美元的价格收购。至此,华尔街的前五大投行,在次贷危机中消失了三家,另外两家暂时幸存下来的投资银行高盛和摩根斯丹利转变成了银行控股公司。

雷曼兄弟的破产彻底摧垮了全球投资者的信心,包括中国在内的全球股市应声而落,投资者的恐慌情绪十分严重,全球股票市场出现了持续的暴跌。美国道琼斯工业指数当日跌幅达4.42%,创"9·11"以来的最大单日跌幅,欧洲主要股票市场大跌4%~5%,亚洲主要新兴市场跌幅多为4%左右。10月15日,受9月零售数据低于预期以及信贷市场紧缩伤害全美企业等因素影响,美国股市遭遇黑色星期三,道琼斯指数和标准普尔500指数分别暴跌7.87%和9.03%,均创下1987年股灾以来的最大单日百分比跌幅。

在这一阶段,次贷危机转变成了全球性的金融危机,欧洲尤为突出,不仅股票市场大幅下跌,欧洲的货币兑美元汇率也大幅下挫,冰岛克朗的贬值尤甚;银行体系的流动性迅速紧张和恶化,乃至于在9月底还有些乐观情绪的欧洲,在国庆之后进行了为存款者提供大规模担保、注入流动性、对主要金融机构实施国有化的一揽子救助措施,其救助的总规模达到了2万亿欧元,是美国7 000亿美元救市计划的4倍左右。10月8日,各大央行同时行动,对金融市场的动荡作出明确的回应,接连宣布降息。美联储宣布降息50个基点至1.5%,欧洲央行、英国央行、加拿大央行、瑞典央行和瑞士央行也纷纷降息50个基点。澳大利亚联邦储备银行(RBA)将银行基准利率下调1%~6%,以色列央行也宣布下调利率50个基点至3.75%。次贷危机演变成了全球性金融危机。

美国金融危机从局部发展到全球,从发达国家传导到新兴市场国家,从金融领域扩散到实体经济领域,其波及范围之广、影响程度之深、冲击强度之大,为20世纪30年代以来罕见的发生在国际金融市场核心并冲击世界的全球性金融危机。目前这场金融危机带来的消极后果仍在不断显现。综观美国次贷危机的发生、发展与最终升级演变为全球金融危机的过程,给予了我们十分深刻的教训。

5. 欧洲债务危机

欧洲债务危机即欧洲主权债务危机,是指自2009年以来在欧洲部分国家爆发的主权债务危机。从概念上看,主权债务是指一国以自己的主权作担保,通过发行债券等方式向国际社会所借的款项。当一国主权债务超过了其自身的清偿能力,无力还债或必须延期还债,即爆发了主权债务危机。欧债危机实际是美国次贷危机的延续和深化,其本质原因是政府的债务负担超过了自身的承受范围。

欧洲主权债务危机爆发于希腊。2009年10月初,希腊政府宣布,2009年政府财政赤字和公共债务占国内生产总值的比例预计将分别达到12.7%和113%,远超欧盟《稳定与增长公约》规定的3%和60%的上限。鉴于希腊政府财政状况显著恶化,同年12月8日,惠誉国际信用评级公司率先把希腊主权信用评级由"A-"降为"BBB+",使希腊成为主权信用评级最低的欧元区国家,随后全球另外两大评级公司标普和穆迪也相继下调了希腊的主权信用评级。

由于担心希腊政府对国债违约,投资者开始大规模抛售希腊国债,希腊主权债危机终于爆发。2010 年,希腊政府宣布 2010 年最终财政赤字达到 GDP 的 13.6%,年底政府债务未清偿余额与 GDP 之比达到 115.1%,在 2011 年底公共债务可能突破 120%。此时,希腊政府一方面难以从市场融资,另一方面也难以通过发行新债偿还旧债。为此,标普率先将希腊主权信用评级下调至垃圾级,希腊债务危机全面爆发。

由于希腊主权债务危机的传染效应,葡萄牙、爱尔兰、西班牙、意大利主权债务也均不同程度地遭受了信用危机。2011 年 7 月,全球三大评级机构之一的穆迪相继将葡萄牙与爱尔兰的主权信用评级调降至垃圾级;2012 年,评级机构 Egan-JonesRatings 将意大利的主权评级从 B+ 调至 CCC+。此时,希腊已不再是危机的主角,希腊债务危机演变成欧洲债务危机。与此同时,德法轴心也感到危机压力。2011 年德国政府债务据欧盟统计达 2.084 万亿欧元,占 GDP 比重 81.2%,超出《稳定与增长公约》规定的 60% 的红线;法国政府债达到 1.692 万亿欧元,占 GDP 的 85.8%,公共开支占 GDP 的 56%,财政赤字达 GDP 的 5.5%。2012 年 1 月 13 日,欧元区第二大经济体法国的债务信用被标准普尔下调,标志着危机进一步深化到欧元区核心国家。

从 2012 年 10 月开始,欧债危机出现止步,情形逐渐好转。希腊、爱尔兰和西班牙等国都较较好实现了财政紧缩目标,投资者对欧元的信心开始增强。法国也联合债务危机的南欧国家,扭转德国所主导的紧缩政策,开始进入适度宽限和以增长与紧缩平衡的稳定恢复期。到 2013 年 11 月,爱尔兰退出救助机制,表示有国家已从危机中解脱。2014 年 4 月希腊被欧盟统计局宣布提早实现了财政目标。但是欧债危机的恢复期仍然漫长。

欧债危机给整个欧洲带来了财政紧缩危机、主权债务危机、银行业危机和政治危机等一系列危机,致使欧元大幅下跌,欧洲股市受挫,欧洲经济遭受重创,造成整个欧元区正面对自"二战"以来最严峻的考验。欧债危机不仅沉重地打击了整个欧洲社会,而且严重影响了世界国际贸易的发展和全球金融市场的稳定,给世界经济的复苏带来了许多不确定因素。

(三)金融危机发生的原因

"英镑危机""墨西哥金融危机""东南亚金融危机""全球金融危机"和"欧债危机"等仅仅是频频发生且愈演愈烈并引发大规模经济危机和社会动荡的世界金融危机中的几起典型事件。分析这几起事件均存在几个共性因素:本币高估,经常账户赤字严重,汇率制度的缺陷与金融自由化速度过快,经济增长中泡沫过大。事实上,金融动荡和危机早已是一种世界性现象。据国际货币基金组织 2008 年的一篇研究报告指出,1970 年至 2007 年共计发生系统性银行危机 125 起,平均每 10 年 34 起。进入 20 世纪 90 年代以来,金融动荡和危机更是不断:1992 年欧洲汇率机制危机、1994 年全球债券市场危机、1994 年底的墨西哥金融危机、1995 年初美元狂跌、1996 年以来保加利亚和俄罗斯的银行倒闭风以及 1995 年的"巴林银行倒闭事件"、中国"台湾金融挤兑风潮"以及 1999 年巴西货币雷亚尔危机等都在不同程度上造成了这些国家和地区乃至世界经济的震荡。1997 年东南亚金融危机和 2008 年的全球金融危机对世界经济的震荡和社会影响尤为剧烈。频繁发生的金融危机不仅给这些国家带来了巨大的经济损失,给整个世界经济造成了剧烈震荡和深重的灾难,同时也给我们带来了许多值得认真汲取的教训和认真反思的东西。与东亚危机等危机不同,2008 年的全球危机爆发于美国,且给全球经济发展带来了巨大的影响。因此这里以 2008 年全球金融危机为例进行剖析。

发端于 2007 年的美国次贷危机以让人们始料未及的速度、深度和广度演化成为一场波及

全球的国际金融危机。纵观这一轮危机发生、发展并不断深化的过程,可以看出它是在全球化背景下由多层次因素综合作用的结果,这其中既包括金融因素也包括经济层面的因素。牵扯到以下几个层面、不同领域、长期积累的问题:在美国国内经济层面,从金融领域我们能够发现缺乏监管的金融泛滥造成了美国金融信用体系的断裂;从美国国内经济结构上,我们能够看到美国虚拟经济相对实体经济不成比例扩张所堆积的经济泡沫的破裂;在国际货币体系层面,我们可以发觉美元本位制所导致的美元流动性泛滥以及现有美元储备体系的脆弱;在世界经济层面,我们同样可以发现全球国际收支失衡等问题。

1. 过度投机的房地产市场

美国的房地产市场是一个基于资产证券化的金融市场。有三个重要因素加剧了这个金融市场投机活动的猖獗。一是欺诈性贷款刺激了住房消费,这是整个房地产市场泡沫发生的源头。银行为刺激抵押贷款,故意放低贷款标准,并使用欺骗性语言诱使低收入者超出能力购买住房。二是资产证券化和高杠杆比率不断转移风险、创造流动性,这是市场泡沫制作的动力装置。三是金融产品价格的非市场化,非市场化及资产评级过程的腐败和监管失控是投机的温床。金融市场的投机性加剧了投资的非理性和市场情绪的急剧波动,最终导致市场秩序和经济活动的动荡,其最终结果必然是泡沫的破裂和危机的出现。

2. 美联储过分宽松的货币政策

自2000年美国互联网泡沫破灭后,为缓解资产价格泡沫破灭对实体经济造成的冲击,美国联邦储备委员会在2001年1月至2003年6月连续13次下调联邦基金利率,将该利率从6.5%下调至1%的历史最低水平,从事实比较、泰勒规则偏离角度来看,这次美联储利率下调具有底部极低和降幅最大的特点。然而,当美国实体经济开始重新走强时,美联储却没有及时上调基准利率。1%的低利率一直持续到2004年6月。在长期的低利率政策刺激下,美国房地产市场进入了历史上前所未有的大牛市。2000年1月至2006年6月,美国10个城市的房价指数由100上升至226,上涨了1.26倍;美国20个城市的房价指数由100上升至206,上涨了1.06倍。美联储过分宽松的货币政策造就了美国房地产市场的空前繁荣,最终带来了经济的虚假繁荣。当经济开始紧缩,利率的上升无疑提高了还款成本,对于信用差、收入低的次级抵押贷款借款者而言形势更加严峻,银行呆账、坏账剧增,次级债最后爆发出来。

3. 金融衍生工具的泛滥成灾

过去的20年里,金融自由化得到广泛实施。金融业发展达到新的高度,包括债券、股票、外汇和金融衍生品在内的金融交易发展不仅远远快于国际贸易和国际投资,更是远远高于世界经济增长率。据国际清算银行统计,截至2007年底,全球金融衍生产品市值已高达681万亿美元。其中,美国占50%,欧洲接近50%。美国的金融虚拟资产已远超实体经济资产总额的8倍,华尔街的金融业务占美国GDP的26%以上,占美国利润的40%以上。次级贷款及其支持证券市场发展最为典型,从1994年的350亿美元增加到2006年的6 000亿美元;占总抵押贷款的比例从1.4%增至20%,证券化比例从31.6%增至75%。证券化使得债务/资产比率从100%下降到10%,发行者因此能够将债务从资产负债表中消去,借以粉饰债务和隐藏债务。证券化首先造成的就是资产负债表透明度的损失。此外,抵押贷款及其支持证券本身也极其复杂和不透明。经过分割并与其他资产组合形成资产池,次级贷款相关的风险和收益也被重组。重组后的资产,其风险收益变得模糊。这一复杂的以高杠杆化为特征的证券化过程导致了信息不对称和不确定性的产生。这也是危机爆发的重要因素。

4. 监管的缺位

自 20 世纪 80 年代以来,美国国内出现了对金融行业放松管制的浪潮。美国制定的《1999年金融服务现代化法案》结束了《1933 年银行法》以来美国长达 66 年的金融分业经营历史。1999 年的法案规定美国银行可以成立金融控股公司,从事任何金融业务,但相关监管机构仍保留了对证券、期货、保险、银行分业监管的格局。2000 年,美国国会通过《商品期货交易现代化法案》,规定非在柜台交易的商品,不受商品交易委员会的监管。这两项法案的通过就在金融领域出现了一系列问题。一是存在大量监管盲点。尽管美国金融监管主体众多,但是无论是美联储、证监会还是其他部门都对信用衍生品等新型工具缺乏必要的监管。二是各部门、各产品的监管标准不统一。直到危机发生后监管部门才发觉,既有的规则完全不适应迅速变化了的金融系统。第三,衍生品交易的结算不透明,导致信息披露体系不健全,投资者无法真正了解风险结构。简言之,美国政府的错位加大了金融工程的滥用,监管的缺位则导致了全面风险的产生。

5. 过度举债消费的模式

长期以来,美国个人消费支出是推动美国经济增长的主要动力。过度举债消费给美国带来了经济繁荣,但这种繁荣不具备坚实的基础,特别是考虑到美国国内储蓄率已经降至极低水平,从 1984 年的 10.08% 降到 1995 年的 4.6%,再降到 2004 年至 2007 年的 1.8%、-0.4%、-1% 和 -1.7%,其背后是一个巨大的债务泡沫。2007 年美国居民、企业和政府未清偿债务总额占 GDP 的比重高达 229.74%,其中居民负债比重为 100.3%。因而当资产价格泡沫破灭,巨额债务便浮出水面,并最终酿成了一场偿付能力的危机。

6. 贫富两极分化

美国次贷危机也是收入两极分化、财富过度集中的结果。贫富分化的结果就是大多数人贫穷,贫穷的经济结果就是消费不足,特别是耐用消费品的消费不足。对次贷危机而言,有了穷人才会有"次贷",穷人一方面迫切需要改善居住条件,另一方面又没有购买能力,只能钻入投机者所设的"次贷"圈套。而投机者也只有把目光瞄准这些迫切需要住房的人才会有金融业务。需要指出的是,不仅是美国的贫富分化对美国的危机有基础性的影响。全球性的贫富分化也对美国危机有基础性的影响,全球性的贫富分化使大量资金集中于美国,同时也使美国穷人成为最"有希望的"穷人,这就加剧了美国的次贷规模扩大和房地产泡沫膨胀。

7. 全球国际收支失衡

进入 21 世纪后,全球范围内出现了显著的国际收支失衡,这一方面表现为美国的经常项目赤字和外债规模不断扩大,另一方面表现为东亚国家和石油输出国的经常项目盈余不断扩大,并积累了巨额外汇储备。从 2001 年至 2007 年,美国经常项目赤字占 GDP 的比重从3.8% 上升至 5.3%;同期东亚国家经常项目盈余占 GDP 的比重从 1.5% 上升至 6.7%(其中中国从 1.3% 上升至 11.1%);中东国家经常项目盈余占 GDP 的比重从 6.3% 上升至 19.8%。由于美元的特殊地位,这些国家外汇储备的绝大部分,又投资于美国金融市场尤其是美国国债市场。截至 2008 年 10 月,美国可流通国债总额 5.66 万亿美元,外国中央银行持有 2.12 亿美元。其中,中国持有 7 500 亿美元,日本持有 5 950 亿美元,石油输出国持有 1 900 亿美元,巴西持有 1 400 亿美元。这种情况压低了全球金融市场的长期利率,加剧了全球范围内的流动性过剩,并推动全球资产价格上涨。国际收支失衡导致全球金融市场上出现显著的流动性过剩,推动资产泡沫的形成也是危机爆发的重要因素。

二、金融监管

(一)金融监管的含义和内容

金融监管是指一国政府或政府的代理机构对金融机构实施的各种监督和管制,包括对金融机构市场准入、业务范围、市场退出等方面的限制性规定,对金融机构内部组织结构、风险管理和控制等方面的规范性的要求以及一系列相关的制度、政策和法律法规体系的建立与实施过程。

金融监管的内容包括金融监管的目标、金融监管的主体和客体等。

1. 金融监管的目标

金融监管的目标是金融监管理论和金融监管实践的核心问题,对金融监管的目标的认识直接决定或影响着金融监管理论的发展方向,也主导着具体监管制度和政策的建立与实施。20 世纪 30 年代以前,金融监管的目标主要是提供一个稳定和弹性的货币供给并防止银行挤提带来的消极影响。30 年代大危机的经验使各国的金融监管目标普遍开始转变到致力于维护一个安全稳定的金融体系上来,以求防止金融体系的崩溃对宏观经济的严重冲击。70 年代末,过度严格的金融监管造成了金融机构效率下降和发展困难,使金融监管的目标开始重新转向注重安全和效率的平衡性方面。

总之,20 世纪金融监管的目标并非是新的目标取代原有的目标,而是对原有目标的不断完善和补充新的目标,这使得当今各国的金融监管目标均包含多种内容,即维护货币与金融体系的稳定,促进金融机构审慎经营,保护贷款人、消费者和投资者的利益以及建立高效率、竞争性的金融体制等。

2. 金融监管的主体

金融监管的主体在 20 世纪初至战前的相当一段时间是中央银行,当时中央银行对货币发行的逐渐统一使金融监管的职责主要落到中央银行的身上。这一时期,各国除了通过传统上的专门机构,如证券管理委员会等对证券市场进行管理之外,中央银行也执行金融监管的职责。但是,随着第二次世界大战以来中央银行越来越多地承担制定和实施货币政策、执行宏观经济调控的职能以及六七十年代新兴金融市场的不断涌现,金融监管的主体出现了多元化的趋势。其主要表现是,中央银行专门对银行和非银行金融机构进行监管,证券市场、期货市场等则由政府行使管理职能,对保险业的监督也由专门的政府机构进行。近年来,随着金融自由化的发展,出现了一批综合化经营的超级金融机构,为此一些国家又专门建立或准备建立针对这类机构的监管部门,金融监管有了从分散向集中发展的趋势,但已经不再是集中于中央银行。比如,1997 年英国已经成立了一家全面对金融机构实行监督的超级监管机构,即金融服务管理局,以取代英格兰银行传统的金融监管职能。美国联邦储备系统也进行了机构调整,成立了几个小组,集中负责特大型银行的监管工作并积极酝酿制定能够对特大型银行进行多方式、多渠道、多角度的金融监管法规,以求及时、全面对这些银行的风险进行有效的控制。

3. 金融监管的客体

金融监管的客体在战前主要是商业银行,因为商业银行本身对经济的影响比非银行金融机构大得多,而且当时在整个金融体系中,商业银行的资产负债规模、业务量占绝对优势,非银行金融机构的比重和影响都微不足道。第二次世界大战后,随着发达资本主义国家经济的增长,金融机构也日趋复杂。非银行金融机构种类、数量、资产负债规模大幅度扩张,影响力也明显扩大,金融监管当局不得不重视和加强对非银行金融机构的监管。同时,金融市场种类更加繁多,尤其是金融衍生产品类市场的膨胀,使金融监管的客体变得更加复杂。随着近年来金融全球化的快速发展,跨国银行和其他跨国金融机构也日益成为金融监管当局不能忽视的监管对象。

(二)国际金融监管的发展趋势

20 世纪 90 年代以来,国际金融市场的一体化进程加快,金融创新不断涌现,金融机构也日益转向多元化经营。国际金融市场新的发展趋势,迫使各国金融监管范围、监管手段、监管内容、监管模式、监管体系等发生一系列重大变化。

1. 金融监管范围不断扩大

由于金融工具不断创新,海外分支机构不断进入,各国金融监管当局面临的一个迫切任务就是纷纷将过去不受官方监督的非银行金融机构、海外相关行业的分支机构极其非银行业务纳入自己的监管范围,并统一监管标准和方法。

2. 金融监管手段、内容和模式日益趋同

金融国际化、电子化和网络化的发展趋势,使不同国家金融监管的手段、监管内容和监管模式出现了趋同的趋势。在监管手段上,各国普遍强调管理手段的现代化,充分利用计算机辅助管理,尤其是实时清算系统在金融监管中的运用;在金融监管内容方面,各国呈现出一些共同特点,如逐步统一资本金的充足性的国际监督标准等;在金融监管模式方面,各国普遍强调金融法规监管、行业约束和市场约束方面的结合。

3. 金融监管体系的集中统一化趋势

为适应经济全球化,银行业加强调整、兼并和金融创新已经使得分业经营和分业管理名存实亡。在这种情况下,传统的经营模式被打破,银行与非银行金融机构之间的业务界线逐渐模糊,金融机构业务交叉走向多元化、综合化。银行已经开始从传统的放款业务走向证券投资领域,有些银行还将业务范围拓展到信贷、抵押、保险等一些非传统银行业务领域,而证券、租赁、保险等金融公司也已经开始向特定顾客发放贷款。

4. 以市场约束为基础的监管体系正在形成

由于信息披露是市场约束的基础,国际组织正努力制订会计标准以提高信息披露的作用。如国际会计标准委员会正在制订对所有金融机构采用同样的会计披露标准,以加强对金融机构的市场约束作用,如果这个标准为国际证券委员会和各国在此委员会中的代表所接受,将会为跨国买卖证券及其他国际资本流动铺平道路。巴塞尔委员会于 1999 年 6 月发布了《新资本充足框架》(征求意见稿),对 1988 年制定的《资本充足协议》做出重大的改革,其中最引人注目的内容是将外部评级引入资本风险加权,新框架的适用对象仍然是那些在国际业务领域活跃的大型国际性银行。1999 年 11 月 22 日,欧洲委员会公布了涉及所有银行和证券公司的有关新的资本充足性规定的建议。

5. 监管的国际合作不断加强

巴塞尔委员会在加强金融监管的国际合作方面做出了很大的努力。首先,推动了越来越多的国家加入到金融监管国际合作行列中。巴塞尔委员会 1997 年 4 月发布的《有效银行监管的核心原则》的制定,已不再是少数发达国家之间谈判协商的结果,而是与许多非十国集团(地区),包括发展中国家密切合作的结果。其次,巴塞尔委员会加强与一些国际性金融监管组织的合作,1999 年 2 月公布的《多元化金融集团监管的最终文件》就是巴塞尔委员会、国际证券

委员会组织与国际保险监管协会自 1993 年开始合作的研究成果。与此同时,西方发达国家还通过一年一度的西方七国首脑以及财长、央行行长会议,研究防止某一国家或地区出现金融危机的问题和措施。为应付突发事件,美国财政部、美联储和国际金融机构等保持密切联系,及时筹划对策,协调联合干预行动。亚洲金融危机后,西方各国又成立了"金融稳定论坛"。在亚洲,中、日、韩与东盟也开始每年召开中央银行行长和财长会议,讨论地区金融稳定的有关问题。2008 年,全球金融危机爆发后,G20、联合国和欧盟等国际组织相继成立专门委员会,着手进行监管改革的研究。G20 国家 2009 年峰会一致认为,本国金融监管机构是第一位也是最重要的监管机构,构成了对付金融市场不稳定的第一道防线。但是,由于金融市场的全球性,加强国际监管合作和加固国际监管标准是必须的,它们的持续实施可以阻止影响国际金融稳定因素的跨境、跨地区和全球化的蔓延与传播。从未来的发展趋势来看,随着金融全球化的发展和新兴市场国家的崛起,G20 峰会有可能取代 G7 成为世界各国政府首脑商讨国际金融体系改革问题的主要平台和决策机制。

第四节 金融国际化背景下中国的风险与防范

中国金融业自加入 WTO 以来,按照"循序渐进、趋利避害"的原则,积极参与金融国际化过程,对外开放的地域和业务范围逐步扩大,国际收支平衡能力不断加强,国际金融交流与合作日益广泛,国际金融地位不断提高。但面对客观存在的"入世"后金融市场化和国际化不断加快的步伐,面对势不可挡的金融全球化浪潮,防范和化解金融风险,维护金融安全已经成为金融开放过程中不容忽视的新问题。

一、金融国际化对中国金融安全的影响

国内金融市场规模小,管理还不够规范,随着对外资金融机构经营的业务和地域限制的取消,外资金融机构的大量进入和金融市场开放程度的进一步加快,势必对中国金融市场造成较大的冲击。

(一)金融国际化使国际金融市场的风险因素明显增多,现行的宏观金融监管面临挑战

在加入 WTO"后过渡期"结束之后,金融利益市场化和国际化使金融监管面临着更加复杂的金融环境。中国作为发展中国家,金融体系尚不成熟,金融调控机制尚不健全,金融国际化的加速发展和国际金融危机的频繁发生,使中国的金融安全在金融国际化的形势下承受着巨大压力。面对金融国际化的强烈冲击,原来基于本国立足点,主要由金融监管部门对国内金融实施直接调控的监管方式已经无法适应金融对外开放的要求,更无法满足金融国际化的需要。

(二)金融国际化使市场规模扩大加速,容易出现金融资本扩张失控的风险

与国际化相伴随的外国资本的大量流入和外国投资者的广泛参与,在增加金融市场深度、提高金融市场效率的同时,会导致金融资产的迅速扩张。在缺乏严格的金融监管的前提下,这种扩张可能成为系统性风险爆发的根源。金融国际化还不可避免地带来资本的非法流动。这些非法流动的资本在全球金融市场兴风作浪,其行为特征表现出很强的"羊群效应",对发展中国家新兴市场的进入和撤出也具有"一窝蜂"的特点,集聚集撤地追逐超额利润,在金融危机时期表现为危机传染的"多米诺骨牌"效应。国际投机者把这些国家的金融市场视为一个整体,

同时从上述市场撤出资金,导致其同时崩盘。由于中国国内金融市场的发育程度较低,金融体系不成熟,相关的法律体系不够完善,国家的金融安全确实面对严峻挑战。

(三)金融国际化使本国金融市场受到海外主要金融市场动荡的波及,容易出现市场波动脱离本国经济基础的风险

外国资本的流入和外国投资者对新兴市场的大量参与,潜在地加强了资本流入国与国外金融市场之间的联系,导致二者相关性的明显上升。从国内金融市场与主要工业国金融市场波动的相关性来看,近年来,主要工业国金融市场对资本流入国金融市场的溢出效应显著上升。国外研究表明,美国股票市场波动性对韩国股票市场波动性溢出的相关程度在 1993 年到 1994 年间高达 12%,美国股票市场波动性对泰国股票市场波动性溢出的相关程度在 1988 年到 1991 年间高达 29.6%,美国股票市场波动性对墨西哥股票市场波动性溢出的相关程度在 1990 年到 1994 年间高达32.4%。同时,本国金融市场与周边新兴金融市场波动也同样呈现同步性特征,存在遭受"金融危机传染"侵袭的风险。如 1997 年亚洲金融危机爆发后,部分亚洲国家和地区间的股票市场相关系数显著增大,韩国和印尼股市的相关系数由 43% 上升到 73%,印尼和泰国股市的相关系数由 15% 上升到 78%,泰国和韩国股市的相关系数由 55% 上升到 63%。由此,出现许多国家市场波动完全脱离本国经济基础的风险。这也是中国必须特别警示的。

二、金融国际化背景下中国的战略举措

(一)强化中央银行的职能,积极稳妥地推进金融市场的对外开放

国际经验表明,中央银行负有实现宏观经济目标和确保金融体系稳定的双重职责,在金融国际化条件下防范金融风险,进而促进国际金融秩序稳定的过程中发挥着极其重要的作用。金融危机暴露了有关国家央行的软弱,致使其不能在危机中发挥核心作用,进而严重妨碍其自我救助的力度。因而,强大的中央银行,是维护国家金融安全的基础,必须突出中央银行的作用,促进各国中央银行间的国际合作。中国目前已加强了央行的宏观调控和金融监管,并把此作为金融改革的重中之重。

面对金融国际化加速的态势,中国应顺势而为。加大金融开放的步伐和引进资金的力度,充分利用国际金融资本填补经济建设中的资金缺口,扩展对外贸易,促进技术进步和产业结构的调整升级。但是加快开放,不等于一下子完全放开金融资本市场。因为金融领域对外开放的程度和力度取决于诸多因素,包括经济发展速度、金融体制改革的进程、国内金融机构的竞争力、金融法规的完善程度、中央银行的监管水平以及世界经济和国际金融市场的变化等。故此,中国金融资本市场的开放仍应采取积极稳妥、循序渐进的方式,注意有步骤有计划的推进。一些国家和地区发生金融危机的一个重要原因就是国内金融改革的进程把握不准,处置不当,应吸取其中的教训。WTO《金融服务贸易总协定》在市场准入、国内政策目标和对外竞争等方面对发展中国家给予了一些特殊待遇,允许发展中国家可以根据国内政策目标和服务业发展水平,逐步实现金融服务业自由化。所以,在符合 WTO 规则的前提下,完全可以采取一些合理保护民族金融的措施。例如,适当控制外资银行来源国分布、总数及分支机构数量,限制外国银行对中国银行的股权持有等。通过这些保护性措施,防止外资银行对国内金融市场的垄断经营或控制,在一定程度上维护国家的金融安全。

（二）加强对金融机构、金融市场的严格管理和对外商投资企业的监管

首先，加强对金融机构的严格管理。为健全银行业务和提高银行的应变能力，应根据国际有关银行业监管的规定，加强对资本充足率、资产流动性、风险管理与控制能力的监管，如以资本充足率为例，应按照国际标准进一步充实银行的资本金，以改变国有商业银行资本充足率偏低的现状。在亚洲金融危机中，中国香港、新加坡之所以较好地承受了冲击，其主要原因是银行经营稳健，两地银行的资本充足率都在 15％以上。然而中国的这项指标虽已接近国际通行的 8％的标准（这一标准在实践中已被证明偏低），但距离达到实际需要的较高标准还有很大距离。对于银行资金的放贷，应吸收周边国家的教训，限制向回报率较差、容易造成呆坏账的行业和企业提供贷款，限制向非生产性活动提供贷款，停止贷给不能偿还现有债务的企业。

其次，加强对金融市场的监管。中国的股票交易市场自 1990 年上海证券交易所运营以来，已有了 20 多年的历史，因属新兴证券市场，必然具有不成熟市场的很多特征，如投机性强、规范不严格、违规事件多等。如果处理不好，就会有悖于政府的初衷，给经济发展造成极大的负面影响。因而，必须加大力度强化对市场的监管，防止股市泡沫的过度出现。同时，为打击外汇市场上的套汇、骗汇行为，应加强对外汇指定银行的监管，对有疑点的报关单采用快捷方式向海关及有关部门检查，防止利用假单证骗汇。至于金融衍生产品，随着中国经济市场化的推进和金融市场的健全，其品种的推出以及交易的扩大也具有必然趋势，要注意在具备对这一市场监管能力时，再逐步放开。

最后，加强对外商投资企业和其他涉外机构的监管。这一点在中国进入入世"后过渡期"，开放力度加大后尤其重要。如对外资银行，要建立有效的风险监管体系，在中央银行法、商业银行法的基础上，制定外国银行法，全面规范外资银行在国内的经营活动。对其他外商投资企业要实行外商投资企业外汇登记制度；对其外汇债务情况、外方应得利润、利润再投资等进行监督；建立外商投资企业利润汇出的备案制度等。

（三）建立保障国家经济安全的金融危机早期预警系统

加强对建立金融危机早期预警机制的探讨和研究，强化国际资本市场的监督，提高对全球性金融危机的预警和抵御能力。从金融运行规律分析，用于预测金融危机的主要办法是对一些与金融危机有关的经济指标（例如实际汇率、实际国内生产总值增长率、通货膨胀率、国际国内利率差、国际国内利率差别变化、实际利率、国内储蓄率、国际贸易收支、国际经常项目收支和外国组合投资与外商直接投资比例等）和与金融危机有关的经济规律进行观察，通过观察到的一些异常现象和变化来分析和预测是否将有可能发生危机。近年来，金融界又提出了一种新的国际早期预警金融危机的方法。这种方法是通过监测一整套指标体系来预测金融危机发生的可能性。

（四）加快金融体制改革和金融产业基本建设

同发达国家和部分发展中国家相比，中国的金融体制严重滞后，金融机构脆弱，防范和消除金融风险的能力有限。为从根本上消除金融危机的各种隐患，必须尽快深化金融体制的改革，加大金融体制创新的力度，紧跟现代国际金融发展的步伐，建立与社会主义市场经济发展相适应的现代金融机构体系、金融市场体系和金融调控监管体系，构建现代金融制度。这不仅关系到 21 世纪中国金融能否安全、高效、稳健运行，而且决定着中国经济能否快速、健康、稳定发展。与此同时，还要充分发挥高新技术在维护国家金融安全中的作用，加快金融计算机化管理和监控的步伐。为适应现代金融发展的需要，要加快改革现代金融教育体制，高速度培养现代金融人才特别是高级人才,逐步组建几个实力雄厚、具有国际竞争力的跨国经营机构。

(五)参与国际金融事务,为建立国际金融新秩序作出贡献

在当前的国际金融体系中,美国等西方国家凭借其强大的金融实力占据有利地位,妄图操纵国际金融体制改革的进程和方向。但不容忽视的是,中国是当今世界最大的发展中国家,据IMF统计显示,2014年中国GDP达到10.38万亿美元,占全球GDP的13.4%。中国经济总量已跃居全球第二。中国对世界经济增长的贡献率已名列全球第一,大约为30%中国正日益成为全球经济增长的最重要动力。中国经济建设的成就引起了国际社会的高度重视,尤其在亚洲金融危机严重的关键时期,稳定的人民币汇率为防止危机深化和缓解危机做出了关键性的贡献,国际金融地位明显提高。同时还应看到,当前国际社会有关国际金融体制改革的热点、焦点问题,如国际货币基金组织的作用、限制国际投机资本流动、改革汇率制度等都与中国国家利益密切相关。因此,在国际金融新秩序的建立中,中国可以而且应该尽量争得发言权,要参与国际金融事务,提高中国在国际金融决策中的影响力,维护国家利益和保障经济安全,并为国际金融新秩序的建立作出贡献。

复习思考题

1. 国际货币制定的主要内容是什么?
2. "特里芬难题"为何构成布雷顿森林体系的致命缺陷?
3. 储备货币多元化和汇率制度多样化对中国的利弊如何?
4. 如何理解金融国际化的内容?
5. 国际金融资本运动具有哪些特征和影响?
6. 一国应如何消除金融危机发生的隐患?
7. 简要说明金融监管的内容和发展趋势。

第六章　经济全球化

经济全球化是社会化大生产的必然趋势,作为世界科技革命的产物和市场经济发展的结果,经济全球化已经成为一种不以人的意志为转移的客观历史潮流。正如英国著名经济学家约翰·邓宁教授所说:"除非有天灾人祸,经济活动的全球化不可逆转。"

第一节　经济全球化的内涵和主要表现

在经济学中,全球化概念是从"一体化"逐步演变而来的,而"经济一体化"这个概念是荷兰经济学家丁伯根(J. Tinbergen)在 1951 年重要著作《论经济政策》中首次提出来的。丁伯根详尽和系统地解释了世界经济一体化的现象,并指出:"经济一体化就是将有关阻碍经济最有效运行的人为因素加以清除,通过相互协调和统一,创造最适宜的国际经济结构。"其后 1962 年经济学家巴拉萨(B. Balassa)在其《经济一体化理论》中对经济一体化则作了更广泛和深入的分析,认为"一体化既是一种进程,又是一种状态","经济一体化就是指产品和生产要素的流动不受政府的任何限制。"经济合作与发展组织(organisation for economic co-operation and development ,简称经合组织)指出,"全球化"这个词最早是由 T·莱维于 1985 年首先提出的。莱维用"全球化"这个词来形容此前 20 年间世界经济发生的巨大变化,即商品、服务、资本和技术在世界性生产、消费和投资领域中的迅速扩展。世界经济论坛创始人劳克斯·施布瓦描述经济全球化是 24 小时相互联系的、极度活跃的、剥夺睡觉机会的,并受电子邮件推动的世界。国际货币基金组织在 1997 年将全球化概括为:通过贸易、资金流动、技术创新、信息网络和文化交流,使各国经济在世界范围高度融合,各国经济通过不断增长的各类商品和劳务的广泛输送,通过国际资金的流动,通过技术更快更广泛的传播,形成相互依赖关系。

总括来说,经济全球化是世界经济向更高层次发展的一个过程和一种状态,是世界经济发展到当前阶段出现的一种经济现象。对经济全球化我们可以作如下定义:经济全球化是指在科技革命的推动下,通过国际贸易、国际金融、国际投资以及国际人员和技术等要素的流动,越来越紧密地把世界经济结合成一个有机整体,以至成为一种经济网络的状态和过程。

经济全球化并非始于今日,一般认为,19 世纪末特别是 20 世纪 50 年代,随着跨国公司的兴起,就已出现这种趋势。但是,进入 90 年代以来,全球化进程大大加速且呈现出一系列特点。

一、贸易自由化

贸易自由化主要表现在世界贸易额的增长和各国对国际贸易依存程度的提高上。

20世纪80年代初期开始,全球经济进入新一轮高速增长时期,国际货物贸易速度大大加快。据世贸组织统计,世界货物贸易出口额1986年为2.1万亿美元,1990年增加到3.4万亿美元,2001年进一步扩大到7.5万多亿美元。2003年从出口角度计算的世界贸易总额(包括货物贸易和服务贸易)已达9.5万多亿美元,相当于1980年的3.9倍。2006年世界贸易总额首次突破11万亿美元,受美国次贷危机影响,2008年世界贸易额增速有所下滑,但仍达到15.8万亿美元。2009年世界贸易组织(WTO)指出全球贸易额出现了80年来的最大跌幅,下滑12%,但2010年正在恢复增长。1980年至2008年,世界贸易年均增长超过6%,始终快于世界生产的增长速度,前者的年均增长率要比后者高50%左右。但近几年,受多种因素影响,全球贸易增速出现下滑,2012年至2014年,全球贸易增速连续3年低于3%,但2015年预计将增长3.3%,2016年将提高至4.0%。此外,国际贸易的种类、范围也在不断扩大。它不仅包括商品贸易,而且还包括技术贸易、服务贸易、劳务贸易,尤其是服务贸易的领域在迅速发展。

在贸易量迅速增大的同时,贸易结构也在发生深刻的变化。过去那种西方发达国家主要出口工业制成品、进口原料,经济落后国家主要出口初级产品、进口工业制成品的状况正在改变。1963年至1985年间,发达国家的工业品出口占世界工业品出口比重由83.2%下降到78.8%,发展中国家的工业品出口所占份额则由4.3%上升到12.4%。相关数据显示,近十年间一些欠发达国家不断扩大其工业制成品的出口。当前按美元计算,8个欠发达国家的工业制成品的出口增长了近10%。

随着国际贸易的发展,世界各国的外贸依存程度明显提高。世界出口与世界国内生产总值的比例,从1950年的大约6%增加到1973年的12%,1997年达到20%,2003年世界平均外贸依存度已经超过40%,1980年至2008年,世界平均外贸依存度由34.87%提高到53.3%,一些新兴工业化国家和地区的外贸依存度更大。受多种因素影响,2008年以来全球贸易增速减缓,但2013年世界外贸依存度仍然达到31.3%。外贸依存度的提高,使各国间形成相互依存、相互依赖、利益共存的新型贸易竞争与合作关系。

20世纪90年代以来,全球贸易自由化步伐进一步加快,各国都不同程度地推行了贸易自由化改革,乌拉圭回合谈判的完成和世界贸易组织的成立,把当代的国际贸易以及与国际贸易有关的各个领域都纳入多边贸易体制的轨道。作为国家市场的主要标志,关税壁垒将逐渐失去其对国内市场的保护功能,40%的制成品贸易将成为免税贸易。服务贸易和技术贸易将以更快的增长速度超过商品贸易,成为世界市场的主要贸易结构。

二、生产国际化

20世纪90年代以来,生产的国际化主要体现在国际分工进一步向广度和深度发展上。从广度上讲,参与国际分工的国家和地区已经遍及全球。从深度上讲,国际分工越来越细,已从过去单一的垂直型分工发展为垂直型、水平型和混合型多种分工形式并存的新格局;并且,国际分工的形态也呈现出多样化,不仅有生产资源型分工,而且生产工序型和零部件生产专业化型分工日益增多。如美国联合技术公司为开发电梯新产品,充分利用全球各国的优势,在法

国制造电梯门系统,在德国制造电子器件,在日本设计电动驱动装置,最后在美国完成组装。

生产的国际化还体现在全球掀起了产业结构调整的浪潮。这一次产业结构调整,不但反映在一些产业的整体转移,更重要的是同一产业的一部分生产环节的转移。过去,产业结构的调整大多是在一个国家内部进行的,在一国内部进行产业结构调整的代价比起通过经济全球化进程进行的产业结构调整更高,经历的时间更长。

当前西方国家,特别是在投资和贸易比较开放的国家,比如美国和西欧发达国家,由于在全球范围内实行了产业结构调整,正在经历从工业经济向知识经济的过渡,从而给经济带来了强劲的发展势头。这次产业结构调整大体上采取两种形式:一是发达国家之间,通过跨国公司之间的相互交叉投资,企业兼并,在更大的经济规模基础上配置资源,开拓市场,更新技术,从而实现了发达国家间的技术和资金密集型产业的升级。第二种形式是发达国家把劳动和资源密集型的产业向发展中国家转移,特别是把这些产业,包括高技术产业中的劳动密集型生产环节向发展中国家转移,这一转移始于 20 世纪 80 年代,90 年代愈演愈烈,促进了 90 年代以来发展中国家在全球吸引外资的总量比例的持续升高。

生产的国际化也表现在跨国公司的迅速扩张方面。第二次世界大战后,跨国公司的发展十分迅速。1994 年,世界跨国公司的母公司大约 3.8 万家,国外分支机构 26 万家。这些国外分支机构实现了 6 000 亿美元的产品销售,远远大于同期世界商品和非要素劳务的出口额47 000亿美元(1993 年);实现了大约 72 000 亿美元的海外生产,约占同年世界总产值的28.9%。如果把母公司的生产活动包括进去,那么,就世界总体而言,国际一体化生产的水平大约占全球总产出的 1/3。

2001 年,全球的跨国公司已达 65 000 多家,国外分支机构大约有 850 000 家。外国分支机构的雇员大约有 5 400 万,2014 年外国分支机构的雇员达到 7 508 万;销售额大约为 19 万亿美元,是 2001 年全球出口额的两倍多,而在 1990 年这两者大致相当。外国分支机构分别占全球 GDP 的 1/10 和全球出口的 1/3。2006 年,跨国公司在其母国以外进行的产品和劳务的生产较以往增长更快。78 000 家跨国公司和它们所下辖的 780 000 家外国子公司的销售额、增加值和出口,估计分别增长了 18%、16% 和 12%,它们占全世界国内生产总值的 10% 和全世界出口额的 1/3。中国继续成为世界上外国子公司数量最多的东道国,与此同时,来自发展中国家和转型期经济体跨国公司的数量,过去 15 年的增速已经超过了来自发达国家的跨国公司。跨国公司外国子公司的雇员数量自 1990 年以来距今已经增长了近三倍。此外,如果考虑到跨国公司在全球范围内与非股权关系(例如,国际分包、许可证交易和合约制造)有关活动的价值,跨国公司在上述全球总量中所占比重将会更高。

20 世纪 90 年代以来至 21 世纪初,跨国公司跨国兼并现象日趋激烈,从客观上反映了生产国际化的加速进展。这次兼并呈现两个突出的特点:一是规模大,如 1998 年,世界著名的两家巨型汽车生产企业——德国的奔驰公司与美国的克莱斯勒公司正式宣布合并,总值达到920 亿美元;2006 年,跨国并购交易在金额上提高 23%,达到 8 800 亿美元;二是兼并数量多,如 2001 年世界经济发展速度有所减慢,跨国并购活动仍达 6 000 多起,2006 年接近 2000 年达到的上一个并购高峰,在数量上达到 6 974 起。2009 年受金融危机影响,全球跨国并购规模及数量都出现同比下降。但 2011 年全球跨国并购热度回升,尤其是发展中国家企业,全球数量达到 5 769 项,金额达 5 259 亿美元,但 2012 年受经济环境影响,并购额大幅下挫到 3 101 亿美元,降至 2009 年以来最低水平。但 2014 年又恢复性增长至 3 990 亿美元。

三、金融自由化和投资全球化

从各国的实践看,金融自由化具体表现为以下四个方面:一是价格自由化,即取消对利率、汇率的限制,同时放宽本国资本和金融机构进入外国市场的限制,充分发挥公开市场操作、央行再贴现和法定储备率要求等货币政策工具的市场调节作用;二是业务自由化,即允许各类金融机构从事交叉业务,进行公平竞争,即所谓混业经营;三是金融市场自由化,即放松各类金融机构进入金融市场的限制,完善金融市场的融资工具和技术;四是资本流动自由化,即放宽外国资本、外国金融机构进入本国金融市场的限制。

20世纪70年代以来,发达国家和新兴市场国家先后进行了金融自由化改革。70年代初期,以智利、阿根廷和乌拉圭等拉美的新兴市场国家为代表,首先进行了以金融自由化为核心的金融体制改革。

在亚洲,发展中国家和地区也先后实施了金融自由化。新加坡在20世纪70年代中期就实现了利率自由化,以此带动金融自由化和国际化。韩国的金融自由化进程始于20世纪80年代初期,韩国政府颁布了十年金融改革计划,逐步放松金融管制。印度尼西亚在1983年6月颁布新的银行管理条例,开始了金融自由化改革的进程。马来西亚从1973年起开始进行金融改革,颁布《银行法》和《证券法》。在推行金融自由化的同时,马来西亚也力图加快金融国际化的进程。而泰国的金融自由化是以1979年颁布的《商业银行法》为先导,从1990年开始,泰国实施了空前的金融自由化改革,其广度和深度均是前所未有的。中国台湾地区推动金融领域的自由化始于20世纪70年代中期。80年代中期以后,随着台湾总体经济自由化方针的实施,金融自由化步伐逐步加快。

在整体上,非洲的金融自由化进展最为迟缓,成效也最小。非洲国家的金融自由化始于20世纪80年代中期,从1983年4月到1991年5月,加纳、南非、赞比亚、肯尼亚、尼日利亚、突尼斯、马拉维、津巴布韦、埃及等先后实现了存贷款利率的自由化。非洲国家虽然进行了消除金融压制的金融自由化改革,可是,所有这一切带来的回报却少得可怜。俄罗斯、东欧、独联体等转轨国家也在1991年至1995年基本完成了金融自由化改革。

发达国家中,美国于1983年底基本实现利率自由化。日本的利率自由化开始于20世纪70年代末,到1987年完全解除了利率限制。原联邦德国于1976年通过了废除利率限制的法案,全面放松利率管制。澳大利亚在1980年取消了商业银行和储蓄银行的存款利率上限,不久贷款利率也实现了自由化。瑞典于1978年废除银行存款利率上限,1980年废除私人部门发行债券利率上限。法国自1965年起先后取消了六年以上定期存款、两年以上25万以上法郎的存款利率管制。

以上这些国家的金融自由化改革都说明了金融自由化是市场经济发展到一定阶段的必然结果,已经成为国际社会发展进程中的一股不可阻挡的潮流。

在世界各国金融自由化改革的推动下,1972年至今,国际金融市场扩大了43倍,而世界出口和世界生产只分别扩大了12倍和7倍。现在,国际资本市场年融资额、世界外汇市场日交易量,都已超过1.5万亿美元。

在金融自由化的浪潮中,投资也趋向全球化。根据联合国贸易发展大会资料,1970年全球的直接投资额仅400亿美元,80年代末也只有1 700亿美元,而在1995年跃到3 150亿美元,比上年剧增了40%;到1999年,数字更高达8 000亿美元,比1998年仍然增加了25%之

多。其中发达国家占 6 000 多亿,发展中国家也已达到 1 660 亿美元。2000 年国际直接投资流入量达 12 710 亿美元,是 1980 年的 22 倍,同期国际直接投资占世界各国国内投资比重由 2.3％提高到 22％。虽然 2001 年以后受恐怖主义等各种因素的影响,跨国直接投资有所萎缩,但 2004 年已经实现恢复增长,达到 6 120 亿美元。2006 年全球外国直接投资流入量增长 38％,达到 13 060 亿美元,受 2008 年经济危机和 2009 年欧债危机影响,全球 FDI 增长乏力,但 2008 年以来仍维持在 1 万亿美元以上,2014 年达到 1.23 万亿美元。而且外国直接投资在所有三大类经济体中均出现增长,包括发达国家、发展中国家和东南欧及独立国家联合体(独联体)中的转型期经济体。数据显示,全球服务外包市场 2005 年达到 6 000 多亿美元,2006 年达到 8 600 亿美元,2007 年的市场规模达到 1.2 万亿美元。近几年,全球服务外包市场增长趋缓,2013 年全球规模为 1.3 万亿美元,未来几年,全球服务外包市场和离岸市场将维持在 5％和 16％的复合增长。

投资全球化过程中,除了全球巨大的直接投资外,大量游资也快速流动,金融衍生工具及其交易的蓬勃发展遍及全球,构成游资流动的重要途径。全球游资数额之大不少于 7.2 万亿美元,每天流动量达到 1.5 万亿～2 万亿美元。这样,全球金融资本的交易量 1980 年为 5 万亿美元,1992 年达到 35 万亿美元,2000 年已达 80 多万亿美元。但在这些巨额流动资金中只有 20％是与贸易或生产投资有关,其余 80％都是在全球金融市场中寻找短期利益,实质上就是投机买卖,表明金融全球化中存在着许多严重的不规范行为。根据摩根斯坦利和汇丰银行统计数据,2007 年 8 月全球金融市场热钱达到峰值,总量近 12 万亿美元。2008 年热钱总量降为 10 万亿美元,随着金融动荡在全球范围内愈演愈烈,大量热钱抽离金融市场,转而投向政府债券等低风险领域。2008 年全球金融危机之后,全球央行都在增加货币的发行,发行速度远远超过实体经济的增长速度,有统计显示,目前全球的金融资产值是 GDP 的 3.8 倍。

四、劳动力资源的国际流动

随着经济全球化的发展,国际劳动力流动日益增多。例如,瑞士的外籍劳工已占总人口的 1/6 以上;澳大利亚外来劳工更占全部劳动力的 25％;法国企业雇佣国外人员占本土工业就业人员的 1/3,而本土工作人员中又有 1/4 在外国的企业中工作。据国际劳工组织的预计,全世界约有 1.4 亿人在国外工作,每年全球劳动人口流动达 6 000 万人,而且在不断增加。而在 1965 年只有 7 500 万人,30 多年翻了一番。这些劳动力来自 55 个国家,在大约 67 个国家寻找工作,比之 1970 年也几乎翻了一番。由此可见劳动力全球化惊人的规模与速度,是人类历史上所没有的。

劳动力在全球流动是战后突出的现象。20 世纪 90 年代以来,新的劳动力资源的国际流动的浪潮,呈现出同以往的劳动力国际流动不同的特点。

(一)劳动力国际流动目的不同

二战前的劳动力国际流动套着殖民主义枷锁,流动的目的服从于资本榨取剩余价值和殖民统治的需求。流动的方向、规模、方式等完全由殖民主义者支配和控制,而作为流动主体的劳动力,却处于被强制的服从地位,这是一种建立在残酷剥削与掠夺基础上的不平等的劳动力国际流动。当代的国际劳动力流动,更注重以实现合作双方自身的经济目的为动力,即通过双方生产要素的重新组合配置、优势互补,以获取最佳的经济效益。

（二）劳动力国际流动的主要形式不同

二战前的劳动力国际流动主要以移民定居为主要形式，而当代的国际劳动力流动，双方以短期雇佣或提供劳动力为主。由于世界经济全球化及经济合作形式的发展，短期滞留提供劳动服务的形式盛行，即劳动者通过办理有关手续临时出国数月，一般为2～3年，工作期满后返回祖国。全世界该部分劳动力总数达4 000万人之多，远远超过移民定居者数量，成为当代劳动力国际流动的主要形式。

（三）劳动力国际流动的流向不同

历史上的劳动力国际流动，伴随着新大陆的发现和殖民主义扩张，其流向较为单一，基本是从非洲、亚洲和欧洲流向美洲、大洋洲。而当代国际劳动力流动已涉足世界大多数国家和地区，特别是进入21世纪后，在跨国公司扩大投资和全球服务贸易快速增长的带动下，全球范围内的人员跨国流动更为频繁，国际劳务市场需求和规模不断扩大，劳动力流动的方向也日趋多元化，由过去劳务输出国向输入国的单向流动发展到双向流动。许多国家既有劳务流出，也有流入。劳务合作由低向高与由高向低多种走向并存，呈多层次交叉流动。但在当代各国经济发展不平衡、贫富差异悬殊的情况下，劳动力人口在国际间流动仍然遵循趋利避害的原则，主流由低至高。国际劳务流向的多元化，更有利于人才在更大的范围内实现优势互补，实现生产要素的优化配置，从而促进生产力的发展。

五、消费全球化

运输费用的大大降低和生产分配的全球化以及信息技术及产业的极大发展，为消费全球化创造了便利条件，开辟了广阔的全球化消费市场，消费全球化也成为经济全球化的一个重要体现。消费全球化是指生产力发展到较高水平的条件下，生产和生活的各种物质和精神财富在全球范围内被消耗和享用，并伴随消费观念和消费方式在全球范围内的相互融合，同时有各类专门的国际组织在全球范围内对各种物质和精神财富的使用进行协调。

消费全球化包括非常丰富的内涵。

首先，消费全球化是一个历史范畴。一方面，它不是自人类社会诞生就存在的，它是生产力发展到较高阶段的产物。在现代交通和通信工具发明以前，人类很难冲破自然的阻隔，实现经常性的交流，也就无法实现消费的全球化。另一方面，它也是一个历史过程。虽然在消费全球化的过程中，各主权国家出于国家的利益有可能阻碍这一进程的发展，使其出现反复，但消费全球化作为现代经济发展的一种潮流是不可逆转的。

其次，从消费全球化的对象来看，除了生活消费，还包括生产消费；不仅包括有形的物质消费，还包括无形的精神消费。从结构上来看，后者的比重正处于不断上升的趋势。

再次，从消费全球化的主体方面来看，消费观念、消费方式随着物质财富和精神财富在全球范围内的消费而相互融合，这一点也正是消费全球化的本质。跨国公司进行全球化扩张的同时，也把它们的经营理念、企业文化带到了所到之处，同时也将东道国优秀的传统文化传播到世界各地。这种文化影响着人们生活的消费观念和消费方式。同时，消费观念和消费方式在全球范围内的融合也将更加促进消费全球化向纵深发展。

最后，从消费全球化治理的角度看，各种国际组织的成立以及各类国际公约的签署成为消费全球化的重要标志。如果说消费观念和消费方式在全球范围内融合是衡量消费全球化的客观标准，那么各类专门的国际组织在全球范围内对各种物质和精神财富的使用进行协调则是

消费全球化的重要标志,同时也是制度保障。

在消费全球化过程中,世界各国在消费观念、消费方式、消费内容、消费结构以及消费环境等方面表现出一些共同特征,主要体现在以下几个方面。

(一)消费主体方面

1. 消费追求个性化

在经济全球化的过程中,跨国公司通过全球化的生产将大量低成本、标准化的产品销售到世界各地。随着生活水平的提高以及消费者天生求新求异的消费心理,这类商品已不能吸引消费者的眼球,个性化突出、与众不同的商品越来越受到消费者特别是年轻一族的追捧。同时,在一定程度上稀有、个性成为衡量消费个性化的一个标准。同时,市场经济在全球范围内的实行使得绝大多数的商品供过于求,厂商之间的激烈竞争也为消费者提供个性化的商品创造了可能性。

2. 消费心理成熟化

根据消费者行为理论,不同国家、民族的文化对消费者的消费行为有着深刻影响。随着各国经济相互依存度的提高,不同国家、不同民族的文化之间的交流也日益增多并出现相互融合的趋势。虽然在不同文化相互接触的初期会出现发展不平衡的情况,即可能出现某一种文化为这一时期的强势文化,而其他文化处于弱势地位,但经过一段时间的发展,各种文化中优秀的因素会被选择、吸收和继承,渐渐规范化、制度化、合理化;而那些落后的糟粕则会被抑制、排除、扬弃。消费文化这种在融合中扬弃的过程在微观主体的直接表现就是消费者心理的成熟化。如西方发达国家从20世纪二三十年代开始流行的崇尚奢侈、物欲的消费主义现越来越被大多数人所抛弃,绿色消费、合理消费成为在全球范围内所提倡的消费方式,这一现象正是消费心理成熟化的体现。

(二)消费客体方面

1. 消费对象更具时尚性,产品生命周期缩短

最初人们购买作为社会生活必需品的消费品主要注重的是商品的物质性和有用性,也就是说使用价值是人们消费的目的。但自古以来,消费过程以及消费品本身就具有象征性的意义。由于生产力水平的发展,产品更新换代的速度大大加快,产品生命周期相应缩短,这种新、奇、快的消费品生产方式相应的演绎出了所谓的"时尚"文化,使得消费对象具有时尚性。随着人们生活水平的提高,消费的目的已远远超出了产品的使用价值,其中追逐"时尚"成为推动消费的重要力量之一。

2. 消费对象更具知识性

知识经济时代使知识成为重要的生产要素,必然使消费对象更具知识性。这主要表现在两个方面:首先,知识性消费产品在消费者的支出构成中所占的比重越来越大,如教育消费、文化消费等。其次,在物质产品和服务中,知识创造价值的比重越来越大,即知识在产品和服务中的贡献率较以前提高。例如,基因技术应用于农业使得产量大大提高;新能源的开发和利用以及新材料的开发缓解了全球能源紧张的状况,互联网的普及极大地降低了通信的成本,提高了工作效率,等等。

3. 消费方式趋向智能化

知识经济时代,计算机技术、通信技术、激光技术、光电子技术、自动控制技术、光导技术和人工智能技术的迅速发展促进了人们消费方式的智能化,即:了解消费对象,实现数字化和网

络化;作出消费抉择,实现智能化和敏捷化;购取消费对象,实现虚拟化和高效化;进行具体消费,做到科学化和合理化。而且科技越发达,消费对象对消费者的要求越低,操作过程也越简单。如现在流行的全自动厨房机器人、傻瓜照相机等。

4. 消费环境更加法制化

世界各国在维护和创造良好的消费环境方面都做了大量的工作。毒品、走私始终是各国打击的重点;盗版、淫秽的非法音像制品及出版物的打击力度也正在逐步加大;各国对于各种消费领域内发生的突发事件的应急能力有所提高。更重要的是,这一系列的措施都已立法,在各国都得到了制度保障,有的甚至订立了专门的国际公约,并且这一趋势仍在加强,必然会提供给世界人民一个安全、健康、放心的消费环境。

第二节 经济全球化的动因

当前,尽管存在着不利于经济全球化发展的种种阻力,但推动全球化发展的有利因素始终起着主导作用。下面主要从五个方面分析经济全球化的动因。

一、世界各国拥有资源禀赋的不平衡成为经济全球化的动力

各国拥有资源禀赋的不同,产生了不同的比较优势。世界各国按比较优势原则优化商品结构和贸易模式。资源禀赋稀缺的国家,需要从丰裕的国家进口急需的资源,以弥补国内的不足。而资源丰裕的国家,为了获得更多的比较利益也需要向外转移其多余资源,积极参与国际竞争。结果是自由贸易有利于所有国家,尽管每个国家内部,一时间都有赢家与输家之分,但输赢相抵,都会有净收益,尤其有长期的动态净收益。因此,经过数百年的全球现代经济增长,尤其是经过战后60年的发展,贸易自由化、经济全球化终成浩荡之势,不可逆转。

第二次世界大战尤其是20世纪80年代以来,生产力的发展和现代科技进步,使得世界各国的资源禀赋的差异愈发突出,各个国家的互通有无的动机愈发强烈。各国之间贸易量的扩大,国际投资的加快,国际金融合作的加强,都反映了各国在世界范围内寻求最优的配置资源禀赋的发展趋势。

二、市场经济体制的全球扩展成为推动经济全球化的有效机制

市场经济体制的全球化构成了经济全球化的基础,没有市场经济体制的全球化也就没有生产要素国际的自由流动,也就谈不上真正意义的经济全球化。市场化成为所有参与全球化国家的起点,正是由于市场竞争和市场逐利行为才打破了经济的国家和地区限制,把世界各国的国民经济日益联结为一个整体的全球经济。反过来,经济全球化要求世界各国企业必须是真正的自由体,尽量避免国家对经济生活的行政干预。

西方发达国家实行市场经济已有几百年的历史,"二战"后相继取得民族独立的发展中国家也大都选择了市场经济体制。20世纪80年代末90年代初前苏联、东欧剧变,宣告了"两个平行市场"时代的结束。市场经济原则在全球范围内得到普遍认同和确立,包括中国在内的许多发展中国家也开始从计划经济或混合经济向市场经济过渡,这使得世界上在市场经济条件下生活的人口由25%一下子骤增到90%以上,世界市场得到统一。目前,市场经济体制已成为不同制度和不同层次国家的共同体制,真正形成了世界性的无所不包的统一的世界市场,从

而为经济全球化奠定了制度性基础。

三、生产力的发展和现代科技进步构成经济全球化的物质基础

战后兴起的这次新的科技革命，一方面使发达国家物质生产增长的速度、规模和数量达到了一个新高度，使生产力无限扩大和市场相对狭小的矛盾更加尖锐，从而扩展国外市场的要求更加迫切，国际竞争更加激烈；另一方面，科技革命使运输和通信手段发生了革命性的变化。全球性的交通运输网络和信息网络，使地球成了时空大为缩小的"村庄"，各国的生产质量提高，速度加快，交流更频繁，合作领域更广，贸易、投资、金融、销售、消费超越了国家界限，为经济全球化奠定了物质技术基础。

美国未来学家奈斯比特在他的著作《全球杂志》中描述经济全球化的背景时指出，跨国界的计算机网络和信息高速公路的建立，使电视、电话、计算机连为一体，使整个世界变成了地球村。由于技术更新的加快，使产品的零部件和生产阶段具有越来越明显的可分性，使最终产品成为万国牌的"国际性产品"。而且，跨国公司要把生产过程分布到全球各地，所依赖的最重要的条件是要提高通信和运输的效率，并降低其成本，这样才能推动生产和服务的国际化进程。生产力的发展和科技进步大大降低了其运营成本。比如从 1930 年到 1990 年，空运的成本从平均每英里 68 美分降到 11 美分，纽约与伦敦的 3 分钟的电话费从 244 美元降到了 3 美元，2001 年更降到 1 美元。

四、跨国公司的大规模发展成为推动经济全球化的中坚力量

跨国公司是经济全球化的主要驱动者、组织者和载体，它以世界市场为舞台，通过"内部化"优势，以超过贸易障碍、降低成本、增强竞争能力，从而增加利润为目的，利用和重组世界各地的自然资源、资金、技术、人才、劳动力等生产要素，组织全球性的生产和销售，从而把世界各国和各地区的经济直接联结起来，把各国之间的国际分工变成公司的内部分工，促进经济全球化发展。同时这些跨国公司的飞快发展使部门间以国际分工为标志的世界经济旧格局向突破国界地域空间的全球经济网络新格局转变。

第二次世界大战后，跨国公司崛起，并且突飞猛进地发展，这些跨国公司在全球范围内组织生产和流通活动，成为经济全球化的动力和主体力量。20 世纪 70 年代末，跨国公司已有 1 万多家，在全世界拥有 4 万多家子公司；1996 年发展到 4.5 万家，分布在全球的附属企业达 27.7 万余家；而 1998 年底更增至 6 万家，它们在全球建有分支机构 50 多万家。2000 年全球的跨国公司已增到 6.3 万家，其海外子公司达 80 万家，遍及 160 个国家和地区。90 年代网络经济的崛起，"虚拟公司"诞生，又为全球公司开拓了全新的前景。2008 年全世界共有约82 000 家跨国公司，其国外子公司共计 810 000 家，形成了一个庞大的生产和销售体系。2009年受全球金融危机影响，上述数据虽有所下降，但相关资料显示，目前世界上最大的 100 个经济体中，国家只有 49 个，其余 51 个则是跨国公司，其经济规模一般已超过中等收入国家。2009 年以来，跨国公司相关数据均出现上涨趋势，跨国公司国外分支机构雇员数 2011 年达到6 342 万人，2013 年增长到 7 073 万人。

跨国公司作为国际垄断组织的主要形式，成为经济全球化的主要载体和承担者。它们凭借其资金、技术以及管理方面的优势，进行全球范围内的最佳资源配置和生产要素组合，已经成为经济全球化进程中最活跃、最具有影响力的主体力量。这些跨国公司的经济实力巨大，当

前其产值占世界总产值的 40％以上,其贸易占世界贸易的 65％以上,其对外直接投资占世界直接投资的 90％,其技术转让占世界的 90％,其技术开发经费占到世界的 90％。

五、国际经济环境的缓和、国际经济组织的协调,为经济全球化加速进程创造了有利条件

当前国际局势相对缓和,在相当长的时期内,避免新的世界大战是可能的,各国越来越关注经济贸易、经济安全、经济竞争,把发展经济作为国家战略的重点,积极参与国际竞争与合作。

战后初期,世界各国基本上都面临着在战争的废墟上重建经济的任务,为了尽快恢复经济,缓解国际收支的困难,各国纷纷奉行高度的贸易保护主义,实行外汇管制和资本流出的限制政策,导致正常的国际经济活动难以开展。

为了缓解这种局面,许多国家经过协商,决定建立三大国际经济组织,即在国际金融方面,成立国际货币基金组织,以维持汇率稳定和国际收支平衡;在国际投资方面,成立国际复兴开发银行(世界银行),以鼓励对外投资并为各国经济恢复和发展筹集资金;在国际贸易方面,建立国际贸易组织,降低贸易壁垒,促进国际贸易发展。

国际货币基金组织、世界银行分别于 1945 年和 1946 年顺利诞生,并对世界各国提供了种种贷款,推动了资本的国际运作。尽管成立国际贸易组织的谈判很不顺利,并在中途夭折,但1947 年《关税及贸易总协定》的签订,代替了国际贸易组织,它在降低关税,促进贸易自由化方面是功不可没的。1995 年世界贸易组织取代关贸总协定,不仅在国际商品贸易,而且在国际服务贸易及与贸易有关的知识产权等领域发挥调节作用。近年来,国际经济组织的“三驾马车”开始并驾齐驱,关系越来越密切,它们签署了合作协议,设立了高级人员专门小组,并对一些国际性的问题进行磋商、协调和联合行动,维护国际经济秩序正常进行,所以说国际经济组织是推动经济全球化的制度保障。如关贸总协定(GATT),国际货币基金组织和世界银行等组织机构及其有关协定、章程、规则等,是世界全球化、一体化的制度保障。进入 20 世纪 90 年代,全球经济合作获得了新的发展。乌拉圭回合协议的实施及世界贸易组织的诞生宣告了全球管理贸易时代的到来,各国政府对世界经济全球化的认同感增强。

20 世纪 80 年代中期以来明显加快的世界区域经济一体化的进展,为经济全球化创造了有利条件。在欧洲,到 1993 年 1 月 1 日,欧共体实现了在区内实行商品、劳动、资本、人员自由流动的统一大市场,并于 1999 年 1 月 1 日起发行了欧洲统一货币——欧元;在亚洲,亚太经济合作组织、东盟自由贸易区及东盟经济共同体、“10＋3”合作、“10＋1”合作以及中、日、韩三方合作对话都取得了不同程度的进展,反映了亚洲区域经济一体化进程的加快。这种区域经济一体化进一步推动了经济全球化趋势的发展:从产业角度来看,一体化组织成员国的产业结构调整使跨区域的产业转移加快;从贸易角度来看,区域内贸易自由化在一定范围内对贸易保护主义有所抑制,有利于削弱不公平贸易;从金融角度来看,区域内贸易自由化能进一步推动金融市场的自由化,从而有利于全球金融市场的一体化。

在区域经济一体化蓬勃发展的同时,国际货币基金组织、世界银行和世界贸易组织等作为协调和监督世界经济运行的国际性组织,其权威性和作用越来越明显。在世界经济活动中扮演着越来越重要的角色,正日益成为经济全球化必不可少的一部分。

第三节 经济全球化的广泛影响

经济全球化是时代的潮流,不可逆转。阿尔及利亚总统布特弗利卡曾说:"经济全球化的列车已经开动,不管你是否坐在车上。"经济全球化对世界不同类型国家的影响是不同的,带给他们的利益也不是均等的。应当着重指出的是,面对这种形势,世界各国在经济全球化的迅猛进程中无法回避,必须以积极的姿态,更好地利用机遇,化解挑战,在经济全球化过程中争取最大的获益。

一、经济全球化与发达国家

众所周知,经济全球化是由发达国家发动和主导的,因此,他们成了全球化的最大受益者,这是由于以下一些原因。

第一,发达国家利用全球化,积极鼓吹和推动世界贸易自由化,甚至对他们认为不够开放的国家施加压力,迫使他们向自己的商品和资本开放市场,使之通行无阻。同时从其他国家,主要是发展中国家进口廉价原材料、能源和劳动密集型产品。在这种自由化的贸易中,发达国家有可能通过不等价交换,获得巨大利益。

经济全球化的快速发展,促进了世界多边贸易体制的形成,国际贸易增长迅猛,其增长速度已大大超过世界国内生产总值的增长。在国际贸易的强劲发展势头中,美、欧等发达国家成为最大的受益方。

乌拉圭回合谈判以来,发达国家就一直是多边贸易谈判的主要利益获得者,新兴产业、服务贸易的出口以及市场绝对规模都在不断扩大。面对 WTO 的新一轮谈判,发达国家尤其是美国谋求继续主导国际贸易规则的制定,要求对各国的投资体制、竞争政策等国内政策领域加以调整和限制,试图把劳工和环境标准等加进谈判议题,由于发展中国家要求平等参与谈判,以维护自己的切身利益,各方意见僵持,使多边谈判迟迟未有进展。从力量对比看,新一轮多边谈判的主动权还是掌握在发达国家手中。

发达国家不仅是国际贸易的规则制定者,而且也成为国际贸易的垄断者。一方面,贸易自由化会极大地促进发达国家出口的增长;另一方面,美、日、欧三方在世界贸易中所占的份额高达 50％以上,欧盟 28 国占世界贸易总量的 25％以上,美国占世界贸易总量的 20％以上,日本占世界贸易总量的 7％左右,全球贸易实际上主要为这三方所垄断。之所以如此,是因为除了一般贸易外,上述发达国家的科技开发与应用更加直接地促进了自身以及全球贸易的发展。

第二,在全球化条件下,发达国家可以充分利用全球的廉价要素,发展本国经济。发达资本主义国家所拥有的资源优势,在于资本和技术。他们的大跨国公司就是凭借其雄厚的资本和先进的技术,在全球各地建立其生产和销售基地,把自己的势力范围扩大到全球,在全球范围开辟资本积累的源泉,从而大大增强自己的经济实力和提高在全球的优势地位,更好地利用全球资源。

第三,在全球化条件下,金融的空前扩大中起主导作用的也是少数发达国家。发达国家通过向他国借贷,特别是向发展中国家借贷,每年获取数以百亿计的利息。不仅如此,在全球化条件下,全球短期资本的大膨胀和在全球的流动,使发达国家的金融机构和一些金融资本家有可能大肆进行投机活动,借以从中渔利。

第四,发达国家力图把持和操纵国际经济组织,制定对自己有利的国际经济规则。发达国家通过国际经济组织制定的对自己有利的国际规则不仅获得额外利益,而且企图使不平等、不合理的国际经济、政治秩序固定化、合法化,使少数发达国家在世界经济中的主导地位永久化。

第五,在全球化条件下,发达国家推动人才引进。经济全球化为高技能劳动力的跨国流动创造了条件,而人力资源已经成为当前最重要的资源和各国争夺的焦点。吸引站在世界科技前沿和产业高端的高层次人才,越来越成为发达国家提高国际竞争力、实现经济可持续发展的迫切需要。凭借其优越的生活条件、先进的大学和研究机构、高技术企业集群等优势,发达国家吸引了大量海外人才,为发达国家的经济作出了重要贡献。经合组织指出,美国的移民政策是其保持经济高速增长的原因之一,在信息和通信部门,来自国外的高科技人才的作用尤其突出。据统计,世界科技人员的 1/4 集中在美国。

劳动力的流入对于人口步入快速老龄化的发达国家来说是有利的,因为它直接增加这些国家的劳动力和间接降低他们的老年依存度。没有劳动力的流入,当老年依存度的负担达到 0.4 的时候,投资在 GDP 中的份额将降到零或几乎为零,而劳动力流入使老年依存度的负担降到 0.25~0.3 时,投资在 GDP 中的份额将增加到 0.1~0.15,从而缓解了发达国家因人口老龄化而陷入经济停滞。

任何事物都有其两面性,经济全球化给发达国家带来巨大经济利益的同时,难免对发达国家的其他方面产生一些冲击。

一是经济全球化正在改变着民族国家"主权"的传统概念,这不论对发展中国家或经济发达国家都是一样的。

经济全球化正在改变着民族国家"主权"的传统概念,这不论对发展中国家或经济发达国家都是一样的。一系列国际经济组织的建立,就意味着民族国家传统的"主权"在削弱。如参加欧盟的很多成员国,使用统一货币欧元,已经丧失了本国的货币主权。

二是经济全球化也引发了发达国家国内很多社会问题。

经济全球化是与信息经济、知识经济、网络经济、新经济等相伴而生的。经济发达国家将需要越来越多的知识精英,而无论生产部门还是服务行业的普通劳动者必然越来越依赖于发展中国家的人力资源。英国历来对移民控制很严,2000 年也不得不通过法律允许每年移民十万人。于是经济发达国家内部诸如种族、文化以及贫富等矛盾将越来越激化。WTO 西雅图会议遇到空前的劳工示威游行就是一个开端。

三是经济全球化对发达国家的劳动密集型产业和就业产生影响。

经济全球化过程中,由于发展中国家向发达国家出口规模的扩大,对发达国家的某些劳动密集型产业和就业可能会产生不利影响。同时,越来越多的劳动力成本较高的发达国家,通过将生产流程转移到劳动力成本较低的发展中国家而实现了效益增长。为了提高企业的效益,很多跨国集团通过雇佣海外工资水平较低的工人来取代本土高工资的雇员。这个现象也是许多发达国家工人的实际工资在一段时期内没有任何显著增长的一个原因。

虽然经济全球化对发达国家的某些劳动密集型产业和就业会产生不利影响,但这种影响绝非像一些西方学者所讲的那样严重。美国经济学家对美国相关部门的调查表明,来自发展中国家的进口可能仅使制造业对非熟练工人的需求量下降 6%。世界银行也认为,"工业国劳动力市场的困难只有 10%~30%,是与发展中国家的贸易所造成的。……即使是考虑商品异常的劳动力密集性,国际贸易对工业国劳动者的直接影响也十分有限。"

四是增大了发达国家的金融风险。

随着资本市场全球化,在世界经济活动中,金融资产流动的规模之大、种类之多,让之前任何历史时期都相形见绌。巨额资本在全球的自由流动,在抑制各国通货膨胀率、压低全球利率水平的同时,也为房地产与股票市场从繁荣到衰退的周期性波动创造了条件,制造了一个又一个先繁荣后衰退的泡沫,为发达国家的经济稳定埋下了隐患。

另外,全球资本市场的力量日益加强,影响力甚至已经超过中央银行。近年来,美联储和欧洲中央银行都发现,他们作出的调高短期利率的决定,对长期利率影响甚微,而长期利率会影响绝大多数借贷行为,最终作用于经济活动。

然而,由于发达国家金融体系相对成熟和完善,又是国际规则的制定者,因此所受到的冲击远远小于发展中国家,而所获得的利益却远远大于发展中国家。

凡此种种表明,经济发达国家也面对着经济全球化的"双面刃",但经济全球化带给发达国家的巨大经济利益远远超过上述带来的微不足道的冲击。

二、经济全球化与发展中国家

第二次世界大战以来,经济全球化为发展中国家提供了前所未有的发展机遇,多数发展中国家也因此在不同程度上成为经济全球化的受益者。这主要反映在以下几个方面。

(一)经济全球化为发展中国家提供了更多吸引外资的条件和机遇

据联合国公布的数字,1996 年发展中国家吸引外资达 2 850 亿美元,比上一年增长了17.5%,1990 年至 1997 年间,流入发展中国家的国际资金增长了 5 倍,年均流量达到 2 650 亿美元。虽然 2001 年之后,流入发展中国家的资本量有所下降,但 2004 年亦有 1 620 亿美元,2006 年发展中国家的 FDI 净流入额增至 3 247 亿美元;同期,汇款流入额从 727 亿美元增至1 990亿美元。2009 年虽有所下降,但 2010 年外国直接投资流入量快速上升12%,首次超过发达国家。另外,发展中国家利用跨国公司提高自身的技术水平。跨国公司通过直接投资、生产许可证转移或国际分包等方式向其他国家转移技术,直接或间接地帮助发展中国家提高技术水平。跨国公司将其先进的技术和管理技能以及充足的资本注入发展中国家,大大强化了其比较优势,显著提升了它们参与国际经济的程度。目前,发展中国家已有多家跨国公司跨入全球跨国公司 500 强的行列,并在包括发达国家在内的世界各国投资设厂,2015 年《财富》发布的世界 500 强排行榜,中国上榜公司已达 106 家。

(二)经济全球化为发展中国家的资本外投创造了有利的外部环境和条件

经济全球化为发展中国家的资本外投创造了有利的外部环境和条件,使其对外直接投资规模不断扩大,增长迅速。1983 年至 1987 年发展中国家的对外直接投资额为年均 42 亿美元,1994 年则增加到 386 亿美元,1996 年达到 510 亿美元的规模,2003 年从发展中国家和转型经济体向发达国家的持续净资本外流数额高达2 300亿美元。发展中国家对外直接投资占世界外国直接投资的比重也从 1985 年的 5% 提高到 1996 年的 14.7%。2006 年,来自发展中经济体和转型期经济体的跨国公司继续进行海外拓展,发展中经济体中中国香港居首位,而转型期经济体中俄罗斯联邦领先。两类经济体的外国直接投资流出总量达到1 930亿美元,占世界外资总流出量的 16%。2009 年发展中国家跨国公司的海外投资虽有所下降,但 2010 年上半年已出现增长势头,2014 年发展中国家采用绿地投资方式流出的总额达到 15.08 亿美元,转型经济体流出总额达到 2 100 万美元。

(三)经济全球化带动了世界范围内多种形式自由经济区的发展

经济全球化带动了世界范围内经济与技术开发区以及保税区和自由贸易区等多种形式自由经济区的发展。据统计,现今各类经济区达 230 多个,遍及世界 70 多个国家,且主要分布在发展中国家,不仅成为吸引外资的"载体",而且对解决这些国家的就业问题发挥了积极作用。有资料显示,由于上述经济区的发展,近十年间发展中国家的就业人数年均增长率提高了14%以上。

(四)经济全球化使发展中国家加快产业结构调整

经济全球化使世界范围内的产业结构调整进一步深化,步伐加大,发展中国家可以充分利用这个契机。立足现实与着眼未来,主动协调好世界范围产业结构调整和国内产业升级的关系。既要继续引进发达国家技术比较先进的劳动密集型产业,充分发挥比较优势,增加国内就业,扩大出口,完成工业化进程,又要利用经济全球化提供的机会,加大对发达国家先进技术的引进和学习,发展一批高新技术产业,特别要在某些关键环节上占据优势地位,抢占未来竞争的战略制高点,加速国内现代化进程。

(五)经济全球化促进了发展中国家跨国公司的发展,使其在世界市场的竞争力逐渐增强

发展中国家有些跨国公司的发展甚为迅速,已从贸易活动深入到国际生产领域和高科技领域,并开始参与国际市场的竞争,向发达国家的跨国公司提出了挑战。当然,从总体上说,发展中国家跨国公司由于起步较晚,目前发展水平较低,普遍投资规模较小,生产规模不大,且产品多属于技术含量低的劳动密集型产品。但从发展趋势看,由于经济全球化为发展中国家提供了在更广泛的领域内积极参与国际竞争的机会,发展中国家跨国公司更积极地活跃在世界经济舞台上的时代指日可待。尤其是近几年来自新兴经济体的跨国公司越来越多地出现在世界舞台上,这些在发展中国家成长起来的公司正在不断地加快对外直接投资的步伐,而对国外直接投资的大幅增长,也预示着发展中国家跨国公司的崛起。

(六)经济全球化拉动了发展中国家国际贸易的迅速发展

1995 年全球贸易额逾 6 万亿美元,此后以每年 7%～8% 的速度递增。近 10 年来,世界贸易的增长大大超过世界国内生产总值的增长速度。据 WTO 统计,1990 年至 2000 年发展中国家货物出口量和出口额均增长 9%,高于全球的 6.5%,而同期的世界 GDP 平均增长率仅为3.3%,2001 年至今全球国际贸易年平均增长率均超 4.5%,这也远高于同期的世界 GDP 平均增长率。尽管发达国家是国际贸易的最大受益者,但发展中国家尤其是亚洲的发展中国家也受益于国际贸易,其贸易额约占世界贸易总额的 20%。

由此可见,发展中国家通过参与经济全球化可以促进资本、劳动力、知识等生产要素在全球范围内的优化配置,为其自身发展提供全球化的市场、资金、技术、人才及先进的管理经验,这些都是发展中国家发展经济所急需的。

然而,经济全球化在推动发展中国家经济发展的同时,也带来了许多负面影响。发展中国家在与发达国家分享经济全球化带来的部分利益的同时,却承受着经济全球化所带来的负面效应甚至对本国经济的严重冲击。经济全球化对发展中国家的挑战主要有五点。

第一,发展中国家在当前经济全球化进程中处于不利地位。

随着全球贸易和全球生产体系的迅速发展以及跨国公司及其资本的不断扩张,发展中国家的民族经济面临着越来越大的压力和冲击,对发达国家的依附性也不断增大。发展中国家经济基础不稳固,市场发育不完备,经济结构相对脆弱,资金匮乏,技术比较落后,人才

流失严重等,很容易受到经济全球化的冲击而产生国内经济波动。同时由于发达国家不仅是经济全球化的主导者和推动者,掌握着主动权,而且现存的国际经济规则大部分是以发达国家为主导制定的,有些规则甚至是在发展中国家缺席的情况下制定的,如某些产业规则、信息技术产品协议和劳工标准等。由此发达国家控制了国际经济体系,手里掌握着资金、技术等优势,在经济全球化中把大多数发展中国家远远抛在后面。

第二,经济全球化下的金融全球化在推动发展中国家经济增长的同时,带来了不容忽视的金融风险和经济冲击。

目前,24 小时电子化交易的全球金融市场已经形成,在为市场交易提供更大便利的同时,也为金融界的国际投机者提供了可乘之机。他们利用金融衍生工具,以国际互联网作载体,随时把资金投向地球上任何一个有利可图的地方。

与此同时,防范金融风险和稳定金融秩序的任务却被大多数发展中国家所忽略。它们在金融体制不完善和金融监管能力不强的情况下盲目开放国内金融市场,放松金融管制,削弱了政府金融调控能力。在这种情况下,金融全球化对发展中国家的负面影响凸现,对其金融市场乃至本国经济造成冲击。无论是 1994 年底至 1995 年初的墨西哥金融危机,还是 1997 年下半年的东南亚金融危机,都是在有关发展中国家盲目开放金融市场的情况下发生的。在这个相互依存的时代,2007 年之始的美国金融危机使得美国经济进入衰退或缓慢增长,欧洲、日本步其后尘,东亚经济也没能独善其身。全球经济陷入衰退,经济增长率大幅下滑,2009 年全球经济增长率降至第二次世界大战以来的最低增速。

第三,在解决全球性问题时,发展中国家也面临被动局面。

发展中国家一方面要发展经济和提高人民生活水平,另一方面却被发达国家指责为破坏环境的对象。实际上,发达国家已经超越了工业化发展阶段,应该对已形成的环境污染结果负责。

同时,经济全球化使发达国家将越来越多的劳动密集和资源密集型产业以及对生态环境破坏严重的产业向发展中国家转移。虽然从某种意义上讲,可以使发展中国家的劳动和资源密集型产业得到较大发展,加快其工业化进程,但发展中国家却因此而使其良好的自然环境受到污染,平衡的生态系统遭到破坏,资源浪费现象相当严重,社会负担成本日益加重,更重要的是无助于发展中国家发展高新技术产业和加快科技进步。

第四,经济全球化导致了世界经济发展的进一步不平衡,扩大了南北差距。

世界经济的不平衡突出表现在南北差距不断扩大,发展中国家更加落后于发达国家,尤其是造成那些处于最底层的发展中国家更加贫穷落后。

据联合国统计,发达国家与发展中国家人均 GDP 的差距从 1983 年的 43 倍扩大至 2000 年的 60 多倍。全世界有 10 多亿人每天收入不足 1 美元,28 亿人每天收入低于 2 美元,而世界最富有的两成人享用全球超过八成半的产品和劳务。穷国与富国人均收入差距相当悬殊,由 1960 年的 1∶3 扩大到目前的 1∶80。而且全球最不发达国家的数量一直在增加,1990 年仅 36 个,1995 年为 42 个,2001 年则上升到 50 个。许多最不发达国家甚至并未真正感受到经济全球化的任何好处或者只是在其中取得毫末之利。20 世纪 90 年代初,占世界人口总数 10% 的最不发达国家在全球贸易中所占的份额只有 0.6%,到 1997 年则仅占 0.3%,达到无足轻重甚至可以不计的地步。

始于 2007 年华尔街的全球经济危机,造成发达国家失业率大幅增长和现在的经济停滞。

处于衰退中的各经济体 2009 年遭遇失业率居高不下和偿付能力受限等问题,基本生活用品和能源价格也不可避免地开始上涨。美国、欧洲和日本的国内生产总值和国际贸易量大幅降低,失业率持续攀升,工业产值迅速下降。2009 年上半年,美国、欧洲和日本推出了总额高达 8 万亿美元的多种拯救方案,但这对于制止危机都是徒劳的。同时,发达国家除去层层伪装,拒绝为解决第三世界国家粮食危机提供 300 亿美元援助,而是继续向已经倒塌的金融体系注入大量资金。

联合国粮农组织在一份报告中指出,这次危机对欠发达国家及其居民的影响非常大,并与以往的危机有三点不同:①同时影响世界大部分地区;②几乎与粮食及燃料危机同步爆发;③危机爆发时发展中国家已经以前所未有的规模融入世界经济。

尽管 2009 年食品供应相对较好,但粮食价格上涨、居民收入减少和失业率上升使缺少基本食品供应的人面临更大困难。第三世界国家和最发达国家的消费者之间出现了巨大的不平衡。粮食价格上涨使许多穷国几乎达到自身的极限。受国际市场对主要出口商品需求降低和外国直接投资减少影响,欠发达国家城市居民面临的失业压力越来越大。失业导致大批移民回国或返乡,农村地区也未能幸免,农村居民被迫承担起更多的经济和社会责任。

出口产品主要是原材料产品价格下降使欠发达国家民众收入减少,购买力降低。同时食品和燃料涨价使这些国家不得不减少卫生、教育和营养支出。2009 年,全球贫富差距显著增大,全球经济危机使世界变得更加不平等。

第五,经济全球化使发展中国家的国家主权受到冲击和削弱,国家经济安全受到挑战。

一方面,经济全球化的发展要求世界各国都要一定程度地让渡和共享经济主权。但实际上,这种让渡和共享是不对称的。由于经济实力的差别,发展中国家对于发达国家的资金、技术乃至管理经验的需求更加迫切,这就为发达国家把一些不合理的要求强加给发展中国家提供了条件。

另一方面,由于经济全球化条件下世界范围内市场力量的加强以及发达国家大跨国公司的不断扩张,有可能冲击发展中国家的一些国内产业,威胁其国内市场安全,使发展中国家在经济事务中的权力相对减弱。在跨国资本流动中,发达国家的跨国公司借助资本、技术等方面的优势,通过独资、合资等方式控制发展中国家国内企业,甚至控制那些关系到国计民生的重要产业,这样就严重威胁着发展中国家的经济安全。

同时,适应经济全球化需要成立的"超国家"专门性国际经济组织也对发展中国家的经济主权形成约束,使之处于劣势地位。

综上所述,发展中国家在参与经济全球化过程中既有机遇,也有挑战,必须审慎对待,不可盲从。各国要从战略的高度,全面考虑到本国的经济现状,综合平衡各方面的关系,权衡利弊,制定适合本国国情的参与战略和对策选择。

三、经济全球化与世界经济危机

经济全球化的发展,逐步从贸易和投资自由化扩展延伸到金融和科技领域,形成了金融全球化迅猛发展、科技全球化相对滞后的不平衡发展趋势。目前,全球化形成了世界上的三大生产网络。其中,东亚的相对优势在贸易和制造层面,欧、美、日的竞争优势更集中在金融和科技层面。在金融领域,欧美持有东亚的金融资产主要是股权和信贷,东亚持有欧美的金融资产主要是外汇储备资产。在全球化迅速推进的同时,全球经济失衡的趋势也愈加明显,突出表现在

以下几个方面。

(一)全球经常项目的失衡

1997 年发达国家的经常项目顺差为 900 亿美元,2007 年为逆差 4 637 亿美元。其中美国 1997 年的经常项目逆差为 1 277 亿美元,2007 年升至 7 386 亿美元;其他发达国家 1997 年的经常项目顺差为 375 亿美元,2007 年升至 2 749 亿美元。而新兴经济体和发展中国家 1997 年经常项目逆差为 829 亿美元,2007 年经常项目顺差为 6 310 亿美元。后金融危机时期,全球贸易明显放缓,贸易失衡程度有所缩小,贸易顺差现象正向发达国家蔓延,尤其是欧债危机压制了本国需求,欧洲从重要的贸易逆差地区变成了有小规模顺差的地区。

(二)全球资本流动的失衡

有专家认为,全球资本流动方向与从前有重要的不同:资本交易主要发生在富国之间,属于金融分散化,而不是致力于发展的融资。1997 年以来,发达国家已经从资本净流出地转变为资本净流入地,新兴市场和其他发展中国家则变成国际资本净输出地,这在很大程度上说明金融市场一体化的作用。在金融全球化时期,纽约是世界金融中心,国际资本净流入美国的比重高达 65% 左右。

(三)全球投资与储蓄的失衡

美国的储蓄率一直低于投资率,并且二者差距不断扩大;日本的储蓄率持续高于投资率,但二者差距变化不大;欧元区的储蓄率与投资率基本接近,新兴市场和其他发展中国家则普遍存在储蓄超过投资。这在很大程度上是由于华尔街以及发达国家的金融市场有很强的别国储蓄动员并在本地金融市场上转化为投资的能力。尤其是美国在利用金融市场一体化来吸纳全球储蓄。这样一来,一方面导致了美国国民负储蓄,美国家庭的借贷消费,美国企业的过度借贷,美国银行的过高流动性和杠杆率,美国政府过高负债和赤字;另一方面,也造成全球系统性风险上升和发展资金流失。

综合以上失衡因素,当前全球化经济的发展呈现出以下特征。

其一,最终消费在社会需求中所占比例相对下降,工业生产在发展中国家以前所未有的速度快速扩张,全球经济呈现一种投资拉动型特征。从全球化经济层面看,一方面,国际资本在世界各地自由流动,在全球范围内配置资源;另一方面,在一些发展中国家,劳动者的生产条件和社会福利缺乏制度性保障,劳动者的收入被压低到无法再产生劳动力价值的水平,他们作为城市中的生产者,其收入根本不足以维持本人及其家属在城市中最基本的居住、消费、就医、就学等方面的需要。在这种条件下,国际资本能够在全球化经济中实现利润最大化。

其二,收入差距和财富差距趋于扩大,房地产成为各国经济最后景气的支柱产业。随着经济全球化条件的成熟,发达国家的资本和传统产业流入发展中国家和地区。这种全球化和信息技术革命一起,促成了长达 10 多年的全球性经济繁荣。然而,这也弱化了发达国家的福利制度调节收入分配的功能。在经济全球化条件下,不仅发展中国家的收入差距和财富差距迅速扩大,即便是发达国家,这方面的差距同样趋于扩大。信息技术革命及其新经济促进了发达国家的经济增长和繁荣,但是,发达国家的福利水平不仅没有提高,一些高福利国家为了减缓资本和产业外移,还一再尝试降低已有的福利水平,出现了福利保障倒退的趋势。而虚拟经济的发展以及由此带来的财富效应,进一步放大了收入差距和财富差距。

收入差距的扩大和日常消费支出水平的相对降低,为房地产业的发展提供了很好的市场条件。住房既是大件消费品,又是一种投资品,很适合中高收入者购买。因此,当一国已有的主导产业进入成熟阶段,且产业升级受阻的时候,大量资本便会涌入房地产行业,维持房地产景气的状况。而房地产泡沫一旦破灭,则往往预示既有发展模式所具有的优势最终丧失。美国房地产泡沫的破灭更是具有世界性意义。它可能意味着全球化经济的危机。

其三,国际分工逐步陷于"过度化"。新加坡、韩国等在经济发展方面的成就所产生的示范效应,使更多的发展中国家特别是一些发展中大国逐步认识到了自身在对外开放中的成本优势,相继走上了出口导向的经济发展道路;信息技术革命则使美国和其他发达国家的产业升级成为可能。在这些因素的相互作用下,世界各国在经济全球化方面达成了共识。美国积极地推动世界经济的全球化和自由化,发展中国家则积极主动加入 WTO。这种经济全球化进一步加深了世界各国的分工,发达国家的传统产业向发展中国家转移,除服务业外,美国等发达国家则主要依赖于高新技术产业。发达国家与发展中国家之间形成一种垂直分工格局。这种分工在美国、日本、新加坡、韩国、东南亚和中国内地之间表现得最为典型。东亚经济特别是中国内地经济的高速增长,离不开这种国际分工的发展。这种国际分工最初是合理的,它也是前 10 多年世界经济繁荣的基础。但是,这种国际分工又具有不稳定性。由于高新技术带来的垄断利润不可能持久维持,当高端消费市场趋于饱和之后,高新技术产品必然要大幅度降价。为此,生产商为弥补价格下降带来的利润空间压缩,必然将高新技术低端产品或高端产品的部分生产环节转移到发展中国家。这时,就整个国家来说,消费市场的扩大并不能弥补高新技术产品价格下降造成的收入减少。因此,如果最初的国际分工是合理的,产业的进一步转移则会造成国际分工"过度化"。这时,处于国际分工体系高端的发达国家无法向发展中国家提供太多的产品,最终必然导致贸易失衡。并且,由于国际分工过度化和社会保障水平差异,即便发达国家放松出口产品的技术限制,贸易失衡也不可能消除。从长期看,这种放松将进一步提高发展中国家的生产能力,从而加速产业向低成本的发展中国家转移,贸易失衡必然进一步加剧。

我们对全球化经济的内在矛盾及其发展特征的分析表明,2007 年爆发的经济危机不单是美国经济的危机,也不能简单地归结为美国的金融监管问题或过度消费,它是全球化经济内在矛盾运动的必然结果。伴随着信息技术革命的经济全球化,给整个世界带来了 10 多年的经济繁荣,推动了一些发展中国家的高速经济增长。到如今,当曾经带来繁荣的全球化经济发展模式陷入危机的时候,分享其繁荣的任何国家都不可能置身事外。作为全球化经济的总危机,它之所以首先在美国爆发,主要是因为,美国在全球化经济的国际分工体系中处于最高端。生产无限扩大的趋势与购买力相对缩小的矛盾是全球化经济的基本矛盾,发展中国家的出口能力无限扩大的趋势与发达国家购买力相对缩小的矛盾是其转化形式。基于发展中国家的低成本优势,随着资本和产业的转移超过一定限度,全球化经济的内在矛盾必然在国际分工体系的最高端引爆一场全球性经济危机。

综上,2007 年经济危机不能简单地归因于美国的金融创新,2001 年美国的 IT 产业进入拐点,相应的股市泡沫破裂,全球化经济的国际分工趋于过度化,美国在国际分工体系中的处境日益恶化。美国的"信用"和随后的房地产行业景气虽然暂时掩盖了全球化经济分工和实体经济中存在的严重问题,但问题迟早是要暴露出来的。当然,在美国 2001 年以来的经济形势演变中,金融创新发挥了扩充器的作用。它把次贷风险分散给了众多投资者乃至全世界,从而进一步加强了房地产行业景气。次贷危机爆发后,它不仅加深、加速了美国经济的危机,使虚拟经济与实体经济陷入恶性循环,它还大大增强了美国经济危机的传导性,加速了它的全球化

过程。因此,金融创新对经济危机的影响仅仅是技术性的,而不是根源性的。

总的说来,这次世界性经济危机不是哪个国家的危机,而是全球化经济的总危机。从长远看,全球经济已经进入一个相对低迷的阶段。当然,暂时稳定之后会有恢复性增长,但要迎来下一次全球性经济繁荣,可能需要 10 年以上的时间。新一轮繁荣的到来要取决于多方面的因素:比如可以转化为现实生产力的新技术革命。在这方面,生物技术革命和能源革命具有特殊的意义。

第四节　经济全球化与中国

经济全球化的实质意味着资本、技术、劳动力、自然资源和市场在全球范围内按照更优方式重新配置。强势国家因获得更多的资源和市场而受益,弱势国家则可能丧失原来支配的资源和市场而被边缘化。中国经过多年的改革开放,已经主动融入全球化进程,正在不断把后发的潜在优势转化为现实优势。

一、经济全球化对中国经济的影响

(一)有利于发挥中国的比较优势

中国融入经济全球化进程,参与国际分工,可以充分发挥中国的比较优势。这些比较优势包括两个方面。

(1)在经济全球化背景下,由于中国的人口众多,劳动力资源丰富,可以长期维持低工资成本的优势。在劳动密集型产业方面中国具有极强的国际竞争力,这是众所周知的事实,但特别值得提出的是这种优势的长期性,主要表现在以下两个方面。

第一,中国在劳动密集型产业中的低成本优势将长期维持。东亚先期发达国家经验表明,随着经济增长和收入增加,这类产业很快会因工资成本上升在国际发生梯度转移。由于中国劳动力供给潜力巨大,许多改革开放之初就已形成的产业,20 多年后工资成本仍没有多大变化。直到最近两年发达地区的"民工荒"才显露出工资向上的压力,但由于中国农村丰富的劳动力资源,可以预测距竞争力丧失还有很长一段时间。况且,这些产业在国内的梯度转移和赋予农民工市民待遇的社会政策改革,将延缓工资成本上升的过程。

第二,中国在中高技能劳动力成本方面的优势开始显露。20 世纪 90 年代以来,由于就业压力增大,以升学为目的的中学教育和重视工程教育的高等教育体系的优势逐步显现,使中国在资本和技术密集的产业上开始形成很强的竞争力。跨国公司大举进入中国,一些高新技术企业的研发中心移往中国就是一个明证。目前,中国的这种优势才刚刚显露出来,随着高等教育的普及和职业教育的发展,高技术人才在工资成本上的比较优势将会越来越突出。中国从"制造业大国"成长为"制造业强国"的端倪已经显现。各层次劳动成本的比较优势,将使未来中国不仅在低层次产业具有极强竞争力,在资本和技术密集型产业中也具有很强的竞争潜力。

(2)就中国国内而言,由于人口众多,潜在市场需求巨大。除廉价劳动力优势外,同样基于人口众多的巨大的市场潜力是吸引外资及其稀缺性资源进入中国的另一重要原因。随着经济长期高速发展和市场潜力的释放,"用市场换技术"的策略有了实施基础。跨国公司为抢占中国这个未来有可能超过北美和欧洲的巨大市场,即使短期不能盈利,也要进入中国。这种行为给中国带来了高端技术、管理知识和市场开发能力,这些稀缺性资源与中国廉价劳动力的结合,使中国在全球化背景下的国际分工体系重构过程中具有极大的比较优势。

(二)融入经济全球化有利于中国化解劣势

中国融入经济全球化进程,除可以发挥本国的比较优势外,同样可以弥补在经济建设中的比较劣势。其中自然资源相对匮乏和就业压力巨大是困扰中国经济长期高速增长的主要问题,经济全球化有利于化解这些劣势。

1. 全球化有利于中国利用国际自然资源

中国矿产资源的绝对量不低,但人均占有量却很贫乏。同时,还存在资源结构不合理,品种不齐全,一些矿产资源量虽然很大,但品位偏低,可利用效率不高等问题。随着中国经济持续高速增长,资源耗费量不断增大,资源短缺矛盾日益突出。目前,在中国45种主要矿产中,有一半以上资源储量消耗速度大于探明矿藏增长速度。石油、富铁矿、铜、钾等大宗矿产进口量逐年增加。2004年中国原油进口首次突破亿吨大关,达12 272万吨,成品油进口3 788万吨。2009年中国原油产量1.89亿吨,净进口原油达2.038亿,进口量已超过自产量,2014年中国石油产量2.1亿吨,净进口原油3.1亿吨,原油对外依存度达60%左右。在这种背景下,主动融入全球化进程有利于中国参与国际分工,进口短缺资源,出口制成品,通过大进大出解决自然资源匮乏问题。

2. 全球化有利于促进就业

对于中国来说,劳动力资源丰富就像一把双刃剑:它有利于劳动低成本优势的形成;但要维持这一优势又需要不断将潜在的劳动供给转变为现实供给,通过增加各层次劳动力供给来降低工资水平,以维持竞争力,这又会使就业压力长期化。尽管近年来经济增长率与就业增长率之比下降,但增长仍拉动就业绝对量增加,全球化对中国就业的效应仍是利大于弊。

实践证明,就业机会的扩大依赖于经济增长、良性经济结构调整以及通过提升职业技能和改进劳动力市场功能而得以提高的就业能力。

中国积极参与经济全球化,国民经济长久以来保持了较高速度的增长,经济结构得到了较为合理的调整,无疑会创造更多的就业机会。在经济全球化时代,资本和商品基本能够在国际自由流动,中国最大限度地发挥比较优势,通过发展劳动密集型产业,扩大劳动密集型产品出口,可以吸纳更多劳动力就业。海外资本、技术、服务诸方面的流入,促使中国政府通过各种渠道和措施全面提升劳动者的职业技能,增强劳动者的就业优势,增加了更多的就业机会。同时经济全球化给中国带来了更多拓展海外市场、增加就业的机遇。中国国内企业积极创办海外分公司和子公司,通过开拓海外市场,对解决就业问题也不无裨益。

3. 全球化有利于完善中国的市场经济体制

经济全球化不单是资源在全球范围内的重新配置,同时也是市场经济规则在全球范围内的一体化过程。因此,中国主动融入经济全球化进程,不仅意味着资源上的扬长避短,也意味着经济运行规则与国际接轨。

纵观改革开放30多年来的经历,对外开放对建立和完善社会主义市场经济体制的效应很是明显。一方面,由于在传统体制中缺乏市场经济体制基础,借鉴发达国家市场体制的经验大大节约了自我探索的交易成本。在这方面,大到市场经济制度确立,小到现代企业制度、知识产权观念和制度的确立,再具体到企业经营方式的转变,在很大程度上得益于发达国家经验。另一方面,由于原有利益结构的刚性,许多重大的改革措施仅仅依靠自身改革很难迅速推进,往往是在借助全球化的利益诱惑和外来压力下才得以快速确立。例如,按照加入WTO的承

诺,中央和地方政府在很短时间内就修改和废除了与市场经济相悖的数千条法规;电信、电力、金融和公用事业中的行政性垄断也是在"入世"压力下才有了实质性松动。

4. 全球化有利于实现产业发展的合理化

国家的竞争力有赖于产业的竞争力。在全球化背景下,各国产业的发展将从一开始便显露在全球的视野之中。因此,产业的进入壁垒将减少,"门槛"总体上可能降低,新兴工业国家由此将获得好处,中国在这一过程中也将受益。

经济全球化给中国带来了优化产业结构调整的机遇。经济全球化使中国可以更快地纳入世界经济,加快产业结构调整,强化经济竞争力。一方面,中国利用全球化的机遇加快了传统产业的改造和更新;另一方面,中国正在大力发展高新技术产业及知识服务业。从策略上讲,在经济全球化浪潮中接受发达国家技术先进的劳动密集型产业的转移,不失为中国产业结构调整和优化过程中的一种现实选择。

(三)全球化对中国经济带来的挑战

经济全球化使中国受益的同时,对中国的经济也带来一定程度的挑战,这些挑战包括以下几个方面。

(1)中国依靠廉价劳动力的优势,参与全球化生产的分工,发展劳动密集型产业。这虽然确是一种简便易行的初始机会,但常由于缺乏适当的后继措施而不能持久发展。当前中国已经意识到这个问题,产业结构开始从劳动密集型向资本、技术密集型转变。

(2)贸易的自由化使国外商品大量进入,进入中国的大量跨国公司从自身的利益出发会影响本地区的财经、政治等政策,使国内企业面临严重的竞争压力,不少企业会在竞争中倒闭,很多民族产业夭折。

(3)金融全球化也带来金融风险全球化,由于中国在金融等领域中改革滞后,是一个典型的弱势产业,在与国际接轨时,如处理不当,可能遭受冲击,甚至可能中断正常的发展进程。由于中国过分追求出口和引进外资,使得当前中国的国际收支呈现出独特的"双顺差"格局。不仅有巨额的贸易顺差,还有巨额的资本账户顺差,结果是外汇储备不断累积,2009年已超2万亿美元。美国金融危机的爆发,使得中国处于进退两难的境地。中国持有大量的美元资产,这些美元资产均有进一步缩水的可能性。中国持有数千亿美元的机构债,这些资产的价值已经大打折扣。中国还持有大量的美国国债,但由于其他市场萎靡不振,投资者大量购买美国国债,导致其收益率不断下降,考虑到美国国会救市方案的资金来源还会来自增发国债,国债的收益率还将继续下降,中国的外汇投资面临持续缩水的尴尬局面。

(4)从经济效益说,世界市场的一体化是最佳方案,但从由此而产生的财富的分配来看,由于这种财富的流动完全受市场机制的左右,分配的不平等将进一步扩大。这一点突出反映在中国改革开放以来地区和个人收入的巨大差异上。据世界银行测量,中国 1980~2000 年城乡居民的基尼系数依次为 0.278 0、0.249 4、0.264 1、0.268 4、0.265 6、0.296 8、0.305 2、0.313 3、0.321 4、0.306 3、0.324 0、0.339 6、0.359 2、0.362 1、0.389、0.375、0.379、0.386、0.397、0.417,2006 年达到 0.496,2014 年为 0.469,均已超国际警戒线,国家计委社会所课题组的研究表明,城乡居民收入差距突出,近几年一直处在超过"国际警戒线"的水平。

(5)经济交往势必带动文化交往,国外的各种文化形态和思潮传入中国,一方面有利于革新束缚经济发展的旧体制和更新人们的思想观念,但另一方面会对中国的既成思想体系造成冲击,导致中华文化的逐步沦丧。

但总体而言,全球化对中国经济发展是利大于弊。这一结论不仅为中国 30 多年来经济持续高速增长所证明,也为外国经济学家采用计量方法加以了说明。阿克塞尔德勒赫的研究表明,1975 年至 2000 年间中国的经济全球化指数上升了 2.14 个百分点,综合指数从 1995 年 2.69 个百分点提升到 2009 年 3.41 个百分点,这期间中国受益于全球化,经济保持了较高的增长率。尤其值得一提的是,中国是一个发展中国家,在经济发展水平和市场制度等方面与发达国家仍有很大落差,把潜在的后发优势转变为现实优势还有很大空间。不断地调适自身体制,以主动的姿态参与全球化进程,勇敢迎接挑战,是中国目前的唯一选择。

二、经济全球化发展下中国的发展战略

(一)积极参与和领导全球化游戏规则的制定,倡导在可持续发展原则之下的经济全球化

随着全球化浪潮的迅猛发展,非但原来不公正的国际政治秩序没有被打破,发展中国家在国际社会中反而处于更加不利的地位,南北差距呈现逐步扩大的发展态势。其原因是整个世界的游戏规则是由发达国家来制定的,在全球化的竞争中,由发达国家唱主角,发展中国家只能被迫充当配角。中国作为联合国常任理事国,应代表发展中国家,倡导在可持续发展原则之下,应对全球化的竞争规则与全球化的发展方向做严格规范。唯有如此,才能避免全球化造成的区域之间"资源寻租"和"环境寻租",才能逐步弥合南北两极分化带来巨大鸿沟,才能使人类文明得以健康承传。

(二)构筑国家安全体系,化解全球化风险的挑战

牢固地构筑中国的国防安全、经济安全、科技安全、生态安全与文化安全等安全体系网,才能从容应对全球化的挑战,实施避险求强的对策,也才能真正达到趋利避害的目的。

构筑国家安全体系,化解金融风险,应从以下几个方面入手。

1. 掌握对外开放的主动权,提高对外开放程度,降低对外依赖程度

中国应适应加入世界贸易组织的需要,抓住机遇,迎接挑战。由有限范围、领域和地域的开放,发展成为全方位、宽领域、多层次的开放,由试点为特征的政策性开放发展成为按世界贸易组织规则运作和在中国法律框架下可预见的开放,由单方面为主的自我开放,发展为中国与世界贸易组织成员间的双向的相互开放。并以加入世界贸易组织为契机,加快结构调整和产业升级的速度,发展壮大优势产业,增强市场竞争力和抵御风险能力。与此同时,要注意防范经济的对外依赖性。

2. 建立一套稳健的金融运行机制,以防范金融风险

金融是现代经济的中枢,有了金融的安全才会有经济的安全,才能在经济全球化的进程中把握机遇、健康发展。我们要密切关注全球金融市场的开放进程,把握金融市场开放的主动权。

3. 努力参与并推进国际经济关系的协调,充分利用国际规则保护民族产业,维护国家经济安全

在全球化中,既要加强在国家和企业管理方面互动型的战略学习,取人之长,补己之短,了解和学习国际规则,还要扫除"恐外"心理,积极稳妥地参与,推进国际经济关系的协调,把"学外"与"不恐外"结合起来。这既是一个学习的过程,也是维护中国在全球利益的过程,更是争取中国最大市场份额的过程。充分利用国际规则的"安全阀"来保护中国的民族产业。例如,以世界贸易组织的例外条款、区域贸易保护条款、非歧视原则以及 WTO 争端解决机制为"安全阀",用以保

护那些具有自主知识产权的民族产业,保护那些能够代表中国先进生产力和先进经济文化以及具有竞争优势的民族产业。

4. 充分发挥中国的比较优势,增强综合国力和提高国际竞争力

在经济全球化过程中,一国的地位和作用,主要取决于其综合国力和竞争力。国家实力越强,融入全球经济越快就越有利。中国在国际分工与国际竞争中,有自己的比较优势,包括自然资源禀赋、劳动力、资本、文化历史传统、社会经济制度、科技和教育、容量大和购买力高的市场、有特色的产业和有竞争力的企业以及尤为重要的信息、知识、人才等优势。中国要充分利用自己的比较优势来提升国际竞争力。只有提高国家竞争力,才能维护国家经济主权和保证国家经济安全。

(三)以科学发展观为指导,构建国家知识创新体系,优先实施知识发展战略

推动全球化进程的动力源泉是作为"第一生产力"的科学技术,尤其是信息科技突飞猛进的发展。作为发展中的世界大国,中国与发达国家在知识创新、知识生产、知识应用与知识传播等方面存在着较大差距,只有优先实施知识发展战略,集中力量,重点加快信息科技的发展,才能尽快跨越与发达国家之间的数字鸿沟,拥有更多属于自己的知识产权,才能从全球化的动力源头,牢牢地掌握主动权,跟上全球化发展的步伐,抓住全球化的机遇。

要从战略的高度来重视科学技术的发展,这是非常重要的全球化对应之策。大力推动科技进步,通过完善以企业为主体的科技创新制度和科研院所的改制,建立起鼓励科技人才创新的机制。科技创新将推动市场发现,而市场发现又将推动人才开发,由此形成良好的科技创新氛围。

(四)转变政府职能,增强政府的宏观调控和驾驭经济的能力

中国参与全球化的过程中,国家经济主权受到不同程度的侵蚀,经济安全也受到威胁,加强政府的作用和加大政府的调节力度至关重要。但政府的作用不应是过分的干预经济,而应对市场进行适度干预和有效调控,发挥政府维护市场竞争性和规则性的经济职能。

复习思考题

1. 经济全球化的内涵是什么?各种经济组织是如何描述经济全球化的?

2. 20世纪90年代以来,经济全球化表现出了哪些特点?

3. 如何理解推动经济全球化发展的动因?

4. 经济全球化如何影响世界各国?你认为发达国家和发展中国家从经济全球化中哪一方获益较多、损失较少?哪一方损失较多、获益较少?为什么?

5. 你认为中国参与经济全球化有何优势?有何劣势?在经济全球化过程中国应如何发挥优势,避免劣势?

第七章　区域集团化

近年来，在经济全球化深入发展的同时，区域经济一体化（regional economic integration）的发展势头迅猛，越来越多的国家将其提到与多边贸易同等重要甚至更加优先的地位。区域范围内贸易自由化的进程已经改变了传统国际贸易的竞争博弈格局，国际贸易的竞争已从国家间的个体博弈迈向集团间的群体博弈。目前，世界上绝大多数国家和地区均参与了不同形式的区域贸易安排，签订了为数众多的区域贸易协定，建立了不同类型的区域经济一体化组织。例如一体化程度最高的欧洲联盟（EU）、北美自由贸易区（NAFTA）、东南亚国家联盟（ASEAN，简称东盟）和亚洲及太平洋地区经济合作组织（APEC，简称亚太经合组织）。区域经济一体化对全球贸易、投资、金融等产生了重要及深远的影响。面对区域经济一体化的趋势中国应该做出正确的战略选择。

第一节　区域经济一体化概述

一、区域经济一体化的含义

"一体化"（integration）一词最初之意是将各个部分结合成一个整体。20 世纪 50 年代初期，在西欧国家酝酿成立欧洲煤钢联盟的前后，人们开始用"经济一体化"（economic integration）来表示各个国家之间在经济上结合起来形成一个经济联合体的过程。

国内外学者对于区域经济一体化的概念有着不同的看法。1961 年，美国著名经济学家贝拉·巴拉萨（Bela Balassa）在其著作《经济一体化理论》（*the Theory of Economic Integration*）一书中对"经济一体化"的定义做了明确的阐述："我们将经济一体化定义为既是一个过程，又是一种状态。就过程而言，它包括采取种种措施消除各国经济单位之间的歧视；就状态而言，则表现为各国间各种形式差别的消失。"巴拉萨的这一定义在西方经济学中具有经典性意义，为西方经济学界普遍接受。后来许多经济学家关于区域经济一体化的内涵，基本上都是围绕"过程"和"状态"而展开的。

中国学者较早提出的具有代表性的观点出现在 1992 年于光远编纂的《经济大辞典》中，他指出区域经济一体化是指两个或两个以上的国家在社会再生产的某些领域内实行不同程度的经济联合和共同的经济调节，向结成一体的方向发展。一般根据国家间的协定建立，有共同的机构。

综合国内外学者的观点,我们把区域经济一体化(regional economic integration)或称区域经济集团化定义为:两个或两个以上的国家(地区)通过签署条约或协定,甚至让渡部分国家经济主权,制定共同的行动准则,以实现区域内成员国间部分或全部生产要素的自由流动,乃至建立超国家的机构,制定区域内国家间共同的经济政策,以实现区域内成员经济体的经济联合。

二、区域经济一体化的特点

目前,世界上出现越来越多的区域经济一体化组织,它们遍布世界各个地区,参加的国家包括了世界全部国家的 90% 以上,即使少数并未参加任何区域经济一体化组织的国家,也与这些组织建立了紧密的经济合作关系。纵观区域经济一体化的发展,区域经济一体化具有以下几个特点。

(一)经济合作的全方位性

参加区域经济集团的国家和地区之间的合作,不仅局限在商品的自由流动,关税、非关税壁垒的削减,而且涉及了成员国之间的生产合作、技术合作和劳务合作等。在此基础上还要求资本、劳务、人员等方面的流动。

(二)部分权力的让渡性

无论哪种形式的区域集团,其成员国都让渡了一部分权力给共同经济组织。权力的让渡是经济一体化发展的核心,权力让渡的程度取决于一体化层次的高低。但权力的让渡、优惠的提供一般只是给予成员国,对非成员国是排斥的。

(三)覆盖国家的广泛性

20 世纪 90 年代以来,在全球各地区兴起了区域性或次区域性的经济合作组织,几乎所有的国家都隶属于某一个甚至几个区域经济合作组织。区域经济一体化成为当今世界经济发展中的一个非常重要的趋势。

(四)联结方式的契约性

具体表现为,各区域经济一体化组织内部不同国家和地区的结合一般都通过缔结条约、签订协议等方式确定协作或联合发展的具体内容,明确发展的目标及成员国的权利与义务等。

(五)发展的不平衡性

不平衡性表现在两个方面:一方面是内部各成员国之间发展的不平衡性;另一方面是各个地区、各个层次和不同类型的经济一体化组织之间发展的不平衡。有的组织一体化水平已达到相当的高度,其组织机构比较健全,运行机制也比较成熟;有的组织还处于联合的初级阶段和较低层次上。

三、区域经济一体化的分类

关于区域经济一体化组织如何分类,很多学者有着不同的看法。以往对于区域经济一体化组织没有统一的、明确的分类标准,因而不同的学者对区域经济一体化进行了不同的分类,有些分类还被广泛地使用。2007 年,WTO 将向其申报的不同类型的区域经济一体化组织统一进行了分类。在此我们从两方面对区域经济一体化的分类进行阐述:一方面是传统的分类;另一方面是按 WTO 的新标准进行的分类。

(一)区域经济一体化组织的传统分类

根据生产要素流动程度的级别,按照一体化程度的高低,将区域经济一体化分为六个等级递增的状态,即特惠关税区、自由贸易区、关税同盟、共同市场、经济联盟和完全经济一体化。

1. 特惠关税区(Preferential Trade Area/ Preferential Duty Zone)

特惠关税区,又称优惠贸易安排,是指在实行优惠贸易安排的成员国之间,通过协议或其他形式在进出口商品方面相互给予对方一定的关税减让优惠或非关税方面的优惠。但成员国之间还存在一定程度的关税,只是提供关税减让的优惠。这是最低程度和最松散的区域经济一体化形式。"英联邦特惠制"、中国参与的"亚太贸易协定"(前身为曼谷协定)就属于这种形式。

2. 自由贸易区(Free Trade Area)

自由贸易区是指签订自由贸易协定的成员国在区内消除关税壁垒和数量限制,在区内实现自由贸易,但各成员国仍将保持本国制定的对非成员国的独立关税和其他贸易限制。这也是区域经济一体化中较为低级的一种组织形式。世界上存在时间最久的自由贸易区是1960年建立的,目前以挪威、冰岛和瑞士等为成员国的欧洲自由贸易联盟(EFTA)。20世纪90年代以来,自由贸易区发展十分迅速,几乎遍及世界,其中最具有代表性的应属"北美自由贸易区"(NAFTA)。

自由贸易区的一个重要特征是在该一体化组织内成员国之间相互取消了商品贸易的障碍,成员经济体内真正实现了商品的自由贸易;另一个重要特征是成员经济体之间没有共同的对外关税。自由贸易区的局限在于:在执行自由贸易政策时要分清产品是来自成员国,还是非成员国。为防止非成员国利用转口贸易方式在低关税成员国获取额外的利益,通常采取"原产地原则"作为防范手段。

3. 关税同盟(Customs Union)

关税同盟是指组成一体化组织的成员国之间在取消区内贸易关税和数量限制的基础上,实行统一的对外关税和协调一致的外贸政策。关税同盟使成员国在关税方面形成了一体化,开始具有超国家性质,即成员国让渡了单独制定对外关税的权利,是实现全面经济一体化的基础。建立关税同盟可使成员国的商品在统一关税的区域内市场上处于有利地位,排除非同盟国商品的竞争。

关税同盟是区域经济一体化进程中最基本的一种形态,是西方学者研究区域经济一体化理论的内核,也是战后西欧区域经济一体化付诸实践的基础。欧盟就是从关税同盟起步的,现在已超越了这一阶段。安第斯条约(ANCOM)就是在玻利维亚、哥伦比亚、厄瓜多尔和秘鲁之间签署的关税同盟。

4. 共同市场(Common Market)

共同市场是指一体化成员国之间除了取消区内贸易壁垒,实现商品自由流通和对外实行统一关税政策之外,还取消劳务、资本和人员自由流动的限制,实现各成员之间商品、资本、人员和劳务等生产要素的自由流动,建立起统一的大市场。与关税同盟相比,共同市场是更高级的经济一体化组织。各成员国不仅让渡了商品和服务贸易保护的权利,还让渡了干预资本和人员流动的权利。这是区域经济一体化程度更高的组织形式。欧盟现在就已经是一个共同市场。自1993年1月1日起,欧盟正式成为一个拥有3.4亿消费者的统一大市场。除欧盟外,还有几个区域性集团,如中美洲共同市场(CACM)和南美自由贸易区(Mercosur)等也期望能

建立共同市场,但除欧盟以外,世界其他地区还没有建立起很成功的共同市场。

5. **经济联盟**(Economic Union)

经济联盟是指在共同市场的基础上,成员国还谋求协调一致的财政、货币、产业、社会福利、区域发展等政策,乃至整个国民经济。显著特征是,在成员国之间实现了市场一体化的基础上,进一步实现经济政策方面的协调。这是区域经济一体化程度更高的组织形式。其成员国不仅要让渡对商品、资本和劳动力的干预,还要将政府调控经济的主要政策工具交由超国家的统一体即经济联盟来协调使用。欧盟正在过渡到这种形式。

6. **完全经济一体化**(Full Economic Integration)

完全经济一体化是一体化的最后阶段,是指区域内影响商品、资本、劳动力流动的障碍全部取消,成员国在经济、金融、财政和国际经济政策上完全统一,各成员国融合为一个拥有极大经济权威的超国家机构进行管理的、实行单一经济政策的整体。它是区域经济一体化的最高形式,又是实现政治一体化的基础。目前尚未出现此种类型的一体化形式。欧盟的目标是实现完全的经济一体化。欧洲经济共同体1988年提出的在1992年实现的"统一大市场"的目标,就是力图实现这一计划。1993年欧洲联盟(European Union)取代欧共体,其成员国由12国扩大到15国。2004年和2007年欧盟东扩,成员已经增加到27国。

完全经济一体化的形式主要有两种:一是邦联制,其主要特征是各成员国的权力大于超国家的经济一体化组织的权力;二是联邦制,其主要特征是超国家的经济一体化组织的权力大于各成员国的权力。联邦制的国际经济一体化组织类似于一个联邦制的国家。

区域经济一体化形式比较如表7.1所示。

表 7.1　区域经济一体化形式比较

形式 \ 内容	成员国关税优惠	区域内自由贸易	共同对外关税	生产要素自由流动	经济政策的协调	经济政策完全一体化
特惠关税区	○					
自由贸易区	○	○				
关税同盟	○	○	○			
共同市场	○	○	○	○		
经济联盟	○	○	○	○	○	
完全的经济一体化	○	○	○	○	○	○

注:○表示具备该内容。

从经济一体化的程度看,上述六种形式的经济一体化组织呈现了一个由低到高的排列顺序。但需要指出的是,上述类型的划分和排序,并不反映具体区域经济一体化实践的路径。即现实中,区域经济组织的起点并不一定是特惠关税区或自由贸易区,也并不一定要依次经历由低级到高级的若干组织形式。具体的区域经济一体化也可能兼有两种类型的某些特征,它是在推进一体化目标实现的基础上向更高层次的一体化迈进的组织形式。

(二)目前 WTO 划分区域经济协定的类型

2007年,WTO将向其申报的不同类型的区域经济一体化组织统称为区域贸易协定(Regional Trade Agreement,RTA),并将RTA分为四种不同的类型,分别为:关税同盟(Custom Unions,CU),自由贸易协定(Free Trade Agreements,FTA),针对发展中国家的局部的自由贸易协定(Partial Scope Agreement,PSA or PS),以及服务贸易的经济一体化协定(Economic Integration Agreements，EIA)。2009 年 5 月 WTO 再次公布了 RTA 的新分类标准,仍将 RTA 分为四种类型。

1. 关税同盟(CU)

GATT 第 24 条第 8 款对 GATT 所指的关税同盟和自由贸易作了严格的界定。GATT 第 24 条(a)项规定:"关税同盟应理解为以一单独关税领土替代两个或两个以上关税领土,以便(i)对于同盟领土之间的实质上所有贸易或者至少对于产于此类领土产品的实质上所有贸易,取消关税和其他限制性贸易法规(如必要,第 11 条、第 12 条、第 13 条、第 14 条、第 15 条和第 20 条下允许的关税和其他限制性贸易法规除外),及(ii)在遵守第 9 款规定的前提下,每一成员对同盟以外领土的贸易实施实质相同的关税或者其他贸易法规"。

2. 优惠贸易协定(Preferential Trade Agreement,PTA)

PTA[①]是指成员国之间对有限数量的产品关税减免或者取消的协定安排,属于授权条款的 2(c)所允许的,并且授权条款的保护只能针对南北性质的 FTA 的发展中国家成员。同 GATT 第 24 条不一致,GATT 第 24 条要求按照关税递减时间框架全面进行贸易自由化。PTA 为阶段性的贸易自由化安排,第一阶段 PTA 的签订,常以"早期收获计划"的形式出现,早期收获计划涉及的商品主要是农产品,同时也包括一些特定产品,如:矿产品、药材等,一般这些产品不涉及原产地规则,可以在没有签署原产地规则协议之前,首先逐步降低关税,提前实现贸易自由化。第一阶段的安排主要是为第二阶段的全面贸易自由化谈判做准备。

3. 自由贸易协定(FTA)

GATT 第 24 条(b)项规定:"自由贸易区应理解为在两个或两个以上的一组关税领土中,对成员领土之间实质上所有有关产自此类领土产品的贸易取消关税和其他限制性贸易法规(如必要,第 11 条、第 12 条、第 13 条、第 14 条、第 15 条和第 20 条下允许的关税和其他限制性贸易法规除外)"。GATT 的第 11 条、第 12 条、第 13 条、第 14 条、第 15 条和第 20 条分别规定的是普遍取消数量限制、保障国际收支平衡而实施的限制、数量限制的非歧视性管理、非歧视原则的例外、外汇安排和一般例外。在上述条文中都有一些例外规定。而根据 24 条第 8 款,这些适用于 WTO 成员之间的例外规定同样可以适用于关税同盟与自由贸易区,WTO 不会因为相关的 RTA 中允许这样的例外措施存在而否认这些协定的效力。现行的 FTA 可以增加其他一些经济合作内容,如:投资自由化和便利化、服务市场开放、知识产权保护、环境保护等。

4. 经济一体化协定(EIA)

EIA 一般被定义为在推进贸易自由化进程中的服务市场开放的自由化协定,也就是说,CU 或者 FTA 是 EIA 的基础,两个或多个国家首先建立 CU 或 FTA,然后再涉及服务贸易领域的自由化协议,这一协议为 EIA,在 WTO 的统计中为"FTA&EIA",为同一个 RTA。但有时 EIA 也单独计算,例如中国—东盟首先建立了 PTA,服务贸易领域自由化协议也单独计为 EIA。签订 EIA 的目的是为了在《服务贸易总协定》第 5 条第 1 款规则下加速服务贸易的发展,各缔约方之间应该逐步减少和取消彼此间存在的实质性歧视,和/或禁止采取新的或增加

---

① 在 WTO 2009 年 1 月的分类中,优惠贸易协定称为部分领域的优惠贸易协定,(Partial Scope Agreements,简称 PSA),2009 年 5 月公布的资料将 PSA 改为 PTA,但实质内容没有改变。

歧视性措施。表 7.2 所示为 WTO 统计的按照四种不同性质统计的 RTA 数量。

表 7.2　**RTA 的分类和数量**（截至 2014 年 8 月 15 日）

RTA 的分类	授权条款	GATS 第 5 条	GATT 第 24 条	总计
1. 关税同盟(CU)	8		10	18
关税同盟(CU)准入	1		7	8
2. 经济一体化协定(EIA)		118		118
经济一体化协定(EIA)准入		4		4
3. 自由贸易协定(FTA)	13		210	223
自由贸易协定(FTA)准入			1	1
4. 优惠贸易协定(PTA)	14			14
优惠贸易协定(PTA)准入	1			1
总　　计	37	122	228	387

资料来源：WTO 网站，www. wto. org, home ＞ trade topics ＞ regional trade agreements ＞ RTA database ＞ List of all RTA

此外，区域经济一体化的形式还可以包括：发达国家组成的北北型区域经济一体化组织、由发展中国家组成的南南型区域经济一体化组织和由发达国家与发展中国家共同组成的南北型区域经济一体化组织。

第二节　区域经济一体化的发展

一、区域经济一体化的发展历程

早在 19 世纪中叶，区域经济一体化就开始出现了萌芽。1843 年，由北德、中德与南德三个关税同盟联合起来建立起德意志关税同盟，这是世界上最早开始的区域经济一体化的雏形。D. A·斯奈德在《国际经济学导论》第四版中指出，德意志关税同盟的建立可称为区域经济一体化的"历史原型"。其他的区域经济一体化组织，大都是在"二战"后发展起来的。

战后建立新的国际政治经济新秩序成为各国经济发展的重要条件和维护世界和平的重要基础。各国在调整本国国内经济政策和对外贸易政策的同时，也积极寻求与其他国家更紧密的合作。战后区域经济一体化的发展最早始于 20 世纪 40 年代末期，1944 年 9 月 5 日，比利时、卢森堡和荷兰三国签署了关税协定，决定建立关税同盟，并向经济联盟发展。协定于 1948 年 1 月 1 日生效，这不仅意味着比、卢、荷三国经济一体化的开端，也拉开了战后区域经济一体化发展的序幕。到了 90 年代，区域经济一体化得到了迅速发展，并且逐渐形成几个大的经济集团。以欧盟、北美自由贸易区等为代表的一批区域经济组织在国际贸易和世界经济发展中占有越来越重要的地位。

战后区域经济一体化的发展历程可以简要分为四个阶段。

第一，形成阶段（20 世纪 40 年代末到 60 年代初期）。"二战"期间，美国借助战争经济实力得以迅速增强。而前苏联经济因"二战"受到极大创伤，在此背景下，前苏联及东欧盟国为加强自己的实力联合起来，维护自身利益，建立了区域性经济组织，巩固和发展国民经济。西欧一些主要资本主义国家面对冷战的威胁和经济发展的需要,也迫切希望通过加强合作、扩大生产、提高效益,共同对付来自美国的压力和前苏联的潜在威胁。这一时期,在欧洲形成了四个地区性经济一体化组织。第一个上述的比、卢、荷三国关税同盟。第二个是1949年1月成立的经济互助委员会,简称经互会(CMEA)。该组织由苏联发起,同保加利亚、匈牙利、波兰、罗马尼亚、捷克斯洛伐克六国组成。后来,民主德国、阿尔巴尼亚、蒙古、古巴、越南先后加入,成为由十国组成的跨地区的经济一体化组织(后来阿尔巴尼亚不再参加活动了)。经互会成立的目的是在平等互利的基础上实行经济互助、技术合作和经济交流,以促进成员国经济的发展。随着苏联的解体和东欧的剧变,该组织已于1991年6月宣告解散。第三个是1958年1月1日成立的欧洲经济共同体(EEC),其主要目的是通过取消在商品、资本、劳动力和劳务自由流动方面的障碍,建立共同市场,并逐步过渡到成员国的经济和社会生活的各个领域实行统一的政策。第四个是1960年1月成立的欧洲自由贸易联盟(EFTA),原来成员包括奥地利、丹麦、瑞典、挪威、英国、瑞士、葡萄牙在斯德哥尔摩签订《建立欧洲自由贸易联盟公约》,即《斯德哥尔摩公约》,目前的成员国有冰岛、挪威、列支敦士登和瑞士。发展中国家也有一些建立一体化的尝试。如1959年的西非关税同盟,成员有象牙海岸、毛里塔尼亚、尼日尔、塞内加尔和上沃尔特。1960年成立的拉丁美洲自由贸易协会,成员有阿根廷、玻利维亚、巴西、智利、哥伦比亚、厄瓜多尔、墨西哥、秘鲁、乌拉圭和委内瑞拉。还有1960年成立的中美洲共同市场,由哥斯达黎加、危地马拉、洪都拉斯、尼加拉瓜和萨尔瓦多。

第二,扩展阶段(20世纪60年代后半期到70年代后半期)。20世纪60年代后半期,区域经济一体化组织逐步兴起。这一时期发达国家的区域经济一体化组织有澳新自由贸易区,发展中国家建立的经济一体化组织主要有:东南亚国家联盟、南亚地区合作组织、西非国家经济共同体、西非共同体、拉美一体化协会、安第斯条约组织、中美洲共同市场、海湾合作委员会、阿拉伯委员会和阿拉伯马格里布联盟等。这一阶段的特点是总体数量增加少,一体化程度较低。

第三,缓慢发展阶段(20世纪70年代末期到80年代末期)。20世纪70年代末期至80年代,西方发达国家受石油危机的影响经济发展缓慢,"滞胀"情况依然持续,经济发展处于萧条时期,其一体化进程的发展也相对缓慢,而发展中国家的区域经济一体化组织很多遭受挫折,一些组织中断活动或解体。

第四,迅速发展阶段(20世纪90年代以后)。20世纪80年代中期以后,随着经济全球化趋势的加强,区域经济一体化步伐明显加快。在欧洲,1993年欧共体正式启动统一大市场,实现商品、资本、人员和劳务的充分自由流通,一体化进程进一步深化。1993年11月1日《马斯特里赫特条约》的正式生效,欧洲联盟开始启动,开始逐步走向经济与货币联盟乃至政治联盟。在北美,1992年8月12日,美国、加拿大、墨西哥三国达成了《北美自由贸易协定》,并于1994年1月1日生效。拉美各国的区域经济一体化热情也重新高涨:一些原有的一体化组织纷纷加强内部建设或提高一体化程度,同时还建立起南方共同市场、三国集团等新的区域经济一体化组织。1994年12月,在美国的召集下,在美国迈阿密举行了由北美、南美和加勒比海所有国家(古巴除外)共34个国家参加的"美洲首脑会议",讨论建立美洲自由贸易区。2001年4月20日,南北美洲共34国的国家领导人和政府首脑在加拿大魁北克举行了有关美洲经济自由贸易区的第三届美洲国家首脑会议,决定于2005年建成美洲自由贸易区。在亚太地区,1989年11月,亚太经济合作组织成立,现有成员21个国家和地区,总体规模超过了欧洲联盟和北美自由贸易区,成为世界上最大的经济合作体。在东亚,1994年东盟决定提前5年于

2003 年建成自由贸易区,并先后吸收了越南、老挝、缅甸和柬埔寨加入,成员国增加到了 10个。中国与东盟在 2002 年确定在 10 年之内建成中国—东盟自由贸易区。在非洲,非洲各国决定在巩固次区域性经济合作组织的基础上,共建非洲共同体,向统一的非洲大市场迈进一步。在拉美,拉美国家经济集体化的进程逐渐连成一片,并于 1996 年 4 月成立拉美国家共同体筹建委员会,负责协调各国政府和会议开展拉美一体化的工作。在独联体,前苏联解体后,独联体国家为了适应世界经济集团化的形势,也开始寻找建立经济集团的合作伙伴。

截至 2015 年 6 月,在 WTO 的 160 个成员国中,有 90% 以上隶属于不同程度的区域经济组织。全球贸易一半以上发生在各个区域集团内部,以优于 WTO 最惠国待遇的条件进行。

二、区域经济一体化迅速发展的原因

区域经济一体化是当代世界经济发展的基本趋势和显著特征已是不争的事实,推动区域经济一体化迅速发展的原因主要包括以下几方面。

(一)经济利益驱动是推动区域经济一体化发展的主要原因

实现区域经济一体化有利于在区域范围内形成规模经济,实现规模效益,并形成集团竞争力,以此同其他经济体或某些大国相抗衡。区域集团的建立,使得各成员国通过取消各项贸易壁垒,实现商品乃至生产要素流动自由化,促使要素更加合理的配置,从而全面提高区域内的经济运行效率,提升社会福利。例如欧洲经济共同体 12 国在 1993 年 1 月 1 日实现了商品、资本、劳务、人员四个自由流动后所产生的效益充分证明了这一点(商品的自由流通每年可为欧共体国家节约开支 170 亿～310 亿美元;资本自由流通,可以使之节约大约 2 000 多亿美元的转账和境外支付费用;劳务自由流动可以降低劳务成本 10%～20%,年增收入 260 亿美元;人员自由流动可为欧共体提供 200 万～500 万个就业机会)。

(二)国际分工的深化和经济生活国际化程度的不断提高为区域经济一体化的发展打下经济基础

在战后第三次科技革命推动下,世界各国及各地区之间的分工日益加深,生产社会化、国际化程度不断提高,彼此经济相互依存相互作用更加明显,使得各国的经济活动进一步与世界接轨。这必然要求消除阻碍经济国际化发展的各种障碍和改变旧的国际经济关系,以建立起新的更加密切的经济政治合作关系,建立区域经济一体化就是这一要求得以实现的载体或实现形式。

(三)多边贸易自由化进程发展缓慢使得越来越多的国家把注意力转向区域经济一体化

近年来,由于多哈回合谈判进展缓慢,在 WTO 框架下实现贸易自由化的目标遥遥无期。与多边贸易体制相比,区域内国家更易于就区域贸易协定(RTAs)达成协议并产生实效。于是许多国家将主要精力转向以自由贸易区为主的区域贸易安排。通过加强区域经济合作,谋求风险成本和机会成本的最小化和利益的最大化。

(四)GATT/WTO 对区域经济一体化的健康发展起了推波助澜的作用

作为全球贸易的领导者,GATT/WTO 也承担着对 RTAs 的监督与引导的重任。通过对成员国签订一体化协定的规范,弱化了区域经济一体化的消极影响,促进了积极影响,使之在不偏离贸易自由化的轨道上快速前进,成为 WTO 多边贸易体制的有益补充。因此,从这个意义上讲,GATT/WTO 也推动了区域经济一体化的迅速发展。

（五）世界经济发展不平衡推动发展中国家积极投身于区域经济一体化

当前世界经济发展极不平衡,广大的发展中国家在现存世界经济秩序下,在国际竞争中都处于不利的地位。为了促进本国经济的稳定发展,它们寻求着更为有利的贸易条件和投资环境。一方面它们加强南南合作,方式之一就是组成层次不同的区域经济一体化组织;另一方面它们中的一些国家也积极地向发达国家的区域经济一体化组织靠拢,这无疑也促进了世界范围内区域经济一体化的发展。

（六）20世纪90年代以来不断发生的地区性经济危机也促使世界各国更加重视区域经济合作的制度化

1997年始于泰国的亚洲金融危机证明,在同一地区的国家之间,金融危机(乃至经济危机、政治危机)蔓延的速度往往更快,相互影响也更加强烈。因此,进一步加强区域内经贸合作不仅有助于防范新的经济危机,还能增强共同抵御风险的能力,有助于实现区域经济的稳定发展。

（七）区域经济一体化的示范效应促进了区域经济一体化的发展

部分先成立的区域经济一体化组织(特别是欧盟)取得了明显成效,其内部贸易比重增加,经济福利提高,还提升了整体的竞争力及一些国家的政治经济地位。面对这种示范效应,许多国家纷纷效仿,积极谋求加入或建立区域集团。有些国家面对日益狭小的竞争激烈的国际市场,又担心被"边缘化",因此极为迫切地加入区域经济一体化,使得区域经济一体化的发展有如多米诺骨牌般一发不可收。[①]

（八）经济全球化的风险推动了区域经济一体化的发展

经济全球化推动了贸易、投资、生产、交换等经济活动在全球范围内的开展,也促进了世界经济的发展和各国经济的融合。但经济全球化的发展进程并不稳定,而且具有很大的风险,要规避这种风险,单纯的反全球化不是明智之举,会失去更多的发展机遇。世界银行在1996年发表的《世界经济前景与发展中国家》的报告中指出:一国的经济发展速度和参与经济全球化的程度之间,存在着密切的因果关系。参与经济全球化有利于一国的经济增长;反之,面对经济全球化裹足不前,则必然影响经济的顺利发展。那些局部参加全球经济,对贸易、投资及新思想构筑起围墙的国家,将付出高昂的代价——经济停滞,贫困加剧。[②] 因此,一些国家首选与经济发展水平大体相当的邻国组成一体化组织,形成区域内部市场,以规避经济全球化带来的风险。

三、阻碍区域经济一体化发展的因素

区域经济一体化迅速发展的过程中,也存在一些阻碍其发展的因素,这些因素或多或少地对区域经济一体化产生了不利影响。

（一）区域经济一体化组织的各成员国国情差异显著,经济发展程度不一

虽然一体化组织的各成员国加强合作的愿望越来越强,但由于各成员国的显著差异,难免产生具体利益要求方面的分歧,所追求的目标重点也会有所不同。这就使得区域经济一体化

---

① 1993年瑞士日内瓦国际研究院的理查德·鲍德温教授提出"地区主义的多米诺理论"(domino theory of regionalism)来解释区域经济一体化的发展。

② 陈漓高等. 世界经济概论. 北京:首都经贸大学出版社,2006. 311。

组织在促进经济一体化过程当中,要给予更长时间的互相协调的过程。尤其是南北型的经济一体化组织更是如此。发展中国家往往希望能与组织中发达国家在商品、资金、技术上有更多的交流与合作,从而扩大和加强本国经济实力;而发达国家更多的是希望从发展中国家那里抢占市场份额,使得其投资收益得以提高,并不非常愿意给予发展中国家经济上的援助。如亚太经济合作组织就是这种情况。这也预示着亚太经合组织要发展成为更高层次的一体化组织是相当困难的,它需要慢慢向前发展。

(二)区域经济一体化组织的各成员国之间的关系,尤其是政治关系不融洽

区内各成员国之间的关系,特别是政治关系不正常,甚至由于边界、领土争端或民族、宗教冲突而使国家关系长期恶化,地区安定不能确保,这必然会影响区域经济一体化的发展。如南亚区域合作联盟,由孟加拉国、印度、巴基斯坦、尼泊尔、斯里兰卡、不丹、马尔代夫 7 个国家组成,于 1985 年正式成立,虽然其在经济合作方面取得一定进展,但由于印度和巴基斯坦这两个最大的成员国之间在克什米尔地区加强军备竞赛,不时爆发武装冲突。1998 年以来,两国先后进行核试验和导弹发射,使得该区域经济组织的发展受到严重影响。

(三)经济形势的恶化制约区域经济合作的发展

通常情况下,当某些地区乃至整个世界经济形势良好,经济增长较快,生产、贸易和投资等都在扩大时,则会推进经济全球化和经济区域化趋势;相反,当地区或世界经济形势恶化时,各国就都倾向于首先考虑应对政策,贸易保护主义意识增强,阻碍经济全球化和区域化。如 1994 年东盟自由贸易区计划实施后,发展尚属顺利,内部贸易有了一定发展,区域内出口由 1994 年的 22.0% 增加到 1996 年的 25.4%。然而,1997 年金融危机爆发后,部分成员国从本国的民族利益出发,尽管没有违背贸易自由化的承诺,但在采取措施上,已经产生倒退行为,致使东盟内部的贸易合作受到很大影响,1998 年区域内出口下降到 21.7%。

上述影响区域经济一体化发展的不利因素,与促进其发展的因素相比是逊色的,正是因为如此,才使得区域经济一体化朝着积极的方向前进,并不断发展和壮大。

第三节 区域经济一体化的基本理论

第二次世界大战以后,区域经济一体化的产生和发展迅猛,引起了许多经济学家对其进行研究和探讨,并形成了诸多理论。在此我们介绍一些基本理论。

一、关税同盟理论

关税同盟理论是由美国经济学家维纳(Jacob Viner)于 1950 年在《关税同盟问题》一书中提出,后来米德(J. E. Meade)于 1955 年在《关税同盟理论》和李普西(R. G. Lipsey)于 1960 年在《关税同盟理论:概述》中分别对这一理论进行发展。按照维纳的观点,完全形态的关税同盟应具备以下三个条件:第一,完全取消各参加国之间的关税;第二,对来自非成员国或地区的进口设置统一的关税;第三,通过协商方式在成员国之间分配关税收入。关税同盟理论主要研究关税同盟形成后的静态效应和动态效应。

(一)关税同盟的静态效应

1. **贸易创造效应**(trade creation effect)

所谓贸易创造效应是指关税同盟内取消关税,实行自由贸易,产品从成本较高的国内生产转往成本较低的成员国生产,提高资源配置效率,扩大生产盈利。首先,由于取消关税,成员国由原来生产并消费本国的高成本、高价格产品,转向购买成员国的低成本、低价格产品,从而使消费者节省开支,提高福利。其次,提高生产效率,降低生产成本。从某一成员国来看,以扩大的贸易取代了本国的低效率生产;从同盟整体来看,生产从高成本的地方转向低成本的地方,同盟内部的生产资源可以重新配置,改善了资源的利用。可见,贸易创造效果由消费利得和生产利得构成。下面通过图7.1来说明该效应。

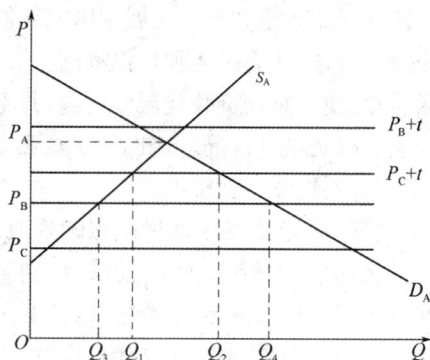

图 7.1　贸易创造效应

假设世界上有 A、B、C 三个国家,都生产某一相同产品,但三国的生产成本各不相同。现以 A 国为讨论对象,在图 7.1 中,S_A 表示 A 国的供给曲线,D_A 表示 A 国的需求曲线。假设 B、C 两国的生产成本是固定的,图中 P_B、P_C 两条直线分别表示 B、C 两国的生产成本,其中 C 国成本低于 B 国。

在组成关税同盟之前,A 国对来自 B、C 两国的商品征收相同的关税 t。假设 A 国是一个小国,征收关税之后,B、C 两国的相同产品若在 A 国销售,价格分别为 P_B+t、$P_C+t(<P_A)$。很显然,B 国的产品价格要高于 C 国,故 A 国只会从 C 国进口,而不会从 B 国进口。此时,A 国国内价格为 P_C+t,国内生产为 OQ_1,国内消费为 OQ_2,从 C 国进口为 Q_1Q_2。

假设 A 国与 B 国组成关税同盟,组成关税同盟后共同对外关税假设仍为 t,即组成关税同盟后,A 国对来自 B 国的进口不再征收关税,但对来自 C 国的进口仍征收关税。如图 7.1 所示,B 国产品在 A 国的销售价格现为 P_B,低于 P_C+t,所以 B 国取代 C 国,成为 A 国的供应者。由于价格的下降,A 国生产缩减至 OQ_3。Q_3Q_1 是 A 国生产被 B 国生产所替代的部分,此为生产效应。另一方面,价格的下降引起 A 国消费的增加,消费由原来的 OQ_2 升至 OQ_4,消费的净增部分 Q_2Q_4 为关税同盟的消费效应。

组成关税同盟后,A 国的进口由原来的 Q_1Q_2 扩大到 Q_3Q_4,新增加的贸易即为贸易创造效应。贸易创造效应＝生产效应＋消费效应＝$Q_3Q_1+Q_2Q_4$。

2. 贸易转移效应(trade diversion effect)

所谓贸易转移效应是指由于关税同盟对内取消关税,对外实行统一的进口关税,导致从外部非成员国较低成本的进口转向从成员国较高成本的进口。首先,由于关税同盟,阻止从外部低成本进口,而以高成本的供给来源代替低成本的供给来源,使消费者由原来购买外部的低价格产品转向购买成员国的较高价格产品,增加了开支,造成损失,减少福利。其次,从全世界的角度看,这种生产资源的重新配置导致了生产效率的降低和生产成本的提高。由于这种转移有利于低效率生产者,使资源不能有效的分配和利用,使整个世界的福利水平降低。

如图 7.1 中所示,Q_1Q_2 部分是从同盟外(C 国)进口的,但组成关税同盟后,则改从同盟内其他成员(B 国)进口,即贸易方向发生了转移,故贸易转移效应＝Q_1Q_2。

3. 贸易扩大效应(trade expansion effect)

所谓贸易扩大效应是指由于成员国间关税的取消而使进口商品价格下降,价格的下降带

来了需求的上升,由此使得进口国更多地进口商品。贸易扩大效应是从需求方面分析的,而贸易创造效应和贸易转移效应则是从生产方面分析的。如上假设中,A国X商品的价格在贸易创造和贸易转移的情况下都要比成立关税同盟前低。这样,只要A国X商品的需求弹性大于1,A国X商品的需求就会增加,其进口量也会增加,这就是贸易扩大效果。

4. 减少行政支出,减少走私,增强集团谈判力量

成立关税同盟后,同盟内各国之间取消关税,可以减少征收关税的行政支出费用;商品可以在同盟间自由流动,在同盟内消除了走私产生的来源,不仅可以减少查禁走私的费用支出,还有助于提高全社会的道德水平;集团经济实力大大增强,统一对外进行关税减让谈判,有利于同盟成员国地位的提高和贸易条件的改善。

(二)关税同盟的动态效应

1. 规模经济效应

关税同盟建立后,可以使生产厂商获得重大的内部与外部经济利益。内部规模经济主要来自对外贸易的增加以及随之带来的生产规模的扩大和生产成本的降低。外部规模经济则来源于整个国民经济的发展。国民经济各部门之间是相互关联的,某一部门的发展可能在许多方面带动其他部门的发展。

2. 竞争效应

各成员国组成关税同盟前,许多部门已经形成了国内的垄断,几家企业长期占据国内市场,获取超额垄断利润,不利于各国的资源配置和技术进步。组成关税同盟以后,由于各国市场的相互开放,各国的企业面临着来自于其他成员国同类企业的竞争。各企业为了在竞争中处于有利地位,想方设法改进技术,降低成本,提高劳动生产率,经济资源得以有效配置。

3. 吸引外资效应

关税同盟建立后,同盟内成员国从非成员国的进口减少,同盟外的国家为了避免这种消极影响,可能会将生产点转移到关税同盟内的一些国家,在当地直接投资设厂,生产并销售,以便绕过统一的关税壁垒,即吸引了大量的外国直接投资。

4. 技术进步效应

关税同盟建立后内部竞争加剧,促使成员国企业增加研究开发投资,利用技术创新来获得更强的竞争力。技术创新能够改变生产过程中所需要素的比例和数量,使得单位产品所需要素减少,单位成本下降。技术进步的结果是资源更合理配置,最后促进各成员国经济增长。

二、大市场理论

共同市场的一体化,不仅在区内实现了贸易自由化,而且生产要素可以在区内自由流动。生产要素在共同市场范围内重新配置,提高资源的配置效率。共同市场的理论基础是动态大市场理论。大市场理论的代表人物是西托夫斯基(T. Scitovsky)和德纽(J. F. Deniau)。

大市场理论的核心是:第一,通过扩大市场获得规模经济,从而实现技术利益;第二,依靠因市场扩大而竞争激化的经济条件,实现上述目的。二者之间是目的与手段的关系。

大市场理论的观点是,以前各国之间推行狭隘的桎梏本国利益的保护贸易,把市场分割得狭小而又缺乏弹性,使得现代化的生产设备得不到充分利用,规模经济和大批量生产的利益化

为泡影。只有大市场才能为研究开发、降低生产成本和促进消费创造良好的环境,它具有技术、经济两方面的优势。

(一)大市场的技术优势

其体现在专业化规模生产,特别是大批量的流水线作业。使机器设备得到最充分的利用,使专业化的工人、设备、销售渠道得到合理的使用,从而提高生产效率,降低成本。

(二)大市场的经济优势

1. 竞争的加剧使成本降低

大市场可以提供大量的竞争机会,可以摆脱限制自由竞争的各种技术和管理条例上的桎梏,使企业脱离国家的保护伞,在竞争压力的驱使下,千方百计地提高生产效率,实现规模经营,降低成本。

2. 实现资源合理配置

低工资对资本的吸引,优厚的劳动条件对劳动力的吸引以及大市场内部开业的自由,将导致成员国之间生产要素的相互转移和利用达到空前规模,使它们之间的合作与分工有更大的发展。

三、协议性国际分工原理

协议性国际分工原理是日本经济学家小岛清(Kiyoshi Kojima)于 1975 年在《对外贸易论》一书中提出的。该理论认为,为实现规模经济,可以通过国际政府的协商和调节机制来确定国际分工,发展国际贸易,即可通过经济一体化的制度把协议性分工组织化,从而使国家间的分工与贸易保持相对的稳定。协议性国际分工可有效地配置区域内资源,增加区域内各成员国的净福利。

协议性国际分工原理建立在成本长期递减理论的基础上。我们用图 7.2 来表示,即 A 国和 B 国 X、Y 两种商品的成本递减曲线,其中纵轴表示两国分别生产两种商品时的成本。现假定 A 国和 B 国达成互相提供市场的协议,A 国要把 Y 商品的市场、B 国要把 X 商品的市场分别提供给对方,即:X 商品全由 A 国专业化生产,并把 B 国 X_2 量的市场提供给 A 国;Y 商品全由 B 国专业化生产,并把 A 国 Y_1 量的市场提供给 B 国。照此两国进行集中化专业化生产后,两种商品的生产成本都明显下降了(如图 7.2 中虚线所示)。但这只是假定协议分工后,每种商品的产量等于专业化前两国产量之和,如果同时考虑随着成本的下降所引致的两国需求的增加,两国的国民福利水平还会更高。

然而,并不是任何两国间都能够实现协议性国际分工,必须要具备下列几个条件。

第一,达成协议分工的国家生产要素禀赋率差异不大,经济实力接近,且双方都有能力生产同类商品。

第二,作为协议分工对象的商品,必须具有能够获得规模经济的条件,协议分工后能够带来生产成本的降低和生产效率的提高。

第三,协议国际分工后,每个国家所获得的利益应该没有优劣之分,提高的程度彼此接近。

因此,协议性国际分工理论只能解释经济一体化必须在同等发展阶段的国家建立,特别是发达国家间建立经济一体化的依据,而无法解释工业国和初级产品生产国之间经济一体化建立的现象。

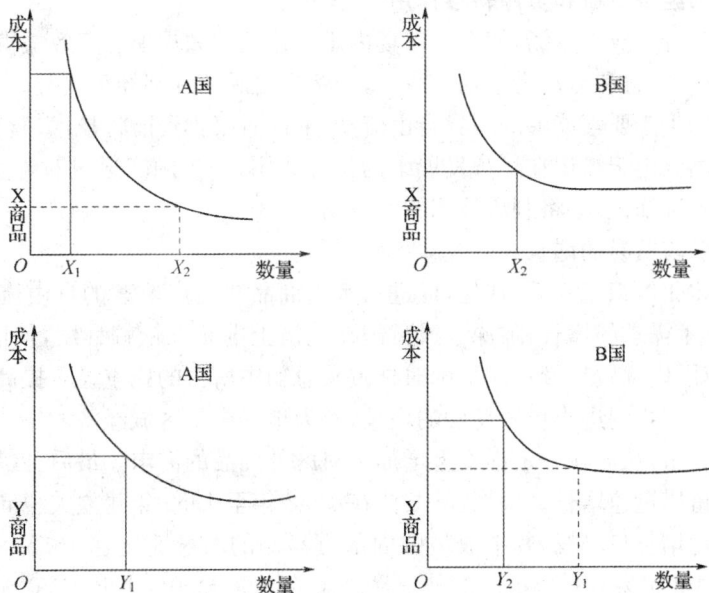

图 7.2 协议性国际分工

四、相互依赖理论

一国的经济运动对另一国的经济运动或多或少的都会产生双向的、相互的作用和影响。用相互依赖理论的观点来分析区域经济一体化是美国耶鲁大学卡尔·多伊奇提出的。该理论认为,相互依赖的作用是两方面的,既有正向或积极的一面,又有反向或消极的一面。由于其积极的作用促使一些国家成立区域经济一体化组织,有利于各成员国经济的发展;由于其消极的作用,致使区域内竞争的加剧,成员国的经济利益发生冲突,需要各成员国间进行协商,以协调各自的政策,达到更好的结合。

尽管相互依赖理论过于强调各国间的相互依赖和相互联系,但是从现象上来看,似乎比较接近区域经济一体化中的政策协调,因而也可作为区域经济一体化的一种理论依据。

第四节 区域经济一体化的利弊分析

区域经济一体化对世界经济产生全面的影响,既有积极的促进作用,也有一定消极的作用,存在着某些局限性。

一、区域经济一体化的积极作用

(一)资源优化配置

区内关税和其他贸易障碍的降低及消除带来了区内商品与生产要素的自由流动,由此降低了各方的生产成本,达到了资源的优化配置。产品的跨国界自由流动、产品标准的相互协调以及税收制度的简化,使得各国能够将生产活动集中在成本要素和技能组合最佳的地点来进行,从而实现成本效益的优化。

(二)带来外部经济效益和资源转移作用

零散的小市场合并成大市场,使在小市场内难以达到的大规模生产效益得以实现,各成员国交通、能源、通信、金融和劳动力市场的联合,会带来可观的外部经济效益。

共同市场内的生产要素能够跨国界自由流动,外国直接投资能将技术、营销和管理方面的诀窍转移给东道国。由于知识在经济发展中的核心作用,一个国家通过对外直接投资实行开放政策而获得的先进知识,必将刺激该国的经济增长。

(三)促进经济与贸易的增长

区域经济一体化组织成立后,首先,促进了区内商品与生产要素的自由流动,降低了产品的生产成本,促进了需求的增长,加深了成员国在经济上的相互依赖程度,使区域内成员国的贸易迅速增长,集团内部贸易额在成员国对外贸易总额中所占的比重显著提高。其次,区域经济一体化组织成员国之间进出口贸易额的增长,有力地促进了区域经济的快速增长,扩大了区域内自身的市场容量,从而在一定程度上增加了对区外商品的需求。最后,区域经济一体化使成员国对外贸易得以迅速增长。例如,欧共体在 1958 年至 1969 年建立关税同盟的过渡期中,对外贸易总额平均增长11.5%,其中成员国内部贸易额的增长速度达 16.5%。20 世纪 50~70 年代,欧共体内部贸易额占成员国对外贸易总额的比重从 30% 上升到 50%。80 年代,区内贸易从 1982 年的 55% 提高到 1988 年的 62%。从 1963 年到 1998 年,以西欧国家的对外贸易额为 100%,西欧国家间贸易所占的比重,出口从 64.1% 上升到 68.8%,进口从 56.1% 上升到 68.4%,其中欧盟 15 国的比重分别从 56.3% 和 51.8% 提高到 62.7% 和 63.4%。

(四)促进区域内各国产业结构调整

区域经济一体化组织取消或减少了内部关税与数量限制,使成员国企业失去了国家间贸易和投资壁垒的保护,为了在竞争激烈的统一市场环境中占据优势地位,各国必然加紧调整本国的产业结构,如发达国家向高科技领域发展,新兴工业化国家和地区将劳动密集型产业迅速向技术密集型产业转变,发展中国家也会设法改变贸易结构,利用"后发优势",先引进较为先进的技术,建立新兴的工业部门,逐步改变单一的经济结构,力争从初级产品转向制成品出口。通过区域经济一体化促进区域科技一体化,如在欧共体共同机构的推动和组织下,成员国在许多单纯依靠本国力量难以胜任的重大科研项目中进行合作。

(五)增进合作,减少冲突,提高在国际贸易中的地位和谈判力量

相邻国家的经济联系在一起,它们之间的相互依存性增强了,这可以促进邻国之间的政治合作,国家间出现暴力冲突的可能性相应减少。经济一体化组织的建立,使经济政治实力相对弱小的单个国家联合起来组成一体化组织,而非以单个国家的面目出现在世界舞台上,形成一股可观的力量,经济实力大大增强,经济地位明显提高。由于其地位的提高和竞争能力的加强,加重了这些国家在国际贸易谈判中的力量,在一定程度上维护了它们的贸易利益。

例如,1958 年欧共体成立时,6 个成员国(比利时、法国、联邦德国、意大利、卢森堡和荷兰)的国内生产总值之和仅相当于美国的 40%,黄金外汇储备只有美国的 55%,出口贸易与美国相近。但到 1979 年时,欧共体九国的 GDP 超过美国的23 480亿美元,达23 800亿美元,黄金外汇储备比美国多 5 倍多,出口贸易额是美国的 2 倍以上。欧共体内部贸易在国际贸易中的比重也从 1975 年的 18.5% 上升到 1990 年的 24.2%。据世界贸易组织 1999 年度报告的数字,1998 年美国的国内生产总值为 82 310 亿美元,而欧盟 15 国为 83 460 亿美元,表明欧盟在经济总量上超过美国,成为世界最大的经济实体。

(六)改变了世界贸易竞争关系

区域经济一体化在共同对外协调一致的贸易利益存在下,使原来表现为公司间作为直接竞争对手的国与国之间的竞争关系转变成一体化组织形式的集团间的竞争、集团与国家间的竞争、国与国之间的竞争等多种形式的贸易竞争关系。区域范围内贸易自由化的进程已经改变了传统国际贸易的竞争博弈格局,国际贸易的竞争已从国家间的个体博弈迈向集团间的群体博弈。

二、区域经济一体化的消极作用

(一)成员国经济贸易政策的自主权受到限制

在区域经济一体化之前,各成员国的贸易政策具有自主性,基本由自己决定和实施。但区域经济一体化之后,区域性协调必须渗透到各成员国经贸政策的制定过程当中,从而在一定程度上削减了自己的经济自主权。如成员国的进出口管理制度、外汇制度、产业政策及有关制度和政策的制定,都要遵守区域性安排中的法规和规范。

(二)加剧了贸易保护主义

经济一体化组织的一个特征是区域集团化,另一个特征是对内实行自由贸易,对外实行贸易保护。这加剧了世界贸易保护的倾向和市场的分割。

在区域联盟中,经济实力较弱的成员国因为不能限制来自其他成员国的竞争,会要求联盟对来自外部的竞争加以限制,以抵消它们在联盟内部的损失,由此造成了一个个的"联盟堡垒",加剧了贸易保护主义,恶化了国际贸易环境,尤其使区外发展中国家的贸易环境雪上加霜。

(三)危害落后成员国的利益

由于区域集团内经济实力较强的成员国以更高的效率主宰了某些产业和市场,另一些经济实力较弱的成员国在短时间内则会受到损害,它们将需要一个相当长的调整时期来改进技术、重新培训劳动力,转向相对于其他成员国具有比较优势的产业。

(四)区域集团外投资相应减少

区域一体化尽管没有提高对非成员国商品的关税率,但由于成员国内部之间取消关税,就会使非成员国的跨国公司由于贸易转移的影响,原来以出口方式进入市场因受到歧视而改为以直接投资取代出口,在一体化区域内部直接生产,绕过进口国的关税与非关税壁垒,以保护通过出口所占领的市场。显然,流入的外国直接投资是从世界其他地区潜在的投资转移来的,所以一体化区域内直接投资的增加,意味着一体化区域外投资的相应减少。例如,美国对欧共体直接投资的增加,恰恰与其减少对发展中国家的投资同步进行。美国在欧共体投资存量占其对外直接投资总额的比重,由1957年的6.7%增加到1991年的41.9%,而同期对发展中国家的直接投资的份额则从40.6%下降到24.7%。

(五)国际协调受到艰难阻力

世界经济区域化使得若干个实力相当或相近的区域性组织出现在世界经济的大舞台上。它们之间的竞争与合作是并行不悖的。因而,国与国之间的协调将转化为区域与区域之间的国际协调。然而经济贸易集团具有错综复杂的利益格局,且任何一种国际协调都不可能完全符合各国的经济利益,因此,不可避免地会出现反对国,国际协调将受到重重阻力,不能完全或顺利地贯彻。

第五节　区域经济一体化组织的实践

区域经济一体化组织发展到现在已经具有几百年的历史。追溯其最早的区域经济一体化组织是原普鲁士的各个城邦组成的同盟。它最终导致了日耳曼族（除奥地利以外）51 个独立城邦的统一。我们如今所说的区域经济一体化组织是第二次世界大战以后的现代区域经济一体化组织。在众多的区域经济一体化组织当中，我们把欧洲联盟、北美自由贸易区、亚太经济合作组织和东南亚国家联盟作为最具代表性的区域集团加以介绍。

一、现存区域经济一体化组织的最高形式——欧洲联盟

欧洲联盟（European Union, EU）简称欧盟，前身是欧洲经济共同体（European Economic Community, EEC）。根据 1991 年 12 月签署的《欧洲联盟条约》（又称《马斯特里赫特条约》，简称《马约》），欧盟的宗旨是"通过建立无内部边界的空间，加强经济、社会的协调发展和建立最终实行统一货币的经济货币联盟，促进成员国经济和社会的均衡"。目前欧盟拥有 28 个成员国，面积为 432 万平方千米，人口 5 亿。

（一）欧盟的基本概况

欧洲经济共同体是根据法国、联邦德国、意大利、荷兰、比利时和卢森堡六国政府 1957 年签订的《罗马条约》，于 1958 年 1 月 1 日正式成立的。1973 年，由于英国、爱尔兰和丹麦三国的加入，其成员由六国扩大到九国。1981 年，希腊成为欧共体的第十个成员国。1984 年，共同体首脑达成协议，西班牙和葡萄牙于 1986 年加入欧洲经济共同体。1995 年，瑞典、芬兰、奥地利加入。2004 年 5 月 1 日，波兰、捷克、匈牙利、斯洛伐克、斯洛文尼亚、立陶宛、塞浦路斯、拉脱维亚、爱沙尼亚、马耳他十国加入。2007 年 1 月，罗马尼亚和保加利亚两国加入欧盟。2013 年 7 月 1 日，克罗地亚正式加入欧盟成为第 28 个成员国。欧盟经历了 7 次扩大，成为一个涵盖 28 个国家总人口达到 5 亿的当今世界上经济实力最强、一体化程度最高的国家联合体。自"欧共体"成立至今的 50 余年中，已实现了层次上的跨越发展。

1. 提前实现关税同盟目标——商品自由流动

欧洲经济共同体以商品在成员国之间的自由贸易为起点，与一般的发达国家区域经济一体化组织相同，成员国加入该组织的初衷是以关税同盟为核心扩展商品市场，因而消除商品自由流通的障碍、建成关税同盟成为欧共体最基本的目标。这一目标于 1968 年完成，比《罗马条约》规定的进程提前一年半。关税同盟的形成保护了成员国的市场，极大地促进了区域内贸易的迅速增长，刺激了区域外国家对欧洲经济共同体的投资。它作为一体化的起点有力地推动了各国经济的发展。

2. 建立统一大市场——要素自由流动

欧洲经济共同体建设一体化的进程是从商品的自由贸易向要素的自由流动发展。根据《罗马条约》，欧共体在完成了商品的自由流通之后还须在资本、劳务、人员三方面实现自由流动。1985 年 6 月，欧共体通过了《关于完善内部市场的白皮书》，同年底，又通过了《欧洲一体化文件》。这两个文件以共同市场为目标，为实现欧洲大市场的各项具体工作提出了近 300 条计划，不仅要求各国消除在贸易中残留的种种障碍，还在人员流动、劳务流通、公共工程开放和资本流通几方面通过了一系列法令和决议。通过上述众多的政策和措施的实施，一个商品、资

本、劳务、人员自由流动的欧洲统一大市场于 1993 年 1 月 1 日如期建成。

3. 向深度一体化发展——使用统一货币和建立统一银行

随着欧共体各成员国依赖程度的加深,区域集团在推进市场一体化的进程中又提出了新的目标。1991 年 12 月,12 国在荷兰的马斯特里赫特举行首脑会议,签订了《马斯特里赫特条约》,其中的《经济与货币联盟条约》的最终目标是,成员国间形成经济与货币联盟,协调各成员国的经济政策,建立欧洲统一货币——欧元,建立统一的欧洲中央银行。1999 年始,欧元已进入流通,经过 3 年过渡,2002 年欧元正式代替各参加货币联盟成员国的货币,实现"单一货币"的目标。欧洲经济共同体已经进入经济联盟的新阶段,其成员也在 1995 年接纳奥地利、瑞典、芬兰三国之后由原来的 12 国扩展为 15 国,成为一个有 3.7 亿人口,面积达 323.5 万平方千米,GDP 占世界 GDP 总值超过1/4,外贸额超过全球进出口贸易额 2/5 的强大的区域经济一体化组织。

4. 外延继续东扩——成员扩大至 28 国

2004 年 5 月 1 日,欧盟实现了第五次扩大,一次接纳包括波兰、匈牙利、捷克、斯洛伐克、爱沙尼亚、拉脱维亚、立陶宛、斯洛文尼亚、马耳他和塞浦路斯共 10 个新成员国入盟,数量超过了前三次扩大之和。2007 年吸纳了罗马尼亚和保加利亚,2013 年又吸收了克罗地亚。现在,欧盟西起大西洋,东与俄罗斯、乌克兰、白俄罗斯接壤,北至波罗的海,南与地中海毗邻,具有真正意义的"欧洲"规模。

5. 未来欧盟的发展

未来欧盟有望进一步扩大。根据欧盟相关法律,任何欧洲国家都可以申请成为联盟成员,只要这些国家在地理、经济、政治和认同感等四个方面达到欧盟的标准。

2007 年接纳罗马尼亚和保加利亚入盟后,巴尔干五国正在为入盟创造条件。乌克兰、白俄罗斯和摩尔达维亚同欧盟的关系进一步密切,这些国家是否及何时入盟将取决于形势的发展变化,其中要特别顾及俄罗斯的反应。土耳其虽已经被确认为入盟候选国,而且美国也不时地向欧盟施加压力尽快吸纳土耳其入盟,但是欧盟内部在接纳土入盟上颇有争议,在争议下无论如何土耳其要想真正成为盟国,恐怕需要相当长的时间。2008 年受金融危机影响,冰岛经济遭受严重打击。此后,其领导人考虑申请加入欧盟。冰岛加入欧盟的首轮谈判已在 2010 年 7 月 27 日正式启动。

欧洲一体化是欧盟各国共赢的一体化,欧盟通过一体化已成为世界重要的一极。没有一体化就没有欧洲的今天,也不会有欧洲的明天。因此,尽管欧盟的扩大速度将会在未来一段时期内可能明显放慢,但欧盟扩大的进程还将继续。

(二)欧盟的作用及影响

1. 欧洲联盟的建设对自身经济的发展产生着积极的影响

以欧元面市为例,单一货币的采用,使原来成员国之间的贸易(占其全部贸易额的 60%~70%)实际变成了"内贸",这意味着欧盟的货币和经济比过去更加安全和稳定。由独立的欧洲中央银行负责的欧元区的货币政策的实施,使各国丧失了使用汇率和货币政策进行经济调控的权力,经济政策必然更加趋同,这意味着会吸引更多的外资,从而可提高产业竞争能力和增加就业机会。由此也更加确立了欧洲经济联盟作为世界经济格局中重要"一极"的地位,形成了对美元,进而对美国地位的挑战。

2. 欧洲联盟对区域经济一体化发挥很大地推动作用

欧盟是成立最早、起点最高、范围最广、程度最深、受益最大的区域经济一体化组织,对世界范围的区域经济一体化格局构成影响,并对区域经济一体化的发展起到了示范的作用。欧共体一直是区域经济一体化的领头羊,其产生和发展反映了区域经济一体化的发展和变化的过程。

二、北美自由贸易区

北美自由贸易区(North American Free Trade Area,NAFTA),是美国实施一体化战略的开端。《北美自由贸易协定》自 1994 年 1 月 1 日起正式生效,其宗旨是:逐步取消成员国之间的关税与非关税壁垒,实行商品的自由流通,创造公平竞争的条件,相互开放金融市场,增加投资和就业机会,对知识产权提出适当的保护,建立执行协定和解决争端的有效程序,促进三边的、地区的和多边的合作。

(一)北美自由贸易区基本概况与特征

关于建立北美自由贸易区的设想,最早出现在 1979 年美国国会关于贸易协定的法案提议中,但由于种种原因,直到 1985 年才开始起步。1985 年 3 月,加拿大总理马尔罗尼在与美国总统里根会晤时,首次正式提出美、加两国加强经济合作、实行自由贸易的主张。由于两国经济发展水平及文化、生活习俗相近,交通运输便利,经济上的互相依赖程度很高,签署一体化协议对双方都有利。1988 年 1 月,美国和加拿大签订了《美加自由贸易协定》(CUSFTA),协定于 1989 年 1 月 1 日正式生效。《美加自由贸易协定》规定在 10 年内逐步取消商品进口(包括农产品)关税和非关税壁垒,取消对服务业的关税限制和汽车进出口的管制,开展公平、自由的能源贸易。在投资方面两国将提供国民待遇,并建立一套共同监督的有效程序和解决相互间贸易纠纷的机制。另外,为防止转口逃税,还确定了原产地原则。美、加自由贸易区是一种类似于共同市场的区域经济一体化组织,标志着北美自由贸易区的萌芽。

由于区域经济一体化的蓬勃发展和《美加自由贸易协定》的签署,墨西哥开始把与美国开展自由贸易区的问题列上了议事日程。美、加、墨三国于 1991 年 6 月 12 日在加拿大的多伦多举行首轮谈判,于 1992 年 8 月 12 日达成了《北美自由贸易协定》,并于同年 12 月 17 日由三国领导人分别在各自国家正式签署。该协定于 1994 年 1 月 1 日正式生效,北美自由贸易区宣告成立。

《北美自由贸易协定》规定,自 1994 年 1 月 1 日起,用 15 年时间分三个阶段逐步取消三国间的关税和非关税贸易壁垒,实现商品和服务的自由流通,建立一个横跨整个北美大陆,拥有 3.6 亿人口和年 GDP 达 6 万亿美元的统一大市场。规定三国的商品关税取消分三批进行:50% 的商品关税立即取消;另外 15% 的商品关税在 5 年内取消;其余的商品在第 6～15 年内逐步取消。在原产地规则方面,北美自由贸易协议比美加自由贸易协议更加严格,如它要求包含 62.5%(美加协议是 50%)以上北美部件的车辆才有资格享受免税待遇。纺织品及服装必须在北美自由贸易区内生产主要部分,才能享受关税减免待遇。另外,协议对服务、投资、知识产权、政府采购等方面都做了规定。在较为棘手的汽车、农产品、纺织品、能源、运输、文化及环境等方面还专门列了细则加以说明。与欧洲经济一体化不同,该集团各成员国在经济发展水平上存在着明显的差异:即美国和加拿大是当代典型的发达国家,而墨西哥则是典型的发展中国家,三国人均国民生产总值比较见表 7.3。该协定目前还没有制定出类似 1958《罗马条约》

建立欧共体时的远大目标,而只是将其区域经济一体化组织的形式定位于自由贸易区。北美自由贸易区随着其发展,呈现出以下几个特点。

表7.3 美、加、墨三国人均国民生产总值比较 　　　　　　　　　单位:美元

年份 国别	1988年	1990年	1998年	2002年	2003年
美国	19 870	21 790	29 340	34 100	37 460
加拿大	16 860	20 470	20 020	21 130	23 561
墨西哥	1 820	2 490	3 970	5 070	6 297

资料来源:世界银行《世界发展报告》,1990年、1992年、1998年、1999年至2000年;国家统计局:中国主要经济社会指标的国际比较(2002年);吴海英、刘士国:《世界经济统计资料》。

1. 南北合作

北美自由贸易区既有经济实力强大的发达国家(如美国),也有经济发展水平较低的发展中国家,区内成员国的综合国力和市场成熟程度差距很大,经济上的互补性较强。各成员国在发挥各自比较优势的同时,通过自由的贸易和投资,推动区内产业结构的调整,促进区内发展中国家的经济发展,从而减少与发达国家的差距。

2. 大国主导

北美自由贸易区是以美国为主导的自由贸易区,美国的经济运行在区域内占据主导和支配地位。由于美国在世界上经济发展水平最高,综合实力最强;加拿大虽是发达国家,但其经济实力远不如美国;墨西哥是发展中国家,对美国经济的依赖性很强,因此,北美自由贸易区的运行方向与进程在很大程度上体现了美国的意愿。

3. 减免关税的不同步性

由于墨西哥与美国、加拿大的经济发展水平差距较大,而且在经济体制、经济结构和国家竞争力等方面存在较大的差别,因此,自《美加自由贸易协定》生效以来,美国对墨西哥的产品进口关税平均下降84%,而墨西哥对美国的产品进口关税只下降43%;墨西哥在肉、奶制品、玉米等竞争力较弱的产品方面,有较长的过渡期。同时,一些缺乏竞争力的产业部门有10~15年的缓冲期。

4. 美国战略构想的过渡性

美国积极倡导建立的北美自由贸易区,实际上只是美国战略构想的一个前奏,其最终目的是为了在整个美洲建立自由贸易区。美国的目标是想建立一个以美国为核心的囊括整个北、中、南美洲的"泛美自由贸易区"或"大美洲经济圈"。美国试图通过北美自由贸易区来主导整个美洲,既可以为美国提供巨大的潜在市场,促进其经济的持续增长,又可以使美国扩大其在亚太地区的势力,与欧洲争夺世界的主导权。1990年6月27日美国总统布什在国会提出了开创"美洲事业倡议",随后美国于1994年9月正式提出"美洲自由贸易区"计划,同年12月,在美国迈阿密举行了由北美、南美和加勒比海所有国家(古巴除外)共34个国家参加的"美洲首脑会议",在加快美洲一体化步伐的基础上,提出准备在2005年正式建立美洲自由贸易区的设想。2001年4月20日南北美洲34国的国家领导人和政府首脑在加拿大魁北克举行了美洲经济自由贸易区的第三届美洲国家首脑会议,决定于2005年建成美洲自由贸易区。尽管美洲自由贸易区没能如期建成,但美国积极推动美洲一体化的战略是不会改变的。

(二)北美自由贸易区的作用及影响

1. 北美自由贸易区对内部的影响

第一,有益于区内成员国发挥自身的比较优势。墨西哥与美国和加拿大分别在生产劳动密集型产品和资本、技术密集型产品方面具有比较优势。北美自由贸易区的组建将会促使各成员国按照比较利益原则进行分工。美国和加拿大专门生产并出口资本技术密集型产品,墨西哥则专门生产并出口劳动密集型产品。美国和加拿大或美国和墨西哥之间将会形成产品的研究开发与生产之间的分工或形成制成品与初级产品之间的分工。这种分工会使美、加、墨三国之间形成互补型的产业结构。由此会改善区域内资源的不合理配置,提高资源的生产效率。

第二,有益于区域内不同类型的国家形成规模经济。区内消除贸易壁垒,成员国的企业获得了扩大市场规模的好处。如三国中美国具有资本、技术密集型产品生产成本较低的优势,消费市场的扩大将使美国厂商充分利用其机器设备进行大批量生产,促使产品的生产成本进一步降低,从而为美国创造更大的资本、技术密集型产品的销售市场,美国则从中获得规模经济效益。墨西哥则会成为劳动力密集型产品的集中销售市场。美国、加拿大原来向区域外发展中国家进口的劳动力密集型产品将转向从区内墨西哥进口,使墨西哥的市场扩大,同样获得规模经济效益。

第三,有益于不同发展层次的国家在产品的生命周期传递中做到优势互补。由于美国拥有发达的教育制度和数量众多的科技人才,具有技能较高的劳动力和雄厚的研究与开发资金,使得其科技水平以及将研究成果市场化方面具有绝对优势。因此,美国处于产品生命周期的第一阶段,加拿大处在第二阶段。随着产品由美国向加拿大的出口,引起加拿大对产品的模仿,产品的日益成熟化。墨西哥则处在产品"标准化"和"批量化"生产阶段。随着产品的日益标准化和批量化,墨西哥在劳动力成本方面的优势将会进一步抵消技术方面的差距。总之,北美自由贸易区的建成,有助于三国按照产品生命周期实行区域内的分工和贸易,从而促进各国的经济增长。

在为区内各国带来上述积极作用的同时,对不同国家也会造成一些消极影响。如对美国来说,为改善美国同墨西哥之间一些边境地区的环境条件,要付出相当大的经济费用,估计所需费用达 60 亿~100 亿美元。对于墨西哥来说,农业面临着美国农产品的冲击,不少与农产品关联度较大的企业经营难度加大,甚至有破产、倒闭的危险。但利弊相较,利大于弊则是公认的事实。

2. 北美自由贸易区对南北关系的影响

北美自由贸易区是世界上第一个由发达国家和发展中国家组成的区域经济一体化组织。传统理论认为,只有在经济发达的国家之间,才能通过实行区域经济一体化的自由贸易、共同市场等政策来建立成员国间的公正、平等的市场竞争,优化资源配置,推动技术进步,扩大经济规模,提高劳动生产率和经济效益,达到各成员国互利互惠、共同发展的目的。经济发达国家和发展中国家很难结成经济集团,因为两者经济发展水平差距过大,民族经济利益往往矛盾尖锐,很难实现真正平等互利的经济合作。即使能够达成某种经济或贸易协定,发展中国家往往也会始终处于被动地位,难以摆脱发达国家对发展中国家的控制。北美自由贸易区的成功运作打破了这一传统理论认识。北美自由贸易区最明显的特点在于其是典型的南北合作型的区域经济一体化组织。这种合作使南北的相互依赖性加强,南北经济联系更加紧密,加快了世界产业结构的调整,有助于缩小南北经济差距,促进世界经济的稳定发展。

三、亚太经济合作组织

亚太经济合作组织(Asia Pacific Economic Cooperation,APEC),简称亚太经合组织或亚佩克,成立于1989年,现有21个成员国、地区。其宗旨是:保持经济的增长和发展;促进成员间经济的相互依存;加强开放的多边贸易体制;减少区域贸易和投资壁垒,维护本地区人民的共同利益。

(一)亚太经合组织概况和特征

1. 亚太经合组织概况

为适应各国经济日益国际化和区域经济一体化的趋势,在日本、澳大利亚、韩国等国家和地区的倡导和支持下,亚太地区组建了区域经济的合作组织。这一组织并不是一个严格的区域经济一体化组织,它是在承认该地区经济体制、经济发展水平、贸易和投资自由化诸多差异的前提下建立起来的地区经济合作组织。

该组织成立时成员国(地区)只有12个:澳大利亚、文莱、加拿大、印度尼西亚、日本、马来西亚、新西兰、菲律宾、新加坡、韩国、泰国和美国。1991年增加了中国、中国台湾、中国香港三个成员,1993年又增加了墨西哥和巴布亚新几内亚,1994年增加了智利,后来1998年俄罗斯、越南、秘鲁三国也加入了该组织。截至2014年底,亚太经合组织有21个成员,总人口达26亿,其国民生产总值占世界国民生产总值的57%,贸易额占世界贸易总额的47%,国土面积总和约6 000多万平方千米,是当今世界最大的区域国际经济合作组织。

APEC的基本目标为:①维持本地区经济的增长与发展;②通过商品、服务、资本和技术的流动增加经济交流;③在国际经济组织的框架下,减少成员经济体之间商品和服务贸易的障碍;④为世界经济的增长和发展作出贡献。

APEC采取自主自愿、协商一致的合作方式。所作决定须经各成员一致同意,会议最后文件不具法律约束力,但各成员在政治上和道义上有责任尽力予以实施。

2. 亚太经济合作呈现的特征

第一,经济合作的互补性。亚太经合组织跨越三大洲21个国家和地区,无论是客观环境还是经济发展水平和结构,都具有很大的差异性,但差异中又蕴含着极强的互补性。地处北美的美国是世界上资金实力最雄厚、科学技术最先进的超级大国。地处亚洲的日本是仅次于美国的世界第二大经济强国,该国经济在战后获得了迅速发展,至今已拥有同美国相抗衡的资金和管理技术,但其自然资源和劳动力却极为短缺。地处大洋洲的澳大利亚和新西兰,拥有较先进的科学技术,地域辽阔,资源丰富,但缺乏足够的劳动力。地处东亚的韩国、中国香港、中国台湾、新加坡等国家和地区,位居大陆边缘的大岛或半岛,具有海港优势,20世纪70年代已经飞速成长为新兴工业化国家和地区,但却地域狭小,资源贫乏。中国及东盟各发展中国家,虽然生产技术较为落后,资金短缺,但拥有极为丰富的劳动力资源和广阔的市场空间。

成员国的互补性是经济合作的重要基础。由于经济发展水平的悬殊,区域内形成了若干不同的产业层次。美日等发达国家生产高新技术产品,韩国、新加坡、中国香港和中国台湾等新兴工业国和地区以及中等发达国家和地区生产一般资本技术产品和耐用消费品,中国等发展中国家则以生产劳动密集型产品为主。纵横交错相互交叉的国际分工构成了区域内的不同水平国家的合作形式。

第二,合作内容的务实性。自从 1989 年亚太经合组织成立以来,已经运行了 20 多个年头,实践证明,它已成为联结并推动亚太地区不同国家、地区经济合作的重要纽带。虽然该组织因不具有实际管理职能,而被称为"论坛",但它决不是"空谈俱乐部",而是通过设定目标、落实时间表、制订行动议程等推动地区内贸易和投资自由化以及开展经济技术合作。实践也证明,自从 1993 年西雅图会议之后,一年一度的领导人非正式会晤制度被确定下来,所制订的议程和行动计划以及领导人做出的承诺,虽然不是法规,但具有必须落实的"政治义务"的性质。此后的十几年中,亚太经合组织一步一个脚印,一年一个新进展,目前在动力机制、规划建设、联系和协调功能、网络功能等方面已取得了令人欣喜的成果。因而亚太经合组织大大推动了地区贸易和投资自由化,推动了经济技术合作。

第三,合作进程的灵活性。由于亚太经合组织的成员经济发展水平有较大的差异,不可能用强制性的法规和一致性的步伐推动地区贸易和投资自由化。因此,该组织的一个突出特征是所有的进程都建立在自愿、自主、灵活的协商一致的基础上。即成员国可以根据自己的实际情况安排参与或落实计划,任何集体的行动均需各成员协商同意。可见,在这一点上亚太经合组织同欧洲经济联盟或北美自由贸易区相比,有很大的差异性。后者是统一步调、统一行动;前者则是通过一种共同参与、协商和承诺机制来推动成员间的经济合作与发展。当然,区域组织成员国间并非所有看法都趋向一致。如在亚太经合组织发展方向的问题上,美、加、澳等发达国家希望该组织主要推动贸易和投资自由化,而中国以及东盟国家等发展中国家和地区则主张必须在推动贸易和投资自由化的同时,加强经济技术合作。再如,发达国家特别是美国主张通过带有谈判性质的程序或者以"实质性多数"参与的方式推动市场开放,而发展中国家成员则坚持自愿参与及协商一致的原则,并强调在落实贸易、投资自由化目标上,应当分列发达国家及发展中国家不同的时间表。这种分歧既会对亚太经合组织的决策产生一定程度的影响,又进一步体现了由于发展程度不同而必须注意的灵活性。

第四,合作方式的多样性和不同层次性。合作方式的多样性首先体现在亚太经合组织"两个轮子一起转动"的原则,即一是推动贸易投资自由化以及以消除各种交易障碍为目的的便利化;二是开展经济技术等方面的密切合作。此外,由于亚太经合组织跨三大洲,各自还都存在独立的地区性一体化组织或次区域集团,如北美自由贸易区、东盟、东亚、澳新联盟等。再加上亚太各成员国和地区社会制度、经济体制、文化背景、意识形态等诸多方面的差异,使得该区域集团不可能像欧美那样大型和集中地进行一体化建设,而只会在大集团框架下或是在大集团建设目标已定的条件下,采取小型多样、不同层次的形式共同推进一体化进程。1994 年的茂物会议确定了实现贸易和投资自由化目标的时间表,时间跨度长达 15~25 年。各成员国根据自身的经济发展情况,选择与之相适应的期限逐步降低关税,循序渐进地走上自由化道路。发达国家不迟于 2010 年,发展中国家不迟于 2020 年实现贸易和投资自由化。1995 年大阪会议之后,亚太经合组织各成员都提交了贸易投资自由化的单边行动计划,包括中国在内的许多成员根据各自经济发展水平,也都提出了自由化进程的时间表。

(二)亚太经合组织的作用及影响

亚太经合组织是亚洲—太平洋地区级别最高、成员国(地区)最多、影响力最大的区域性经济组织。它的建立具有重大历史意义,表明该组织以完全官方性质为主要特点而超越了成立

于其之前的纯工商界(民间)的太平洋盆地经济理事会(PBEC)和半官方的太平洋经济合作理事会(PECC),成为推动太平洋经济合作的真正桥梁,使构建亚太地区新的经济秩序成为可能。它开创了亚太政府间合作的先河,标志着亚太经济合作已进入了紧密的、官方的、实质性的和高层次的实施阶段。自APEC成立以来,其在推动区域和全球范围的贸易投资自由化和便利化、开展经济技术合作方面不断取得进展,为加强区域经济合作、促进亚太地区经济发展和共同繁荣做出了突出贡献。据亚太经合组织秘书处2009年11月9日公布的一份分析报告显示,自1989年成立以来,其区域内贸易增加了5倍,区域一体化程度不断加深。尽管成员国间没有约束性的协议,但对成员间贸易的影响不亚于自由贸易协议,APEC成员正享受着事实上的高度区域一体化的好处。根据报告,APEC成员间的贸易超过他们与其他自由贸易协议伙伴之间的贸易,而APEC和世界贸易组织双料成员间的贸易规模则更大。目前,APEC区域内贸易占APEC贸易总量的比例达67%,远高于欧盟区域内贸易。作为APEC一些成员国的最大贸易伙伴、最大出口市场和重要投资来源地,2013年中国与其他20个经济体贸易总额合计2.5万亿美元,占中国全球贸易的60%。2014年11月,习近平主席在APEC领导人非正式会议上宣布启动亚太自由贸易区(Free Trade Area of the Asia-pacific,FTAAP)进程,这将对世界经济发展产生重要影响,APEC也将由分散的地区性组织向亚太经贸一体化制度框架转型。

四、东南亚国家联盟

东南亚国家联盟(Association of South-East Asian Nations,ASEAN),简称东盟,成立于1967年。前身是马来亚(现马来西亚)、菲律宾和泰国于1961年7月31日在曼谷成立的东南亚联盟。1967年8月7日至8日,印度尼西亚、泰国、新加坡、菲律宾四国外长和马来西亚副总理在曼谷举行会议,发表了《曼谷宣言》,正式宣告东南亚国家联盟成立。同月28日至29日,马、泰、菲三国在吉隆坡举行部长级会议,决定由东南亚国家联盟取代东南亚联盟。1984年1月文莱独立后随即加入东盟,1995年7月越南加入东盟,1997年7月老挝和缅甸加入东盟,1999年10月柬埔寨加入东盟。使东盟由最初成立时的5个成员国发展到目前的10个成员国。至此,实现了"十国大东盟"的构想。目前的成员国有10个:文莱、印度尼西亚、马来西亚、菲律宾、新加坡、泰国、越南、柬埔寨、缅甸和老挝。其中,前六个国家加入东盟的时间比较早,是东盟的老成员,经济相对发达;后四个国家是东盟新成员,经济相对落后。东盟成立之初的主要目的是希望建立区域联盟来遏制共产党势力在东南亚的扩展,主要是政治用意,经济用意次之。随着国际政治经济形势的变化,东盟转为以政治、经济为主的区域集团。2002年1月1日,东盟自由贸易区(AFTA)宣告成立,标志着东盟在经济一体化进程中迈出重要一步。截至2014年,东盟10国的总面积为448万平方千米,人口6.18亿,国内生产总值(GDP)达2万亿美元,是一个具有相当影响力的区域经济一体化组织。

东盟的宗旨和目标是:①以平等与协作精神共同努力促进本地区的经济增长、社会进步和文化发展;②遵循正义、国家关系准则和联合国宪章促进本地区的和平与稳定;③促进经济、社会、文化、技术和科学等问题的合作与互相支援;④在教育、专业和技术及行政训练和研究设施方面互相支援;⑤在充分利用农业和工业,扩大贸易,改善交通运输和提高人民生活水平方面进行更有效的合作;⑥促进对东南亚问题的研究;⑦同具有相似宗旨和目标的国际或地区组织保持紧密和互利的合作,探寻与其更紧密合作的途径。

(一)东盟的发展概况

由于东盟国家之间自然资源、出口产品和其他方面的相似性,早期进行区内贸易的尝试没有成功。后来东盟采取措施,扩大工业基地并使之多样化,使地区贸易得到了发展,区域经济也得到了高速增长。东盟少数国家已从欠发达国家一跃成为新兴工业化国家。

1992 年的东盟六国签署了《有效关税协定》,并于 1993 年 1 月 1 日起开始实施,准备用15 年的时间在东盟内建立自由贸易区。1994 年 9 月,东盟第 26 届经济部长会议在泰国的清迈举行,又一致同意缩短自由贸易区内降低关税的实施期限,将普通商品的减税期从 15年减为 5～10 年,并自 1995 年 1 月起将原来未列入自由贸易区计划的未加工产品也列入减税计划,同时在未来 5 年内逐步把暂时不削减关税名单中的商品按 20% 的比例逐年减少。这次会议还决定在非贸易领域的交通、通信和基础设施等方面加强合作,以共同对付西方国家出现的非经济贸易壁垒。1994 年 5 月,当时的东盟六国和越南、柬埔寨、老挝、缅甸在马尼拉举行了"东南亚十国非正式会议",一致同意建立"东南亚共同体",计划用 20～25 年的时间将东南亚共同体发展成为像欧洲联盟一样的地区统一机构。第六次首脑会议于1998 年 12 月在越南首都河内举行,会议主题是:为了一个和平、稳定均衡发展的东盟而团结合作。会议集中讨论了东盟各国协调化解危机,恢复经济,争取稳定,均衡发展的有关措施。会议通过了《河内宣言》《河内行动纲领》和《大胆措施声明》三个文件,决定加快东盟自由贸易和东盟投资区的进程。东盟第七次首脑会议于 2001 年 11 月 5 日至 6 日在文莱斯里巴加湾市召开。东盟领导人在会上审议通过了《河内行动计划》的中期报告,确定了新的优先组合项目,同意 2002 年初启动东盟一体化特惠体系,使东盟新成员越南、老挝、柬埔寨和缅甸能免税进入发达的其他东盟成员市场。2003 年 10 月,东盟第九次首脑会议在印尼巴厘岛召开。与会各国首脑在会上通过了《东盟共同体宣言》,确立了更为明确具体的目标,向更加密切的共同体迈进。这标志着东盟在政治、经济、安全、社会与文化领域内的全面合作进入历史新阶段,并朝着地区一体化迈进一大步。2004 年 11 月 29 日至 30 日东盟十国领导人在老挝首都万象举行第十次首脑会议,东盟 10 个成员国经济发展水平参差不齐,2003 年越南、老挝、柬埔寨和缅甸四国的人均国内生产总值平均只有 356 美元,而泰国、菲律宾、马来西亚、印尼、文莱和新加坡等六个老东盟成员的人均国内生产总值平均已达 1 626美元。鉴于上述情况,东盟各国达成协议,针对不同的国情和实际情况,采取不同国家进行整合、分批走的方针。为了促进东盟经济共同体的建设,各国领导人在会议期间签署了《万象行动纲领》(简称《纲领》)和《东盟关于一体化优先领域的框架协议》(简称《框架协议》)。这两份文件重申了在 2020 年建成自由贸易区的决心,强调缩小各国发展差距,从经济发展和社会安全两方面促进经济一体化进程,呼吁东盟与更多区域外国家和国际组织合作。

(二)东盟的作用

随着经济实力和影响的不断加强,东盟在地区事务中发挥着越来越重要的作用。

20 世纪 90 年代初,东盟率先发起东亚区域合作进程,逐步形成了以东盟为中心的一系列区域合作机制。其中,东盟与中日韩"10+3"、东盟分别与中日韩"10+1"合作机制已经发展成为东亚合作的主要渠道。此外,东盟还与美国、日本、澳大利亚、新西兰、加拿大、欧盟、韩国、中国、俄罗斯和印度 10 个国家形成对话伙伴关系。1994 年 7 月东盟倡导成立东盟地区论坛(ARF),成员包括东盟九国、中国、日本、韩国、美国、加拿大、澳大利亚、新西兰、俄罗斯、巴布亚新几内亚、柬埔寨、印度、蒙古和欧盟,与会各方主要就共同关心的亚太地区政治和安全问题

交换意见。东盟于 1994 年 10 月倡议召开亚欧会议(ASEM),先后于 1996 年 3 月在泰国曼谷、1998 年 3 月在英国伦敦举行了两次领导人会议,来自亚洲的东盟九国、中、日、韩和欧盟 15 国以及欧盟委员会的领导人聚会一堂,就促进政治对话、加强经济合作等问题进行了全面的探讨。1999 年 9 月,在东盟的倡议下,东亚—拉美合作论坛(FEALAC)成立。2003 年,中国与东盟的关系发展到战略协作伙伴关系,中国成为第一个加入《东南亚友好合作条约》的域外大国。

近年来,东盟作为东亚最大的多边合作机制,在该地区的战略地图上异军突起,长袖善舞,积极推动与地区大国合作,创造了一个折扇式的关系框架。在经贸合作方面上,积极与中国、日本、韩国、印度、澳大利亚、新西兰洽谈自由贸易协定,建成了包括主要周边国家在内的FTA/EPA 网络,成为东亚地区区域经济合作的"轮轴"国。2008 年东盟与这些伙伴国的贸易总额达到 5 866.7 亿美元,占东盟贸易总额的 34.3%,而东盟内部贸易额只占东盟贸易总额的26.8 %;在政治合作层面,积极邀请各大国作为全面对话伙伴讨论双边关系,建立了多个"10+1"机制,周旋于大国之中,成功地使自己成为亚洲区域经济合作的主导力量和各方利益的交汇点,发挥着一种"小国领导大国"的越来越重要影响力。这就是东盟最引人瞩目的安全战略之大国平衡战略。大国平衡是指东盟承认各大国在东南亚地区的利益,使各大国彼此之间相互制衡。东盟大国平衡战略的核心,是维持美国、中国这两个现实或未来国际事务的主导角色在东南亚地区的力量平衡。东盟希望加强同美国和中国的关系,与此同时却力求避免对其中任何一个国家的过分倚重,以求在中美两国的相互制衡之中实现自身利益的最大化。随着美国加入《东南亚友好合作条约》,发出"重回亚洲"的信号,东盟与美国的自由贸易协定也正在被提上日程。而且,东盟还将继续推进与欧盟等国的自由贸易谈判。2011 年 11 月,东盟提出"区域全面经济伙伴关系(RCEP)"倡议,旨在建立以东盟为核心的地区自贸安排。2013 年,在第七届东亚峰会上,东盟与中、日、韩、印、澳、新(西兰)6 国领导人同意启动 RCEP 谈判。东盟 FTA 战略的不断推进,对于东盟和所有与其缔结自由贸易协定的国家都将产生较大影响。

五、其他区域经济一体化组织

随着世界经济发展的区域经济一体化发展迅猛,目前世界上的各种区域经济集团多达200 多个。在欧洲,除欧盟外,还有"欧洲自由贸易联盟""环波罗的海大市场""波匈捷斯经济合作区""独联体经济同盟""欧亚经济共同体"等;在拉丁美洲,有"中美洲自由贸易区""加勒比共同体""安第斯集团""南锥体共同市场"等;在亚洲,有"南亚区域合作联盟""南亚与东南亚首次结盟""海湾合作委员会""阿拉伯合作委员会""黑海经济合作区"等;在澳洲,有"澳新自由贸易区";在非洲,有"西非国家经济共同体""大湖国家经济共同体""南部非洲发展共同体""阿拉伯马格里布联盟"等。从 20 世纪 80 年代以来,区域经济一体化出现了很强的发展势头,并且在地域上正在扩大。例如,非洲 32 个国家于 1991 年 6 月签订了建立"非洲经济共同体"的条约,规定在到 2025 年的 34 年里,分六个阶段逐步建成一个"非洲经济共同体",最终在非洲实现商品、资金和劳务的自由流动,并建立统一的中央银行,发行非洲统一货币。

特别值得关注的是跨太平洋伙伴关系协定(Trans Pacific Partnership Agreement,TPP)。它是由 APEC 成员中的新西兰、新加坡和智利在 2002 年发起的,旨在促进亚太地区的贸易自由化。文莱于 2005 年 4 月加入谈判,同年 7 月,四国签订了"跨太平洋战略经济伙伴关系协议"。由于该协议的初始成员国为四个,故又称为"P4 协议"。TPP 不仅涵盖国际贸易领域,还对劳工和环境、知识产权、国有企业等敏感议题进行了规范,因此也被称为"21 世纪的贸易协定"。2009 年 11 月 14 日,奥巴马宣布美国将参与 TPP 谈判,强调这将促进美国的就业和经济繁荣,为设定 21 世纪贸易协定标准做出重要贡献。同时,秘鲁、越南和澳大利亚也宣布加入谈判,由此实现了 P4 向 P8 的转变,影响随之扩大。后来,日本、马来西亚、加拿大和墨西哥也加入谈判。2015 年 10 月 5 日,TPP 终于取得实质性突破,12 个泛太平洋国家就 TPP 达成一致,其成员所占全球经济的比重达到了 40%。TPP 统一监管标准包括:贸易和服务自由、货币自由兑换、税制公平、国企私有化、保护劳工权益、保护知识产权、保护环境资源、信息自由(包括新闻自由、互联网自由等)。TPP 有五大突出特点:一是要求全面市场准入,即消除或削减涉及所有商品和服务贸易以及投资的关税和非关税壁垒;二是促进区域生产和供应链网络的发展;三是解决数字经济、国有企业等新的贸易挑战;四是促进中小企业发展和帮助成员国加强贸易能力建设,实现贸易的包容性;五是作为区域经济一体化平台,吸纳亚太地区其他经济体加入。

无论是世界大区域的经济一体化还是次区域的经济一体化,它们的形成过程、所处层次、紧密程度、所具规模、组织形式、制度结构、发展速度、发展前景等都不尽相同,但它们向着一体化发展的意志和趋向是一致的。

第六节　面对区域经济一体化中国的战略选择

世界经济区域集团化的发展是当前世界经济发展的必然趋势之一,新世纪的世界经济也同样会呈现区域集团化发展推动全球经济增长的特征。在经济全球化的背景下,区域经济一体化呈现出强劲的增长势头,并成为当今世界经济发展的特征之一。区域贸易的自由化进程已经改变了国际贸易的竞争博弈格局,国际贸易的竞争已从国家间的个体博弈迈向群体博弈。在不可逆转的历史潮流面前,各国经济只有迎合这一历史发展趋势,自觉融入其中,主动出击和设立保护屏障,才能在世界经济的不断变化和国际经济的激烈竞争中立于不败之地。中国作为发展中的大国和活跃在世界经济舞台上的重要国家,应该积极面对,有效地抓住机遇,冷静地迎接挑战,在新世纪更大规模的全球化、区域化大潮所营造的更加广阔的空间中,获得更大的发展。

一、区域经济合作模式比较

(一)欧盟模式:北北型区域经济合作

欧盟无疑是进行区域经济合作最为成功的一体化组织。它代表的是北北型高水平分工模式,参加的成员国原都是发达国家(在 2004 年东扩前由 15 个发达国家组成)。成员间的经济差距较小、政治制度接近、文化和其他社会价值观念相似。欧盟成员之间经济实力相当,需求相似,产业结构互补,是区内贸易增长的主要原因。

(二)北美模式:垂直型区域经济合作

20 世纪 90 年代后,市场竞争和贸易保护升级,区域组织突破水平相近间的传统做法,出现水平悬殊的发达国家与发展中国家区域合作的新模式。1994 年成立的北美自由贸易区是典型模式。成员国在经济、贸易上有很大的互补性,这不仅有利于解决发达国家资金相对过剩,而且有利于解决发展中国家的就业与资金不足。

(三)亚太模式:非体制型区域经济合作

在市场力量的推动下,亚太地区自发地进行了以垂直分工为基础、制度体制不同、开放的功能性区域经济合作实践。APEC以开放的地区主义作为基本原则,以支持全球多边贸易自由化的发展,并在1995年亚太经合组织大阪会议上将非歧视性原则列入行动议程。开放性地区主义强调在地区内逐步消除壁垒的同时,遵守最惠国待遇原则,相应的降低对非成员的壁垒。

(四)南南模式:低层次区域经济合作

与北北型区域经济合作组织进展形成鲜明对比的是,在20世纪60年代到80年代中期,大多数发展中国家组成的南南型区域合作出现了迅速产生但普遍停滞不前的局面。但近年来部分发展中国家,尤其是东亚、东南亚和南美部分国家,整体经济实力有所增强,为南南合作提供了示范。

上述四种模式各有特点,各个国家依据自身经济发展的特点以及区域经济一体化的要求采取不同的合作形式。中国应根据自身发展的需要,采取适宜中国的区域经济一体化战略。

二、中国的区域经济一体化战略选择

中国开展区域经济合作是从1991年开始的,1991年中国参加了亚太经合组织(APEC),是中国参加的第一个区域经济论坛。直到2001年中国才签署了第一个制度性贸易安排,加入了《曼谷协定》(现已更名为《亚太贸易协定》)。2003年签署的《内地与香港更紧密经贸关系安排》(CEPA),是中央政府与香港特别行政区政府签署的经贸安排,性质上看也是一种自由贸易安排。中国签署的第一个真正意义上的自由贸易协定是2004年11月与东盟十国签署的《货物贸易协议》。

2001年,中国成为WTO成员国以及与此相关的改革给中国带来了在世界舞台和东亚经济一体化中发挥更大作用的机遇。此后,党和政府审时度势,积极顺应世界范围内区域经济一体化潮流,逐步形成了开展自由贸易区建设的完整思路,在参与多边贸易谈判的同时,稳步推进自由贸易区建设。在2004年7月1日起施行的《中华人民共和国对外贸易法(修订)》中,对建设自由贸易区的法律地位作了明确规定:"中华人民共和国根据平等互利的原则,促进和发展同其他国家和地区的贸易关系,缔结或者参加关税同盟协定、自由贸易区协定等区域经济贸易协定,参加区域经济组织。"2007年10月,党的十七大报告进一步提出要"拓展对外开放广度和深度,提高开放型经济水平",要求"实施自由贸易区战略",扩大开放领域,优化开放结构,提高开放质量,完善内外联动、互利共赢、安全高效的开放型经济体系,形成经济全球化条件下参与国际经济合作和竞争新优势。这一要求结合了中国拓展对外开放的广度和深度,是提高开放型经济水平的现实需要,突出了自由贸易区战略的重要性。当前,中国发展自由贸易区的要求十分紧迫。加入世贸组织十多年后,中国面临的国际形势出现了很多新的深刻变化,需要建立一个更开放的经济体系。自由贸易区可以作为提高对外开放水平、建设和谐世界的重要手段。中国从2004年开始了自由贸易区的建设,截至2015年7月,中国已经谈判的自由贸易区已达16个(如果加上港澳的CEPA则已达到18个),涉及30多个国家和地区。其中,已经签署协议的自由贸易区11个,正在谈判的5个,正在进行官方联合研究的5个。从目前中国积极构筑两岸三地、东北亚(日、韩)、东南亚(东盟)、中亚(上海合作组织)、南亚(巴基斯坦、印度)、环太平洋(新西兰、智利、秘鲁、新加坡、澳大利亚、哥斯达黎加)、中东(海合会)、欧洲(冰岛、挪威、瑞士)、非洲(南部非洲关税同盟)自由贸易格局来看,中国已初步建立起以两岸三地为核心的多元重心模式发展的布局(图7.3)。

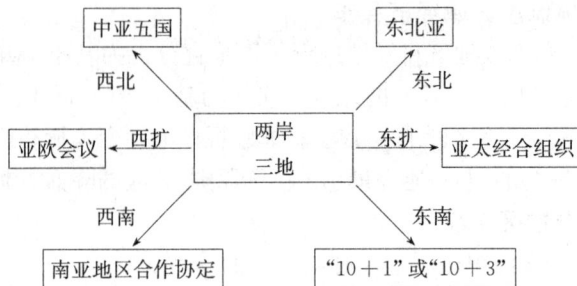

图 7.3　中国多元重心模式基本布局

我国自由贸易区战略的实施进展情况如表 7.4 所示。

表 7.4　我国自由贸易区战略的实施进展情况

	自由贸易区	当前进展（截至 2015 年 7 月）
已签署协定的自贸区	内地与香港更紧密经贸关系安排及其补充协议	2003 年 6 月签署，2004 年 1 月开始实施。还签署了 6 个补充协议
	内地与澳门更紧密经贸关系安排及其补充协议	2003 年 10 月签署，2004 年 1 月开始实施。还签署了 6 个补充协议
	中国—东盟	2002 年 5 月启动谈判，2002 年 11 月签署《全面经济合作框架协议》。2004 年 11 月签署《货物贸易协议》和《争端解决机制协议》，2005 年 7 月实施。2007 年 1 月签署《服务贸易协议》，7 月实施。《投资协议》2009 年 8 月签署。2010 年正式启动
	中国—智利	2004 年 11 月启动谈判，2005 年 11 月签署《自贸协定》（货物和合作），2006 年 10 月实施。2008 年 4 月签署《自贸区服务贸易协定》，在 2009 年实施。正开展投资谈判
	中国—巴基斯坦	2005 年 4 月启动谈判，2006 年 11 月签署《自贸协定》（货物和投资），2007 年 7 月实施。2009 年 2 月签署《自贸区服务贸易协定》
	中国—新西兰	2004 年 11 月启动谈判，2008 年 4 月签署《自贸协定》，已于 2008 年 10 月实施
	中国—新加坡	2006 年 8 月启动谈判，2008 年 10 月签署《自贸协定》，已于 2009 年 1 月实施
	中国—秘鲁	2007 年 9 月启动谈判。2009 年 4 月签署《自贸协定》，已于 2010 年 3 月实施
	中国—哥斯达黎加	2008 年 1 月，可行性研究联合工作组第一次会议在哥首都圣何塞举行。2010 年 2 月完成自由贸易协定谈判。《中国—哥斯达黎加自由贸易协定》于 2011 年 8 月正式生效
	中国—冰岛	2008 年 4 月，第一轮谈判在北京举行。2013 年 4 月签署《中华人民共和国政府和冰岛政府自由贸易协定》。协定于 2014 年 7 月生效
	中国—瑞士	2010 年 2 月 4 日，中国—瑞士自贸区联合可行性研究第一次会议在北京召开。2013 年 5 月中瑞签署《关于结束中国—瑞士自由贸易协定谈判的谅解备忘录》。协定于 2014 年 7 月生效
	中国—韩国	中韩自贸区官产学联合研究于 2006 年 11 月启动。2012 年 5 月正式启动谈判，于 2015 年 2 月 25 日完成全部谈判，并于 6 月 1 日正式签署协定
	中国—澳大利亚	2005 年 4 月启动谈判，2014 年 11 月结束实质性谈判。2015 年 6 月 17 日正式签署协定

续表

	自由贸易区	当前进展(截至 2015 年 7 月)
处于谈判阶段的自贸区	中国—海合会	2005 年 7 月启动谈判,已举行五轮谈判
	中国—挪威	2008 年 9 月启动谈判,已举行八轮谈判
	中日韩	2010 年 5 月中日韩自贸区官产学联合研究第一次会议在首尔举行,至 2015 年 5 月已完成七轮谈判
	区域全面经济合作伙伴关系(RCEP)	2013 年 5 月 9 日,第一轮谈判在文莱举行。至 2014 年 1 月在马来西亚吉隆坡完成第三轮谈判
	中国—斯里兰卡	2014 年 7 月完成联合可行性研究报告,至 2014 年 11 月完成第二轮谈判
处于官方联合研究阶段的自贸区	中国—印度	2005 年 4 月启动研究,并于 2007 年 10 完成联合研究报告
	中国—哥伦比亚	2012 年 5 月启动自贸区联合可行性研究
	中国—马尔代夫	2015 年 2 月启动自贸区联合可行性研究
	中国—格鲁吉亚	2015 年 4 月启动自贸区联合可行性研究
	中国—摩尔多瓦	1992 年签署中华人民共和国政府和摩尔多瓦共和国政府经济贸易协定,未来有望进行可行性研究

资料来源:根据中国自由贸易区服务网资料整理 http://fta.mofcom.gov.cn/article/ftanews/200909/988_1.html

与欧美等国全球区域经济一体化战略相比,中国的自由贸易协定战略起步明显较晚。到 20 世纪末,全球 GDP 排名前 30 位的国家和地区中,唯有日本、韩国、中国、中国台湾及中国香港没有加入任何双边 FTA。中国的自由贸易协定建设相对滞后,大多数自由贸易协定伙伴国依赖与周边国家及发展中国家合作。这多少受制于中国加入 WTO 较迟的现实,同时与国际范围内绝大多数发达国家还没有承认中国市场经济地位问题相关。

当前,中国的自由贸易区战略在实施过程中已经取得了不少成效,今后中国的自由贸易区战略在实施上应进一步明确主导思想,即:在进行双边经贸合作的过程中,应该有选择、有重点地提升双边经贸关系的档次,保证中国对外贸易的稳定发展。基本原则应该是由近及远、先易后难、积极融入、稳步发展的方针。必须考虑的因素包括:双方的合作意愿,提升双边合作的可能性,符合中国区域经济发展的战略,符合中国的外交战略。

近期中国应将中日韩与东盟十国建立自由贸易区作为重点建设目标,而且应加强深度一体化。目前东盟已经与中日韩分别达成了自由贸易协议,因此建立“10+3”自由贸易区的重点应是中日韩之间的沟通、协商及谈判问题。近几年,日本和韩国对华贸易发展迅速,而且保持对中国的外贸顺差,二者均为中国的主要贸易伙伴,中国也是他们的重要贸易伙伴。三方之间与东盟十国建立自由贸易区还是有一定的经济基础的。目前东亚地区 FTA 呈现交叉重叠现象,这种多个双边 FTA 同时存在将无法避免“意大利面碗”现象,降低了效率,提高了政策执行成本和产业结构调整的成本,可能导致更多的贸易转移。很多研究表明,中日韩和东盟十国建立自由贸易区带来的福利效果远大于这十三国之间的其他组合方式。一国的经济规模、贸易规模与其外部性成正比。随着中国经济的不断发展,中国经济已经显示出外部性,为东亚地区发展带来好处。因此,如果中国积极推动东亚地区建立自由贸易区,其他国家从经济利益角度出发应十分重视。如果达成协议,不仅有助于提升中国的产业结构,而且对东亚地区经济持续稳定的发展,以及东北亚的经济安全保障都具有极大的意义。

2008 年中国与新西兰签署的自由贸易协定,是在一个文件中同时包括了货物贸易、服务贸易、投资三个方面的内容,同时还签订了《环境合作协定》《劳动合作谅解备忘录》,以及对自然人流动、知识产权进行规范等内容,这是以前与他国签署的协定中没有涉及的,这是中国开始深度一体化的重要标志。后来签署的《中国—新加坡自由贸易协定》和《中国—秘鲁自由贸易协定》也是涵盖多方面内容。在与日本、韩国及东盟十国谈判时,应同时涉及货物、服务和投资三方面,以进一步加强深度一体化,积极谋求平等共赢的方案,推动中国区域经济合作向更深层次发展。

"一带一路"是"丝绸之路经济带"和"21 世纪海上丝绸之路"的简称,它是我国适应外向型经济发展的重要举措。在优势互补与互利共赢的理念下,一带一路将带来区域经济整合新机遇与发展空间。习近平总书记强调,要加强顶层设计、谋划大棋局,构筑起立足周边、辐射一带一路、面向全球的自由贸易区网络,积极同一带一路沿线国家和地区商建自由贸易区。李克强总理提出要把一带一路建设与区域开发开放结合起来,标志着国家构建开放型经济新体制的布局进入了一个新阶段。将一带一路与自由贸易区战略进行联动,是在世界区域经济一体化发展新形势下我国政府做出的重要抉择。由于一带一路涉及国家众多,向东涉及亚太经济圈,向西紧连欧洲经济圈,沿线国家多达 60 多个,人口占世界总人口的 60%,要实现这一目标的时空范围广、跨度大、周期长、难度大。"政策沟通、道路联通、贸易畅通、货币流通、民心相通"是一带一路建设的主体任务和目标,包含了国家政策、基础设施、贸易投资、金融体系及风俗文化等硬件软件多方面内容,涉及经济基础、上层建筑、国家安全等。

在一带一路建设初期,基础设施建设将成为重要一环。为了促进亚洲基础设施建设,我国发起组建亚洲基础设施投资银行(Asian Infrastructure Investment Bank,简称亚投行,AIIB)。亚投行总部设在北京,首任行长为金立群。尽管美国百般阻挠亚投行的设立,但截至2015 年 10 月 9 日,已有 57 个国家成为亚投行意向创始成员,其中已有 53 个正式签署了《亚洲基础设施投资银行协定》,分别是:澳大利亚、奥地利、阿塞拜疆、孟加拉国、巴西、柬埔寨、文莱、中国、埃及、芬兰、法国、格鲁吉亚、德国、冰岛、印度、印尼、伊朗、意大利、以色列、约旦、哈萨克斯坦、韩国、吉尔吉斯斯坦、老挝、卢森堡、马尔代夫、马耳他、蒙古、缅甸、尼泊尔、荷兰、新西兰、挪威、阿曼、巴基斯坦、葡萄牙、卡塔尔、俄罗斯、沙特、新加坡、西班牙、斯里兰卡、瑞典、瑞士、塔吉克斯坦、土耳其、阿联酋、英国、乌兹别克斯坦、越南、马来西亚、泰国和波兰,丹麦、科威特、菲律宾、南非四国尚未正式签署。作为政府间性质的亚洲区域多边开发机构,亚投行重点支持基础设施建设,成立宗旨是促进亚洲区域的建设互联互通化和经济一体化的进程,并且加强中国及其他亚洲国家和地区的合作。作为由中国提出创建的区域性金融机构,亚洲基础设施投资银行主要业务是援助亚太地区国家的基础设施建设。在全面投入运营后,亚洲基础设施投资银行将运用一系列支持方式为亚洲各国的基础设施项目提供融资支持——包括贷款、股权投资以及提供担保等,以振兴包括交通、能源、电信、农业和城市发展在内的各个行业投资。亚投行成立后的第一个目标就是投入"丝绸之路经济带"的建设,其中一项就是从北京到巴格达的铁路建设。

中国的自由贸易区战略在实施中还应该注意坚持国家利益原则,自由贸易区战略要与中国的经济发展的总体目标一致,以促进中国经济的可持续发展;同时要全面考虑自由贸易区的成本和收益,考虑加入一体化组织对中国贸易、FDI 以及 GDP 增长的影响;对本国需要扶植保

护的产业进行适度保护,以防止进口产品对国内弱势产业的过度冲击。自由贸易区战略应与走出去战略和产业升级战略结合,充分利用区域经济一体化潜在的动态收益,促进中国产业结构升级,加强对各国区域经济一体化策略的研究,以提高在谈判中的主动性。

复习思考题

1. 简述区域经济一体化的含义和特点。
2. 分析区域经济一体化几种组织形式的区别与联系。
3. 促进区域经济一体化的主要原因是什么?
4. 说明关税同盟理论的静态效果与动态效果。
5. 协议性国际分工原理的主要内容是什么?
6. 论述区域经济一体化的利弊。
7. 欧盟的发展及其扩大是如何进行的?
8. 亚太经合组织的特点是什么?
9. 面对区域经济一体化,中国应选择何种发展战略?

第八章　格局多极化

20世纪80年代以来,世界经济格局发生了深刻变化。其主要特点是世界经济格局伴随着世界政治格局的变化,由冷战时期的两极格局向多极格局和"一超多强"格局演变。此种态势在21世纪中还将延续相当长时间,这种格局打破了个别大国对全球经济的垄断,促进了相互间的竞争,并进而推动了世界经济的发展。

第一节　世界经济格局概述

一、世界经济格局的含义和决定因素

世界经济格局是指包括在世界经济统一体中的多个国家、集团之间的经济实力对比、各自所处的地位和相互之间的关系。

决定世界经济格局的主要因素是各个国家、地区之间的经济发展水平和规模构成的经济实力。而经济发展水平和规模又同生产力水平密切相关。社会生产力是人类社会发展的决定性因素。它处于不断发展和变化的状态中,呈现出不断加速的趋向。在社会生产力的加速发展中,科学技术的进步起着越来越重要的作用,因此,科技水平又成为决定经济发展水平和规模的基础。正是这种与科技水平相联系的生产力发展水平决定了一国(地区)或集团经济发展水平的高低和规模的大小,进而决定了其在世界经济中的地位和作用。美国之所以至今仍能在世界上不失龙头的地位,就是由于具备了以高科技带动的高度发达的经济水平和绝对优势的经济规模。若一国经济发展水平很高,而经济规模很小,或一国的经济规模很大,而经济发展水平却不高,都不会在世界经济中占据重要地位。如瑞士、挪威、丹麦三国若以人均国民生产总值衡量一国所达到的经济发展水平,是分列前几位的,但是由于其经济规模并不大,因此在世界经济中的地位和影响力远不如其他一些经济发达国家。同样,一个国家的经济规模很大,但经济发展水平并不高,也同样不会在世界经济格局中占据非常重要的地位,一些发展中大国均属此种情况。

除上述决定世界经济格局的基本因素之外,还会有一些影响世界经济格局的因素。如一些国际性的政治事件等造成的国际环境的变化,在世界经济格局中占支配或主导地位国家的发展战略、宏观经济政策及体制等也会在一定程度或很大程度上影响着世界经济格局。

二、世界经济格局的历史发展

第二次世界大战以后世界经济格局的变化经历了两极格局、多极格局和"一超多强"格局的演变,总体上说,目前的世界经济格局表现为美国为唯一经济和政治的超级大国,美、欧、日仍是世界经济三大强极,新的经济强国正在兴起这样一种"一超多强"的格局。

世界经济格局的演变基本经历了三个阶段。

(一)资本主义生产方式确立后至20世纪上半叶:少数宗主国控制经济的一极格局

世界经济是一个历史的范畴,它是社会生产力发展的必然结果,具体说,它是资本主义生产方式确立之后的产物。资本主义生产方式在全球确立的同时,也形成了世界经济,从而出现了世界经济格局。首先是第一次技术革命即蒸汽机发明后,作为"世界工厂"的英国成了经济中心,这个曾经被西方称为"日不落帝国"的国家以及少数资本主义国家凭借其经济的实力将触角伸向世界各地。在过去那种地方和民族的自给自足和闭关自守状态被打破的同时,建立起了从属、依附的体系,少数资本主义国家凭借其经济上的优势在政治上居于宗主国的地位,而殖民地由于经济上的落后而缺乏自主权,在经济上存在着宗主国与殖民地之间国际贸易不平等的条件。

(二)第二次世界大战后至20世纪80年代末:世界经济的两极格局

第二次世界大战以后,形成了美国和前苏联两强争夺世界霸权的局面,以美国和前苏联为首的两大集团在国际政治和军事上全面对抗的同时,在经济上也形成了资本主义阵营和社会主义阵营的两极格局。

两极格局对于世界各国经济的发展具有非常重要的影响:第一,世界政治的较长时间和平,为世界经济的发展提供了相对稳定的国际经济环境;第二,美苏两国在经济上给予自己的盟友大量的经济援助,对于这些国家恢复战争创伤,发展国内经济起了非常重要的作用;第三,为争夺对发展中国家的控制,美苏还向其他发展中国家提供了大量的经济援助,这在客观上促进了这些国家的经济发展;第四,战后建立的世界银行、国际货币基金组织和关贸总协定等对世界经济发展也起了一定的积极作用。

北约与华约两大军事集团在军备竞赛的同时也展开了经济上的竞赛。由于前苏联在几十年的计划经济体制下积累了一定的管理国民经济的经验,再加上本国资源丰富,所以在两极对抗时期,前苏联经济取得了较大发展,与美国经济的差距缩小。

但到了20世纪80年代以后,前苏联经济面临重重困难,其原因是多方面的:第一,经济制度上的原因;第二,前苏联的经济增长方式主要是依靠生产要素的追加投入,是一种粗放式的增长,这种增长方式在长期中是不可持续的;第三,前苏联经济结构失衡。前苏联将国内的大量资源投入军事工业和重化工业,导致与人民生活息息相关的轻工业发展滞后,人民生活水平提高缓慢,不满情绪激增,日积月累,终于爆发了经济危机、政治危机。1985年前苏联开始进行经济体制改革,但是改革却使经济长期处于停滞和衰退状态,1991年上半年,前苏联国民生产总值比上年同期下降了12%,财政赤字逾千亿卢布,经济已濒临崩溃,最后终于引发了"8·19事变",其后前苏联解体。前苏联的解体标志着世界经济两极格局的结束,世界经济向多极化发展。

(三)20世纪80年代末、90年代初至今:世界经济向多极化格局转变

早在20世纪60年代,世界经济就出现了多极化趋势。经过战后的恢复和发展,西欧主要国家和日本的经济实力明显上升,这些国家不仅逐渐形成了在经济上追赶美国的态势,它们在世界经济中的地位也与日俱增。

20 世纪 70 年代美国经济受石油危机的影响,经济增长速度放缓,出现了高通货膨胀率和高失业率并存的滞胀局面,美国实力相对削弱,日本经济加速崛起,西欧各国随着一体化进程的加快,经济也得到较快的发展。

20 世纪 80 年代这种趋势进一步发展,美国已不再是资本主义世界中的唯一经济大国,虽然美国仍然拥有世界最先进的科学技术,但是新技术常常在日本等国家得到更快的应用。有些领域,美国已不再居于垄断地位。经过 80 年代的发展,日本已经成为一个经济强国。1990年日本国民生产总值已占世界的 10.36%,人均国民生产总值位居世界第二位。当年日本对外投资额为 480 亿美元,超过英国,成为世界上对外投资数量最大的国家。

随着西欧各国经济的增长和一体化进程的发展,西欧作为一个整体在世界经济格局中的地位和影响不断上升。1988 年欧共体 12 国平均经济增长率为 3.8%,1989 年为 3.4%。区域经济一体化使西欧的经济实力及其在世界经济格局中的地位得到进一步加强。

20 世纪 80 年代以来美国、欧共体(欧盟)、日本三大经济体的形成及其对世界经济的影响,是世界经济格局多极化的最重要的表现。但近年来,世界经济多极化格局发生了巨大变化。

三、当前世界经济多极化格局变化的主要特征

(一)世界经济格局中多极主体的发展趋向是区域组织

当代世界经济格局的发展特征和趋向,归根到底取决于各个行为主体经济实力对比的变化。经济发展的不平衡性及利益的驱动性是世界经济格局发展的原动力。在社会生产力向前加速发展的作用下,各行为主体的经济实力都会发生变化,不存在永远占绝对优势的行为主体。正是追逐优势、追逐利益的相互竞争使各极的主体由国家向区域集团过渡,即由美国、日本、德国等向北美自由贸易区、东亚自由贸易区、欧洲经济联盟等区域一体化组织过渡。这已成为当前并且也将是 21 世纪世界经济发展中不可逆转的潮流。

(二)世界经济重心从大西洋转到太平洋

亚太地区逐渐成为当今世界经济发展最快的地区,其在世界经济中所占比重和其所发挥的作用日渐扩大。从地理概念上来说,大西洋沿岸主要是欧洲、美国东海岸和加拿大东海岸。现代工业革命从这里起源并蓬勃发展,曾经创造了世界上最多的财富。太平洋沿岸则是指美国和加拿大的西部以及包括中国、日本、韩国、印度尼西亚、越南、菲律宾、泰国、马来西亚等亚洲国家,加上大洋洲的澳大利亚和新西兰,拉丁美洲的智利、秘鲁等国也属于太平洋沿岸国家。亚洲新兴经济体和发展中国家的经济总量占世界经济总量的比重持续上升,如中国 GDP 的世界占比从 2000 年的 7.4% 上升到 2014 的 16.5%,印度 GDP 的世界占比从 2000 年的 4.4% 上升到 2014 的 6.8%。欧盟占世界经济总量比重却日益下降,如德国 GDP 的世界占比从 2000年的 4.8% 下降到 2014 的 3.4%,英国 GDP 的世界占比从 2000 年的 3.0% 下降到 2014 的2.3%。从经济增长率的角度来看,亚洲新兴和发展中经济体与欧盟相比,在相当长一段时间内维持了较高的经济增长率。除了 1997 年的亚洲金融危机给亚洲国家带来的重创,使得经济增长率骤减外,其余年份亚洲新兴和发展中经济体的经济增长率均大大高于欧盟国家的经济增长率。尽管 2008 年的经济危机给亚洲和欧盟的经济发展都带来了很大程度的打击,但从经

济增长率来看,亚洲新兴和发展中经济体从 2009 年就迅速迈向了经济复苏,而 2009 年欧盟经济不仅没有复苏,反而爆发了主权债务危机,至今经济发展乏力。

(三)新兴市场群体崛起

新兴经济体的特点是发展速度较快,投资回报较高,国家的规模适中、国民收入也达到了一个比较高的水平,境外资本也可以比较自由地进入其资本市场。包括了以金砖五国为核心的 30 个左右的国家,与发达国家持续处于危机创伤期相比,新兴经济体持续着其崛起的态势。新兴经济体在全球贸易中的地位迅速上升,在全球贸易额中所占比重不断提高;在国际投资中,成为外商直接投资流入的热点地区,并且以金砖五国为代表的大型新兴经济体已经成为国际投资的重要资金来源地。以世界 500 强企业为代表的跨国公司纷纷大幅增加对新兴经济体的投资,并且乐于通过外包等形式使新兴经济体参与到全球生产链体系中来。根据世界银行的数据,近 10 年来新兴经济体年均经济增长率比世界的平均水平高出大约 2 个百分点,其工业化发展步伐也明显加快;技术进步的速度也逐渐加快,研发投入占 GDP 的比重有了明显提升,与发达国家之间的科技实力差距逐步缩小。2008～2009 年的世界金融危机后,大多数发达国家经济出现衰退和萧条,但新兴经济体很快就从危机中摆脱出来,在 2010 年对世界经济增长的贡献达到了 60%,成为拉动全球经济增长的主要力量。从对世界金融所造成的总体影响来看,亚洲和拉丁美洲等新兴经济体比较集中的地区所受到的打击不及发达经济体的大,因此其经济恢复也较为迅速。

(四)"一超多强"开始向"两超多强"演变

中美综合实力差距缩小,同时两国与其他大国的实力差距在扩大。2010 年中国 GDP 总量已超过日本,成为世界第二大经济体,中美双方绝对经济规模差距逐渐缩小,根据 IMF 测算,2019 年二者的总体经济规模差距由现在的 1.68 倍缩小为 1.42 倍。而今后 10 年,美中与其他大国的经济规模差距都将是拉大趋势。目前和今后 5 年只有美国和中国的国防开支能维持在千亿美元水平之上,其他大国都难以达到千亿水平。因此从物质实力角度分析,目前一超多强的实力格局开始向"两超多强"演变。

第二节　多极格局中的发达国家经济

发达国家是指世界上经济发展水平高,市场经济机制成熟的西方主要资本主义国家(包括日本),一般指经济合作与发展组织(OECD)成员。第二次世界大战以后发达国家经济得到巨大发展,在当代世界经济中占有明显的主导地位。经济全球化的发展使世界各国经济相互依赖性增强,发达国家相互间及与其他各国间分工的扩大和深化,推动了世界经济的发展。

一、发达国家经济的基本特征

第二次世界大战以后美国经济得到了进一步迅速发展。同时,美国通过"马歇尔计划"和"道奇计划"对受到战争破坏的欧洲和战败国日本的经济重建给予扶持。20 世纪 60 至 70 年代,在科技进步和凯恩斯主义经济政策的推动下,西方主要资本主义国家进入经济增长的黄金期。经过 70 年代末和 80 年代初的短暂危机,80 年代西方各主要国家的经济继续得到较快的发展。90 年代,以电子信息技术为核心的科技革命首先在美国大大促进了经济发展,拉开了美国经济与其他发达国家经济的距离,同时也加大了发达国家经济与发展中国家经济的差距。

其间,前苏联、东欧社会主义阵营解体,发达国家军事工业技术向民用工业的转化等,最终促使美国成为独霸世界的超级大国。目前,美国经济在世界经济中所占份额达 1/4 以上,发达国家经济占世界经济比重达 70％以上。发达国家高度的生产力发展水平主要表现在五个方面。

(一)庞大的经济规模和较快的增长速度

发达国家经济规模庞大,这从其 GDP 占有情况足以看出。人口为世界人口 20％的发达国家的 GDP 占到世界 GDP 总值的 75％以上。据世界银行《世界发展报告》统计,1999 年,美国、欧盟和日本的 GDP 分别为 87 089 亿美元、82 952 亿美元和 43 951 亿美元,分别占世界 GDP 总值的 28.8％、27.5％和 15.2％。到 2008 年,美国和日本仍以 143 300 亿美元和 48 440 亿美元的 GDP 总额占据全球 GDP 总额的 18.29％和 6.18％。

从经济增长率来看,发达国家经济从第二次世界大战后到 20 世纪 60 年代,经历了较快增长的时期,虽然在越战和两次石油危机期间增长减缓,但总体上仍保持了较快增长的态势。20 世纪 70 年代以来,美国经济仅在 1974 年、1975 年、80 年代初两年和 1991 年为负增长,其余年份均保持了正增长。但是,由于 80 年代欧共体和日本经济发展迅速而美国经济增长速度相对放缓,美国的霸主地位有所削弱。90 年代,由于冷战结束和第三次科技革命的促进作用,1991 年 4 月到 2001 年 3 月,美国经济连续 10 年强势增长,创造了历史上最长的经济增长周期。2004 年,美国经济增长 4.3％;受金融危机影响,2008 年,经济增长率为 1.1％;2009 年,美国经济增长－2.4％。但 2010 年恢复经济增长,2011 年以来均处于增长态势,2014 年经济增长 2.4％。欧盟随着一体化进程的加快,经济实力进一步增强,1997 年至 2000 年欧元区平均经济增长率为 2.8％,2000 年受石油价格和欧元贬值的影响,全年增长率仍为 3.4％。当前,欧元区尽管受高油价冲击,但由于欧元升值缓解了部分压力,区内经济仍将保持 2003 年下半年以来的增长势头,2004 年,欧元区经济增长 2.2％;受 2008 年经济危机及其后的欧债危机的影响,欧元区国家增长乏力,2013 年欧元区经济下降 0.5％,但由于油价下跌和净出口增加,2014 年已呈现好转迹象,经济增长 0.9％,2015 年预计增长 1.5％。20 世纪 90 年代,日本经济长期萎靡不振,但是,由于日本经济实力雄厚,虽然经历了 10 年衰退,其经济、科技实力仍居世界前列。2003 年日本经济开始复苏,GDP 增长 2.5％,2004 年经济增长超过了 4％;2008 年全年增长率为 0.3％;2009 年,经济增长率为－1.4％,2012 年安倍政府推行了一系列政策以推动经济发展,但经济增长缓慢,2013 年日本经济增长 1.6％,2014 年下降 0.1％,2015 年预期增长 1.0％。

(二)以信息技术产业为主导的产业结构

随着农业社会过渡到工业社会再到后工业社会,产业结构的演进经过了第一产业比重逐渐下降,第二产业比重上升,再到以现代高科技服务业为主的第三产业比重占据主导地位的过程。随着第二次世界大战后科技革命在主要发达国家发生,其产业结构不断高级化。在发达国家的产业结构中,第三产业一般占 60％以上,第二产业占 25％～30％,第一产业占 10％以下。以美国为例,1998 年第三产业产值占 GDP 的 70％,与此相适应,三次产业的就业结构也相应从 1959 年的 11.7∶38.7∶49.6 提高到 1998 年的 1.6∶24.2∶74.2。其中,信息产业在国民经济中已占据主导地位,对 GDP 的贡献率不断提高,据美国商务部发表的《2000 年数字经济》报告显示,1995 年至 1999 年,信息技术产业对美国 GDP 增长的贡献率分别达到 30％、34％、28％、27％、32％。随着高新技术的飞速增长,发达国家的传统产业得到改组、改造,产业

结构得到迅速调整和升级。以高新技术改造传统产业,使趋于衰退的传统产业——农业与制造业发生逆向回归,为它们赢得新的发展空间。

(三)经济增长方式集约化

由于科技进步及其在生产中应用的加快,发达国家的劳动生产率不断提高。按世界经合组织的计算,1995 年至 1998 年,美国劳动生产率的年均增长率(每个员工的产值年均增长率)为 2.1%,德国为 1.9%,日本为 0.9%。劳动生产率的提高主要应归因于科技的发展和应用。发达国家的研究开发费用平均占 GDP 的 3% 左右(发展中国家只占 0.5%),经济增长方式由资源投入为主转变为以知识投入为主。2000 年,美国的研究与开发投资达 2 640 亿美元,占世界研发投资的 45%。发达国家经济增长中科技贡献率平均已达 70%,同时,发达国家单位GDP 所耗费的能源和材料也远远低于发展中国家。

(四)强大的金融实力

发达国家拥有强大的金融实力和健全而发达的金融体系。纽约、伦敦、巴黎、东京、法兰克福是世界上交易额最大的股票和外汇市场所在地。以美国为例,它拥有世界最高的股票市值,1999 年达 166 351 亿美元,相当于美国当年 GDP 的 191%,连续 6 年的股市上涨使美国社会的总财富增加了 14 万亿美元;支持高新技术发展的风险资本实力雄厚,2000 年美国风险投资达 1 030 万亿美元,获得风险投资的公司为 5 380 家;在两大国际性金融组织——国际货币基金组织和世界银行的原始组建金额(分别为 88 亿美元和 91 亿美元)中,美国分别占有 25% 和35%,拥有最大的发言权;美元、欧元和日元是世界三大主要货币,美元充当着主要世界货币的角色,具有国际储备、国际结算和国际汇兑的功能。近年来,欧元区国家银行资产总量超过美国居世界第一位,欧元地位上升,日元地位下降,将逐渐形成美元和欧元共同为世界主导货币的局面。

(五)比较成熟的市场经济体系和宏观调控体系

较完善的市场体系是发达市场经济的最主要特征。这一体系借助于市场交换关系,依靠供求、竞争、价格等市场机制,组织社会经济运行,调节社会资源配置,同时依靠政府对宏观调控来干预经济。从其宏观调控的目标看,追求"公平和效率"是各国政府宏观调控的出发点。其具体目标包括:充分就业,物价稳定,经济持续增长,国际收支平衡等几方面。从其宏观调控的手段看,发达国家在实现宏观经济管理目标时,一般都慎用直接性的行政干预,而是在尊重企业自主权和发挥市场机制的基础上,利用各种宏观调控手段,因势利导地促进经济协调发展。常用的调控手段包括财政政策、金融政策、产业政策、利用计划指导和调节以及利用经济立法进行调控等。

二、发达国家经济在世界经济中的地位和影响

在世界经济整体格局中,发达国家经济在世界经济中长期处于主导地位,对经济全球化发展进程起着无可替代的决定性影响。其他国家和地区一时还取代不了这种地位和影响。

(一)发达国家经济居主导地位

在历史长河中,特别是"二战"后半个多世纪期间,由于以现代科学技术为代表的社会生产力的巨大发展,国家对宏观经济加强调控以及跨国公司依靠其强大的经济技术实力从国外攫取大量的经营资源和巨额利益,使发达资本主义国家积累了空前庞大的有形和无形财富,诸如不断增加的国内生产总值、进出口贸易、资本流量、国际债权、跨国企业以及科学技术、文化教

育等,几乎所有这些经济指标都处于世界优势和领先的位置,这就决定了发达国家在世界经济中所扮演的主导角色,并对全球经济发展进程产生了决定性的影响,在这期间,发达国家虽然遭受过多次经济衰退、金融风暴、通货膨胀、石油危机等的巨大冲击,但由于它们的经济基础雄厚,国家的大力干预并未根本动摇其主导地位,依然对世界经济产生正反两方面的影响。

1. 国内生产总值这一综合指标占优势

国内生产总值可以显示一个国家在一定时期内以货币表示的生产的全部商品和提供的所有服务的价值总和。特别是人均国内生产总值的增加更能显示一个国家的经济实力。发达国家在这两个方面都处于绝对优势。据国际货币基金组织的统计显示,在 2009 年主要发达国家经济实力总体排名中,美国 GDP14.8 万亿美元,位居世界榜首,其次是日本(5 万亿美元)、德国(3.5 万亿美元)、法国(2.5 万亿美元)、意大利(2.2 万亿美元)、英国(2 万亿美元)。在发展中国家和地区中,除了中国香港、新加坡、中国台湾地区和部分石油生产国极少数国家和地区人均 GDP 在 1 万美元以上外,绝大多数国家和地区的这一数字都非常低下。目前世界上仍有1/5 人口(12 亿~13 亿)每天的生活费用仅为或者不足 1 美元。还有的资料显示,在世界不到30 个发达国家中,成为核心的七国集团,在这里生活着世界 11% 的人口,而其 GDP 却占世界总值的 65%;地球上 6% 的人(其中 96% 居住在最富裕的国家)拥有世界财富的 59%。近些年,全球经济发生了许多变化,但 IMF 按市场汇率计算出的 2014 年 GDP 总量发达国家前 6位 GDP 世界占比达到 43.5%。这些材料都说明,世界财富绝大部分仍然集中在少数发达国家和少数人手里。

2. 跨国公司规模庞大且增长迅速

发达国家拥有的跨国公司数量及其规模是其经济实力强大的又一体现。发达国家跨国公司的历史悠久,尤其是近几十年来,其经济实力和经营规模急剧膨胀。据联合国贸发会议2002 年 8 月 10 日公布的报告指出,发达国家的某些大型跨国公司的经济实力与某些发展中国家的经济规模不相上下。该报告对 2000 年各国国内生产总值和跨国公司附加值做出的评估比较,名列世界前 100 名的经济体中有 29 个是发达国家的跨国公司。世界最大 100 家跨国公司的附加值(工资+税前利润+折旧+偿还贷款)近 10 年平均增长速度比一些发展中国家国内生产总值的增长速度还要快,从 1990 年占世界 GDP 的 3.5% 上升到 2000 年的 4.2%。另据美国《财富》杂志 2009 年 7 月 9 日公布的全球 500 强,前 30 名大公司都属于少数发达国家(其中美国 8 家、日本 2 家、德国 5 家、英国 2 家、荷兰 2 家、法国 3 家),其营业收入最多的前10 名中美国为 4 家,其次是荷兰为 2 家。2014 年的全球 500 强中,发达国家仍占多数,其中美国的上榜企业占有绝对优势,达到 128 家。这些大公司采用最新生产技术、现代管理手段和优秀管理人员,具有强大的竞争力,从而保证了企业最终获胜。

3. 对外贸易占据绝对优势

发达国家的对外贸易占世界贸易的大部分。全世界出口贸易总额由 1997 年的 0.59 万亿美元增加到 2008 年的 15.8 万亿美元,其中北美 2.05 万亿、西欧 6.46 万亿美元。世界第一位贸易大国被美国长期独揽。后来发展中国家和地区的出口贸易比重虽然有所上升,但也未能改变发达国家在世界贸易中的主导位置,特别是高技术产品的出口贸易几乎被发达国家所垄断。

4. 发达国家的对外直接投资遥遥领先

发达国家的对外直接投资多由跨国公司进行,不但投资规模大,而且遍及全球。据联

合国跨国公司与投资司的统计资料显示,国际直接投资累计额由 1960 年的 1 053 亿美元增加到 1990 年的 16 680 亿美元,30 年间增加 16 倍。其中发达国家的对外直接投资同期由 580 亿美元增加到 12 830 亿美元,增长了 22 倍,可见不仅绝对额占全球对外直接投资的绝大部分,而且增长速度远快于世界。另据国际货币基金组织的资料显示,国际直接投资由 1993 年的 24 740 亿美元增加到 1998 年的 64 890 亿美元,其中发达国家同期由 20 747 亿美元增加到 59 470 亿美元,而广大发展中国家和地区仅由 398 亿美元增加到 523 亿美元,远低于发达国家。在发达国家中,美、日、欧的对外直接投资就占了世界对外直接投资的 80% 以上,仅美国一国就占了 33% 以上。尤其值得指出的是,发达国家的国际直接投资的绝大部分是在发达国家之间进行的,它们在这期间吸收的直接投资由 13 390 亿美元增加到 46 034 亿美元,占了全世界吸收直接投资的绝大部分。不发达国家吸收的外资远远少于发达国家。近年来由于受世界经济不景气、跨国界企业购并数量下降的影响,发达国家的对外直接投资出现减缓的趋势,但发达国家在国际直接投资中的主导地位并未因此而发生多大变化。

5. 现代科学技术领先于世界

总体说来,发达国家的现代科学技术水平无与伦比,"二战"后一直领先于世界。无论研究与开发的投入还是在新技术的应用方面,发达国家、特别是美、日、欧都处于世界领先的位置。据统计,全部发达国家的科学研究费用占全世界总支出的 97%,人均研究开发支出为 100～260 美元,而发展中国家和地区人均不到 10 美元,仅为发达国家的 1/10～1/26。此外,发达国家还垄断了全世界技术专利的 90% 以上。尤其是技术大国美国的技术专利占有件数一直居世界首位,其次是德国、英国和法国;日本后来居上,其技术专利件数占世界的比重从 1965 年的 3% 一跃上升到 1998 年的 21%,同美国的差距大大缩小。

20 世纪 80 年代以后发展起来的高新技术及其产业化,最能反映一个国家的现代科学技术发展水平。在这方面,发达国家不仅研究发展走在最前沿,而且许多研究成果如微电子、信息网络、生物技术、宇航技术、海洋开发、新型材料等已实现产业化,并形成了相当大的市场规模。尤其是电子信息网络技术的发展和应用,更是达到了惊人的地步。发达国家也非常重视基础科学研究,所以基础科学研究的重大突破绝大多数也发生在发达国家,诺贝尔科学奖的 95% 以上都被发达国家摘得。

总之,发达国家通过多种途径,以各种手段,从国内国外攫取庞大的有形和无形财富,并依据其强大的经济实力,对世界经济走向产生深刻的影响。发展中国家和地区经过长期的努力其经济地位虽然发生了很大的变化,某些新兴工业化国家同发达国家的差距正在缩小,但就整体而言同发达国家的差距仍然相距甚远。

(二)发达国家经济对全球经济的影响

发达国家经济的主导地位,对国际经济产生了广泛而深刻的影响。

1. 财富向少数发达国家集中加剧了世界范围的两极分化

世界财富在少数发达国家和少数人手里集中,而广大发展中国家、特别是生活在贫困线以下的许多非洲国家长期贫穷落后,这就意味着在经济全球化过程中,富者越富、穷者越穷。发达国家为了扩大市场,缓和同发展中国家之间的矛盾,有时也会把它们手中的财富拿出一小部分,用于对外援助、减免债务、增加贷款等,这对解决经济困难国家的燃眉之急固然可以起到一定的作用,但在富国与穷国的经济交往中,富国得到的政治经济利益远大于穷国,因此,要指望富国的这种恩赐根本改变自己的落后面貌是不现实的。经过痛苦的教训,穷国日益认识到,只有独立自主、自力更生，扩大对外开放，加强国际经济合作，互利互惠，才是摆脱贫困、走向富强的最佳选择。

2. 对国际直接投资的影响不同

如上所述，国际直接投资的绝大部分是在发达国家之间进行的，它们之间转让和引进的技术设备都是世界一流的，这对发达国家的经济增长、技术革新和产业结构升级显然十分有利。但是，发达国家对发展中国家的直接投资和技术转让所产生的效应就不完全一样。一方面，发展中国家引进外资和技术可以弥补建设资金的不足，填补技术上的空缺，提高本国的技术和管理水平，促进民族经济的加快发展。亚洲和拉美一些新兴工业化国家和地区经济的迅速崛起就证明了这一点。另一方面，就大多数发展中国家来说，发达国家与跨国公司能够提供给发展中国家的资本，不仅数量有限而且条件极为苛刻，技术也相对陈旧落后；投资的主要目的是利用廉价劳动力，获得稀缺资源，占领商品市场，从而获得高额利润。所以，除了少数发展中国家由于多种原因而从发达国家的直接投资中获益较多、经济增长较快以外，大多数发展中国家仍然未能摆脱经济技术落后的状况。甚至有不少国家由于接受直接投资和技术转让，而自己又不能很好地加以运用、消化和吸收，因而不得不长期依附于发达国家和跨国企业，发达国家一遇到经济波动，很快就会波及这些国家，使经济陷于停滞。

3. 对外贸易的市场效应存在差异

发达国家依靠它们的先进技术和强大制造业，向世界市场源源不断地出口工业制成品，既扩大了它们的国外市场，缓和了生产和市场的矛盾，又促进经济增长，增加了国民收入，缓和了就业问题；对于发展中国家来说，当然也可以扩大同发达国家的贸易往来，互通有无，优势互补，扩大自己的国外市场，换取所奇缺的外汇，还可以扩大就业，促进民族经济加快发展。但是在当前的世界贸易中，发达国家出口的主要是附加值高的工业制成品，特别是近年来随着产业结构的升级，高技术产品出口比重日益增加；而发展中国家向发达国家出口的主要是附加值低的初级产品和劳动密集型产品。因此，这种贸易关系显然有利于发达国家而不利于发展中国家，因而多数发展中国家的贸易条件一直得不到改善。另外，发展中国家的出口市场总是受到资本主义经济周期波动的影响，一旦发达国家市场出现萎缩，贸易保护主义抬头，首当其冲的就是发展中国家的出口贸易。尤其是那些依赖于发达国家市场的国家，受到的打击格外沉重，进而给国内的经济增长造成困难。

4. 发展中国家的债务包袱沉重

遭受经济困难的国家为了解决燃眉之急，有时不得不向发达国家或国际经济机构借债，日积月累，发达国家就变成了债权大国，而一些发展中国家则变成了债务大国。有些国家因为能够合理地安排和使用借来的资金，获得了一定的经济效益；大多数国家对这种资金使用不当，不但没有很好地发挥效益，反而变成了沉重的债务负担，使债务越积越多，以致转化成发达国家和跨国公司对发展中国家进行剥削的一种手段。以拉美为例，20 世纪 80 年代中期，拉美的外债总额达 3 600 亿美元。从那时起到现在为止，不但债务本钱还不上，而且要支付的利息也越来越多。据拉美经济委员会的统计数字，从 1992 年到 2001 年的 10 年中，拉美和加勒比地区 19 个国家被迫支付的利息多达 4 830 亿美元，同时债务总额增加了 2 380 亿美元，债务合计 7 090 亿美元，人均负债 1 433 美元。其中外债最多的三个国家巴西、墨西哥和阿根廷就占整个拉美外债的 72%。由此可见，拉美负外债的收益甚微，反而越还越多。无奈中这些国家强烈要求减免外债，以打破支付外债的恶性循环。

5. 国际经济机构难以主持公正

各种国际经济机构(如国际贸易组织、国际货币基金组织、世界银行等)建立后经过改革与调整,逐步建立起有序的贸易体制和国际金融关系,有利于国际贸易的迅速发展和国际资本流动的扩大。但是,这些经济机构长期以来被少数经济大国所操纵,从中获得好处最多的也是少数发达资本主义国家,而广大发展中国家常常受到歧视和不公正待遇,即使发展中国家从中获得一点好处,但也不得不付出沉重代价。如 1997 年亚洲金融危机爆发后,东亚一部分国家和地区一度陷于经济危机而迫切需要救济,虽然国际货币基金组织、世界银行和少数发达国家援助了一部分贷款,但这是这些国家在压力下做出了种种承诺、咽下苦果后才获得的。这种情况在拉美也曾多次出现过。

第三节　多极格局中的发展中国家经济

第二次世界大战后,世界经济格局的一个重大变化是发展中国家经济的兴起和发展。发展中国家在取得政治独立之后,积极发展民族经济,成为世界经济中具有重要作用和影响的力量。发展中国家经济力量的增长,推动了世界经济的发展,改变了世界经济力量的对比,也对国际经济关系的变革产生了深刻的影响。同时,这些国家和地区的发展历程,为人们提供了大量值得借鉴的经验和教训。中国也是发展中国家的一员,全面了解发展中国家的经济发展状况及其对外经济关系,对中国未来的经济发展也有着重要的意义。

一、发展中国家的基本特征

发展中国家数量众多。各国的地理、人口、历史和文化传统等差别较大,而且它们的政治和经济又处在急剧的变动之中。因此,有必要首先了解发展中国家的含义和主要特征。

(一)发展中国家的含义

根据经济发展水平的不同,可以把全世界 200 多个国家分为发达国家、发展中国家和最不发达国家。发展中国家是发达国家的对称,通常是指那些过去长期遭受发达国家殖民统治和剥削,现已获得政治独立,但经济发展水平相对落后,面临着经济发展问题的国家。这些国家最初曾被称为"欠发达国家"或"不发达国家"。战后初期,世界银行曾以人均国民生产总值的多少为标准来划分国家类型。规定人均国民生产总值在 1 000 美元以上的国家为"发达"国家,1 000 美元以下为"欠发达"国家或"不发达"国家。由于"不发达"这个概念,不能确切地反映不断发展变化的亚非拉国家的实际情况,进入 20 世纪 60 年代,大约在 1964 年召开的联合国第一届贸发会议前后,国际上已不大使用"不发达"或"欠发达"的概念,而用"发展中国家"这一概念,广大的经济发展比较落后的亚非拉国家由此被统称为发展中国家。目前,发展中国家这一范畴包括了 170 多个国家和地区,人口约占世界总人口的 4/5,土地面积约占世界总面积的 2/3。

发展中国家作为一类国家群体,由于各自的自然条件、历史传统、发展战略和经济结构的不同,经济发展水平高低不等,情况复杂,其内部各成员之间存在着巨大的差异。

(二)发展中国家经济的基本特征

1. 生产力水平相对低下

发展中国家虽然拥有比较丰富的自然资源和人力资源,但生产效率却普遍低于发达国家,不仅工业生产能力低下,而且农业部门也并不发达。从总产值来看,占世界人口超过80%的发展中国家的GDP总额仅为世界GDP总额的20%,全非洲50多个国家,GDP占世界总量的比例为1%,只相当于美国通用电气公司一家的资产。发展中国家的整体劳动生产率仅为发达国家的1/24。从农业生产来看,发达国家的农业人口仅占全部就业人口的6%左右,而发展中国家高达70%左右。发展中国家每个农业劳动力所生产的粮食只相当于发达国家每个农业劳动力所产粮食的9%左右。有许多发展中国家粮食年均增长率低于人口增长率。在工业生产方面,这种落后面貌表现得更为突出,1985年世界制成品生产中,发达国家占81.6%,发展中国家仅占18.1%,大多数发展中国家都要从发达国家进口工业制成品,即使是新兴工业化国家,其制成品也多为劳动密集型产品。

发展中国家生产技术落后和劳动者文化素质低是其生产力水平低下的根本原因。以农业为例,大多数发展中国家的农业生产仍以手工劳动为主,耕作技术落后。在机械和化肥施用的效率方面,也远远低于发达国家。拿每千名农业劳动者拥有拖拉机数量衡量,1995年至1997年,在印度这一指标为6台,韩国为41台,农业机械化程度在发展中国家名列前茅的阿根廷达到190台,而在美国则为1 484台,加拿大为1 642台。同样在科技人员数量和信息技术等方面,差距也很明显。据《2000/2001年世界发展报告》统计,即使剔除低收入国家而仅考察中等收入国家,每百万人中科学家和工程师的数量也只有发达国家的1/5左右。这种技术和劳动者素质的差距以及由此导致的生产力水平的差距是使发展中国家有别于发达国家的最突出的特点。

2. 生活水平低下

不发达国家的重要标志之一是生活水平低下。世界上有1/5人口(12亿~13亿人)目前每天的生活费用仅为或者不足1美元。许多国家的人均收入在减少。这种状况可以从几个方面来看。

(1)人均国民收入低。人均国民生产总值可以作为一个衡量标志。全世界有将近40个发展中国家人均国民生产总值1988年在480美元以下,其中有一半国家人均国民生产总值在240美元以下,他们是发展中国家中最贫穷落后的国家。根据世界银行1984年报告统计,不发达国家总体的人均收入水平不到富裕国家人均收入的1/12。进入20世纪90年代,发展中国家的人均国民收入都有所提高,但有些国家如南亚七国中,2008年人均国民收入最高的斯里兰卡为1 540美元。

(2)国民收入增长缓慢。由于这些国家经济基础薄弱,生产力水平低,国内积累规模小,资金缺乏,使其增长缓慢。1965年至1980年,大多数国家年平均增长率为3%左右,整个80年代其增长率更是普遍下降,甚至经济处于停滞状态。

(3)国民收入分配不均。很多发展中国家贫富两极分化,存在着收入分配的不平等,而且比发达国家贫富差距更大。据世界银行《1990年发展报告》显示,多数发展中国家占人口20%的最穷人口占全国家庭总收入的10%以下。如牙买加,20%的最穷人口只有2.2%的国民收入,而最富的20%人口却获得国民收入的62%左右。最贫穷者的收入只达到勉强度日的最低水平。

(4)卫生状况恶劣。这从发展中国家与发达国家人均寿命的差距就可以看出。联合国人口调查局的资料显示,发达国家20世纪80年代平均寿命为72岁,而发展中国家为57岁,最不发达国家则更低,为49岁。营养不良,卫生条件差,婴儿死亡率高以及有些国家的粮食匮乏

是造成这种状况的主要原因。

(5)受教育程度低。大多数发展中国家教育开支占政府预算的比重极低。因此,受教育的人口占总人口的比例也必然极低,有些国家甚至有文化的人口不及总人口的40%。

3. 经济结构呈现二元化

发展中国家经济的另一个不同于发达国家的特征就是经济结构二元化。也就是在一个国家内,落后甚至原始的经济成分与先进的、甚至现代化的经济成分并存。前者分布在广大农村地区,以农业为主,生产规模小,工具简单,产品用于自我消费;后者多分布在城市,以工业为主,生产规模大,工具先进,采用现代生产技术和管理制度,劳动生产率和人均收入都较高,产品主要进入市场销售。这种在同一国家内同时存在两个相互割裂、反差强烈的经济结构的现象,在完全工业化的发达国家中是不存在的,它只能出现于正从传统社会向工业化社会转型的发展中国家中。经济结构的二元化,不仅体现在不同经济部门之间、城乡之间,往往还体现在一国内部不同地区之间。某些发展中国家的工业化战略使现代化经济部门过于集中在城市和经济发达地区,更加扩大了这种差距。相对于传统农业经济,二元化的经济结构是一种进步。随着经济的发展和工业化的推进,二元经济必然要向一元化的现代化经济转化,即农业部门的劳动力不断被工业部门和服务业所吸收,传统农业变成现代化农业。目前在发展中国家中,最不发达国家和多数中等收入国家的二元经济结构依然存在,而某些新兴工业化国家和地区正在朝着经济结构一元化的方向转化。

4. 产业结构相对落后

与其落后的生产技术水平和经济结构相对应,发展中国家的产业结构也处于相对落后的状态。经济中农业和初级产品产业所占比重较大,而制造业尤其是服务业所占比重较小。据世界银行统计,到1999年,所有中低收入国家中,农业增加值占GDP比重为12%,制造业和服务业增加值比重为76%;其中低收入国家,农业增加值占GDP的27%,制造业和服务业增加值的比重为61%。而在高收入国家,这两个比值分别为2%和85%。在高技术产业方面,差距更为明显,1999年发展中国家高技术产品出口仅占其为数不多的制成品出口的17%,而发达国家则为33%。

5. 在国际经济关系中处于劣势地位

发展中国家自身经济的弱点,加上发达国家在当前国际生产、贸易和金融体系中的主导作用,决定了发展中国家在国际经济关系中的脆弱地位和它们对发达国家不同程度的依赖。这种对外依赖性与脆弱地位主要表现为以下三点。

(1)发展中国家在贸易中的对外依赖。多数发展中国家工业基础薄弱,制造业相对落后,许多工业制成品尤其是资本品和高技术产品依赖进口,同时其出口产品,无论是初级产品还是制成品,都以发达国家为主要销售市场。前一类产品,发展中国家需求弹性较小,发达国家在生产上基本处于垄断地位,而后一类产品的进口需求弹性和替代弹性又比较大。因此造成发展中国家在进口上依赖发达国家,而在出口上又受制于发达国家市场需求的现象。这种依赖使发展中国家的对外贸易乃至于经济的稳定发展极易受到发达国家市场波动的冲击。比如战后初级产品贸易条件的恶化和20世纪80年代石油价格的下跌,就先后对初级产品出口国和石油输出国的经济造成了严重影响。而20世纪90年代中期发达国家对电子产品进口需求的下降,则直接导致了东南亚国家贸易逆差的扩大,成为金融危机产生的重要诱因。

(2)对外资的依赖。建设资金短缺是许多发展中国家面临的共同问题。为了充分利用外部资源,加快经济发展进程,发展中国家往往大量引进来自国外,主要是发达国家的资金,形成对外资的依赖。外资的进入虽然有效地弥补了发展中国家国内资本形成的不足,推动了经济增长,但也带来了一些弊端。首先是外债负担的加重。到1998年,发展中国家外债总额已超过2.5万亿美元,是当年发展中国家出口总值的160.9%,有40个国家成为重债务国。此外,外资的大规模流入与流出也会造成经济上的动荡,甚至引发债务危机或金融危机。

(3)对技术和人才的依赖。由于发展中国家技术水平低下,迫使它们必须从发达国家引入先进技术与专业人才。这一方面使发展中国家能够利用现成的技术与人员,发挥"后发优势",增强生产能力;另一方面也容易使发展中国家产生过于依赖国外技术与人才、忽视自身技术创新与人才培养的倾向,不利于提高本国经济的长期发展潜力。随着世界经济信息化进程的不断深入和高新技术产业的发展,发展中国家在技术、人才和经营管理方面对发达国家的依赖程度有可能进一步加深。

6. 经济发展的不平衡性

第二次世界大战以后,少数发展中国家和地区经济得到较快的发展,逐渐缩小了与发达国家的差距,如新加坡、韩国,以及我国香港和台湾,1996年人均GDP都已达到10 000美元以上,经过战后半世纪的经济成长,东亚国家和地区国内生产总值、进出口贸易总额占世界的比重上升很快。东亚经济实力增强及该地区国家加强经济合作将是塑造世界经济新格局的主要力量之一。近年来印度发展也很快,印度1991年至2001年年均GDP增长5.6%。2009年印度GDP1.3万亿美元,是世界第十大经济实体。2014年按购买力平价计算的印度GDP达到7.28万亿美元,排名仅在中国、美国之后。20世纪80年代以来,印度精密仪器、汽车、软件制造、航空和空间等新兴工业和服务业发展迅速。软件制造与服务以年均50%的增长率迅速发展。2006~2007印度财政年度,软件总产值400亿美元,其中出口310亿美元。

然而大多数发展中国家,特别是最不发达的低收入国家,与发达国家的收入差距加大,而且与新兴工业化国家(地区)和中等收入的发展中国家的差距也不断扩大。就地区看,拉美和东亚地区经济在战后取得了较快的发展,保持了较长期的稳定增长。石油输出国组织在1973年石油提价后所得收入增加,刺激了经济迅速发展,而非洲和南亚地区的发展中国家发展相对迟缓。发展中国家经济发展的不平衡性还表现在一个发展中国家的内部,如巴西、印度、中国的二元经济,集中反映了其国内地区发展、部门发展的不平衡性,造成城市和农村、沿海和内地差距的扩大,产生了一系列的结构性问题。

上述几个方面特征,相互之间有着密切联系,共同构成了"发展中"经济的基本要素,是它们与"发达"经济的主要区别所在,同时也是发展中国家在经济发展过程中所需要解决的共同课题。

二、发展中国家在世界经济中的地位和影响

(一)发展中国家的地位

与发达国家相比,发展中国家生产力水平较低,经济基础薄弱,特别在科学技术、现代管理技能、对资源的利用等方面远远落后。人均国民生产总值低下是反映发展中国家经济状况的主要标志。据统计,20世纪80年代低收入国家人均GDP与发达国家相差几十倍,目前这种差距进一步扩大到几百倍。此外,人口负担沉重,失业问题严重,劳动生产率低下,生活贫困也是低收入的发展中国家的典型表现。从整体上说,发展中国家在世界经济中只能处于从属位置,在垂直的国际分工体系中也处于依附地位。这里既有历史原因,即留有殖民主义掠夺和压

榨的累累伤痕;又有外部因素,即不合理的国际经济旧秩序的存在和发达国家对其转嫁危机,致使其经济环境不断恶化;还有内部原因,如片面追求工业高速增长,宏观经济政策的失误等造成经济生活的大起大落。

不过,从纵向上看,发展中国家在几十年中也取得了一定的经济成就,因此,在世界经济中的地位不断得到提高,对世界经济的作用也不断增强。2003年11月,美国高盛公司发表题为《与BRICs一起梦想:展望2050年》的报告,在全球曾引起很大反响。报告预测巴西、俄罗斯、印度、中国(英文简称BRICs)将在2050年前超过西方发达六国(简称"G6",即美国、日本、德国、法国、意大利、英国)。以美元计算,目前BRICs经济规模还不到G6的15%,但在40年内,可能超过G6;到2025年,它们将达到G6规模的一半;在2050年,目前的G6中,只有美国和日本可能位于世界六大经济体之列。BRICs将改变世界格局。

(二)发展中国家对世界经济的影响

第二次世界大战后,发展中国家经济增长率在相当时期内都高于发达国家,这是不争的事实。20世纪50年代发展中国家经济增长率为4.7%,60年代为5.6%,70年代为5.8%。尤其在经历了80年代挫折之后,发展中国家的经济加快发展。自1993年以来,发展中国家作为一个整体,其国内生产总值的年增长率约为5.5%;2008年为5.8%,2009年,在国际金融危机背景下为3.1%,均高于同期发达国家的增长率。发展中国家经济的振兴,是它们从过去的挫折中吸取经验教训,实行改革开放政策的结果。这标志着发展中国家在世界经济中发挥越来越重要的作用。

发展中国家资源丰富,拥有发展经济的巨大潜力。例如,发展中国家的石油储量占世界总储量的63.8%;铁、铜、锌、锡等矿物储量分别占世界总储量的40%～70%。世界上已知的50多种稀有金属中有40种左右全部或大部分出产在发展中国家。发展原子能、电子工业和宇航事业等的重要资源,像铍、铌、钴、锗、铋等稀有金属几乎全部依靠发展中国家供应。许多农产品和经济作物更是发展中国家的特产。因此,从整体上说,发展中国家经济是世界经济不可缺少的组成部分,对世界经济的发展起着不可忽视的作用。发达国家的经济发展乃至世界经济的发展在很大程度上依赖于发展中国家所提供的丰富资源。当发达资本主义国家经济发生"滞胀"时,发展中国家尽管也减缓了经济增长的速度,但它们拥有大量的石油储量,利用"石油冲击"所带来的石油价格上涨,促进了石油输出国的经济发展,从而增强了发展中国家在世界经济中的实力。

在世界经济中,不仅发达国家之间、发展中国家之间相互联系,而且发展中国家与发达国家之间也相互依赖。当今各国经济就是存在于一个相互联系和依赖的世界经济之中,任何一种类型国家经济都不能脱离世界经济而自行发展。如果说仅有发展中国家对发达国家单方面的依赖,那么,这是不完整的世界经济。从世界经济角度来看,发达国家不仅依赖于发展中国家丰富的资源,而且也依赖于发展中国家的广阔市场。特别是在经济全球化的进程中,如果没有广大发展中国家的积极参与,那么,世界经济一体化就难以发展。北美自由贸易区和亚太经济合作都是发展中国家与发达国家大力合作的产物。亚非拉地区出现的区域经济一体化趋势更是广大发展中国家积极投入的结果。

三、南北经济关系与南南经济合作

南北经济关系是指世界广大发展中国家(它们主要分布在南半球)和工业发达国家(它们

大多分布在北半球)之间的关系,包括两者之间的政治关系和经济关系,其中主要是经济关系。南北双方同处在世界经济的统一体中,二者在经济上是相互依存的,需要互相合作。但在旧的国际经济秩序下,它们之间又存在着诸多矛盾。这样,建立公正、合理的国际经济新秩序,并推进南北双方的交流与合作,就构成了南北关系的主要内容。而南北关系的核心则是南方国家的经济发展问题,即缩小与北方国家间的经济差距,实现南北方经济的共同进步。

(一)南北经济关系

第二次世界大战以后发展中国家在相继取得独立后,为积极发展民族经济进行了不懈的努力。发展中国家要建立独立的民族经济,改变贫困落后的经济状况,根本的问题是要努力发展本国的生产力,并积极争取改变不平等、不公正的国际经济秩序。20 世纪 70 年代初,在发展中国家的推动下,联合国通过了建立国际经济新秩序的《宣言》和《行动纲领》,使发展中国家要求改革旧的国际经济秩序的努力进入了一个新阶段。在这个历史背景下,1975 年在巴黎召开了第一次讨论南北经济关系问题的南北对话会议,此后,在相关国际组织中进行了一系列有关国际经济秩序改革的会谈。

在经济全球化背景下,南北关系既存在发达国家主导的不平等竞争的一面,也存在合作的一面。随着世界经济的相互依赖性的增强,发达国家经济与发展中国家经济以垂直分工为主的传统分工格局已演变为垂直分工与水平分工并存的混合分工格局,随着国际分工从部门之间的分工演变为部门内部的分工以及发达国家的产业转移,南北经济合作在使发达国家获得更多利益的同时,也将有利于发展中国家的经济发展。

(二)南南经济合作

在 20 世纪 50 年代,亚洲、非洲和拉丁美洲新独立的国家就意识到自己在世界经济中的脆弱地位,开始探索以集体的力量来增强自己地位的可能性。1955 年在万隆召开的亚非会议和 1961 年在贝尔格莱德举行的不结盟会议,就是朝着这一方向所做出的努力。现存的国际经济秩序仍然是在 1944 年布雷顿森林会议上产生的框架内运行的,这种情况有利于富裕和强大的发达国家,而不利于贫穷弱小的发展中国家。

在这种情况下,发展中国家必然要求改变现行的国际经济秩序。这导致在 1964 年联合国第一次贸易和发展会议上,发展中国家为了协调他们的行动而成立了 77 国集团,后来其成员逐步发展到 130 多个,77 国集团成为代表发展中国家的立场,并代表发展中国家集体在国际会议上提出要求的主要机构。

当前发展中国家的人口占世界总人口的 3/4,有丰富的资源和巨大的市场潜力。加强南南合作,可以在全球范围内实现发展中国家之间资源的充分利用和优势互补,同时也有利于发展中国家采取一致立场,实现建立国际经济新秩序的长远目标。

第四节　多极格局中的新兴经济国家和地区经济

我们所讲的新兴经济国家和地区包括 20 世纪崛起的新兴工业化国家和地区以及 21 世纪对全球和地区具有重要影响的新兴经济体国家。

一、多极格局中的新兴工业化国家和地区经济

在 20 世纪,新兴工业化国家和地区经济的崛起已经成为世界经济中最引人注目的变化之

一。新兴工业化国家和地区经济具有发展和增长的双重含义：一方面是指从传统经济体制向市场经济体制的过渡；另一方面是指工业化带来了空前的经济增长率。新兴工业化国家和地区经济是一个动态和扩散的范畴。因为随着时间的推移，早期的新兴工业国可能步入发达国家的行列，而原来落后的发展中国家也有可能进入新兴工业国。如果按照目前的发展状况来划分，新兴工业化经济主要是指以韩国、新加坡、中国香港和中国台湾为首的东亚和东南亚的部分国家或地区以及以巴西、阿根廷和墨西哥等为代表的部分中南美洲国家和地区。尽管这些国家或地区工业化的过程扎根于民族社会，各国或地区都有不尽相同的工业化道路，但它又是一种全球性的现象，它的形成是世界经济体系作用的结果。反过来，它的发展又对世界经济体系的结构调整产生影响。新兴工业化经济在世界经济一体化过程中担负着承上启下的作用。

(一)新兴工业化国家和地区经济发展的基本特征

新兴工业化国家和地区是一个由不同的国家和地区组成的群体。它们在人口、面积、资源、文化、政治、社会和经济政策上都大相径庭。然而，它们都有一些共同特点：快速和相对持续的经济增长，出口导向型的发展战略以及日益增强的工业生产的多样性。这是人们普遍视其为工业化成功的依据。

1. 快速和持续的经济增长

从历史角度考察，新兴工业化经济呈现阶梯式的增长。早在 20 世纪 30 至 40 年代，为应付经济大萧条和第二次世界大战造成的经济混乱，墨西哥、巴西和阿根廷掀起了进口替代工业化的第一次浪潮，并在战后成功地引导了外资投入，实现了从矿产、石油和农产品向汽车、化工、机械和药品等进口替代的转变。50 至 70 年代，墨西哥的实际 GDP 年均增长率在 9% 以上。相比之下，东亚新兴工业化经济的增长道路是在战后才真正开始的，在美国资本的大量涌入下，60 年代，韩国、新加坡、中国香港和中国台湾开始了劳动密集型产业为支撑的令人瞩目的增长，1963 年～1972 年中国台湾地区的 GDP 年增长率达到了 10.8%，韩国也在 8% 以上。

进入 20 世纪 80 年代以后，上述地区在钢铁、石油、化工、造船、汽车制造、计算机等重工业方面取得了成功，克服了原料有限、技工缺少、市场狭小的不利因素，成功地保持了经济递增的节奏。而拉美由于转型慢、外债多等多重原因，增长速度要稍慢一些。1965 年至 1968 年间中国台湾和韩国的 GDP 平均增长率为 9%，同期巴西和墨西哥分别是 7.2% 和 4.6%；而 1980 年至 1987 年中国台湾和韩国分别实现了 8.6% 和 7.5% 的增长率，巴西只有 3.3%，墨西哥则徘徊在 0.5%。但是，与发达国家 20 世纪 70 至 90 年代 3% 的平均增长率和发展中国家 4.3% 的增长率相比，新兴工业化经济在整体上的平均增长率仍相当高。特别是在金融危机背景下，新兴工业化国家和地区实现了经济的稳定增长。

2. 及时采用以出口导向为主的发展战略

自 1965 年起，新兴工业化国家或地区先后采用了出口导向为主的发展战略，掀起了出口浪潮。当时，它们大多数的海外销售总额在 10 亿～16 亿美元之间，最少的韩国仅 2 亿美元。但 30 年后，新兴工业化国家或地区显然已在世界名列前茅。由于东亚的韩国、新加坡、中国香港和中国台湾较早地采取出口导向的发展战略，因此，其国际贸易发展迅速。1994 年，香港地区和韩国的出口总额分别高达 1 514 亿美元和 960 亿美元，新加坡为 968 亿美元；拉美地区长期以来受到"中心外围论"思潮的影响，采用了进口替代的发展战略。这一战略尽管对其经济发展起了一些积极作用，但与出口导向的发展战略相比，存在较明显的消极作用。因而拉美国家从20世纪60年代后期开始鼓励出口,向外向型经济转变。由于起步晚,它们的对外贸易尤其是出口贸易水平明显低于韩国、新加坡、中国香港和中国台湾。1994年墨西哥和巴西出口总额,分别为619亿美元和436亿美元;而阿根廷则落后一截,也有158亿美元。对外贸易依存度在这些新兴工业国家和地区有所不同。如1994年韩国的出口是其GDP的26%;专以转口贸易为主的香港地区和新加坡则分别高达115%和141%。而在拉美三个国家和地区中,这一比例仅为6%~17%,韩国、新加坡、中国香港和中国台湾比拉美的新兴工业化国家更多地依靠对外贸易,主要是与这一地区面积狭小、资源贫乏且地理环境有利于开展对外贸易活动有关。显然出口导向的发展战略推动了新兴工业化国家或地区的对外贸易,进而促使其工业化进程的快速发展。

3. 日益增强的工业生产多样化

新兴工业化经济发展过程中的核心是制造业。1987年,制造业在GDP中的比重,香港地区是22%,台湾地区高达39%,其他新兴工业化国家则分别在25%~31%的范围内,这显然高于美国(20%)和其他工业化国家,甚至高于日本(29%)。而在世界上主要工业化国家,服务业超过制造业的趋势已经十分明显。

长期以来,韩国、新加坡、中国香港和中国台湾的出口一直是以制造业产品为主,而拉美新兴工业国这方面比重始终不到一半,但生产产品的多样化反映了拉美国家自然资源的丰富和均衡发展的产业结构。韩国、新加坡、中国香港和中国台湾为了应付海外市场不断增长的贸易保护主义压力,以及国内或地区工资成本的上升,近年来逐渐将制造业向技术密集型产业转移,特别是高科技产业已经在韩国、新加坡、中国香港和中国台湾的经济中占有越来越重要的地位。值得注意的是,服务业在新兴工业化经济GDP中的比重也大幅上升,均达到了50%~70%的份额。这标志着其工业向生产多样化的构成转型。

(二)新兴工业化国家和地区经济在世界经济中的地位

尽管由于工业化道路不同,新兴工业化经济在近十几年相继遇到了外债危机以及墨西哥和东南亚金融危机、美国次贷危机等事件的冲击,但部分国家或地区经过调整进入了稳步回升期。

1. 新兴工业化国家和地区经济在世界经济中地位上升

在经过多年经济持续高速增长后,新兴工业化经济实力大增。以其整体规模度量,1994年总计有3.6亿人口,占世界总人口的6.4%;土地面积1 336万平方千米,占世界总面积的10%;其GDP总数超过2万亿美元,占世界经济的8%;年出口总额接近6 000亿美元,占世界出口总额的13.8%。由于新兴工业化经济贸易和投资实力的增加,它不仅成为世界重要的生产者之一,而且也成为重要的投资者之一,同时也是最大的新兴市场之一。美国政府制定的《国家出口战略》中的十大新兴市场,新兴工业化经济占有5席。新兴工业化经济在世界经济中的地位由此可见一斑。新兴工业国人均国民生产总值介于发达和发展中国家之间,使其在世界经济结构中处于重要的中间地位。

经过几十年的发展,新兴工业化经济跟随西方发达国家经济周期波动的情况正在减少,其抗周期能力迅速增强,不少新兴工业化国家有望在21世纪初进入发达国家行列。根据IMF最新按照购买力平价计算的GDP总量的世界前十排序,新兴经济体占据5席:中国(第一),印度(第三)、俄罗斯(第六)、巴西(第七)、印度尼西亚(第九)。尽管2008年经济危机影响了新兴工业化国家或地区的经济发展,但这并没有改变其在世界经济中的重要地位。

2. 新兴工业化国家和地区经济已经成为国际贸易和投资的重要主体

新兴工业化经济较强的开放性,使其在国际竞争力增强的同时,在国际贸易中开始扮演越来越重要的角色。1994 年底,新兴工业化国家或地区的出口总额已经占全球贸易总额的13.8%。而在继续保持较高出口增长率的同时,进口也有大幅度提高,1994 年韩国的进口增长 22%,新加坡达到 20.5%。1990 年至 1993 年,亚太地区进口增长额为 2 278 亿美元,其中韩国、新加坡、中国香港和中国台湾占 30%,日本仅 6%。

与此同时,新兴工业化经济也成为国际投资的重要主体。以韩国、新加坡、中国香港和中国台湾为例,一方面,在近 20 年中普遍采取了大力吸引外商直接投资的各种优惠性政策,改善投资环境,完善经济立法和法规,1982 年至 1993 年利用外资从 106.88 亿美元增加到 501.13亿美元。另一方面,伴随自身经济实力的增加,它们也已经成为国际经济中重要的对外投资者。长期作为资本净流入者的韩国、新加坡、中国香港和中国台湾,到 1993 年其利用外资为501 亿美元,而仅对东亚地区的直接投资就已经达到 902 亿美元。从 1982 年的 28 亿美元增加到 1992 年 902 亿美元,增长 31 倍,规模已经超过日本(568 亿美元)和美国(382 亿美元),成为该地区的外资最大提供者。新兴工业化经济的成功使开放型战略成为其他发展中国家借鉴的典范。

3. 新兴工业化国家和地区经济在世界经济一体化的进程中扮演重要角色

客观地说,尽管目前新兴工业化经济从整体上看,仍是一个比较分散的势力,但由于其经过战后的高速发展,已经具备了较充裕的资金和先进的技术实力,尤其是其工业生产的多样化,使其在任何产业合作和区域集团中都处于特殊位置。它既是发达工业国转移先进技术的目标,又是向后进国家进行投资和贸易的主体。它为发达国家向后进国家的"大资本引入"提供了多角度的信息条件,在国际经济分工中扮演着承上启下的重要角色,在国际经济传递机制中,成为重要的"二传手"。正是新兴工业化经济作为一个群体的出现,在发达和发展中国家间形成了一个产业顺畅转移、技术适时传递的中介。它们以自身的崛起为世界经济的整体增长做出直接贡献,也为缩小发展中国家与发达国家经济的差距做出重要贡献。因此,新兴工业化经济在目前各种区域性组织基础上与任何一方的联合,都将加快全球经济一体化的进程,改变世界经济的整体格局。

二、多极格局中的新兴经济体各国经济

新兴经济体,国际上一般认为包括巴西、俄罗斯、印度、中国、南非、墨西哥、埃及等在全球和地区具有重要影响的国家。美国高盛集团首席经济学家吉姆·奥尼尔在 2001 年 11 月 20日发表的一份题为《全球需要更好的经济之砖》(The world needs better economic BRICs)中首次提出"金砖四国"(BRICs)一词,"金砖四国"来源于英文 BRICs 一词,是指巴西(Brazil)、俄罗斯(Russia)、印度(India)和中国(China)四国,因这四个国家的英文名称首字母组合而成的"BRICs"一词,其发音与英文中的"砖块"(bricks)一词非常相似,故被称为"金砖四国"。"金砖四国"概念一经推出,迅即成为国际社会的流行词汇,并逐渐成为新兴经济体的标志性概念。2005 年,高盛集团又提出"新钻十一国",包括埃及、韩国、墨西哥、尼日利亚等 11 国。2007 年,日本学者门仓贵史提出"展望五国"概念,即越南、印度尼西亚、南非、土耳其和阿根廷。博鳌亚洲论坛 2010 年年会首次提出"E11"(新兴经济体 11 国)概念,这 11 个新兴经济体包括:阿根廷、巴西、中国、印度、印尼、韩国、墨西哥、俄罗斯、沙特阿拉伯、南非、土耳其。"E11"概念的提

出使新兴经济体研究有了相对固定的研究范围和研究对象。当然,"E11"是个变动和开放的概念,今后会随着国际形势的变化而变化。新概念层出不穷,呈现出世界经济格局和国际关系的新面貌。

(一)新兴经济体国家经济发展的基本特征

新兴经济体11国具有六大共同特点:相对较高的经济增长率、相当的经济规模与人口、中等或中下等的平均收入、较高的经济开放水平、较为广泛的代表性、较小争议性。新兴经济体11国人口总量合计34.12亿(2008年),占世界人口51%;经济总量合计约13亿美元,占世界总量约22%;11国的货物贸易出口占世界货物贸易总出口的23%,占货物贸易总进口的20%,服务贸易出口和进口分别占比为13%和17%。在国际投资头寸方面,2007年11国金融账户资产总额高达5.6万亿美元,以直接投资、证券投资等各种形式流入11国的资本在存量上已达6.5万亿美元。据国际权威机构统计,近年来新兴经济体外汇储备迅速增加,已占世界外汇储备的75%,其中,中、俄、印都是外汇储备大户。这些均显示出11国的经济开放度较高;从地理上看,这11个国家来自亚洲、非洲、拉美和欧洲;从分工角度看,他们当中有工业制成品出口大国,也有资源能源出口大国;从人均收入上看,这11国中既有较接近高收入经济体水平的国家,也有远低于世界平均水平的国家,他们的代表性由此可见一斑。这11国基本上都已被各种新兴经济体名录所囊括,这表明此11国总体而言在较高程度上符合世人对新兴经济体的理解;另一方面,选择G20中的11个发展中经济体作为"新兴经济体"的代表简便易行,同时也或多或少地避免了其他遴选方法可能引起的问题,这两点符合我们前述"具有较小争议性"的特点。当然,这11个国家既都是新兴经济体,又处于不同的发展阶段。从新兴经济体角度看,它们有许多共性;但从不同发展阶段看,它们又有许多个性。它们在世界经济格局中占据越来越重要的地位。

(二)新兴经济体国家在世界经济中的地位

新兴经济体国家在世界经济格局中占据越来越重要的地位。以"金砖四国"为例,"金砖四国"国土面积占世界领土总面积的26%,人口占全球总人口的42%。近年来,"金砖四国"一直保持着经济快速增长,经济实力不断壮大,因此成为新兴经济体里的佼佼者。根据国际货币基金组织的统计,2006年至2008年,"金砖四国"经济平均增长率为10.7%。2008年,"金砖四国"的经济总量已占全球的15%,贸易额约占全球的13%,按购买力平价计算,对世界经济增长的贡献率已超过50%,其中中国占25%。在"金砖四国"中,经济发展最突出的是中国,中国自改革开放以来,在30多年的时间内经济年均增长超过9%。印度自20世纪90年代以来,俄罗斯、巴西自进入新世纪以来,都根据各自国情进行了经济改革,俄、印的经济增长率近年来都在6%左右,巴西在3%~4.9%之间,均高于西方国家和世界平均水平,四国GDP都已名列世界前12位。据高盛公司预计,未来20年内四国的经济总量甚至会超过七国集团。

在国际金融危机背景下,新兴经济体各国增长态势正在发挥稳定世界经济的作用。据有关权威机构预测,金融危机虽然对"金砖四国"等新兴经济体造成了冲击,但较之处于金融风暴中心的美欧发达国家而言,所受影响较小,也最有望率先走出危机。2009年"金砖四国"对全球经济增长的贡献率超过90%。根据高盛公司的最新统计和预测,全球经济2009年萎缩1.1%,但"金砖四国"增长4.8%,与陷入严重衰退的众多发达国家形成鲜明对比。2011年,全球经济将增长3.9%,而"金砖四国"则增长达到5.8%。此外,"金砖四国"消费市场日益扩大。随着经济的快速发展,四国的消费需求也大大提升。这些国家的富裕阶层不断扩大,对高档商

品和各种金融商品的需求明显增多。据估计,到 2050 年,"金砖四国"将拥有 8 亿中产阶级人口,超过美国、西欧与日本中产阶级的总和。

伴随四国经济快速增长,其国际影响力与日俱增。作为新兴经济体的代表,"金砖四国"之间的对话合作不断加强,日益作为一个整体,积极表达和实现着发展中国家的利益诉求。2009 年 6 月,"金砖四国"领导人在俄罗斯叶卡捷琳堡举行了首次会晤,重点就应对国际金融危机冲击、二十国集团峰会进程、国际金融机构改革、粮食安全、气候变化等重大紧迫问题交换了看法,进一步讨论了"金砖四国"未来对话与合作的前景。

鉴于"金砖四国"等新兴经济体地位不断上升,有"富人俱乐部"之称的八国集团近年来每次召开峰会时也都会邀请发展中大国与会,同包括新兴经济体在内的发展中国家代表就一系列全球性议题展开对话。2009 年 7 月份在意大利拉奎拉举行的八国集团峰会上,应邀与会的发展中国家数量创下历届之最,八国集团也首次与中国、印度、巴西等六个发展中大国发表了共同宣言,就当前国际社会面临的一系列全球性挑战表明共同立场。这些变化,从一个侧面反映出发展中国家在国际事务中的参与程度日益提高,更显示出世界正加速向多极化格局转变。

在每次二十国集团峰会之前,"金砖四国"财长都会利用前期的二十国集团财长会单独举行会晤,为全球携手应对金融危机和改革国际金融体系协调立场,共同提出有利于发展中国家的主张。2009 年 9 月初,在二十国集团财长和央行行长会议上,"金砖四国"财长联合提出,为了实现全球经济可持续和平衡增长,国际社会应加大对低收入国家的支持力度,缩小发达国家和发展中国家之间的发展差距;为建立更加公平、合理的国际经济秩序,应加快推进国际金融机构改革,切实提高发展中国家的发言权和代表性。

"金砖四国"上述的行动表明,四国已成为推动全球携手应对金融危机的重要力量,为国际政治经济秩序朝着多极化、合理化方向发展作出了重要贡献。

(三)当前新兴经济体国家面临的挑战与对策

虽然欧美经济衰退给新兴经济体国家的崛起带来一定机会,但在现有世界经济格局没有彻底改变的前提下,新兴经济体国家,特别是"金砖四国"要想领跑世界经济也有相当的难度,其面临的挑战包括以下几个方面。

首先,如何降低对美国经济的依赖是新兴经济体国家面临的共同课题。如果解决不了或解决不好,美国经济的问题仍会严重影响新兴经济体各国的复苏和繁荣,而解决问题的关键在于提高内需。

其次,国际金融危机加快了新兴经济体各国开放进程,但它们承受外部冲击的能力并无实质性提高。例如,俄罗斯和巴西在这方面都有过教训,而中国的汇率制度和金融体系改革尚未彻底完成,承受外部冲击的能力有限;印度经济虽然开放程度高、市场化进程快,但缺乏良好投资环境很难保证产业发展的可持续性。

此外,在金融危机蔓延、发达经济体衰落的背景下,新兴经济体各国因外资撤离、对外贸易和国内投资急剧减少,都面临就业压力增加和经济增长放慢的困难,各自都存在突出问题。俄罗斯和巴西深受大宗商品价格拖累。在原料出口型经济结构下,俄罗斯经济长期与国际能源市场密切挂钩,国际原油价格几乎成为俄罗斯经济的命根。随着国际金融危机深化、国际石油需求锐减和油价大幅回落,俄罗斯经济陷入衰退。巴西是铁矿石和农产品出口大国,金融危机导致大宗商品需求减少,价格暴跌,迫使包括矿业巨头淡水河谷公司在内的有关企业减产或停产。印度经济虽然快速增长,但政府的财政状况非常糟。在经济危机前,印度政府的财政赤字就接近 GDP 的 8%，为此前预定的 2.5% 目标的 3 倍多。经济增长减速将直接导致税收减少，从而形成恶性循环。

新兴经济体各国在目前世界经济普遍疲软、复苏动力不足的情况下，要想走出危机并率先繁荣特别需要加强合作，共谋发展。

首先，新兴经济体各国应加强内部的经济合作。目前这种合作多来自双边，如货币互换、自由贸易协定、合作投资备忘录等，但统一的合作模式才会产生规模效应，并推动新兴经济体各国的相互支持和协作，也有助于改变世界经济结构的失衡。目前，中国已与巴西、俄罗斯在货币互换和贷款换石油方面签署合作协议。中印贸易额虽已从 10 年前的每年 10 亿美元上升到现在每月 10 亿美元，但与两国同欧美的贸易额相比仍差距甚远。印度在 IT 业等方面有竞争力，而中国竞争力主要集中于工程项目、基础设施建设和制造业方面，两国优势互补，有很大的合作空间。

其次，谋求对国际金融体系改革的话语权、增加新兴经济体在国际金融机构中的发言权与投票权，是金融危机后新兴经济体各国最为强烈的诉求。例如，在 2009 年 4 月 G20 伦敦峰会期间，"金砖四国"首次发表联合公报，要求对 IMF（国际货币基金组织）进行改革，重新评估该组织的作用，使其适应新的全球货币与金融体系。但在会后公布的 IMF 改革方案中，"金砖四国"及其所代表的新兴和发展中国家地位并未得到明显改变。据 IMF 最新批准的改革方案，发达国家投票权重从 59.5% 降到 57.9%，发展中国家投票权重则从 40.5% 上升到 42.1%。

第三，反对任何形式的贸易保护主义，不能让其成为破坏全球经济的因素。各国领导人应推动尽快完成世贸组织多哈回合谈判，并使谈判取得广泛和平衡的成果。世界银行经济学家列夫·弗雷克曼认为，经济危机给世贸组织改革提供了难得的机会，"金砖四国"应在支持自由贸易、反对贸易保护主义上发挥积极作用，并利用发达国家农业游说集团游说能力降低之际，力争实现多哈回合谈判的突破。

第四，加强金融监管。所有金融活动必须置于充分监管之下，包括加强对对冲基金和私人资本的监管，并对评级机构进行充分监管；应减少金融市场全球性和金融监管国家性之间的差距，在监管原则上获得更大程度的一致性，以便这些原则可应用到更多相似的金融市场和金融机构。为了摆脱金融危机对本国经济的冲击，四国还要求改革现有的由美元主导的国际货币体系。

第五，解决气候变化问题应强调可持续发展理念，不能以环境问题为借口，阻止新兴国家的经济发展。开发可再生新能源是四国共同感兴趣的问题，希望更多新兴国家参与新型能源的开发和利用，特别是要帮助非洲国家开发可再生能源，以促进非洲的经济社会发展。

第五节　多极格局下中国的发展战略

一、中国的成就与地位

(一)中国取得的经济成就

自新中国成立后的 60 多年中，尤其是自改革开放 30 多年来，取得了令世界瞩目的经济建设成就。

第一，60 多年来，国民经济综合实力实现由弱到强，由小到大的历史性巨变，综合国力明

显增强,国际地位和影响力显著提高。国内生产总值以年均 8.1% 的速度增长,2009 年中国国内生产总值为 340 507 亿元,经济总量增加 77 倍,位次跃升世界第 2 位。人均国内生产总值增长 32.4 倍,中国由低收入国家跃升至世界中等偏下收入国家行列。国家财政收入增长 985 倍,政府对经济和社会发展的调控能力日益增强。2009 年,外汇储备达到 21 316 亿美元,增加近 14 000 倍,2014 年,国家外汇储备余额达到 3.84 万亿美元。从 2006 年 2 月至今,中国由长期以来的外汇短缺国一跃成为世界第一外汇储备大国。

第二,商品和服务实现由严重短缺到丰富充裕的巨大转变,主要工农业产品的供给能力名列世界前茅。农产品供给不仅解决了占世界 1/5 人口的吃饭问题,还为加快工业化进程提供了重要支持。工业的快速发展不仅解决了基本生活必需品的短缺问题,而且还使中国逐渐成为一个世界制造业大国。第三产业的发展不仅基本满足了人们不断增长的对服务业的需求,还在与第一、第二产业的良性互动中催生了大量新兴产业。工农业产品产量位次大幅前移,一些产品在国际市场上已经成为举足轻重的力量。

第三,经济结构实现由低级到高级、不均衡到相对均衡的巨大调整,经济发展的协调性明显增强。产业结构基本实现由农业为主,向一、二、三次产业协同发展的转变。工业结构实现从门类简单到齐全,从以轻工业为主到轻、重工业共同发展,从以劳动密集型工业为主导,向劳动、资本和技术密集型共同发展的转变。所有制结构经历了由单一的公有制经济到多种所有制经济共同发展的历史性转变。分配结构实现从绝对平均主义到以按劳分配为主、资本和技术等收入为辅的多种分配方式并存的转变。城乡结构经历了以城乡分割到城乡统筹协调发展的转变。区域结构实现了由低水平不协调到各具优势、协调发展的转变。

第四,基础设施和基础产业实现由薄弱到明显增强的巨大飞跃,对经济发展的支撑能力显著增强。大力兴建农田水利基础设施,农业生产条件不断改善。能源生产能力由弱变强,终结了"贫油""缺电"历史。以铁路为骨干,公路、水运、民用航空和管道组成的综合运输网基本形成。覆盖全国、通达世界、技术先进、业务全面的国家信息通信基础网络初步建成。

第五,对外经济实现从封闭半封闭到全方位开放的伟大历史转折,对外贸易和利用外资规模均跃居世界前列。对外贸易规模不断扩大,20 世纪 60 年代平均年进出口额 36.88 亿美元,2009 年达到 22 072.7 亿美元,增长 598.5 倍,2014 年增长到 4.303 万亿美元,连续两年位列世界第一。利用外资规模不断扩大,2009 年实际利用外资 900.3 亿美元,2014 年实际利用外资 1 195.6 亿美元,连续多年位居发展中国家首位。对外经济合作从无到有,"走出去"战略顺利实施。

第六,人民生活实现由贫困到总体小康的历史性跨越,正在向全面小康目标迈进。城乡居民收入增长速度逐步加快,财产性收入进入寻常百姓家。城乡居民消费水平不断提高,消费结构逐步改善。城镇社会保障制度逐步建立和完善,农村社会保障制度建设也在顺利地向前推进。扶贫取得的成就为世界所瞩目。

第七,科技和教育实现了落后到突飞猛进发展的转变,有力地支撑了经济社会的发展。科技投入稳步增加,科技事业不断取得重大成果。基础教育普及率不断提高,教育结构不断改善。

第八,文化、卫生、体育、环保等社会事业发生了根本性变化,经济与社会发展的协调性不断增强。多层次、覆盖城乡的公共卫生体系初步建立,人民健康水平不断提高。公共文化服务体系初步形成,人民精神文化生活更加丰富。体育事业全面发展,竞技体育取得历史性跨越。生态环境保护取得进展,污染物排放总量逐步得到控制。

中国经济已是全球经济增长的主要引擎,中国在世界经济格局中扮演着举足轻重的角色。德意志银行全球战略专家库尔蒂评论指出,中国是靠强大的经济实力进入世界经济大国行列的,"现在的问题不是如何使中国融入国际社会,而是如何给它腾出合适的位置来"。

表 8.1 所示为中国 GDP 总值变化情况。

表 8.1　中国 GDP 总值变化情况(按当时汇率)

年　份	世界排名(位)	数值(亿美元)
1970 年	13	272
1980 年	7	3 015
1990 年	10	3 878
1995 年	7	7 006
2000 年	6	10 808
2001 年	6	11 590
2002 年	6	12 371
2003 年	7	14 060
2004 年	7	16 493
2005 年	5	20 549
2006 年	4	25 880
2007 年	3	33 700
2008 年	3	42 220
2009 年	2	52 000
2010 年	2	60 397
2011 年	2	74 924
2012 年	2	84 616
2013 年	2	94 906
2014 年	2	103 601

(二)现阶段中国在世界经济中的地位

中国的经济实力明显增强,成为世人皆知的事实。2009 年总体经济规模列入世界第 2 位,由此在亚太及全球经济政治格局中的地位明显上升,是亚太及全球地缘竞争中的主体力量之一。各方地缘战略已经开始以中国的发展方向为重要定位点。中国在国际经济组织中的地位提高,对国际事务的参与程度加深,影响力已经超出地区范围,大国地位得到国际社会认可。特别是在当前国际金融危机背景下,作为"金砖四国"中分量最重的一员,中国自始至终发挥着重要作用,用实际行动树立了负责任的国际形象。目前,中国经济已企稳回升,这主要得益于中国政府出台的 4 万亿元人民币庞大经济刺激计划。美国彭博新闻社就此评论,中国的大规模刺激计划不仅鼓舞了中国经济,也鼓舞了全世界,因为不仅经济刺激计划本身会让外国企业分上一杯羹,而且经济刺激计划重在扩大内需,为其他国家的出口企业创造了更多机会。

在全球携手应对金融危机的努力中,中国还提供了 100 亿美元的信贷支持,帮助上海合作组织成员国应对国际金融危机冲击,并推动有关各方就 2009 年年底前成立规模为 1 200 亿美

元的亚洲区域外汇储备库达成共识。根据 2009 年二十国集团金融峰会上达成的协议,中国政府同意购买不超过 500 亿美元的国际货币基金组织债券,以充实国际货币基金组织的资金实力,帮助解决部分发展中国家和新兴经济体出现的国际收支困难。这些都为稳定地区和全球经济形势起到了重要作用。

对于在历次二十国集团金融峰会上达成的共识,中国更是以身作则,做到言必行、行必果,体现了负责任的态度。面对金融和经济危机,中国政府旗帜鲜明地反对保护主义,并以自己的实际行动维护贸易和投资开放。2009 年年初以来,中国已陆续向欧洲、美国和上海合作组织成员国派出多批贸易投资促进团,为遭遇经济"寒冬"的中外企业扩大贸易和投资往来添加薪火,彰显了中国致力于贸易和投资开放的决心,为全球经济摆脱危机注入了信心。

与此同时,中国还与其他新兴经济体一起,在国际金融体系改革进程中积极主张和维护发展中国家权益,为推动国际金融秩序朝着公平、公正、包容、有序的方向发展,营造有利于全球经济健康发展的制度环境作出了重要贡献。经过持续多年的高速增长,中国如今已成为全球第二大经济体,对于世界经济增长的贡献度不断提升。世界银行行长佐利克表示,中国有可能充当全球经济复苏的催化剂。数据显示,中国 2009 年对全球经济增长贡献率达 22%,已超越美国居世界第一。近年来,中国经济增长放缓,但 2013 年中国经济增长对全球经济增长的贡献仍然将近 30%。

中国的经济发展虽然取得了举世瞩目的成就,但是,对于这个拥有 13 亿人口的新兴国家来说,在估计经济实力时,不能仅看经济问题。应该看到,中国的综合国力尤其是人均国内生产总值、总体科技水平等大大落后于经济发达国家,甚至同某些发展中国家和地区相比也有很大差距。虽然经济迅速增长的吸引力不可抗拒,总体经济规模扩大得较快,但毕竟基本国情是人口多、基础比较薄弱,与美国等世界大国相比资源也并不丰富。再加上几十年实行计划经济所产生的深刻影响,经济社会生活中还存在很多弊端和矛盾。这些问题有些是表面的、短期的,有些则是深层次、潜伏的和长期存在的,有一些甚至是非常棘手的问题。所以对经济实力的估计不能过高,应该有清醒的认识。

二、增强竞争能力,在多极化的世界经济格局中占有重要的一席

在世界经济多极化发展的新时期,要想在世界经济格局中立足并占有更大的发展空间,必须提高自己的竞争实力。实力的竞争表现为综合国力的竞争。所谓综合国力,一般是指一个国家或民族生存和发展所拥有的全部实力以及在国际社会中产生影响的综合能力。综合国力以经济实力为基础,以国防力量为手段,以政治影响为标志,包括总体经济规模、经济发展水平、科技、文化、人口、国土等在内的多种要素的组成系统。高科技在这个系统中是关联性最强、灵敏度最大的要素,它渗透于经济、军事、政治等各个领域,其发展水平在很大程度上标志着综合国力的强弱。所以一个国家高科技的发展和应用水平,在相当程度上显示其综合国力和竞争实力。当前国际经济和科技的竞争已经成为新一轮国际较量的重要内容。无论是美国、日本、西欧发达国家,还是发展中国家,尤其是新兴经济国家和地区,无不对高科技发展高度重视,将其作为保持经济社会发展,增强竞争实力,为本国在 21 世纪的世界经济新格局中定位的国策。面对这种形势,中国作为科技水平和经济发展水平较低的国家更应早谋对策,及早采取行动,以使综合国力得到较快提升,以更加雄厚的基础融入世界经济,成为多极世界经济格局中举足轻重的一极。

当然,中国融入世界经济取得更大的发展也会面临一些困难,需要克服一定障碍。从国际因素来看,目前世界经济复苏缓慢,世界范围内 80% 的行业存在 30%~40% 的生产能力过剩,

加上当前国际金融危机的影响,全球经济彻底摆脱危机而步入繁荣尚需时日,这无疑影响着中国经济向外进一步拓展空间。从国内因素看,中国经济快速发展的势头已经引起西方国家的担忧,在对中国出口高新技术等方面具有明显的控制趋势,从而加大了中国获取海外资金、技术和市场的难度。2009年初,中国政府为应对国际金融危机,果断出台了一蓝子方针,包括保增长、扩内需、调结构、惠民生,坚持实行积极的财政政策和适度宽松的货币政策。如:国家4万亿投资、信贷规模超预期、十大产业振兴规划以及区域经济政策等系列政策,这些措施初见成效,使中国在金融危机中率先实现经济企稳回升,V形反转,2009年保持9.1％的增长。但经济结构深层矛盾,恐怕难以在短期内消除,中国经济依然面临诸多问题,如:投资与消费失衡,第一、二、三产业失衡,发展与资源失衡。对这些制约发展的困难应有清醒的头脑,既要认清形势,不盲目乐观,更要站在国际经济格局大背景下看到克服困难、发展自己的必要性、迫切性和可能性。要立足于依靠自己的力量来解决发展中的矛盾,又要善于借助国际条件,更好地参与国际分工与合作,利用大国及区域集团之间的差别和矛盾,抓住机遇,在国际竞争中获得主动权,通过长期和逐步的努力,使中国在多极化世界经济格局中占有应有地位。应该看到,这一前景是非常光明的。美国国际部长咨询机构21世纪国家安全保障委员会的报告预测,未来25年间,东亚经济如能持续发展,其实力将明显增强,与北美(自由贸易区)板块、欧盟板块,形成鼎足之势。而且,会成为全球最大经济圈,中国的国内生产总值届时可排在全球首位。虽然这仅仅是某些估计,国内生产总值的位次更不能说明全部,但中国将在克服现存困难的过程中不断实现发展是一种共识。

需要认清的是,中国在21世纪获得更大发展后,仍将在世界多极格局中正确确定自己的战略位置。中国经济总量还很有限,同美国的差距很大。要用世界经济总量的4％养活世界总人口的22％,将面临很多困难,为此,要永远保持自知之明,坚持韬光养晦的战略方针,目前就是要扎扎实实做好自己的工作。有的学者将此形象地比喻为"大象"战略。一方面,大象庞大威武,令人尊敬,举足轻重,可是它的本性是和平的,要与周围的环境和睦相处。这象征着中国在强大之后也决不称霸,要尊重各国人民的选择,致力于创造并维系良好的国际政治经济环境。另一方面,大象尊重弱小者,但却不惧怕强暴者。这象征着中国在世界多极化格局中决不放弃原则,反对强国欺辱弱国,不允许外国干预中国的主权,积极防范国际经济交往中带来的经济风险和不安全,坚持发展是硬道理的大思路,加快转变经济发展方式,调整优化经济结构,大力推动经济进入创新驱动、内生增长的发展轨道,毫不犹豫地向建设世界强国的目标奋进。

复习思考题

1. 简述世界经济格局的含义及决定因素。
2. 简述世界经济多极化格局的基本特征。
3. 简述发达国家的基本特征及对世界经济的影响。
4. 简述发展中国家的基本特征。
5. 简述新兴工业化国家和地区经济的基本特征。
6. 简述新兴经济体国家经济的基本特征。
7. 中国在多极化世界经济格局中应采取何种战略?

第九章 发展持续化

随着科技进步和社会生产力的极大提高,世界经济不断向前发展,人类创造了前所未有的物质财富,加速推进了文明发展的进程。与此同时,人口剧增、资源过度消耗、环境污染等问题日益突出,成为全球性的重大问题,严重地阻碍着经济的发展和人民生活质量的提高,继而威胁着全人类的未来生存和发展。在这种严峻形势下,人类不得不重新审视自己的社会经济行为和走过的历程,认识到通过高消耗追求经济数量增长和"先污染后治理"的传统发展模式已不能适应当今和未来发展的要求,必须努力寻求一条经济、社会、环境和资源相互协调的可持续发展之路。

第一节 可持续发展问题的提出

一、可持续发展的概念

可持续发展(sustainable development)作为一个新概念,是在 1980 年的《世界自然保护大纲》中首次作为术语提出的,其概念最初源于生态学,其后被广泛应用于经济学和社会学范畴,并加入了一些新的内涵。在此期间还提出了"可持续性"和"持续发展"等概念。1987年世界环境与发展委员会在《我们共同的未来》报告中第一次阐述了可持续发展的概念,引起了国际社会的激烈争论。1992 年在巴西里约热内卢召开了世界环境与发展大会,对于可持续发展的定义形成了全球性共识。

可持续发展是指既满足当代人的需求而又不削弱后代满足其需要能力的发展,而且决不包含侵犯国家主权的含义。该概念从理论上明确了发展经济同保护环境和资源是相互联系、互为因果的观点。换句话说,可持续发展就是指经济、社会、资源和环境保护协调发展,它们是一个密不可分的系统,既要达到发展经济的目的,又要保护好人类赖以生存的大气、淡水、海洋、土地和森林等自然资源和环境,使子孙后代能够永续发展和安居乐业。可持续发展与环境保护既有联系,又不等同。环境保护是可持续发展的重要方面。

可持续发展的基本内涵为:第一,可持续发展不否定经济增长,尤其是发展中国家的经济增长,但需要重新审视如何推动和实现经济增长。要达到具有可持续意义的经济增长,必须将生产方式从粗放型转变为集约型,减少单位经济活动造成的环境压力,研究并解决经济上的扭曲和误区。第二,可持续发展要求以自然资源为基础,同环境承载力相协调。可持续性,可以通过适当的经济手段、技术措施和政府干预得以实现。要力求降低自然资产的耗竭速率,使之低于资源的再生速率或替代品的开发速率。第三,可持续发展以提高生活质量为目标,同社会进步相适应。第四,可持续发展承认并要求社会体现出自然资源的价值。这种价值不仅体现在对经济系统支撑的服务价值上,也体现在对生命支撑系统的存在价值。第五,可持续发展的实施以适宜的政策和法律体系为条件,强调"综合决策"和"公众参与"。需要改变过去各个部门封闭、分别制定和实施经济、社会、环境政策的做法,提倡根据科学原则、全面的信息来制定政策并予以实施。可持续发展的原则要纳入经济、人口、环境、资源、社会等各项立法及重大决策之中。

可持续发展的核心是发展,但要求在严格控制人口、提高人口素质和保护环境、资源永续利用的前提下进行经济和社会的发展。可持续发展的基本概念是人类经济、社会和环境目标的协调一致,是当前发展和长远发展目标的协调一致。要发展就要消耗资源,就会产生废弃物。可持续发展不是对资源和环境的封闭式保存,而是要求尽可能避免和减少对环境、资源的破坏,将保护和利用有机地结合起来;在确立与自然协调一致发展目标的基础上,通过科学技术的进一步发展加速开发替代性资源,加速开发有利于环境和资源保护的新的生产和生活方式;同时,通过人类的共同努力减少社会、政治、经济等方面的不平等现象,减少国际、国内的各种冲突,最终实现人类社会的长期和谐发展,实现人类与自然环境的协调共生。

可持续发展战略的核心是经济发展与保护资源、保护生态环境的协调一致,是为了让子孙后代能够享有充分的资源和良好的自然环境。可持续发展是一个长期的战略目标,需要人类世世代代的共同奋斗。现在是从传统增长到可持续发展的转变时期,因而最近几代人的努力是成功的关键,必须从现在做起,坚定不移地沿着可持续发展的道路走下去。

二、可持续发展提出的背景

科学技术以前所未有的速度和规模迅猛发展,增强了人类改造自然的能力,给人类社会带来空前的繁荣,也为今后的进一步发展准备了必要的物质技术条件。对此,人们产生了盲目乐观情绪,好像自己已经成为大自然的主人,可以长期掠夺资源而不会受到大自然的惩罚。然而,这种掠夺式生产已经造成了生态和生活的破坏,大自然向人类亮起了红灯。各种灾害不断发生,给社会带来了很大破坏。突出的环境恶化主要表现在几个方面。

(一)大气污染

大气是人类赖以生存的最基本的自然资源。它不仅能通过自身运动进行热量、动量和水资源分布的调节过程,并且能阻挡过量的紫外线照射到地球表面,有效地保护地球上的生物,给人类创造一个适宜的生活环境。然而工业革命以来,特别是 20 世纪以来,大气污染物排放量的迅速增长和积累,导致了大气资源的损害和环境污染的问题。凡是能使空气质量变差的物质都是大气污染物,有自然因素和人为因素两种,以后者为主要因素。

(二)森林资源减少和覆盖率降低

森林是一种极重要的自然资源,它不仅为人类提供各种木材、经济植物和食物,而且具有十分宝贵的维护生态环境的功能。诸如,涵养水源和保持水土,吸收有毒有害气体,阻滞粉尘和减低噪声,防风固沙,调节气候,等等。根据联合国粮农组织的调查,在 20 世纪 90 年代,全球的森林采伐面积估计每年达 1 400 万公顷,但新造林和自然生长的森林增加的面积只有 520 万公顷,因此每年净损失森林面积达到 880 万公顷。2000 年至 2010 年,每年约有 1 300 万公

顷森林转为其他用途或因自然原因流失。森林砍伐最为严重的是热带地区的发展中国家,在1990 年至 2000 年的十年间,非洲森林面积减少得最多,每年毁林 526.2 万公顷;其次是南美洲,每年毁林 371.1 万公顷;亚洲每年毁林 36.4 万公顷。据有关研究,地球上覆盖的森林面积曾经占陆地的 2/3,估计为 76 亿公顷,到 1862 年减少到 55 亿公顷。而近百年来,森林破坏速度加快,根据联合国粮农组织的报告显示,全球森林从 1990 年的 41.6 亿公顷下降到 2000 年的 40.8 亿公顷,2010 年又降为 40.3 亿公顷。

(三)荒漠化在扩展

荒漠化是世界上干旱和半干旱地区面临的严重环境退化问题,根据 1992 年联合国环境与发展大会所提出的定义:荒漠化是由于气候变化和人类不合理的经济活动等因素使干旱、半干旱和具有干旱灾害的半湿润地区的土地发生了退化。据联合国环境规划署估计,地球上受到荒漠化影响的土地面积有 3 800 多万平方千米。每年世界上大约有 600 万公顷的土地沦为沙漠,其中 320 万公顷原为牧草地和 250 万公顷原为旱作农地。荒漠化直接影响到 2.5 亿多人,对 110 个国家或地区的约 12 亿人口的生活构成威胁。中国是受荒漠化危害最严重的国家之一。根据中国国家林业局 2011 年的公告,中国荒漠化土地达到 262.37 万平方公里,占国土面积的 27.33%,分布于 18 个省市自治区的 508 个县(旗、区)。

(四)水资源危机

除去盐化水,目前不能利用的冰盖、冰川、地下水与土壤水、湖沼、大气水等外,在地球上的水资源中可供人类利用的淡水只占不足 1%。但现实情况是水的需求量不断增加。根据联合国报告显示,进入 20 世纪后,人类的用水量增加了 6 倍,是人口增加速度的 2 倍,而同时每年平均淡水可能占有量在不断减少。工业用水的增加以及工业污水排放又污染了水源,进一步减少了本可利用的水资源的供应量。据联合国粮农组织统计,到 2000 年世界淡水资源的人均占有量,亚洲已从 5 100 立方米降至 3 300 立方米,非洲已从 9 400 立方米降至 5 100 立方米。欧洲已从 4 400 立方米降至 4 100 立方米,拉丁美洲从 4.88 万立方米降至 2.83 万立方米,北美洲从 2.13 万立方米降至 1.75 万立方米。全球约有 4.6 亿人生活在用水高度紧张的国家和地区,还有 1/4 人口面临严重用水紧张局面。全球性的水污染,水资源的过度消耗和管理不当已经造成可利用水资源水量和水质的大幅下降。目前世界上大约有 90 个国家和 40% 的人口出现缺水危机。在用水方面,国家之间的紧张形势也在加剧,由于许多河流是跨国的,这就提出了国家之间如何分配水资源的问题,必须通过协商,否则将引起冲突。中国可利用水资源总量为 2.8 万亿立方米,居世界第 6 位,人均占有量 2 200 立方米,仅为世界人均占有量的 1/4,排在世界第 121 位,被列为世界 13 个贫水国家之一。中国 640 多个城市中,缺水城市约占 2/3,即 400 多个,其中严重缺水城市 110 个。预计 2030 年,中国将缺水 400 亿立方米至 500 亿立方米,缺水高峰将会出现。从 90 年代开始,中国用水总量已超过美国成为世界第一用水大国,用水量有增无减。1949 年中国年用水量为 1 030 亿立方米,到 1999 年达到 5 531 亿立方米,2014 年为 6 183 亿立方米。

(五)环境恶化趋势

由于过度和不适当的经济发展以及只顾眼前和局部利益,使整体环境恶化的形势得不到遏制,造成了水土流失严重。中国水土流失面积已达到 295 万平方千米,约占国土面积的30.7%,造成荒漠化扩展和自然灾害频发,污染日益加剧。中国的污染物的排放量较大。未来5~10 年主要污染物排放的拐点将全面到来。总体上看,中国的环境保护投资达到较高的水平,环境污染治理的投资占 GDP 的 1.4％左右。世界每年平均新增垃圾(不包括工业废渣)17.85 亿吨,以年均 8.37％的速度增加,垃圾平均密度达到 87 吨/平方千米。虽然中国农村人口分散,但由于人口数量多,没有人和生活污水的收集和处理措施,使农村生活污染源成为影响水环境的重要因素,且随着农村生活方式的改变而加剧。同时,生活垃圾的大量产生,其大部分都露天堆放,不仅占了大片的可耕地,其渗透也污染地表水和地下水,导致生态环境的恶化。

(六)历史上重大公害事件

所谓公害,是指由于人类活动而引起的环境污染和破坏,以致对公众的安全、健康、生命、财产和生活舒适性等造成的危害。据统计,全世界平均每年发生 200 多起严重的化学污染事故。危害严重的有以下几个事件。

(1)马斯河谷烟雾事件。1930 年 12 月 1 日至 5 日,发生在比利时马斯河谷工业区。由于在近地表层的二氧化硫浓度积累到 25～100 毫克每立方米,再加上氟化物等其他有害气体和粉尘的综合作用,一周内死亡 60 多人,同时还有许多家畜死亡。

(2)多诺拉烟雾事件。1948 年 10 月 26 日至 31 日发生在美国宾夕法尼亚州的多诺拉镇,由于二氧化硫浓度过高,再加上粉尘和其他金属元素反应,造成受害发病者 5 911 人,占该镇总人中的 43％。

(3)伦敦烟雾事件。1952 年 12 月 5 日至 8 日发生在英国伦敦。由于二氧化硫浓度过高而形成了硫酸雾,因此,在 4 天中死亡的人数比常年多 4 000 人。

(4)水病事件。1953 年至 1956 年,发生在日本熊本县水市。由于含汞催化剂的工业废水排放到水湾,形成毒性极强的甲基汞而污染水体,使水中鱼类中毒,人食鱼后也跟着中毒受害,造成 60 人死亡。

(5)四日市哮喘病事件。1961 年发生在日本四日市,二氧化硫和重金属微粒形成硫酸烟雾,危害居民,1972 年共确认哮喘病患者 817 人,死亡 10 多人。

(6)骨痛病事件。1955 年至 1972 年发生在日本富士山县神通川流域。由于排放的含镉废水污染了神通川水体,两岸居民利用河水灌溉农田,使稻米含镉,居民食用含镉米和含镉水而中毒,患者 130 人,其中 81 人死亡。

(7)美国三里岛核站泄漏事故。发生在 1979 年 3 月 28 日,使周围 50 英里以内的 200 万人口处于极度不安之中。

(8)印度博帕尔农药泄漏事件。发生于 1984 年 12 月 3 日,受害面积达 40 平方千米,死亡6 000～20 000 人,受害人数 10 万人～20 万人。

(9)莱茵河污染事件。1986 年 11 月 1 日,瑞士巴塞尔费多兹化学公司的仓库起火,使大量有毒化学品随灭火水流进莱茵河,使靠近事故地段的河流变成了“死河”,生物绝迹,300 里处的井水不能饮用,造成巨大经济损失。有人称此为掠夺性的生态灾难。

(10)酸雨事件。酸雨作为一个环境问题出现在 20 世纪 50 年代的美国。到 60 年代后期,酸雨的范围扩大到了北欧,70 年代几乎蔓延到所有国家。酸雨破坏土壤的结构和损害土壤的营养,妨害森林和植物生长。酸雨造成水产品减收。酸雨严重影响建筑的质量、工业设备的能效、仪器仪表的运转及人体健康。

以上由于人类不适当的经济活动所形成的环境污染和生态破坏,反作用于人类社会而带来了许多灾难性的后果,降低了人类的生活质量,于是引起了人们的高度关注。人们不得不注

意到,要创造舒适的生存条件,满足日益增长的物质与文化需求,就必须通晓环境的演变规律,认识环境的结构与功能,维护环境的生产能力、恢复能力和补偿能力,使经济和社会发展不超过环境的容许极限,以满足人类的生态需要,这就需要合理调节人类与自然的关系,正确协调经济社会发展和环境保护的关系。

三、可持续发展观的形成

1968 年,来自欧洲以及世界的 100 多位学者、名流在罗马开会,讨论当前人类所处的困境和未来的发展,接着便以研究人口增长、工业发展、粮食生产、资源耗费和环境污染等当代世界五大严重问题的发展趋势为宗旨,成立了一个名为"罗马俱乐部"的组织,并委托美国麻省理工学院系统动力学组进一步开展对未来世界发展前景的研究工作,建立了以梅多斯教授为首的国际研究小组。在 1972 年发表了第一个研究报告《增长的极限》,其核心内容是通过分析世界系统基本变量的因果回路图,建立世界模型,进行对未来发展状况的模拟,具体结论认为,世界若按西方工业化的模式发展下去,到 21 世纪人类将面临:自然资源日渐枯竭引起工业衰退;污染严重加剧,导致人口下降;人均食物的降低也将导致人口的下降;人类生活质量水平将下降等问题。他们的观点可归纳为:由于工业化带来了人口膨胀、资源的短缺和污染的增长,从长远的战略观点看,目前不发达国家按西方先进国家的模式所进行的工业化的努力将产生很多问题,迄今持续发展的模式应让位于某种程度的均衡发展。

该研究结果发表后,引起了世界性的争论。赞成其观点的大有人在,认为为了保护环境和资源,必须限制人口和经济增长,甚至提出所谓的"零增长论"。反对者也不乏其人,认为它对世界前途估计太悲观,因为人类在发展过程中,总是会不断地有所发现、有所发明、有所前进的,并用很多例子反驳了该研究结果的某些论点。

1972 年 6 月,联合国在瑞典斯德哥尔摩召开人类环境会议,来自 113 个国家或地区的 1 300多名代表第一次聚集在一起讨论地球的环境问题,大会通过具有历史意义的文献《人类环境宣言》。该宣言郑重申明:人类有权享有良好的环境,也有责任为子孙后代保护和改善环境;各国有责任确保不损害其他国家的环境;环境政策应当增进发展中国家的发展潜力。会议确定每年 6 月 5 日为"世界环境日",要求世界各国每年的这一天开展活动提醒人们注意保护环境。这次会议被认为是人类可持续发展思想史上的第一个重要里程碑,其重要贡献是引起人类对可持续发展问题的全方位思考,产生了可持续发展思想的萌芽。会后,尽管一些工业国在环境治理方面取得了重大成果,但区域和全球性的环境问题仍然日益严重。

1980 年由国际自然保护联盟(IUCN)、联合国环境规划署(UNEP)和世界野生动物基金会(WWF)联合发表的《世界自然资源保护战略》第一次明确提出可持续发展的观念。该报告虽然主要针对资源保护问题,但从根本上改变了 20 世纪 60 年代和 70 年代盛行的就保护谈保护的思维和做法,明确提出应该把资源保护与人类发展结合起来。

1983 年 11 月,为了解决当代人类面临的环境与发展问题,联合国成立了世界环境与发展委员会(WECD),由挪威前首相布伦特兰夫人任主席。成员有科学、教育、经济、文化及政治方面的 22 位代表,其中 14 位来自发展中国家,包括中国的马世骏教授。1987 年该委员会把经过 900 多天研究和充分论证的报告——《我们共同的未来》提交给联合国大会。报告对可持续发展的内涵作了明确界定,正式提出了可持续发展的理论。报告提出,所谓可持续发展是"既满足当代人的需要,又不对后代人满足其需要的能力构成威胁和危害的发展"。这一著名论断今天已被广泛引用。

1991年国际自然保护联盟(IUCN)、联合国环境规划署(UNEP)和世界野生动物基金会(WWF)又发表了另一部具有国际影响的文件《保护地球——可持续生存战略》,该文件把"可持续发展"定义为"人类生活在永续的良好的生态环境容量中,同时又要改善人类生活质量",进一步阐述了可持续发展概念。

1992年6月,在巴西里约热内卢召开了联合国环境与发展大会,有183个国家和地区的代表出席了大会,其中有102位国家元首和政府首脑。这次会议是人类可持续发展思想史上的第二个里程碑,会议不仅提高了对环境问题认识的广度和深度,而且把环境问题与经济、社会发展结合起来,树立了环境与发展相互协调的观点,找到了在发展中解决环境问题的正确道路,即被普遍接受的"可持续发展战略"。会议通过了《里约环境与发展宣言》《21世纪议程》两个纲领性文件和《关于森林问题的原则声明》,签署了联合国《气候变化框架公约》和《生物多样性公约》。这些文件都蕴含了可持续发展的战略思想,提出了实行可持续发展的途径和方法。其中《21世纪议程》是全人类实施可持续发展战略的行动纲领,它表明联合国环境与发展大会第一次把可持续发展由思想理论付诸行动。从此,世界各国对如何实现可持续发展的探索逐渐形成一股潮流。

1992年,罗马俱乐部重新用计算机模型进行推算,出版了《超越极限》一书。其结论是:实现可持续发展在技术上和经济上都是可能的,并应重视其充分性、公平性和人类的生活质量。这表明曾对人类未来命运持悲观态度的罗马俱乐部,经过20年的反思和探索也转而认同可持续发展的观点。可持续发展观目前已得到了世界不同经济发展水平和不同文化背景的国家的普遍认同,已贯彻到许多国家宏观经济发展战略和国际政治经济文化关系的协调上。

1994年,国际自然保护联盟和国际发展研究所合作完成《国家可持续发展战略》一书。本书在很大程度上反映了亚洲、非洲、拉丁美洲及一些经合组织国家在规划和实施国家可持续战略过程中的经验和做法,对推动国家可持续发展战略的实施起了积极作用。

1994年,全球环境基金(GEF)第一期启动,总承诺捐资额为20.2337亿美元。这个全球性的基金主要用于鼓励发展中国家开展对全球有益的环境保护活动。作为一个国际资金机制,GEF主要是以赠款或其他形式的优惠资助,为受援国(包括发展中国家和部分经济转轨国家)提供关于气候变化、生物多样性、国际水域和臭氧层损耗四个领域以及与这些领域相关的土地退化方面项目的资金支持,以取得全球环境效益,促进受援国有益于环境的可持续发展。

1995年,联合国在丹麦哥本哈根召开社会发展世界首脑会议。这是联合国历史上会议规模最大、出席首脑人数最多的一次盛会,这次会议第一次把以人为中心提高到了发展观的高度。这次大会对促进国际合作和社会发展,对推动可持续发展的进一步深入起了积极作用。

1997年12月,160个国家或地区在日本京都召开的联合国气候变化框架公约第三次缔约方大会上通过《京都议定书》。本文件为发达国家温室气体排放的减少、排污权交易的建立和发展中国家清洁发展机制的建立制定了目标。

2000年,在联合国千年首脑会议上,约150名世界领导人签署协议,发表了《千年宣言》,确定了一系列有时限的指标,包括把全世界收入少于一天一美元的人数减半,以及将无法取得安全饮水的人数比率减半。

2002年8月26日至9月4日南非约翰内斯堡可持续发展会议是里约会议以来最重要的一次会议。会上,包括104个国家元首和政府首脑在内,192个国家或地区的1.7万名代表就

全球可持续发展现状、问题与解决办法进行了广泛的讨论。大会通过了《政治宣言——约翰内斯堡可持续发展声明》和《可持续发展世界首脑会议实施计划》。其中《实施计划》提出了一些新的环境与发展目标，并设定了相应的时间表。

四、可持续发展的基本思想

作为一种新的人类生存与发展模式，可持续发展思想是综合概念，涉及经济、社会、技术的发展与环境的协调，其基本的思想主要概括为四个方面。

(一)发展(development)

它通常被理解为是经济领域的发展，如GDP、国民收入、公司利润等社会财富的增长。可持续发展以经济发展为中心，但并非只包含经济发展。发展不仅表现在经济的增长和人民生活水平与质量的提高，还表现在文学、艺术的昌盛和科学的发达，社会道德水平的进步，国民素质的提高和生态环境的保护和改善等。而发展又受到三个因素的制约：一是经济因素，即要求产出大于成本或至少于成本持平；二是社会因素，即要求不违反传统、伦理、宗教、习性等所形成的一个民族或一个国家的社会准则；三是生态因素，即要求保持生态系统平衡，生态因素限制是最根本的限制。

(二)和谐性(harmonious)

可持续发展不仅强调公平性，同时也要求具有和谐性，正如联合国环境与发展委员会在《我们共同的未来》的报告中所指出的："从广义上说，可持续发展的战略就是要促进人类之间及人类与自然之间的和谐。"如果每个人在考虑和安排自己的行动时，都能考虑到这一行动对本代人和后代人及生态环境的影响，并能真诚地按"和谐性"原则行事，那么人类内部及人类与自然之间就能保持一种互惠共生的关系，也只有这样，可持续发展才能实现。

(三)可持续性(sustainability)

可持续性是指社会系统、生态系统或任何其他不断发展中的系统继续正常运转到无限将来而不会由于耗尽关键资源而被迫衰弱的一种能力，一种可以长久维持的过程或状态。人类社会的可持续性是由四个互相联系、不可分割的部分组成，即生态可持续性、资源可持续性、经济可持续性和社会可持续性。其中生态和资源可持续性是基础，经济可持续性是条件，社会可持续性是目的。不可持续性往往是社会行为所造成的。可持续性要求人类经济与社会的发展要以自然资源和生态环境的承载能力为限，超出自然资源和生态环境的承载能力的发展，会导致资源的浪费和枯竭，破坏生态平衡，经济与社会的发展也就难以为继了。因此，可持续发展要求人与自然的平衡，要求实现建立在保护地球自然系统基础上的发展。

(四)公平性(fairness)

可持续发展强调公平原则。可持续发展的公平性思想包括三个方面：一是本代人的公平，即同代人之间的公平性。自然资源是人类社会的公共财富，富国的居民有权享用，穷国的居民同样有权享用。事实上，当今世界的同代人在占有和享用自然资源方面是不公平的。占世界人口1/5的发达国家的居民已经达到了较高的生活水平，而占世界1/5的人口仍处于贫困状态。发达国家消耗了世界的大部分资源，占世界人口26%的发达国家耗用了全球80%的能源和钢铁等。这种贫富悬殊、两极分化的世界，不可能实现可持续发展，应当特别优先消除贫困问题。二是代际间的公平，即世代之间的公平性。由于人类赖以生存的自然资源是有限的，甚至有相当一部分是不可再生的，本代人不能因为自己的发展需求而损害人类世世代代满足需求的条件——自然资源与环境,当代人可以享用,但也必须为后代人留下足够的资源以公平利用自然资源,不能"吃祖宗的饭,断子孙的路"。三是公平分配有限资源。目前世界上资源的分配是不公平的,富国在利用地球资源方面占有优势,这就减少了发展中国家利用地球资源的合理部分来达到其经济增长的机会。联合国环境与发展大会通过的《里约环境与发展宣言》,已把可持续发展的公平性思想上升为国家间的主权原则:"各国拥有其本国的环境,拥有发展开发本国自然资源的主权,并负有确保在其管辖范围内或在其控制下的活动不致损害本国管辖范围以外地区的环境的责任。"

五、可持续发展的实现途径

传统发展道路之所以是不可持续的发展道路,其根本原因就在于,这种发展模式下的经济增长,是以对自身需要的基本条件的毁灭为前提和代价的。要实现可持续发展,就必须改变传统的经济与环境二元化的经济模式,把二者内在统一起来。

(一)循环经济——可持续发展的最佳模式

循环经济(circular economy)即物质闭环流动型经济,是指在人、自然资源和科学技术的大系统内,在资源投入、企业生产、产品消费及其废弃的全过程中,把传统的依赖资源消耗的线性增长的经济,转变为依靠生态型资源循环来发展的经济。

循环经济是以减量化、再利用、资源化为原则,以提高资源利用效率为核心,以资源节约、资源综合利用、清洁生产为重点,通过调整结构、技术进步和加强管理等措施,大幅度减少资源消耗、降低废物排放、提高资源生产率,促进资源利用由"资源—产品—废物"线性模式向"资源—产品—废物—再生资源"循环模式转变。循环经济是以低投入、低消耗、低排放、高效率为基本特征,符合可持续发展理念的经济增长模式。

循环经济与传统经济的区别在于:传统经济是一种由"资源—产品—污染排放"所构成的物质单向流动的经济。在这种经济中,人们以越来越高的强度把地球上的物质和能源开发出来,在生产加工和消费过程中又把污染和废物大量地排放到环境中去,对资源的利用常常是粗放的和一次性的,通过把资源持续不断地变成废物来实现经济的数量型增长,导致了许多自然资源的短缺与枯竭,并酿成了灾难性环境污染后果。与此不同,循环经济倡导的是一种建立在物质不断循环利用基础上的经济发展模式,它要求把经济活动按照自然生态系统的模式,组织成一个"资源—产品—再生资源"的物质反复循环流动的过程,使得整个经济系统以及生产和消费的过程基本上不产生或者只产生很少的废弃物,只有放错了地方的资源,而没有真正的废弃物,其特征是自然资源的低投入、高利用和废弃物的低排放,从而根本上消解长期以来环境与发展之间的尖锐冲突。

(二)清洁生产——工业可持续发展模式

清洁生产(cleaner production)在不同的发展阶段或者不同的国家有不同的叫法,例如"废物减量化""无废工艺""污染预防"等。但其基本内涵是一致的,即对产品和产品的生产过程、产品及服务采取预防污染的策略来减少污染物的产生。

《中国21世纪议程》对清洁生产的定义是:既可满足人们的需要又可合理使用自然资源和能源并保护环境的实用生产方法和措施,其实质是一种物料和能耗最少的人类生产活动的规划和管理,将废物减量化、资源化和无害化,或消灭于生产过程之中。同时对人体和环境无害的绿色产品的生产亦将随着可持续发展进程的深入而日益成为今后产品生产的主导方向。

清洁生产从本质上来说,就是对生产过程与产品采取整体预防的环境策略,减少或者消除它们对人类及环境的可能危害,同时充分满足人类需要,使社会经济效益最大化的一种生产模式。具体措施包括:不断改进设计;使用清洁的能源和原料;采用先进的工艺技术与设备;改善管理;综合利用;从源头削减污染,提高资源利用效率;减少或者避免生产、服务和产品使用过程中污染物的产生和排放。清洁生产是实施可持续发展的重要手段。

清洁生产的核心是从源头削减污染以及对生产或服务的全过程实施控制。与传统末端治理方式相比较,清洁生产具有显著的优点。一是可以大大减少末端治理的污染负荷,节省大量环保投入,提高企业防治污染的效果。同时,又能改善产品质量,提高企业经营效益,增强企业的市场竞争力。二是可以最大限度地利用资源和能源,通过循环或重复利用,使原材料最大限度地转化为产品。三是采用少废和无废生产技术和工艺,减少废弃物和污染物的生成和排放,促进产品的生产、消费过程与环境相容,降低生产和服务活动对人类和环境的危害。四是可以促使企业不断改进工艺和设备,改进操作技术和管理方式,改善员工的劳动条件和工作环境,提高员工的生产积极性和生产效率。五是可以改善企业与社会的关系,有利于建设资源节约型、环境友好型社会。

实施清洁生产必须坚持持续性、预防性和综合性原则。持续性,要求企业围绕节省资源、保护环境这一根本目的,对产品和工艺、技术、设备、管理进行持续改进。预防性,强调企业在生产过程中,包括从原材料获取到生产、销售和消费的整个过程,都要通过原材料替代、工艺重新设计、效率改进等方法对污染物从源头上进行削减,而不是在污染产生之后再进行治理。综合性,指清洁生产涉及生产的各个方面,清洁生产的理念应贯彻到企业的各个部门、各个层面。只有全员参与、全过程控制,才能收到良好效果。同时,还要有必要的环保政策和法律加以引导和约束。

(三)生态农业——农业可持续发展模式

生态农业(ecological agriculture)是指在保护、改善农业生态环境的前提下,遵循生态学、生态经济学规律,运用系统工程方法和现代科学技术,集约化经营的农业发展模式;是按照生态学原理和经济学原理,运用现代科学技术成果和现代管理手段,以及传统农业的有效经验建立起来的,能获得较高的经济效益、生态效益和社会效益的现代化农业。它主要通过废弃物的再循环利用率等,促进物质在农业生态系统内部的循环利用和多次重复利用,以尽可能少的投入,求得尽可能多的产出,并获得生产发展、能源再利用、生态环境保护、经济效益等相统一的综合性效果,使农业生产处于良性循环中。生态农业不同于一般农业,通过适量施用化肥和低毒高效农药等,突破传统农业的局限性,但又保持其精耕细作、施用有机肥、间作套种等优良传统。它既是有机农业与无机农业相结合的综合体,又是一个庞大的综合系统工程和高效的、复杂的人工生态系统以及先进的农业生产体系。

生态农业具有以下几个特点:①综合性。生态农业强调发挥农业生态系统的整体功能,以大农业为出发点,按"整体、协调、循环、再生"的原则,全面规划,调整和优化农业结构,使农、林、牧、副、渔各业和农村一、二、三产业综合发展,并使各业之间互相支持,相得益彰,提高综合生产能力。②多样性。生态农业针对各地自然条件、资源基础、经济与社会发展水平差异较大的情况,充分吸收传统农业精华,结合现代科学技术,以多种生态模式、生态工程和丰富多彩的技术类型装备农业生产,使各区域都能扬长避短,充分发挥地区优势,各产业都根据社会需要与当地实际协调发展。③高效性。生态农业通过物质循环和能量多层次综合利用和系列化深加工,实现经济增值,实行废弃物资源化利用,降低农业成本,提高效益,为农村大量剩余劳动力创造农业内部就业机会,保护农民从事农业的积极性。④持续性。发展生态农业能够保护和改善生态环境,防治污染,维护生态平衡,提高农产品的安全性,将农业和农村经济的常规发展改变为可持续发展,把环境建设同经济发展紧密结合起来,在最大限度地满足人们对农产品日益增长的需求的同时,提高生态系统的稳定性和持续性,增强农业发展后劲。

第二节 世界经济可持续发展的障碍

环境、资源和人口问题是影响世界经济可持续发展的全球性问题,是世界经济发展的主要障碍。20世纪中期以来,随着科技的进步,人类改造自然的能力不断提高,全球性问题也日益严重了。这是不同社会制度国家在经济全球化时代所共同面临的挑战。能否正确地认识和解决这些全球性问题,将直接关系到世界经济可持续发展能否实现。

一、环境问题

环境问题是可持续发展的关键所在。快速发展的经济与日益突出的环境问题,越来越受到人们的关注。过去几十年关于环境问题的广泛讨论和宣传,虽然使很多人对于保护环境已经有了一定的认识,但是,由于受传统观念的束缚和自身利益的制约,关于环境保护的宣传并未制止人们对于环境的破坏行为。人类的发展与环境的保护是矛盾的两个方面,人类的发展既可造成环境的污染和生态的破坏,又可极大提高保护环境和生态的能力;优质完善适宜的生态和理想舒适的环境可为人类的发展和进步提供有力的保障,而生态的破坏和环境的污染则会制约甚至动摇发展的基础。保护环境可以促进经济长期稳定增长和实现可持续发展。因此,环境和生态保护是实现人类可持续发展的前提。

(一)环境问题的含义

环境是直接或间接影响人类生存和发展的一切客观事物的总体,它泛指影响人类生存和发展的各种天然的和经过人工改造的自然因素的总体,包括大气、水、海洋、土地、矿藏、森林、草原、野生生物、自然遗迹、人文遗迹、风景名胜区、自然保护区、城市和乡村等。

环境问题是指全球环境或区域环境中出现的不利于人类生存和发展的各种现象。由于环境问题影响着全人类的生存和发展,所以环境问题又是全球性问题。环境问题是多方面的,但大致可分为两类:原生环境问题和次生环境问题。由自然力引起的为原生环境问题,也称第一环境问题,如火山喷发、地震、洪涝、干旱、滑坡等引起的环境问题。由于人类的生产和生活活动引起生态系统破坏和环境污染,反过来又危害人类自身的生存和发展的现象,为次生环境问题,也叫第二环境问题。次生环境问题包括生态破坏、环境污染和资源浪费等方面。目前人们所说的环境问题一般是指次生环境问题。从20世纪后半期起,环境问题随着经济的全球化而日益突出并迅速全球化,与资源、人口等问题一起成为经济全球化进一步发展过程中的障碍。

生态破坏是指人类活动直接作用于自然生态系统,造成生态系统的生产能力显著降低和结构显著改变,从而引起的环境问题,如过度放牧引起草原退化,滥采滥捕使珍稀物种灭绝和生态系统生产力下降,植被破坏引起水土流失等。环境污染则指人类活动的副产品和废弃物进入物理环境后,对生态系统产生的一系列扰乱和侵害,特别是当由此引起的环境质量的恶化反过来又影响人类自己的生活质量时。环境污染不仅包括物质造成的直接污染,如工业"三

废"和生活"三废",也包括由物质的物理性质和运动性质引起的污染,如热污染、噪声污染、电磁污染和放射性污染。由环境污染还会衍生出许多环境效应,例如二氧化硫造成的大气污染,除了使大气环境质量下降,还会造成酸雨。

人类生存环境的可持续发展有待于:既保证人们追求生活质量愿望的实现,又促使提高环境质量技术问题的解决;世界人民环境保护意识的普遍提高,并愿意约束自己;世界各国政府有关环境保护法律的完善与有效实施。环境问题的解决也有待于世界范围内顺利解决普遍存在的贫困问题。环境问题尤其是严重的环境污染对人类的生存造成了巨大的威胁,各种公害疾病的出现和大规模爆发使人类对自己所创造的文明开始怀疑,人类自身的生存安全受到巨大挑战。世界各地都出现了激烈的反公害运动,这些运动甚至直指国家政权和政府统治。

(二)环境问题的发生与发展

环境问题是随着人类社会和经济的发展而发展的。随着人类生产力的提高,人口数量也迅速增长。人口的增长又反过来要求生产力的进一步提高,如此循环作用,直至现代,环境问题发展到十分尖锐的地步。环境问题的历史发展大致可以分为以下三个阶段。

1. 生态环境的早期破坏

此阶段从人类出现开始直到产业革命,同后两个阶段相比,是一个漫长的时期。在该阶段,人类经历了从以采集狩猎为生的游牧生活到以耕种和养殖为生的定居生活的转变。随着种植、养殖和渔业的发展,人类社会开始第一次劳动大分工。人类从完全依赖大自然的恩赐转变到自觉利用土地、生物、陆地水体和海洋等自然资源。人类的生活资料有了较以前稳定得多的来源,人类的种群开始迅速扩大。人类社会需要更多的资源来扩大物质生产规模,便开始出现烧荒、垦荒、兴修水利工程等改造活动,引起严重的水土流失、土壤盐渍化或沼泽化等问题。但此时的人类还意识不到这样做的长远后果,一些地区因而发生了严重的环境问题,主要是生态退化。较突出的例子是,古代经济发达的美索不达米亚,由于不合理的开垦和灌溉,后来变成了不毛之地;中国的黄河流域,曾经森林广布,土地肥沃,是文明的发源地,而西汉和东汉时期的两次大规模开垦,虽然促进了当时的农业发展,可是由于森林骤减,水源得不到涵养,造成水旱灾害频繁,水土流失严重,沟壑纵横,土地日益贫瘠,给后代造成了不可弥补的损失。但总的说来,这一阶段的人类活动对环境的影响还是局部的,没有达到影响整个生物圈的程度。

2. 近代城市环境问题

此阶段从工业革命开始到 20 世纪 80 年代发现南极上空的臭氧洞为止。工业革命(从农业占优势的经济向工业占优势的经济的迅速过渡称为工业革命)是世界史的一个新时期的起点,此后的环境问题也开始出现新的特点并日益复杂化和全球化。18 世纪后期欧洲的一系列发明和技术革新大大提高了人类社会的生产力,人类开始插上技术的翅膀,以空前的规模和速度开采和消耗能源和其他自然资源。新技术使英国、欧洲和美国等地在不到一个世纪的时间里先后进入工业化社会,并迅速向全世界蔓延,在世界范围内形成发达国家和发展中国家的差别。工业化社会的特点是高度城市化。这一阶段的环境问题跟工业和城市同步发展。先是由于人口和工业密集,燃煤量和燃油量剧增,发达国家的城市饱受空气污染之苦,后来这些国家的城市周围又出现日益严重的水污染和垃圾污染,工业"三废"、汽车尾气更加剧了这些污染公害的程度。在后来的 20 世纪六七十年代,发达国家普遍花大力气对这些城市环境问题进行治理,并把污染严重的工业搬到发展中国家,较好地解决了国内的环境污染问题。随着发达国家环境状况的改善,发展中国家却开始步发达国家的后尘,重走工业化和城市化的老路,城市环境问题有过之而无不及,同时伴随着严重的生态破坏。

3. 当代环境问题阶段

从 1984 年英国科学家发现、1985 年美国科学家证实南极上空出现的"臭氧洞"开始,人类环境问题发展到当代环境问题阶段。这一阶段环境问题的特征是:在全球范围内出现了不利于人类生存和发展的征兆,目前这些征兆集中在酸雨、臭氧层破坏和全球变暖三大全球性大气环境问题上。与此同时,发展中国家的城市环境问题和生态破坏,一些国家的贫困化愈演愈烈,水资源短缺在全球范围内普遍发生,其他资源(包括能源)也相继出现将要耗竭的信号。这一切表明,生物圈这一生命支持系统对人类社会的支撑已接近它的极限。这还表明环境问题的复杂性和长远性。

(三)当前主要的环境问题

1. 温室效应

所谓温室效应是由大气中存在的一些气体所产生的一种效应。这种效应是指这些气体能够吸收地球表面由于接受太阳光照而产生的红外线辐射,从而使大气被"加热"的现象,近而导致地球温度不断上升,类似温室大棚的一种吸热效应。其实在 100 年前它的适量存在是人类生存的重要前提,只是近一个世纪来,由于人类的某些行为而导致它的影响加重,已开始威胁我们的正常生活,才引来了人们的关注和声讨。自然温室效应对于保持地球气温、维持丰富多彩的生命世界,是必不可少的和极其重要的条件。如果缺乏这种效应,地球温度就会比现在低 40℃左右,整个地球表面将完全被冰雪所覆盖。由于人类工业生产和生活活动规模的空前扩大,向大气排放了大量的温室气体,如二氧化碳、甲烷、氧化碳、对流层臭氧、氯氟烷烃等,导致大气中这类微量成分气体的迅速积聚,大大超过正常含量标准,从而引起温室效应增强,造成气温上升和全球气候变暖,成为举世关注的环境问题。

2. 酸雨问题

酸雨指的是 pH 低于 5.6 的天然降水。硫氧化物和氮氧化物是形成酸雨的主要前体物,当人为排放这些酸性污染物将环境缓冲量(碱性物)逐渐消耗殆尽时,酸雨就将从天而降。酸雨是以化石燃料为能源的工业化的产物,是空气污染物积累性作用的结果。酸雨的危害很大,其导致的环境酸化是 20 世纪最大的环境问题之一,控制酸雨和全球酸化是人类走向可持续发展所必须解决的重大环境问题。有人认为酸雨是一场无声无息的危机,而且是有史以来影响最严重的环境威胁,是一个看不见的敌人。这并非危言耸听。酸雨的出现已经有 160 多年的历史。1852 年,在英国曼彻斯特第一次发现了酸雨。从那时起,酸雨的影响范围日益扩大,危害程度逐渐加深,尤其是最近半个世纪以来的发展最为猛烈。从目前全球酸化物排放量增加的速度、酸雨区扩展的速度,从酸雨和人口、经济增长的相关程度以及其本身发展趋势来看,在 21 世纪酸雨会像二氧化碳的增加和气候变化那样,发展成为全球普遍存在、影响广泛的全球性环境问题。

3. 大气污染

当大气中污染物质的浓度达到有害程度,以至破坏生态系统和人类正常生存和发展的条件,对人或物造成危害的现象叫做大气污染。造成大气污染的原因,既有自然因素又有人为因素,尤其是人为因素,如工业废气、燃烧、汽车尾气和核爆炸等。随着人类经济活动和生产的迅速发展,在大量消耗能源的同时,也将大量的废气、烟尘物质排入大气,严重影响了大气环境的质量,特别是在人口稠密的城市和工业区域。所谓干洁空气是指在自然状态下的大气(由混合

气体、水汽和杂质组成)除去水汽和杂质的空气,其主要成分是氮气,占 78.09%;氧气,占 20.94%;氩,占 0.93%;其他各种含量不到 0.1% 的微量气体(如氖、氦、二氧化碳、氙)。大气污染对气候的影响很大,大气污染排放的污染物对局部地区和全球气候都会产生一定影响,尤其对全球气候的影响,从长远的观点看,这种影响将是很严重的。

4. 水污染

人类的活动会使大量的工业、农业和生活废弃物排入水中,使水受到污染。目前,全世界每年约有 4 200 多亿立方米的污水排入江河湖海,污染了 5.5 万亿立方米的淡水,这相当于全球径流总量的 14% 以上。1984 年颁布的《中华人民共和国水污染防治法》中为"水污染"下了明确的定义,即水体因某种物质的介入,而导致其化学、物理、生物或者放射性等方面特征的改变,从而影响水的有效利用,危害人体健康或者破坏生态环境,造成水质恶化的现象称为水污染。水的污染有两类:一类是自然污染;另一类是人为污染。当前对水体危害较大的是人为污染。

(四)中国面临的十大环境问题

1. 大气污染问题

2013 年中国氮氧化物排放量为 2 227.4 万吨,居世界第一位。据专家测算,要满足全国天气的环境容量要求,二氧化硫排放量要在现有基础上至少削减 40%。此外,2013 年烟(粉)尘排放量为 1 278.1 万吨。大气污染是中国目前第一大环境问题。

2. 水环境污染问题

中国七大水系的污染程度依次是:辽河、海河、淮河、黄河、松花江、珠江、长江,其中 42% 的水质超过 3 类标准(不能做饮用水源),全国有 36% 的城市河段为劣 5 类水质,丧失了使用功能。大型淡水湖泊(水库)和城市湖泊水质普遍较差。2013 年全国废水排放量为 695.4 亿吨。

3. 垃圾处理问题

中国工业固体废物 2009 年产生量高达 19 亿吨,综合利用率约 64%。2013 年全国城市生活垃圾年产生量为 1.7 亿吨,无公害化处理率为 89.3%。塑料包装物和农用薄膜导致的白色污染已蔓延全国各地。

4. 土地荒漠化和沙灾问题

目前,荒漠化土地已占国土陆地总面积的 27.3%,而且,荒漠化面积还以每年 2 460 平方千米的速度增长。每年遭受的强沙尘暴天气由 20 世纪 50 年代的 5 次增加到了 90 年代的 23 次。土地沙化造成了内蒙古一些地区的居民被迫迁移他乡。

5. 水土流失问题

中国每年流失的土壤总量达 50 多亿吨,每年流失的土壤养分为 4 000 万吨标准化肥(相当于全国一年的化肥使用量)。自 1949 年以来,水土流失毁掉的耕地总量达 4 000 万亩,这对农业发展是极大损失。

6. 旱灾和水灾问题

20 世纪 50 年代年均受旱灾的农田为 1.2 亿亩,90 年代上升为 3.8 亿亩。1972 年黄河发生第一次断流,1985 年后年年断流,1997 年断流天数达 227 天。有关专家经调查推测:未来 15 年内,中国将持续干旱。而长江流域的水灾发生频率却明显增加,500 多年来,长江流域共发生的大洪水为 53 次,但近 50 年来,每三年就出现一次大涝,1998 年、2010 年的大洪水造成了巨大的经济损失。

7. 生物多样性破坏问题

中国是生物多样性破坏较严重的国家,高等植物中濒危或接近濒危的物种为4 000～5 000种,占中国拥有物种总数的15%～20%,高于世界10%～15%的平均水平。在联合国《国际濒危物种贸易公约》列出的640种世界濒危物种中,中国有156种,约占总数的1/4。滥捕乱杀野生动物和大量捕食野生动物的现象仍然十分严重,屡禁不止。

8. 加入世贸组织与环境问题

中国加入世贸组织面临两方面新的环境问题。一方面是国际上的"绿色贸易壁垒"。由于中国目前的环境标准普遍低于发达国家的标准,食品、机电、纺织、皮革、陶瓷、烟草、玩具、鞋业等行业的产品将在出口贸易中受到限制。另一方面,由于国际市场对中国的矿产、石材、药用植物、农产品、畜牧产品的大量需求,可能会加重对生态、环境和自然资源的破坏。同时,中国可能成为国外污染密集型企业转移的地点和大量的国外工业废物"来料加工"的地点,这将极大地加重环境污染问题。

9. 三峡库区的环境问题

三峡工程是巨大的水利工程。该工程于2003年开始发电。三峡工程建成后对地质环境、水资源环境、生态环境(涉及库区两岸和整个上游地区)的影响以及如何有效防治库区污染是目前的一大课题。

10. 持久性有机物污染问题

随着经济的发展,难降解的持久性有机物污染开始显现。国际上签署了《关于持久性有机污染物的斯德哥尔摩公约》,中国是公约的签字国。其中确定的首批禁止使用的12种持久性有机污染物在中国的环境介质中多有检出。这类有机污染物具有转移到下一代体内,并在多年后显现其危害的特点,也被称为"环境激素"或"环境荷尔蒙",危害严重。目前这类有机污染物广泛存在于工农业和城市建设等使用的化学品之中。

世界上许多中等发达国家当人均GDP达到4 000美元时,经济发展后劲都跟不上,就是因为取得的大部分效益在为所欠的生态债而付账,中国应吸取这方面的教训。

(五)当代中国环境问题的社会特征

环境问题与人类的社会经济活动密切相关,因而环境问题具有重要的社会特征。当代中国环境问题的社会特征有8个。

(1)随着社会转型的加速进行,环境问题日益严重。环境污染和生态破坏将在相当长的一段时间里继续恶化。

(2)环境问题不仅表现为人(社会)与自然的矛盾,而且越来越表现为人与人之间的矛盾。

(3)随着居民生活水平的提高,生活污染在环境问题中的分量加重。生活污水、生活垃圾问题成为中国环境问题的重要内容,普通居民对环境问题也负有越来越大的责任。

(4)城市环境问题受到高度重视,并在局部有所缓解。进入20世纪90年代之后,随着各项政策措施力度的加强,中国城市环境的一些污染指标上升幅度变小,一些指标(尤其是大城市的一些指标)已开始下降。

(5)农村环境问题失控,呈日益蔓延和加重的趋势,主要表现在:农业生产发展所造成的环境问题,乡镇企业发展所造成的环境问题,城市污染向农村扩散、转移所造成的环境问题。

(6)环境问题与贫困问题有形成恶性循环的趋势。

(7)多数人对于环境问题的客观状况缺乏清醒的认识,公共环境意识水平低下,缺乏参与环境保护的自觉性。

(8)环境问题与其他社会问题交叉、重叠,解决的难度日益加大,经济发展问题、贫困问题、社会风气问题、社会失范问题,尤其是中国的人口问题,都加剧了解决环境问题的难度。这些特征的存在与当代中国社会特定的转型过程密切相关。

二、资源问题

资源问题是另一个全球性问题。长期以来,人类在追求社会经济快速发展的同时,却忽视了对自然资源的保护,以致多种资源面临枯竭,而资源的枯竭又必然带来生态平衡的破坏。资源是人类存在和发展的物质基础,也是世界经济发展的物质基础,资源的丰裕程度和组合状况在很大程度上决定着一个国家或地区的产业结构和经济优势,特别是在经济技术发展水平不高,主要以劳动密集型产业和资源密集型产业为主的情况下,资源状况对一国国民经济和社会发展的影响就更加突出。20世纪70年代,石油危机引发了人们对全球性资源短缺的担忧,土地、水、能源、矿产等资源的耗竭或不足的可能性始终是世界经济增长和发展的潜在制约因素。世界自然基金在发表的《2002年生命地球》报告中指出,人类目前对地球资源的掠夺性使用,已超过地球承受能力的20%。这个数字每年还在不断增加。

(一)资源的含义和属性

1. 资源的含义

从广义上讲,资源不仅包括土地、矿产、水、森林和草地,也包括资金、市场、信息和劳动力等。从狭义上讲,资源仅指自然资源。通常说的资源问题仅指狭义,所谓的全球性资源问题讲的主要是全球性自然资源问题。从这个意义上讲,资源是指在一定社会经济技术条件下,能被人类开发和利用以提高自身福利水平或生存能力的,具有某种稀缺性的自然物质或自然环境。

自然资源种类很多,根据其能否再生,可分为可更新资源和不可更新资源以及用之不尽资源三类。根据用途,可分为生产性和生活性两类资源;从生物学角度可分为生物和非生物资源,等等。

2. 资源的本质属性

(1)有效性。资源的有效性主要是指其可以产生经济价值的特性。不论这种经济价值是历史的还是现实的或是潜在的,它已经或正在或将会提高人类的福利。资源的有效性是构成一个国家经济实力的主要因素,也是反映人类文明的重要条件,人类所有的社会经济活动都离不开资源。正是资源的有效性刺激人类为改善物质生活,创造物质文明,而不断地开发和利用自然资源,发现和挖掘新的资源。

(2)稀缺性。资源的有效性并不代表它取之不尽,用之不竭。早在两个世纪以前著名的英国经济学家马尔萨斯(Thomas Malthus)在他的《人口理论》(*An Eassy on the Principle of Population*)和《政治经济学原理》(*Principles of Political Economics*)中就明确地论证了资源的稀缺问题。资源的稀缺性是资源量的有限性。它有以下几种表现:一是不可更新的耗竭性资源,如地下矿产等往往表现为储量的有限性;二是可重复利用的非耗竭性资源,如太阳能、风能、水能、潮汐能等则表现为容量的有限性;三是可再生的耗竭性资源,如土地资源、生物资源等又总是表现为自然再生能力的有限性。资源的稀缺性迫使人类不断地挖掘新的资源,寻求替代资源,探索资源高效利用的途径。随着经济的发展及其对资源需求的扩展,资源的稀缺性日益表现为资源不足的问题,换句话说,就是资源的供应不能满足全球经济发展和人类生活水平提高的要求。资源稀缺性问题可以表现为储量不足、自然再生力不足或容量不足。

(3)财富性。自然资源是人类经济发展不可缺少的基础,也是社会财富的来源,其本身就是一个国家或地区的重要财富。1995年,世界银行在评估世界各国的财富时,把自然资源作为一项重要指标计算在内,改变了以前单纯以国民生产总值来衡量的做法,代之以从四个方面来综合计算国家的财富,即自然资本、产出资本、人力资本和社会资本。

(二)主要的全球性资源问题

1. 土地资源退化问题

土地是人类赖以生存的基础。土地资源是指人类已经利用和可以开发的土地的数量和质量,是人类最基本的资源。而土壤是适合农业种植和生物生长的场所,是人类在地球上生存和繁衍的基础。土壤资源的退化就是人类生存和繁衍基础的被破坏。近半个世纪以来,由于人口的迅速增长和环境污染的日益严重,土壤资源也发生了迅速的退化。据估算,主要由于农业垦耕、森林毁坏和草原的过度放牧,已使全球大约相当于中国和印度国土面积总和的土地发生了中等到极限度的退化。目前,土地资源退化的突出问题是主要受人类活动影响而导致的土地沙漠化问题,它已经成为影响全球环境的重大问题。造成土地沙漠化的原因有自然因素和人为因素,但人为因素是主导因素。自然因素主要是干旱,干旱为沙漠化的发展和扩展提供条件,又扩大沙漠化的影响。近20年来,全球沙漠化土地吞噬的土地面积相当于美国可耕地面积之和。

2. 森林资源锐减问题

森林是覆盖于地球表面的重要植被,是地球生物圈中有巨大能动性的生态系统。森林是社会经济发展和人类生活中不可缺少的可再生自然资源,同时又有巨大而无可替代的环境功能,是人类生存和发展所必需的条件。森林具有调节气候、净化大气、涵养水源、保持水土、防风固沙、减弱噪声、美化环境和保护生物多样性等多方面的重要环境功能。保护森林和发展森林,是保护环境、实现社会可持续发展的重要条件。令人担忧的是,近半个世纪的世界森林形势一直非常严重。在人类历史发展的初期,地球约有 2/3 的陆地被森林覆盖,森林面积达 76亿公顷。现在全世界森林面积只有约 36 公顷。过度砍伐和开垦,使森林锐减(现在世界上的森林面积几乎每年减少 1‰),生物多样性面临毁灭性的威胁。森林资源的损失不仅表现在面积、数量上的减少,而且表现在质量上的降低,例如林木的密度、森林组成和森林生产力的变化等。

3. 淡水不足问题

水是支持生命存在的基本物质,是一种多功能的不可或缺的资源。水又是一种极其重要的经济资源,是经济繁荣的保证。淡水曾被人们看成"取之不尽,用之不竭"的自然资源。虽然地球表面约 71% 被水覆盖,地球水的总体积达 14.1 亿立方千米,但其中将近 98% 是咸而苦的海水,储量不足 3% 的淡水中,又有 87% 为冰所覆盖或为冰川所束缚,或者存在于大气、土壤和表层地下。因此,实际上可供利用的淡水资源,仅占地球水量的 0.007%,大约为 126 000 立方千米。从全球看,水资源的短缺和水污染,已成为当代世界最严重和最重大的资源环境问题之一。由于工农业大规模迅速发展,从 1900 年到 1975 年,世界农业用水量增加了 7 倍,工业用水量增加了 20 倍。目前全世界用水量比 20 世纪初增加了 10 倍,并且仍以每年 40% 的速度增加。工业用水的增加以及工业污水排放又污染了水源,进一步减少了本可利用的水资源的

供应量。1995 年全世界淡水年消耗量为 4 130 立方千米,世界上有 100 多个国家存在不同程度的缺水问题,40 多个国家水源严重匮乏,40％的人口出现缺水危机。同时,水污染也严重影响水资源的利用。据联合国统计,全世界河流稳定流量的 40％左右已被污染,许多国家受污染的地表水达 70％,全球有 1/3 的人口缺乏安全清洁的饮用水。随着全球人口增长,人类对水的耗用成倍增长。同时由于水域污染、地下水污染及淡水地区分布的不平衡等问题,使得世界上干旱和半干旱国家将不得不面对水危机带来的种种问题。据预测,到 2025 年,生活在水资源紧张和经常缺水国家的人口,将从 1990 年的 3 亿增加到 30 亿。

4. 矿产能源消耗急剧增加问题

能源一直是人类文明的重要基础,是工业文明的命脉,其中石油被称为"现代工业的血液"。目前,人类社会广泛使用的能源有石油、煤炭、天然气、油页岩、水能、风能、核能、太阳能等,现阶段世界的能源利用结构主要由石油、煤炭、天然气、水力和核能构成。其中石油居主导地位,占世界能源总消耗量的 38％,煤炭占 30％,天然气 20％,水力占 7％,核能占 5％。近几十年来,世界矿产资源消耗急剧增加,其中矿产能源的消耗量最大。而广泛使用的石油、煤炭、天然气等能源的储量是有限的,有人做过估算,如果按照全球能源消耗量年平均增长率计算,石油可维持 50 年,煤炭可维持 750 年,天然气可维持 49 年。未来几十年后能源结构会有改变,石油、天然气等能源将会匮缺,人类只能开发和使用这些能源以外的水能、风能、太阳能等新兴能源。由于石油供应短缺以及石油价格形成机制存在的问题,世界经济在过去的 50 年里遭遇了几次大的石油危机。石油危机为世界经济或各国经济受到石油价格的变化所产生的经济危机。1960 年 12 月石油输出国组织(OPEC)成立,主要成员包括伊朗、伊拉克、科威特、沙特阿拉伯和南美洲的委内瑞拉等国,而石油输出国组织也成为世界上控制石油价格的关键组织。迄今被公认的三次石油危机,分别发生在 1973 年、1979 年和 1990 年。第一次危机于 1973 年 10 月第四次中东战争爆发,为打击以色列及其支持者,石油输出国组织的阿拉伯成员国当年 12 月宣布收回石油标价权,并将其积存原油价格从每桶 3.011 美元提高到 10.651 美元,使油价猛然上涨了两倍多,从而触发了第二次世界大战之后最严重的全球经济危机。持续三年的石油危机对发达国家的经济造成了严重的冲击。在这场危机中,美国的工业生产下降了 14％,日本的工业生产下降了 20％以上,所有的工业化国家的经济增长都明显放慢。第二次危机发生在 1978 年底,世界第二大石油出口国伊朗的政局发生剧烈变化,伊朗亲美的温和派国王巴列维下台,引发第二次石油危机。此时又爆发了两伊战争,全球石油产量受到影响,从每天 580 万桶骤降到 100 万桶以下。随着产量的剧减,油价在 1979 年开始暴涨,从每桶 13 美元猛增至 1980 年的 34 美元。这种状态持续了半年多,此次危机成为 20 世纪 70 年代末西方经济全面衰退的一个主要原因。第三次危机产生于 1990 年 8 月初伊拉克攻占科威特以后,伊拉克遭受国际经济制裁,使得伊拉克的原油供应中断,国际油价因而急升至 42 美元的高点。美国、英国经济加速陷入衰退,全球 GDP 增长率在 1991 年跌破 2％。国际能源机构启动了紧急计划,每天将 250 万桶的储备原油投放市场,以沙特阿拉伯为首的欧佩克也迅速增加产量,很快稳定了世界石油价格。

几次石油危机对全球经济造成严重冲击。石油危机促使西方改变经济战略,调整经济结构,以减少石油危机的影响。西方还被迫加快了新油田的勘探开发。由于各国积极开发油源,非欧佩克国家的原油产量在 1982 年超过了欧佩克组织。石油危机促进了节能与环保产业的发展。同时,到 20 世纪 80 年代前期,美国、联邦德国及日本等国还逐步建立起大量的战略性石油储备。尽管各国防范石油危机的意识日益增强,但石油危机仍然无法完全避免。1990 年海湾战争和 2001 年的"9·11"恐怖事件,也引发了国际石油价格的波动。尽管由于国际防止石油危机形成的机制日趋完善,但在能源需求和供给日趋紧张的情况下,石油危机的阴影仍然无法消除。"石油安全"已经成为各国紧要的战略问题。

人类文明建立在大规模利用资源的基础之上,然而,摆在人们面前的全球性资源问题,成为束缚世界经济进一步发展的障碍。我们必须依靠科技的进步,更合理、更有效地开发、利用自然资源,保护自然资源,走可持续发展之路。

三、人口问题

人口问题在所有全球性问题中处于核心地位,影响和制约着其他全球性问题的状况和解决。人口问题与持续的经济增长和社会发展密切相关。当代的人口问题主要表现在由于人口数量增长过快而发生的人口与自然资源利用及经济发展的不协调问题。人口问题已成为一个严重的全球性问题。

第二次世界大战以前,尤其是 20 世纪以前,世界人口增长相当缓慢,史前时期上万年、上千年还增长不了 1%,17 世纪以后稍微加快,但年均增长也不过增长 0.5%左右。二战后人口增长速度发生了明显的变化,20 世纪 40 年代末到 70 年代初世界人口的增长速度接近 2%。随后发达国家人口增长速度放慢,而包括中国在内的广大发展中国家由于积极推行计划生育,自 80 年代以来世界人口增长率趋于下降,1995 年至 2000 年世界平均人口增长率为 1.3%,2000 年至 2005 年进一步下降为 1.2%。其中,2000 年至 2005 年发达地区平均人口增长率为—0.2%,欠发达地区为 1.5%,亚洲为 1.3%,非洲为 2.2%,欧洲为 0.1%,拉丁美洲和加勒比地区为 1.4%,中美洲为 1.7%,大洋洲为 1.2%,中国为 0.7%。目前,全世界每分钟大约出生259 人,中国每分钟约出生 38 人,平均不到两秒钟出生 1 人。

目前,世界人口数量在不断增长,人口倍增时间也在不断缩短,即世界人口每增加 1 倍的年限越来越短,史前时期需要好几百万年,古代需要几千年,当代只需要几十年。1804 年世界人口达到 10 亿人,123 年以后即 1927 年达到 20 亿人,33 年后即 1960 年达到 30 亿人,14 年后即 1974 年达到 40 亿人,而 13 年后即 1987 年就上升到 50 亿人,1999 年 10 月 12 日"60 亿人口日"的到来,显示世界人口增长 10 亿人的时间已缩短到 12 年。根据联合国人口基金会《2012 年世界人口状况报告》,2012 年世界总人口为 64.65 亿人,人口增长率为 1.2%。其中,发达地区为 12.11 亿人,增长率是 0.3%;发展中国家人口为 52.54 亿,增长率是 1.4%。

2014 年,人口数量居世界前十位的国家是:中国(13.64 亿人)、印度(12.68 亿人)、美国(3.23 亿人)、印度尼西亚(2.53 亿人)、巴西(2.02 亿人)、巴基斯坦(1.85 亿人)、尼日利亚(1.78 亿人)、孟加拉国(1.58 亿人)、俄罗斯(1.42 亿人)、日本(1.27 亿人)。

全球人口的超速增长,产生了一系列难以克服的资源和环境问题。为了维持庞大的世界人口,不得不大量砍伐森林,开垦草原,无限度地掠夺所有可利用的自然资源以满足人类的各项基本需求,由此导致了全球性的生态破坏、环境污染和资源短缺等严重问题。最典型的例子就是非洲的撒哈拉地区,由于人们无节制地利用土地,使这块巨大的土地整个变为大沙漠,以至目前那里人们的生活不得不主要依靠外来援助。美国世界观察研究所说,1900 年世界平均每天只消耗几千桶石油,而今天人类平均每天消耗 7 200 万桶石油。人类对金属的使用也从每年的 2 000 万吨上升到现今的 12 亿吨。其他自然资源消耗也是如此。自然资源的迅速减少

使许多物种面临灭绝的威胁,地球越来越难养活它的居民。联合国 2005 年 3 月公布的一份研究报告称,过去 50 年间世界人口的持续增长和经济活动的不断扩展对地球生态系统造成了巨大压力。人类活动已给地球上 60％的草地、森林、农耕地、河流和湖泊带来了消极影响。近几十年来,地球上 1/5 的珊瑚和 1/3 的红树林遭到破坏,动物和植物多样性迅速降低,1/3 的物种濒临灭绝。

人们今天虽然比过去更加健康和富有,但是贫富之间的差距却越来越大,这是人口问题的又一个特点。世界卫生组织的数据表明,美国有一半的成年人由于营养过剩而导致肥胖,而世界上许多地方的居民还处于饥饿状态,每天有多达 1.3 万名婴幼儿死于营养不良或由此而引起的疾病。由于人口急剧膨胀,还形成了人口拥挤、交通堵塞、住房紧张等严重的"大城市病"。人口向城市高度集中是一个难以遏制的趋势。城市人口的膨胀,城区的不断扩大,需要占用大量的土地资源,从而造成耕地的日益缩小,影响到粮食的生产和供给,使人口与粮食的矛盾更加尖锐。

随着世界人口的不断增加,人类对粮食的需求越来越多,而目前世界粮食产量每年还不到 20 亿吨,20 亿吨谷物能够养活 100 亿印第安人,养活 50 亿意大利人,但只能养活 25 亿美国人。如果人类都像美国人那样消耗自然资源,人类至少还需要有另外一个地球。

控制人口增长的任务艰巨而紧迫。根据联合国的预测,到 2050 年,世界人口可能达到 91 亿,根据科学家早先的测算结果认为,世界人口达到 100 亿时,地球上的水、土地以及其他资源的承载能力将达到极限。如果不及时有效控制人口增长,人类可持续发展的理想很可能难以实现。而绝大多数新增的人口都将出生在经济落后的发展中国家,可见控制人口增长对于发展中国家来说尤为重要。人口问题对全球发展造成了日益严重的影响。因此,世界各国都企盼找到解决这一问题的良策,为下一世纪的发展创造良好的条件。

目前世界人口面临两大主要问题:一是人口增长过快;二是社会发展不平衡。多年来,世界人口年均以 9 300 万人的速度递增。1999 年 10 月,全球人口超过了 60 亿。预计到 2050 年,全球人口将增至 91 亿。人口的急剧增长,给发展中国家带来了沉重的经济和社会负担。由于穷国与富国发展程度不同,它们之间生活水平,包括健康和教育等在内的人口素质的差距不断扩大,对全球经济和社会的平衡发展极为不利。

人口问题已引起世界各国的广泛关注。1994 年,第三次国际人口与发展大会在埃及首都开罗召开,共有 179 个国家参与了这次会议,会议通过了为期 20 年的《行动纲领》。会议期间,与会各国达成了以下共识:人口过速增长和生育率过高必然阻碍经济发展,故必须加强国际合作,改善发展中国家的经济环境,以利于人口计划的实施。会议要求世界各国在 2000 年前每年共筹集 170 亿美元资金,专门用于人口和生殖健康计划,并希望在 2015 年前将筹资数额增加到每年 210 亿美元。2000 年,亚、非、拉地区不少发展中国家根据会议精神重新立法,采取了计划生育措施,加强了生殖健康教育。但现实距会议要求还存在着不小的差距:这些项目每年得到的资金尚不到 100 亿美元,其中 80％来自发展中国家。会议要求的每年 57 亿美元的国际援助更没有得到落实,美国等西方发达国家远远没有完成其承诺的援助份额。

要想减少人口对于环境和资源的压力和破坏,除了控制人口增长、改进人们的消费方式及提高生产技术之外,重要的是要提高人们对于环境保护和可持续发展的意识。只有在控制人口发展的基础上,才能谈得上发展经济,改善人民生活水平,提高生活质量,实现可持续发展。

2005 年 1 月 6 日,中国迎来了 13 亿人口日,人口过多仍然是阻碍经济快速发展的一个首要问题。按照目前的人口基数和人口出生比率,中国到 21 世纪中叶将接近 16 亿。中国经济增长这几年不可谓不快,但由于人口基数大,净增人口每年还在 1 000 万以上,因此新增社会财富的相当一部分被新增人口所抵消。以 2000 年为例,当年中国经济增长率为 7%,人口增长率为 0.9%,新增的人口要吃掉 2.7% 的经济增长率。这种高速度、低效益的现象,严重影响社会再生产的扩大和人民生活的改善。而且值得指出的是,目前的低生育水平,主要是靠强有力的行政手段取得的,并不是通过发展经济、转变生育观念来实现的,所以这种低生育水平还很不稳定,稍不注意就会反弹。实现经济发展战略目标与实现人口控制目标是相辅相成、互为条件的。人口问题从本质上讲是经济问题,是发展问题。当前中国的人口素质不能适应时代发展的需要,在知识化、信息化时代,经济的增长不再靠一般的人力资源来推动,而主要靠科学技术来发展来推动,提高人口素质是促进生产力发展的关键所在。中国目前的人口素质状况是,人力资源是世界上最丰富的国家之一,而人力资本却与此相反。"五普"资料表明,中国 15～64 岁的劳动年龄人口已占总人口的 70.15%,在世界上比例最高;目前城镇有 1 000 万左右、农村有 2 亿左右剩余劳动力。这个人力资源数字是世界上任何一个国家都没有的。但大学毕业生、高技术人员、科学家所占的比例在世界上却排在后面。众多的人口接受教育程度不高,在西部省区市一些地方,文盲率尚在 20% 以上,受教育率在 5% 以下。这种状况很不适应科学技术日新月异的当今社会,必须尽快改变。只有人口素质提高了,沉重的人口负担、强大的人力资源才会转化为巨大的人力资本,生产力才会快速发展,综合国力才会大大增强。解决人口问题也是树立和落实科学发展观的需要,传统的发展模式走下去已经不行了,应将注意力集中到怎样使经济的增长与自然和谐一致,做到人口、经济、社会、资源、环境的协调发展和可持续发展。

第三节 国际社会为可持续发展所作的努力

可持续发展问题是全球性的问题,需要世界各国联合起来共同行动。自从罗马俱乐部的报告提出"零增长"理论以后,越来越多的人开始认真思考全球范围内的长期发展问题。人们认识到,当今世界发达国家的生产和生活模式是无法也不能推广的。在这个模式下,少数人消耗大部分资源,而大多数人则实际上被剥夺了发展的机会。如果全球人口都按这种模式生产和生活,人类社会将在很短的时间内耗尽一切不可更新的资源,同时使污染达到前所未有的程度,自己也将迅速走向灭亡。根据这样的认识,人们开始重视发展的持续性,希望能找到一条持续发展的道路。在理论界,学者们在研究各国乃至世界经济的发展时,逐渐从早期的"经济增长理论"过渡到"经济发展理论",近十多年来又演变为"可持续发展理论"。这一演变过程说明,人们已普遍认识到,片面追求经济增长不利于社会的长期发展,有增长不等于就有发展,社会的进步应该是人口、经济、资源、环境等的协调发展。

自可持续发展的行动纲领《21 世纪议程》提出后,可持续发展已经成为联合国关于此问题一系列国际会议的指导思想,可持续发展的观念已经深入人心。联合国在 1993 年设立了可持续发展委员会,在许多领域对世界各国提出了具体要求,每年都开会讨论和推动各国贯彻《21世纪议程》。截至 2002 年 5 月,有 150 个国家建立了相应的机构,2 000 多个城市制定了地方《21 世纪议程》,80 多个国家向联合国可持续发展委员会提交了执行《21 世纪议程》的国家报告。1994 年在埃及首都开罗召开的世界人口与发展大会,其主题是"人口、持续的经济增长和

可持续发展"。这次会议第一次将人口问题与可持续发展联系起来,提出应在实现经济持续增长、促进社会经济全面进步和保护环境的前提下解决人口问题。会议明确提出"可持续发展问题的中心是要充分认识和妥善处理人口、资源、环境和发展之间的相互关系,并使它们协调一致并求得互动平衡"。1995 年在丹麦首都哥本哈根召开的联合国社会发展世界首脑会议,以消除贫困、增加就业与社会和睦作为主题,抓住了人类社会发展的突出问题,大会通过了《宣言》和《行动纲领》两个文件。以"可持续发展"战略为导向,就解决贫困、失业和社会不公正等问题提出了奋斗目标以及具体措施。1995 年在北京召开的世界妇女大会也强调了可持续发展对人类的重要性。1996 年在可持续发展战略的框架下召开了伊斯坦布尔世界人类住区会议,讨论了人类住区的可持续发展问题。同年 11 月在意大利罗马召开了世界粮食首脑会议,目标是重申消除饥饿和营养不良并实现人人享有可持续粮食安全的承诺。会议通过了《世界粮食安全罗马宣言》和《世界粮食首脑会议行动计划》。1997 年 6 月,在里约热内卢会议召开 5 周年之际,联合国在纽约召开有关可持续发展的特别会议,审议了里约热内卢会议以来各国贯彻实施可持续发展战略的情况和存在的问题,提出了今后的发展目标和行动举措。2002 年 8 月 26 日至 9 月 4 日,联合国可持续发展世界首脑会议在南非约翰内斯堡召开,9 月 2 日至 4 日举行了首脑会议,包括 104 个国家元首和政府首脑在内的 192 个国家的代表出席了大会。会议最后通过了《执行计划》和《政治宣言》两个基本文件。这是继 1992 年联合国环发大会后又一次具有广泛影响的会议,它表明人类在实现可持续发展的道路上又向前迈出了一步。

国际社会还制定了一系列有关法律文件,加强国家间环保合作。有 165 个国家签署了《联合国气候变化框架公约》。特别是在 1997 年 12 月的日本京都会议上,149 个国家和地区的代表在日本东京召开《联合国气候变化框架公约》缔约方第三次会议,经过紧张而艰难的谈判,会议通过了旨在限制发达国家温室气体排放量以抑制全球变暖的《京都议定书》。《京都议定书》规定,到 2010 年,所有发达国家排放的二氧化碳等 6 种温室气体的数量,要比 1990 年减少 5.2%,发展中国家没有减排义务。对各发达国家说来,从 2008 年到 2012 年必须完成的削减目标是:与 1990 年相比,欧盟削减 8%、美国削减 7%、日本削减 6%、加拿大削减 6%、东欧各国削减 5%~8%。新西兰、俄罗斯和乌克兰则不必削减,可将排放量稳定在 1990 年水平上。这是有法律约束力的文件,对全球环境保护有重大意义。此外,还有《联合国生物多样化公约》《联合国防止沙漠化公约》等。十多年来,国际社会在实现可持续发展方面做出了不少努力,取得了一些进步。据联合国统计,全世界有 80 多个国家把《21 世纪议程》的内容纳入了国家发展规划,有 6 000 多个城镇制定了自己的《21 世纪议程》,作为长远发展规划的指导。联合国开发计划署、联合国环境保护署和世界银行作为全球主要的多边援助提供者,在这 10 年中向发展中国家提供了 42 亿美元的保护环境资金。这些援助还同时为这些国家吸引了 110 亿美元的配套环保资金。2005 年 3 月,在墨西哥蒙特雷举行的联合国发展筹资会议上,各国又承诺在 2006 年之前再提供 300 亿的发展援助资金。

为了持续推动联合国千年发展目标的实现,国际社会正在制订 2015 年后可持续发展议程,这是人类社会在 21 世纪所面临的一项重大挑战。

虽然世界性的资源、环境和人口问题依然严峻,未能取得明显的改善,甚至有些问题还进一步恶化,但其阻碍世界经济可持续发展的危害性已被国际社会所认识。国际社会在联合国和一些民间环保组织的推动下,正在不断采取措施协调各国的行动,取得了一些进展。可以相信,在全世界各国人民的努力下,世界经济可持续发展的目标终将会离我们越来越近。

第四节　中国政府对可持续发展的认识及行动

一、中国"可持续发展"思想的提出

在中国，关于"可持续性"的认识出现已久。早在春秋战国时期（前 770—前 221），伟大的思想家孟子就曾批评过"竭泽而渔"的做法，成为传世的警句。中华民族的祖先从实践中逐步认识到，只有尊重生态规律，遵照时令，有禁有纵，才能使自然资源休养生息，以保证永续利用。古代杰出的政治家们把这些思想作为治国安邦之道。改革开放以后，中国经济迅速增长，保持着世界上最快的经济发展速度。但由于人口众多，人均资源占有量少，特别是由于沿袭传统的非持续性发展模式，因而，伴随着经济增长出现了资源匮乏、环境污染、生态失衡等现象。目前中国作为世界工厂，但由于粗放型的经济增长模式，2013 年创造的国内生产总值占世界的 12.3％，耗用的钢铁、煤炭、水泥却分别占世界总消费量的近 1/3、1/2 和 60％。中国现在已经是世界第二大温室气体排放国，预计到 2016 年将超过美国成为头号排放国。生态破坏与工业化、城市化、就业压力、资源短缺、贫富差距搅在一起相互作用相互制约，累积成中国严峻的社会难题，逐渐呈现出矛盾激化的态势。

对于上述问题，中国政府十分重视，并开始采取了行动。早在 1992 年 6 月，李鹏总理率中国政府代表团参加了在巴西里约热内卢召开的联合国环境与发展大会，并且承诺，中国将认真履行大会所通过的各项文件。会后不久，中国政府立即公布了促进中国环境与发展的"十大对策"。国务院环境保护委员会在 1992 年 7 月 2 日召开的第 23 次会议上进一步决定，由国家计委和国家科委牵头，组织国务院有关部门、机构和社会团体编制《中国 21 世纪议程》，并于1994 年 3 月 25 日经国务院第 16 次会议讨论通过。其内容覆盖了中国人口、经济、社会、资源、环境等方面可持续发展的战略政策和行动构架，并重点突出了可持续发展的总体战略思想。它是世界上第一部高水平的国家级 21 世纪议程，规划了中国可持续发展的蓝图，表达了中国人民走向 21 世纪和争取美好未来的信心和决心。

在中国共产党的十四届五中全会上，江泽民同志指出："在现代化建设中，必须把实现可持续发展作为一个重大战略。要把控制人口、节约资源、保护环境放到重要位置，使人口增长与社会生产力的发展相适应，使经济建设与资源、环境相协调，实现良性循环。"1996 年 7 月，国务院颁布了《国家环境保护"九五"计划和 2010 年远景目标》，成为指导此后较长时期环境保护工作的纲领性文件。2003 年 7 月国家发展和改革委员会会同科技部、外交部、教育部、民政部等有关部门制定了《中国 21 世纪初可持续发展行动纲要》。纲要总结了 10 年来中国实施可持续发展的成就与问题，提出了可持续发展的指导思想、目标与原则，规定了可持续发展的重点领域，提出了实现可持续发展目标的保障措施，是进一步推进中国可持续发展的重要政策文件。2004 年 12 月中央经济工作会议强调，要用科学的发展观统领经济社会全局，大力发展循环经济，全面转变经济增长方式，建设节约型社会，努力实现经济社会全面协调可持续发展。2005 年 10 月党的十六届五中全会审议通过《中共中央关于制定国民经济和社会发展第十一个五年规划的建议》，提出必须加快转变经济增长方式，走科技含量高、经济效益好、资源消耗低、环境污染少、资源优势得到充分发挥的新型工业化路子。

中国政府把节能减排作为实现 2006 年至 2010 年可持续发展指标的突破口，努力建设资源节约型、环境友好型社会。2007 年，中国国务院成立了国家应对气候变化和节能减排工作领导小组，发布了《节能减排综合性工作方案》和《中国应对气候变化国家方案》，对节能减排和

应对气候变化工作进行全面部署。

作为世界上最大的发展中国家,中国也已成为发展低碳经济的主要践行者。中国已经确立了发展"低碳经济"的道路,为应对全球气候变化做出了一系列努力。近年来,中国政府提出了加快建设资源节约型、环境友好型社会的重大战略构想,不断强化应对气候变化的措施,先后制定了一系列促进节能减排的政策,在客观上为低碳经济的发展起到了推进作用。中国先后发布了《国家中长期科学和技术发展规划纲要》《气候变化国家评估报告》以及《国家环境保护"十一五"规划》三个重要文件。

2006 年底,科技部等六部委联合发布了中国第一部《气候变化国家评估报告》。根据《联合国气候变化框架公约》和《京都议定书》的规定,中国在编制完成《中国应对气候变化国家战略》的基础上,制定了《中国应对气候变化国家方案》,并于 2007 年正式颁布实施,成为第一个制定应对气候变化国家方案的发展中国家,明确了到 2010 年应对气候变化的具体目标、基本的原则、重点领域和政策措施。2007 年 6 月,科技部等 13 个部门联合颁布了《应对气候变化科技专项行动》以落实国家方案。2007 年 12 月 26 日,国务院新闻办发表《中国的能源状况与政策》白皮书,着重提出能源多元化发展,并将可再生能源发展正式列为国家能源发展战略的重要组成部分,不再提以煤炭为主。

2008 年 10 月 29 日国务院新闻办公室发表了《中国应对气候变化的政策与行动》白皮书,详细阐明了气候变化与中国国情、气候变化对中国的影响、应对气候变化的战略和目标、减缓气候变化的政策与行动、适应气候变化的政策与行动、提高全社会应对气候变化意识、加强气候变化领域国际合作、应对气候变化的体制机制建设等重大问题的原则立场和诸种积极措施。《中国应对气候变化国家方案》是中国第一部应对气候变化的综合性政策性文件,也是发展中国家颁布的第一部应对气候变化的国家方案。

2009 年 8 月 12 日,国务院总理温家宝主持召开国务院常务会议,听取并审议了国家发展改革委关于应对气候变化工作情况的报告,研究部署应对气候变化有关工作,审议并原则通过《规划环境影响评价条例(草案)》。2009 年 8 月 24 日,国务院关于应对气候变化工作情况的报告,将应对气候变化纳入国民经济和社会发展规划,研究制订《关于发展低碳经济的指导意见》,从中国国情和实际出发,开展低碳经济试点示范,试行碳排放强度考核制度,探索控制温室气体排放的体制机制,在特定区域或行业内探索性开展碳排放交易。2009 年 8 月 27 日,全国人大常委会表决通过《关于积极应对气候变化的决议》,决议提出了积极应对气候变化的一系列具体措施,包括控制温室气体排放,增强适应气候变化能力,充分发挥科学技术的支撑和引领作用,发展绿色经济、低碳经济等,并要求把积极应对气候变化作为实现可持续发展的长期任务纳入国民经济和社会发展规划。

在"十二五"期间,中国政府继续"十一五"的政策取向,提出要以转变经济发展方式为主线,增加了非化石能源比重等约束性指标,提出了合理控制能源消耗总量、逐步建立碳排放交易市场等新政策,促进中国绿色低碳发展和转型,从理念到实践,走出了中国特色的可持续发展之路。

二、两个纲领性文献的基本内容

(一)《中国 21 世纪议程》的主要内容

1.《中国 21 世纪议程》的战略目标

其战略目标确定为"建立可持续发展的经济体系、社会体系和保持与之相适应的可持续利用资源和环境基础"。

2000 年前,主要的具体目标有:①在保持经济快速增长的同时,依靠科技进步和提高劳动者素质,不断改善发展的质量;②促进社会的全面发展与进步,建立可持续发展的社会基础;③控制环境污染,改善生态环境,保护可持续利用的资源基础;④逐步建立国家可持续发展的政策体系、法律体系,建立促进可持续发展的综合决策机制和协调管理机制。

可持续发展的中心是:为了优化人类生存和发展的环境,不断提高生活质量和人的素质。

2.《中国 21 世纪议程》的要点

对中国实现可持续发展至关重要的几个方面是:①控制人口增长。目前中国平均每公顷耕地养活 10 个人。如果人口继续增加,而耕地不断减少,则要求每公顷耕地承担养活的人数更多。如果中国总生育率保持在 1.8% 以下,到 2030 年可实现人口零增长。②发展生态农业。在发展农业生产的同时,必须养护农业资源、防治水土流失,有利于生态平衡,实现良性循环,大力发展畜牧业,水产养殖业和多种经营。③工业实现清洁生产,减少污染,保护森林、水源和生物多样性。④建立促进可持续发展的综合决策和协调管理的支持系统。

(二)《中国 21 世纪初可持续发展行动纲要》的主要内容

1. 总体目标

《中国 21 世纪初可持续发展行动纲要》提出了中国 21 世纪初可持续发展的总体目标:可持续发展能力不断增强,经济结构调整取得显著成效,人口总量得到有效控制,生态环境明显改善,资源利用率显著提高,促进人与自然的和谐,推动整个社会走上生产发展、生活富裕、生态良好的文明发展道路。

2. 重点领域

《中国 21 世纪初可持续发展行动纲要》提出中国将在六个领域推进可持续发展。

(1)经济发展方面,要按照"在发展中调整,在调整中发展"的动态调整原则,通过调整产业结构、区域结构和城乡结构,积极参与全球经济一体化,全方位逐步推进国民经济的战略性调整,初步形成资源消耗低、环境污染少的可持续发展国民经济体系。

(2)社会发展方面,要建立完善的人口综合管理与优生优育体系,稳定低生育水平,控制人口总量,提高人口素质;建立与经济发展水平相适应的医疗卫生体系、劳动就业体系和社会保障体系;大幅度提高公共服务水平;建立健全灾害监测预报、应急救助体系,全面提高防灾减灾能力。

(3)资源保护方面,要合理使用、节约和保护水、土地、能源、森林、草地、矿产、海洋、气候、矿产等资源,提高资源利用率和综合利用水平;建立重要资源安全供应体系和战略资源储备制度,最大限度地保证国民经济建设对资源的需要。

(4)生态保护方面,要建立科学、完善的生态环境监测、管理体系,形成类型齐全、分布合理、面积适宜的自然保护区,建立沙漠化防治体系,强化重点水土流失区的治理,改善农业生态环境,加强城市绿地建设,逐步改善生态环境质量。

(5)环境保护方面,要实施污染物排放总量控制,开展流域水质污染防治,强化重点城市大气污染防治工作,加强重点海域的环境综合整治;加强环境保护法规建设和监督执法,修改完善环境保护技术标准,大力推进清洁生产和环保产业发展;积极参与区域和全球环境合作,在改善环境质量的同时,为保护全球环境作出贡献。

(6)能力建设方面,要建立完善人口、资源和环境的法律制度,加强执法力度,充分利用各

种宣传教育媒体,全面提高全民可持续发展意识,建立可持续发展指标体系与监测评价系统,建立面向政府咨询、社会大众、科学研究的信息共享体系。

　　为了落实上述任务,《纲要》提出了六项保障措施:一是运用行政手段,提高可持续发展的综合决策水平;二是运用经济手段,建立有利于可持续发展的投入机制;三是运用科教手段,为推进可持续发展提供强有力的支撑;四是运用法律手段,提高全社会实施可持续发展战略的法制化水平;五是运用示范手段,做好重点区域和领域的试点示范工作;六是加强国际合作,为国家可持续发展创造良好的国际环境。

复习思考题

1. 可持续发展提出的背景如何?
2. 可持续发展的含义是什么?
3. 简述可持续发展的基本思想。
4. 可持续发展有哪些主要障碍?
5. 联合国为实现可持续发展做了哪些工作?
6. 中国政府的可持续发展战略是如何制定的?

第十章　调节国际化

随着世界经济全球化、信息化的深入发展,各国经济交往日益密切,国际市场竞争日趋激烈,阻碍世界经济发展的各种矛盾日益增多和复杂化,在此形势下,就要求各国加强宏观经济调控,在全球范围内建立起更加有效的经济协调机制,将国内调控和国际协调有机结合。

第一节　当代世界经济大环境下的国内经济调控

在现代经济发展中,一国政府的作用是不可缺少的。但是政府以什么方式对经济活动施加影响,以及在多大程度上干预经济生活,其理论与实践都经历了复杂的演化过程。

一、当代宏观经济调控理论与政策的产生和发展

(一)宏观经济调控理论与政策的产生

1. 宏观经济调控理论与政策产生的背景

政府干预经济生活的理论基础是西方经济学的宏观经济调控理论,这一理论及其政策产生在 20 世纪 30 年代的经济大危机之后。在大危机之前,对经济活动调节的主基调是经济自由主义。当时流行的观点是,现代经济本身是一个能够自动调节的机器,可以通过市场机制的自动调节,实现社会生产的均衡发展,避免生产过剩的经济危机。即使有生产过剩的情况出现,也是局部的和暂时的,现代经济的运行机制完全可以自动实现均衡,与此相联系的国家政策是自由放任主义。由亚当·斯密的"一只看不见的手"到对传统的自由放任主义提出挑战的 150 多年现代经济的发展中,一直贯穿着"自由放任"的主线。然而,1929 年至 1933 年经济大危机的爆发,则彻底宣告了自由资本主义时期国家不干预经济政策的破产。20 世纪 30 年代的大危机以其程度深、波及面广和时间持久的惊人表现,震撼了全球。1933 年初起,在一片危机的惨状中,罗斯福接任美国总统,并在上台初始就实施了大力度的配合"新政"以摆脱危机的措施。但毕竟没有一套成体系的理论作为基础,同时应急措施方面也没有系统化而提到政策的高度,迫切需要有一种系统的新理论进行论证,此时凯恩斯主义应运而生。

2. 凯恩斯的宏观经济调控理论和政策的主要内容

凯恩斯 1936 年出版的《就业、利息和货币通论》是标志当代宏观调控理论产生的代表作。他提出,资本主义之所以出现经济危机,并造成大量"非自愿失业",主要是由于有效需求不足

引起的。这种既包括投资需求又包括消费需求在内的社会总需求不足的状况既然不可能在"一只看不见的手"的指导下得到解决，就只能借助国家干预经济，即必须借助"一只看得见的手"来实现总供给与总需求之间的均衡。为此凯恩斯提出利用三大政策进行调节。

政策之一：赤字财政政策。即国家通过举债的办法筹措资金，带头扩大投资，刺激投资欲望。他认为只有这样做才可以带来"经济繁荣"，增加财政收入，解决就业问题。对此他还提出"乘数理论"，其含义在于：投资变动给国民收入总量带来的影响要比投资变动本身更大，这种变动往往是投资变动的倍数。其结论是，国民经济是一个有机整体，一个部门的发展往往会引起连锁反应。因此他认为，政府用赤字财政的方法引导投资，投向连锁反应强、带动范围广泛的部门，刺激经济的发展。

政策之二：通货膨胀的货币政策。即主张政府通过自己控制的中央银行系统增加货币发行量，扩大信贷，压低利息率。由此可以带来四点好处。第一，增加货币供应量，可以弥补财政赤字；第二，企业家估计到利息率下降，会减少储蓄，从而增加投资欲望；第三，纸币流通量的增加造成价格上涨，人们会将保存的现金和储蓄转向消费和投资市场；第四，物价上涨压低了工人的实际工资，相应地提高了利润，有利于引诱投资。

政策之三：外贸扩张政策。凯恩斯将"乘数论"用于对外贸易与国内就业和国民收入的关系，提出了"对外贸易乘数论"。认为一国的出口和国内投资一样，有增加国民收入的作用；一国的进口，则与国内储蓄一样，有减少国民收入的作用。因而，国家应实行奖出限入的外贸政策，如大大提高关税和进口数量限制等。千方百计地扩大出口，减少进口，以通过商品、劳务出口，引来外汇收入的增加，并进一步带动相关产业的发展。同时使劳动力就业的压力得到缓解，职工收入的增加，进一步扩大了消费需求的扩张。所以最终带来的国民总收入的增加，将是出口的若干倍。

凯恩斯上述政策的基点是旨在启动需求，因而被称做"需求管理"的政策主张。总之，凯恩斯强调了政府对社会经济发展的调节作用。但还应看到，他也并非否认市场调节对经济发展的作用。但在当时的历史条件下，凯恩斯坚持认为起主导作用的不应是市场调节，所以他更强调政府的作用。

上述凯恩斯扩张性的关于需求管理的政策在大危机和战后的西方国家得到了实施。这种利用国家的力量对社会经济生活进行全面干预和调节的做法，对处在危机和萧条困境中的经济走出低谷，重现生机起到了一定刺激作用。因而第二次世界大战后的30年中，随着科技革命的发展和凯恩斯主义的实行，西方经济得以恢复和发展，并进入一个快速增长期。

（二）当代宏观经济调控理论与政策的发展

宏观经济政策的制定和实施总是和其理论的发展联系在一起。从20世纪30年代"凯恩斯革命"开始，到今天博弈理论在宏观经济政策中的运用，西方宏观经济理论和政策在近60年来经历了一系列演变。从这一演变中可以看到，西方经济理论和政策不是精确不变的科学原则，而是西方学者结合当时的经济问题提出的解释和对策。随着时间的推移，新的问题不断出现，西方经济理论和政策就会改变它们的说法和内容，西方宏观经济政策和理论经常处于变动之中。为了使读者对此能有所了解，我们对这些变动加以概略的论述。

由于凯恩斯主义符合当时的西方国家干预经济的需要，因此，凯恩斯的经济思想在西方得到迅速传播。美国的凯恩斯主义者还将凯恩斯的学说和传统的古典经济学结合起来形成了"新古典综合派"，并在战后的20余年间占据了西方经济学界的支配地位。该学派试图弥补和纠正凯恩斯经济学的不足,在许多方面使凯恩斯经济学得到了补充和发展,其中主要有:希克斯提出的 IS-LM 模型;消费函数理论方面有杜森贝利的相对收入假说,莫迪利安尼的生命周期假说;投资理论方面有汉森和萨缪尔森的乘数—加速数模型;货币需求理论方面有鲍莫尔、托宾的货币交易需求的平方根法则,托宾的货币投机需求的资产组合理论;经济增长理论方面有哈罗德—多马模型,索洛的新古典增长模型;在失业与通货膨胀相互关系的理论方面有菲利普斯曲线。此外,克莱茵等人还把凯恩斯主义经济学数量化,形成一整套计量经济模型。所有这些理论的形成和发展,对西方国家第二次世界大战之后几十年的经济政策思想都有很大影响,尤其是 IS-LM 模型成为研究财政政策效果的重要分析工具,菲利普斯曲线则提供了对失业和通胀作选择的总需求管理的根据,强调按照经济风向运用斟酌决定的财政政策和货币政策对总需求加以调节,减少经济的波动。

20 世纪 50 年代以来,新古典综合派的理论和主张为西方政府日益重视,该学派的一些经济学家还成为政府制定经济政策的顾问。他们占有主流经济学的地位,自认为他们的理论和政策能够使经济实现充分就业的稳定增长。应当说,第二次世界大战以后的 20 余年中,尤其在 20 世纪 50 年代与 60 年代上半期,以美国为首的西方世界的经济发展虽有一定波动,但总的说来经济增长较快,通胀率和失业率也不算高,这是新古典综合派得以占据上风的主要原因。然而从 70 年代起,通货膨胀率节节上升。西方国家想用"斟酌使用的"或"微调"的办法来抑制通胀而同时又不想使经济陷入衰退,其结果是衰退虽然得以减缓,但物价却继续猛涨。到了 70 年代中期,大多数西方国家出现了失业和通货膨胀同时并存的局面。对于这种局面,新古典综合派在理论上无法加以解释,因为,按照凯恩斯理论,当失业存在时,产量或国民收入的增加不会带来物价上涨,即使上涨,那也是轻微的,从而不会出现通货膨胀。只有实现充分就业以后,即失业被消灭以后,通货膨胀才会出现。换言之,失业与通货膨胀是不可能同时并存的。然而,二者同时并存的"滞胀"的现实使得凯恩斯的说法受到了严重的打击。既然新古典综合派无法对滞胀加以理论上的解释,所以在政策上也就提不出消除滞胀的举措。

理论上的困难和政策上的无能使新古典综合派受到了以米尔顿·弗里德曼为首的货币学派的猛烈攻击。货币主义主要在两个方面和凯恩斯主义展开论战:一是关于财政政策和货币政策的效果。凯恩斯主义者强调财政政策作用,认为由于 IS 曲线较陡,货币政策效果并不理想,从而只有财政政策才能对总需求和产出有直接、较快和可靠的作用。然而,货币主义者通过对美国 1867 年至 1960 年近一个世纪的货币和产出关系的历史考察,认为只有货币政策才对产出的波动起着最大的作用。例如,20 世纪 30 年代的大萧条是实行错误的货币政策的结果,美联储如果能增加基础货币供给,本来可使危机免除,可是却未如此,才使经济陷入大萧条的困境。二是关于稳定性的经济政策的作用。弗里德曼否定凯恩斯主义的"斟酌使用"或根据经济情况而进行"微调"的经济政策,认为凯恩斯主义为克服萧条而制定的这种扩张性财政政策不但无助于降低失业率,反而会引起通货膨胀,从而加剧经济波动,阻碍经济增长。按照货币主义者的说法,资本主义市场并不是凯恩斯所描写的那样不稳定。因此,如果听其自然,让经济真正自由地活动,减少政府干预,经济就可避免剧烈波动。既然如此,那么,政府在自由竞争社会中的职能是制定竞争规则并按规则裁决交易双方的行为,同时给经济提供一个稳定性的"单一规则"的货币政策和"自由汇率制度"。"单一规则"的货币政策是指排除利率、信贷流量、自由准备金等因素,仅以一定的货币存量作为控制经济唯一因素的货币政策。按照这一规则,货币供应量每年应按照固定的比例增加,比例的数值大致等于经济和人口的实际增长率之

和。这样，市场上商品和劳务产量的增减就能与货币供应量增减相适应，使物价稳定下来。而实行"自由汇率"（即浮动汇率）又可以防止通货膨胀的国际"传递"，使经济稳定在"自然失业率"的水平上。总之，货币主义反对凯恩斯主义的财政政策，反对凯恩斯主义的通过"微调"来进行需求管理的政策，把反通货膨胀目标放在优先地位，认为货币在短期中是影响产量、就业和物价变化的最主要因素，因而政府应当并且能够实行的唯一政策就是控制货币供给。显然，货币主义在本质上属于经济自由主义的思潮。

20世纪70年代在西方国家出现"滞胀"局面时，除了现代货币主义成为时髦的风尚外，美国还一度出现另一股偏向于经济自由主义思潮，这就是当时美国总统里根信奉的"供给经济学"。供给学派在反对凯恩斯主义需求管理理论和政策的同时，把经济分析的着眼点放到刺激供给方面，认为不是需求决定供给，而是供给会创造需求，而刺激供给的主要手段是降低税率，因为累进税制的高税率政策会严重挫伤企业主的经营积极性，使储蓄率和投资率下降，劳动者工作热情低落，从而使生产和就业停滞，并由此导致"滞胀"。只有大幅度减税以增加个人收入和企业利润，进而促进储蓄和投资，刺激工作和经营积极性，才能使生产率提高，并使政府课税基础扩大，税收总额随之增加，财政赤字得到控制，通货膨胀也会消失。

里根政府这套方案被执行以后，美国经济得到一定转机，但"滞胀"并未消除，因此，该方案逐步被调整。随着政策的调整，供给学派的思想和影响也慢慢被淡化和消失。

反对凯恩斯主义需求管理政策和思想的经济学流派，除了货币主义和供给学派之外，还有一个在货币主义基础上发展起来而又比货币主义更具经济自由主义色彩的理性预期学派以及由此发展而来的新古典宏观经济学。理性预期学派强调"理性预期"对经济行为与经济政策的影响与作用，其代表人物有 R. 卢卡斯和 T. 萨金特等。理性预期是针对适应性预期而言的。后者指人们不掌握充分的信息，主要根据过去的经验来预测未来，并准备随时调整预期；而前者指人们会根据过去、现在和将来一切可能获得的信息做出的预期。理性预期学派认为，经济人是根据理性预期而做出经济决策的，而市场运作的结果是使市场得以出清的供求平衡。这样，在理性预期和市场出清这两个前提条件下，该学派得出了政策无效性结论。按照该学派的说法，这里的原因在于预期是理性的。具有理性预期的人会预料到政府的政策所造成的后果，从而会采取相应的对策，这种"对策"会抵消政策的作用，因而使政策失效。

随着理性预期理论的兴起，西方经济学家开始普遍重视预期在经济政策制定中的作用，并由此重视博弈理论在宏观经济政策理论上的运用。根据博弈论，政府在制定政策时必须考虑到私人部门的反应，或者说由于"上有政策，下有对策"，政策效果会大打折扣，政策制定者必须考虑到这一点。总之，私人部门会努力发现政策制定者的偏好，而政策制定者也在努力使私人部门相信其偏好，或者说努力欺骗私人部门，在这种情况下，政府最好是不要为追求自己认为的最优目标而不断去戏弄公众，用不断变换政策的把戏去和公众"斗智"，而应当尽量减少对私人经济活动的干预，即放弃短期的政策规则变动，实施长期不变的政策规则，创造一个让市场机制充分发挥其自发调节作用的稳定环境，真心取信于民，解除心理戒备，使经济稳定发展。

在20世纪70年代滞胀局面中兴盛起来的经济自由主义思潮使传统的凯恩斯主义从正统经济学的地位上掉了下来，然而，凯恩斯的追随者认为，不要国家干预经济是行不通的，因此，他们企图使主张政府干预经济的凯恩斯主义在更新颖的理论基础上以新面目出现，既能回答论敌的责难，也符合实践对政策的要求。正是在这样的背景下，在20世纪80年代前后，一个主张政府干预经济的新学派——新凯恩斯主义经济学在西方经济学界逐渐形成，它的出现使凯恩斯主义从困境中走了出来,重新获得了生机。但新凯恩斯主义不是对原凯恩斯主义的简单因袭,而是认真对待各反对学派对原凯恩斯主义的批评,对原凯恩斯主义理论进行深刻反省,同时吸纳并融合各学派的精华和有用观点,特别是引进了原凯恩斯主义所忽视的所谓微观经济学的基础,即厂商利润最大化和家庭效用最大化的假设,部分地吸纳了理性预期学派所强调的理性预期假设,使凯恩斯主义宏观经济学有了一个微观基础。但是,新凯恩斯主义坚持了原凯恩斯主义的非市场出清假设,即在出现需求冲击或供给冲击后,工资和价格不能迅速调整到使市场出清的状态;缓慢的工资和价格调整使经济回到正常产量的状态需要一个很长的过程。在这一过程中,经济处于持续的非均衡状态,即使有理性预期的存在,国家干预经济的政策仍然会有积极作用。从西方国家目前执行的政策来看,凯恩斯主义尽管曾一度衰落,但并没有完全为经济自由主义所取代。

经济理论总是为经济政策实践服务的。历史告诉我们,西方宏观经济政策和理论在过去已有过许多说法,但变来变去总不外是国家干预和经济自由两大思潮的交替和反复的演进。可以预料,随着时间的进展,西方世界在将来还会出现各种不同的经济问题,从而西方宏观经济理论也会改变自己的说法,以适应解释这些不同问题的需要。

二、当代宏观经济调控的目标与政策手段

战后,西方宏观经济调控的一个显著特点就是对经济生活的全面调节,国家已介入社会再生产的所有阶段及国民经济的各个部门和领域,其手段之多,范围之广泛,都是前所未有的。西方国家的这种大规模的全面调节,从本质上说,是缓解资本主义内在矛盾的手段,是对"市场失效"的纠正和补充。

(一)宏观经济调控的目标

西方国家宏观经济调节的目标主要有四项,即充分就业、价格稳定、经济增长和国际收支平衡。

1. 充分就业

所谓充分就业,就是指所有愿意工作的人都能按照他们愿意接受的工资条件找到职业;同时,包括劳动力在内的各种生产要素,都能按照他们愿意接受的价格全部用于生产。在这种状态下,社会总需求便等于社会总供给,国民经济可以实现无通货膨胀的稳定增长。充分就业包括一定程度的失业。这部分失业是由两方面的因素造成的:一是所谓"摩擦性"失业;二是所谓"自愿"失业。这两种失业与充分就业并不矛盾,是正常现象,它们在劳动大军中所占的比重称为自然失业率。争取实现充分就业,就是要把失业率保持在自然失业率的水平。

2. 价格稳定

价格稳定并非是所有商品价格静止不变,而是要保持"一般价格水平"的相对稳定。一般价格水平是指各类商品和劳务的价格加总在一起的平均数。计算平均价格需要编制物价指数。目前,西方各国主要是用消费物价指数来确定通货膨胀率。一般情况下,如果消费物价指数的上涨幅度在3%以内,可以视为物价基本保持稳定。

3. 经济增长

它是指一定时期内社会所创造的人均产量和人均收入的持续增长。目前,衡量经济产量的最佳尺度是国民生产总值(或国内生产总值)。计算国民生产总值的增长,要使用不变价格;考察人均产量时,还需剔除人口增加的因素,用人均国民生产总值来衡量。由于资本主义经济

发展过程是周期波动的,在周期的扩张阶段产量增加,在周期的收缩阶段产量减少,因而大多数西方经济学家认为,一定时期的经济增长至少是一个完整的周期长度内的产量增加。

4. 国际收支平衡

国际收支从广义上讲,是指一国在一定时期内发生的全部国际贸易、国际资金往来和其他往来的综合。在国际收支中有两类不同性质的交易。一类是自主性交易,如商品、劳务的进出口、单方转移支付等。它们都是客观上已经发生并列入各有关项目内,不能随意增减的。由于这类交易是自发进行的,因此经常出现顺差或逆差,造成国际收支"缺口"。为了弥补差额,就要进行调节性交易,即设法引起短期资本和储备资产的移动。显然,运用调节性交易人为达到的国际收支平衡不是真正的平衡,真正的国际收支平衡是指自主性交易项目的平衡。

(二)宏观经济调控的主要手段及其功能

经过战后半个多世纪的实践,西方国家建立了比较健全的国家宏观调控体系;其手段也日益完善,功能日益强化,对国民经济的运行和发展产生了重大影响。由于西方各国社会经济状况不同,经济运行机制也存在差异,因而各国所采取的政策重点亦有区别。总的来说,可以把战后西方各国调控经济运行的主要政策概括为四类,即财政政策、货币政策、收入政策和产业政策。

1. 财政政策

财政政策是财政支出政策和财政收入政策(主要是税收)的总称。西方国家的财政同时担负着三重任务:一是保证国家财政收入,以满足一般国家财政支出的需要;二是履行再分配职能,以期促进社会公平与公正;三是运用财政政策工具作为社会总需求的调节群,调节宏观经济运行,确保经济稳定发展。

战后,西方国家运用财政政策调节经济是建立在凯恩斯主义需求调节理论基础上的。一般而言,财政政策的运用是采取逆经济风向而动的措施,即当经济衰退时政府执行增加支出、减少税收的财政政策,刺激总需求;而在经济高涨时期执行减少支出、增加税收的紧缩性财政政策,抑制总需求。无论是扩张性财政政策还是紧缩性财政政策,都必须打破"平衡预算"的约束,因而凯恩斯主义用"周期预算平衡论"代替了大危机前的传统的"年度预算平衡论"。20世纪70年代后,由于赤字财政造成"滞胀"等一系列危害,"周期预算平衡论"又为"充分就业预算论"所取代,认为只要政府财政政策能使经济达到充分就业水平,预算是否平衡无关紧要。到了90年代,出现了新的"调节预期预算论",认为应通过平衡的财政预算,改善并稳定投资者的预期,从而引导经济实现稳定增长。

财政政策调节包括支出调节和收入调节。在支出调节方面,国家主要通过调整政府采购、转移支付和国家直接投资等发挥财政支出调节经济运行的作用。政府采购是社会总需求的重要组成部分,其数额增减会直接影响到社会总需求规模。一般而言,当社会总支出不足时,政府便增加采购,刺激经济增长,在总需求过旺,政府便减少采购数额,抑制通货膨胀。调整政府转移支付是指改变政府在社会福利保险、失业补助和救济金等方面的支出总量。它一方面是需求调节的重要手段,另一方面也是政府对国民收入进行再分配的重要手段。国家直接投资主要是指政府通过财政对基础设施、科技领域和环境保护等部门的直接投资,为经济运行创造各种基础性条件,并通过国家投资额的增减来促进或抑制经济增长。

在收入调节方面,税收是国家财政收入的主要来源。财政收入政策主要是通过改变税率来达到调节经济的目的。具体地说,一是通过调整税率对付经济波动。当经济过热时,提高税率以减轻通货膨胀压力;当经济衰退时,降低税率以刺激私人投资和消费。二是运用税收政策调节资源配置。自发的市场机制在配置资源上有很大局限性,西方各国政府通过税率的差别鼓励一些行业或地区的发展,从而弥补市场机制配置资源的缺陷。三是通过税收政策缓解收入分配不公和各种社会矛盾。西方国家的所得税多为累进税制,一般来讲,高收入阶层比低收入阶层承担更多、更重的税赋,在某种程度上缩小了不同阶层之间的收入差距。

2. 货币政策

货币政策是西方国家通过中央银行对货币供应量和利率进行管理和调节,进而影响社会总需求变动的一种经济调节手段。主要的政策手段是调整法定存款准备率、调整中央银行贴现率、公开市场业务和择类控制。法定存款准备率是银行法规定的银行准备金对银行存款的比率,它的变动对扩大或缩小货币供应量有巨大影响,中央银行可以通过降低准备金来扩大货币供应量,刺激经济增长,也可以提高准备率以抑制经济过热。中央银行的贴现率是中央银行对商业银行申请票据再贴现时所规定的利率。贴现率提高就会抬高利率、紧缩信贷,反之便会产生放松信贷的效果。所谓"公开市场业务",就是指中央银行在公开市场上买卖政府债券。当经济衰退时,中央银行在公开市场买进政府债券,商业银行就会得到同中央银行买进的债券同值的存款,使货币供应量增加,利率下降,刺激经济复苏。相反,当经济增长过快,通货膨胀率上升时,中央银行则出售政府债券,减少货币供应量,收缩总需求。所谓"择类控制",是指对信贷资金流向和利率水平的一种特殊管制。西方国家往往采取择类控制的政策手段控制银行资金的用途,调节特定企业融资成本,达到扶植某些产业或企业的目的。

3. 收入政策

收入政策是政府为了影响或控制价格、货币工资和其他收入的增长率而采取的财政金融政策和措施。财政政策和货币政策都是通过直接作用于社会总需求来调节经济运行的。但经济运行中就业、价格和收入等经济变量的变动,并不单纯地受总需求影响,还受供给因素如工资、要素价格的影响。调节供给因素的一个有效手段是实行收入政策,即根据劳动生产率的增长率来限制工资和价格的上涨。战后,美、英、法、荷、意等西方国家都实行过收入政策。其主要手段:一是对工资和物价实行管制,即企业和工会不经政府同意不得提高工资和产品价格;二是对工资和物价实行指导,即由政府规定工资和物价的指导指标,指令企业和工会参照执行;三是对企业和工会进行"道德规劝"和"协商恳谈",即劝说企业和工会自动限制价格和工资的上涨。

4. 产业政策

一般而言,产业政策是指国家通过对产业(部门)间的资源分配和特定产业(部门)内的产业组织的调节,对本国经济运行施加影响的政策。它是政府针对在资源配置方面出现的"市场失效"而采取的政策。在宏观调控领域,产业政策主要体现为产业结构政策;在微观规制领域,其核心则是产业组织政策。

所谓产业结构政策,是指为纠正市场经济对资源配置的盲目性,实现产业间资源的合理配置,由政府制定的一定时期内要达到的产业结构的理想目标以及为实现这一目标而采取的各种措施。总的来看,产业结构政策可以分为两类:对重点产业的扶植、保护政策和对长期萧条、衰退产业的调整、援助政策。西方国家政府在经济发展的各个时期,都曾提出产业结构转换的具体目标,选定重点产业并加以扶植和保护。而对于长期萧条、衰退的产业,政府一般及时采

取援助和调整政策,促使其转产,以减少经济损失和社会动荡。

产业组织政策是产业政策的另一重要组成部分。所谓产业组织政策,是指政府为了保证资源有效配置和公众利益,指导、干预企业行为和产业市场结构,调整企业关系而制定的产业政策。其实质是政府通过协调竞争与经济规模的关系和矛盾,维持健全的市场秩序,利用市场机制发展经济。产业组织政策的直接目标是促进实现有效竞争。产业组织政策包括互相配套的两方面的政策:一是鼓励竞争、限制垄断的市场秩序政策,一般称为反垄断政策;二是鼓励规模经济、防止过度竞争的政策,即产业合理化政策。市场秩序政策又包括三个基本方面:一是禁止和限制垄断的政策;二是禁止和限制竞争、不公平交易行为的政策;三是禁止和限制诈骗、行贿等不道德的商业行为的政策。

产业组织政策的实施手段主要有两个。一是市场结构控制。目的是要维持良好的市场结构和改变不好的市场结构。主要包括:改变市场结构的政策,如为降低卖方集中度,分解处于垄断地位的企业;适当降低进入市场的壁垒以及减少不合理的产品差别等。结构控制政策的要点是在实现规模经济的条件下,限制过分集中的结构,预防形成垄断性市场结构。二是市场行为控制。抑制垄断是常用的控制市场行为。

三、国家宏观经济调控的作用和影响

国家宏观经济调控作为战后西方国家垄断资本主义发展的重要内容,对西方国家的社会经济生活产生了重大的作用和影响。它一方面在一定时期和一定程度上促进了资本主义经济的发展,另一方面也引发了一系列新的矛盾和问题。

(一)国家调控在一定程度上和一定时期内促进了西方经济迅速和稳定发展

国家调控的全面实行,使西方各国的社会再生产条件和经济运行机制得到了一定改善,促进了经济的迅速、稳定发展,具体表现在以下几个方面。

(1)国家通过财政和国有企业直接参与再生产过程,创造并确保了经济发展的基本条件。如前所述,战后西方各国通过创建社会公用事业、基础设施和从事科技开发等,克服了私人垄断资本的局限,为社会经济的迅速发展和稳定运行创造了良好的基础条件。

(2)国家调控在一定程度上弥补和修缮了市场运行机制,纠正了"市场失效",从而在一定时期内促进了经济稳定发展。如前所述,在存在着信息不对称性、市场不完全性、经济外部性的情况下,市场机制的自发作用有着不可避免的缺陷,如不公平竞争、价格扭曲、总量失衡等。国家调控能够在一定程度上弥补这些缺陷,实现市场运行中的有效竞争。战后西方各国通过财政、货币政策调节有效需求,并通过推行经济计划化、产业政策等措施,相应的缓解了个别企业生产有组织性与整个社会生产无政府状态之间的矛盾。

(3)国家调控通过国民收入再分配和推行福利政策为经济发展创造了较为稳定的社会条件。战后西方国家通过推行国民收入再分配和社会福利政策,不仅扩大了消费需求,刺激了经济发展,而且为经济运行创造了较为稳定的社会条件,在一定程度上起到了"社会安全阀"的作用。另一方面,由于政府出面用各种津贴、补助和救济向劳动者提供保险,使西方国家工人斗争的形式趋向于采用谈判的手段。

(二)国家调控无法从根本上解决资本主义基本矛盾,并可能带来新的矛盾和问题

西方国家对经济生活的调节,是在不触动资本主义私有制的基础上进行的。它并没有改变资本主义生产关系的性质,资本主义私有制仍然是西方社会的基础。

1. 国家调控与市场机制之间经常发生矛盾

国家调控的发展是以"市场失效"为前提的。国家调控的主要目的是对市场功能的矫正和对市场缺陷的补充,即在市场自发机制不能正常发挥作用或引起经济衰退和经济过热时,通过种种调控手段,引导和控制价格,消除经济波动。但是国家调控的作用不仅经常是滞后的,而且会带来一系列新的问题和矛盾。例如,财政政策、货币政策从制定到发挥实际效用往往需要较长时间,而在此期间经济波动的方向很可能在市场功能的调整下已发生了变化,从而使国家调控的作用背离其预定目标,甚至加剧经济波动。

2. 国家调控手段之间的矛盾

战后,西方各国国家调控手段之间的矛盾主要表现在:一方面,采取扩张性财政和货币政策刺激总需求,追求经济增长和充分就业,往往会引起通货膨胀;另一方面,采取紧缩性财政和货币政策手段,抑制通货膨胀和需求,往往导致经济衰退和大规模失业。20世纪70年代西方各国陷入的"滞胀"困境,更加有力地说明了这一点。这也是80年代之后西方国家更加强调政策搭配的原因所在。

总之,生产力的不断发展,迫使西方国家在维护资产阶级利益的前提下,为了适应生产力日益社会化的要求,不得不在社会经济的各个领域进行改革,不得不对资本关系不断"自行扬弃"。

四、当代宏观经济调控的政策实践

(一)美国宏观经济调控的政策实践

1. 20世纪90年代宏观经济调控政策的成功实践

进入20世纪90年代以来,以信息产业的快速发展为牵引,美国经济呈现了持续稳定增长,财政赤字大幅度下降并实现盈余,失业率和通货膨胀率创战后最低纪录的良好态势。导致这一巨大变化的因素是多方面的,但其中最关键的因素是美国宏观经济调控政策的成功运用。20世纪90年代的宏观经济政策不仅仅将重点放在总供给总需求的简单平衡上,而是在考虑总量平衡的同时,极为注意结构的调整。实施的具体政策主要包括以下内容。

(1)旨在削减赤字的紧缩性财政政策。自20世纪80年代至90年代初的十多年中,美国经济一直被巨额的财政赤字所困扰,到1992年,联邦政府的财政赤字竟达到创纪录的2 900多亿美元。克林顿上台伊始即面临如何解决巨额财政赤字问题。克林顿于1993年2月提出了核心为大幅度减少财政赤字的振兴经济计划,并采取了紧缩性财政政策:通过增收和节支手段大幅度削减财政赤字,使衰退的美国经济得以复苏和发展。

增收:克林顿签署的削减赤字法案规定,自法案生效的5年内削减赤字4 960亿美元,其中增税达2 410亿美元。增税的范围主要是个人所得税和公司所得税。年收入超过18万美元的富人应缴所得税由31%提高到36%;年收入超过25万美元的富豪还征收10%的附加税;年应税收入超过1 000万美元的公司,所得税率由34%提高到36%。与此同时,对中低收入的个人还采取了减少或免征所得税的做法。克林顿还主张严格执行税法,坚决查处美国公司以及在美国开设的外国公司的偷税漏税行为。这些做法使联邦财政的收入明显增加。应该指出的是,克林顿虽然采取了上述增税措施,但是为了振兴美国经济和促进新技术发展,他还决定对一些为创建新企业而进行风险投资的个人和一些从事研究和开发的企业实行税收减免政策。

节支:为紧缩开支,克林顿首先决定裁减联邦机构并大幅度削减各政府机构的行政费用,减少了 30 万个联邦工作人员,取消了有 1.6 万页的规章制度,并建议在新的年度预算中削减 150 个支出项目。同时大力削减军费开支,因冷战结束,放弃了耗资巨大的"星球大战"计划,关闭了德国、日本、荷兰、英国、希腊等 20 多个海外军事基地。通过大力度的削减开支措施将国际开支占该年度财政预算中的比重由 1991 年以前的 25% 以上减至 1999 年的 14.6%。

上述增收节支的紧缩性财政政策的施行,收到了明显的成效。原预计到 2002 年实现财政预算盈余,已于 1998 年提前实现。

(2)旨在降低通货膨胀率的较为适宜的货币政策。近年来,美国经济所以能在几乎不存在通货膨胀的情况下持续稳定增长,同美联储推出的较为适宜的货币政策密切相关。时任美联储主席格林斯潘上任以来一直在经济增长和通货膨胀之间寻求平衡,在努力促进经济增长的同时,时刻警惕通货膨胀的发生,而在抑制通货膨胀的同时,又非常警惕经济衰退的出现。为此,近年中实行了一种"中性""适宜"的货币政策,让利率水平保持中性,对经济既不起强刺激作用也不起强抑制作用,使其以自身的潜在增长率在低通货膨胀水平下持久增长。保持稳定一贯的货币政策并进行微调,是美联储货币政策成功的关键。1994 年,美国经济出现过热现象,美联储在一年内连续 6 次向上微调短期贷款利率,使经济得以"软着陆",为美国经济实现历史上第一个持续增长的长周期打下了基础。1995 年,经济增长速度略低时,则又向下微调贴现率,适当增加货币供应量。1996 年第一季度美国经济的实际增长速度为 4.7%,1997 年第一季度高达 5.8%,这是近 10 年中的最高速度。为防止经济过热,1997 年 3 月美联储又将联邦利率上调 0.25 个百分点,适时给"过热"的经济降温。近年中美联储正是运用货币政策的三项措施(公开市场业务、法定存款准备率、贴现和再贴现率)使经济在保持低通货膨胀率和低失业率的同时,实现了温和稳定增长。

(3)旨在取得良好宏观经济效果的合理搭配的财政与货币政策。当前世界各国为了实现宏观经济目标,都实行了一系列配套的经济政策,财政和货币政策的合理搭配使用即是其中效果较为显著的一个。20 世纪 90 年代后美国宏观经济政策的调控较好地注意了两种政策的搭配与结合。两种政策的搭配结合可以分为同项搭配和逆向搭配。同项搭配又分扩张性财政政策与扩张性货币政策的搭配,以及紧缩性财政政策与紧缩性货币政策的搭配,前者适用于社会总需求严重不足,通货紧缩严重的萧条时期;后者则适用于经济过热,通货膨胀严重的繁盛时期。在通常的经济运行中,较为经常出现的是并不极端的经济现状,即往往存在通货膨胀但又不太严重或经济增长较低但又不是全面衰退的情况。在这种情况下,采取松紧或紧松的财政和货币政策的配合使用则容易收到较好的效果。克林顿政府和美联储面对巨额财政赤字和经济严重萎缩的经济形势,采取了"紧松"式的财政—货币政策配合使用,产生良好经济效果已成为当代西方宏观经济调控的一个较为成功的范例。

(4)旨在提高国际竞争力的高科技产业发展政策。为建立跨世纪的基础设施,加强科技政策的制定与协调,克林顿一上台,就竭力主张将科技工作重点从军用转向民用,大力发展信息高速公路等支柱产业,并提出了"以技术促经济"的美国新科技政策。具体措施有:首先,改善美国行政部门的科技政策协调工作,使科技政策同增强企业竞争力紧密地结合起来。为此,克林顿政府成立了由总统任主任的国家科技委员会,其地位与国家安全委员会、国家经济委员会平等。其次,政府科研经费的重点由军用转向民用,政府投入大量资金对半导体、高清晰度电视、超级计算机等技术进行研究与开发。再次,加强政府、企业和大学在科研上的合作,争取尽快将科研成果转化为有竞争力的商品。此外,培育世界一流的劳动力队伍。克林顿政府认为,国家的竞争力和个人的收入水平越来越明显地以劳动力素质为基础,知识与使用信息和技术的能力正在成为决定就业机会和财富的关键因素。为此,政府实施了一项终身学习计划,以帮助劳动者应付新经济的挑战。上述政策的实施,极大地提高了整个国家的劳动生产率,同时也极大地改变了美国的产业结构,使美国早于其他国家利用现代高科技建立了面向 21 世纪的基础设施。

(5)旨在拓展海外市场的扩大出口的贸易政策。20 世纪 90 年代后,克林顿政府首次将开拓海外市场、扩大对外贸易置于对外战略的优先地位,制定了美国有史以来的第一个"国家出口战略",并将建立一个更加开放自由的国际贸易体制,扩大出口,作为带动经济增长的关键环节。在此基础上对原贸易政策进行了重大调整:从控制进口调整为扩大出口;多年实行的"多边主义"和"双边主义"调整为开放的"地区建设";将经济战略目标由欧美转向新兴的、经济增长潜力巨大的东亚;全方位推动不同层次以及国际组织贸易自由化的发展;确定了半导体、计算机、通信、环境保护、咨询软件业及服务业等高科技产业和知识密集型产业为六大重点出口产业。该战略的目的在于强化美国企业的对外竞争能力,通过扩大出口进一步带动美国经济的增长。

2. 2008 年金融危机背景下美国的宏观经济调控

面对国际金融危机,美国实行了一系列经济刺激计划,这些政策有利于美国经济的复苏。

(1)金融救助方案。危机爆发以来,主要经济体"三管齐下",从金融机构资产负债表的资产、负债和所有者权益三方入手,以前所未有的速度、规模和非常规的政策,实施全面的金融救市方案。美国的金融救助政策最早强调购买不良资产。2008 年 10 月,美国政府通过的紧急经济稳定法案(Emergency Economic Stabilization Act)中就包括高达 7 000 亿美元的不良问题资产救助方案(Troubled Assets Relief Program,TARP),用于购买金融机构问题资产以及帮助金融机构注资。为了向金融机构提供更多的流动性,美联储还推出了多种货币政策工具创新。相对而言,美国在向金融机构直接注资方面,因为担心有"国有化"嫌疑,表现较为迟疑。

(2)扩张性的财政政策。继布什政府出台的 1 680 亿美元减税方案之后,2009 年 2 月奥巴马政府又通过了总额为 7 870 亿美元的美国复苏与再投资法案(American Recovery and Reinvestment Act)这是空前庞大的刺激计划,实际投资 7 830 亿美元,2010 年 12 月,美国国会通过《税收减免、失业保险重新授权和就业机会创造法案》,开支为 1 890 亿美元,2012 年 6 月,美国国会通过《中产阶级税收减免和就业创造法案》,并拨款 1 250 亿美元用于实施该法案。调整通货膨胀因素之后,美国的经济刺激方案已经超过罗斯福新政、马歇尔计划时期美国政府的支出规模。美国的刺激方案主要包括减税和扩大公共支出。奥巴马经济刺激方案中的公共投资和公共支出项目,有着短期和长期双重战略目的。一方面是尽可能地在短期内创造更多的就业岗位,防止经济进一步下滑;另一方面是为未来的增长奠定基础,有智力、技术和社会稳定方面的保障。因此,方案中的支出主要集中在基础设施、教育、医疗和新能源技术方面。

(3)扩张性的货币政策。主要经济体的货币政策表现出趋同的特征。一方面,主要经济体在危机之后均大幅度降低利率。2008 年 12 月以来,美联储宣布将联邦基金利率长期保持在 0~0.25% 之间;美国实行的"数量宽松"政策引起全球关注。这其中包括为商业银行和投资银行等提供流动性的 TAF(期限拍卖贷款,Term Auction Facility)、PDCF(重要交易商信用贷款,the Primary Dealer Credit Facility),也包括向货币市场和资产证券化提供支持的商业票据

融资贷款、TALF(期限资产支持证券贷款,term asset-backed securities loan facility)等。2009年3月,美联储更是破天荒的宣布购买3 000亿美元长期国债,将对MBS的购买由5 000亿美元增加到1.25万亿美元,以及购买2 000亿美元机构债。从2008年11月至2014年10月的6年里,美联储实施的三轮量化宽松政策,共印发美钞39 400亿美元,用于购买国债和抵押贷款支持证券(MBS)。

(4)产业发展政策。为了抢占新的制高点,奥巴马政府在新能源、环保政策方面较为高调。其政策背后有多重推动力。首先,新能源、环保政策符合奥巴马的执政理念,有助于美国在国际舞台上继续扮演全球领袖。其二,新能源、环保政策有利于美国经济结构调整。危机之后,美国无法继续靠消费支持增长,经济振兴必须依靠增加投资在经济中的比重。只有当新的技术革命孕育出新的支柱产业之后,私人投资才可能再度高涨。其三,新能源、环保技术的领先,也可以成为制约其他国家发展的有效手段。美国可以通过制定进出口产品的标准,有效而精准地打击竞争对手。增强能源自给,有助于减少对外国能源的依赖,削弱石油出口国中与美国敌对的势力,还有助于改善美国国际收支平衡。同时美国政府着力发展先进制造业,实施"重振美国工业战略",重点培育发展高端制造业新增长点,整合政府、学术界和企业界的资源,构建先进制造业伙伴和全国先进制造业创新网络。

这些政策使美国经济供需在低位重新获得平衡。美国经济2009年一季度下降6.4%,二季度仅下降0.7%,三季度则超预期增长3.5%,表明美国经济已于二季度结束衰退,第三季度强劲反弹并开始复苏,2009年全年美国经济下降2.8%。2010年是美国经济刺激计划支出高峰年,政策效应进一步显现,2010年美国经济复苏势头更加强劲,全年经济增长2.9%。2011年继续保持增长态势,但增速有所下降,达到1.6%,2012年实际增长2.3%,2013年,2014年美联储继续推行量化宽松政策,经济增长达到2.2%和2.4%。2010年美国的通胀仅有1.5%,这为量化宽松货币政策的继续实施提供了空间。近五年来,美国的通胀一直保持在2%左右,降低了美国经济的成本压力。

(二)日本宏观经济政策的运用和影响

日本明治维新以来,一直将国家干预作为摆脱经济落后状态,赶超欧美老牌资本主义国家的重要手段。日本政府的宏观经济管理主要是指通过国家对经济活动的干预,维持社会总需求与总供给的基本平衡,防止市场机制自发调节作用所引起的盲目性和破坏性,保证经济的稳定增长,为企业创造良好的发展环境。为达此目标,日本长时间将供给管理作为重点,采取了与之配套的宏观经济政策,取得了成功的经验,不仅赶上了老牌资本主义国家,而且成为举世瞩目的第二大经济强国。20世纪90年代以来,日本经济新问题显露:对外受阻、内需不足、通货紧缩、危机频出,再加上深层次矛盾的积累,日本政府虽然出台了一系列缓和危机、启动消费需求、刺激经济增长的政策与措施,使某些矛盾有所缓解,但却未能达到预期效果。始料未及的是一些宏观经济政策对日本经济还产生了较为严重的负面影响,使日本经济难以摆脱衰退的阴影。直到2003年,在内需与投资恢复增长、美国与亚洲经济强劲发展的影响下,日本经济开始复苏,增长势头转好,2004年日本经济增长4.4%,但近些年受经济危机影响一直增长乏力,2013年和2014年经济增长分别为1.6%和-0.1%。

1. 财政政策的运用

20世纪90年代以来,日本政府为刺激经济,促进内需,采取了一系列特别减税和扩大公共投资的措施,先后实施6项经济对策,其费用总额高达66.5万亿日元。由于税收的减少和财政支出的急剧增加,日本的财政状况日趋恶化,到1996年度,日本已经成为发达国家中政府债务最为沉重的国家。

1996年,在个人消费增长的带动下,日本经济出现了较为强劲的增长势头。1997年,政府又急于推行财政改革,迫不及待地强行提高了消费税率,结果造成经济一路下滑。不合时宜的增税等财政紧缩政策使刚有起色的日本经济再次陷入衰退。1998年开始,日本政府又多次追加补充预算,多次推出紧急经济对策,仅为稳定金融秩序就投入了60万亿日元。这些紧急措施,虽然使经济有所增长,但问题并没有得到解决。日本政府在1998年减税4万亿日元的基础上,1999年继续减征所得税、居民税和法人税9万亿日元,并发放了实为"购物券"的"地区振兴券"7 000亿日元。但据总务厅统计,1999年2月份日本全国所有家庭的名义和实际消费支出都比去年同期下降了3.8%。失业人数已突破了300万,创下了1953年以来的最高纪录,工薪人员的收入连续减少成为一种趋势,人们的消费心理更加冷却。同时日本在泡沫经济时期形成的设备、人员、债务"三过剩"现象,仍然对日本经济回升形成重大阻力,"三过剩"现象不消除,企业难有余力进行新的生产投资。

在日本开拓外部市场阻力较大的情况下,比较可行的摆脱危机的手段只能是立足于国内政府有针对性、适度的政策调控。但继续追加政府预算开支,尤其是以发行国债作为资金来源,不仅会使财政赤字再度雪上加霜,而且会导致长期资金利率的提高和日元升值问题再度突出,进而影响出口;放弃此种做法从根本上调整产业结构,消除"三过剩"又会加大企业解雇过剩人员,增高失业率。可见此种情况下,日本政府的政策调控只能是"两劣相较取其轻,两优相较取其重"。

面对当时的国际金融危机,日本在保增长方面主要依靠财政政策。从2008年8月到2009年4月,日本共出台了四个经济刺激计划,计划支出规模达75万亿日元,占GDP的5%左右。这些支出主要用于:向全国家庭发放2万亿日元的补贴,通过政府担保帮助中小企业获得贷款,高速铁路建设工程,学校建筑防震,环境保护,儿童和老人护理等社会福利计划。日本为保就业也采取了专门的措施,计划在3年内动用10万亿日元,提供失业培训、扶持就业市场,在医疗护理、环保和旅游等领域创造140万个~200万个就业机会。四个经济刺激方案出台后,至少要新发行10.8万亿新债,使公债规模达到44万亿日元。到2008年,日本公共债务规模已经达到GDP的1.5倍,是所有工业化国家中最高的。2009年一季度日本实际GDP增长率为-3.2%,之后开始触底反弹,在二季度和三季度分别实现了0.7%和1.2%的正增长,2009年日本经济增长率为-5.2%。2012年日本政府推出了支持性的财政政策,大大推动了日本经济。

2. 货币政策的运用

日本银行自1991年1月第一次降低公定利率以来,多次调低利率,1993年9月将公定利率由2.5%降到1.75%,已达当时历史最低水平。此后,为了刺激经济增长,又连续调低利率,创1998和1999年0.25%和0.15%的新纪录,使原本只是作为权宜之计的这一世界罕见的低利率政策,保持了连续性。

日本政府的超低利率政策对经济增长确实起到了一定的刺激作用,这在启用此政策早期尤其明显。但长期超低利率政策的实施,却带来了很多不良后果。首先导致了资金的大量外流。资金大量外流使日本经济大量失血,经济增长缓慢乏力。其次,减少了储蓄者的可支配收入,对个人消费产生了抑制作用。据住友寿险综合研究所估算,从1992年到1997年,日本所

有家庭的利息收入减少了 29.3 万亿日元,这必然使个人消费受到抑制,消费需求扩大受到影响。另外,持续的超低利率还使人寿保险公司和养老基金等处境艰难。由于银行利息率不断下调,远低于寿险公司早已设定的客户收益率,使保险公司发生大量亏损。加之日本股市萎靡不振,使得保险公司的股票价值大为缩水,各保险公司的资金来源正日益枯竭。日本企业的养老金由于超低利率运行也已形成了 60 万亿日元的缺口,陷入困境之中。

面对 2008 年的国际金融危机,2009 年 1 月 15 日,日本银行宣布考虑购买 2 万亿日元商业票据(日本票据市场规模为 14 万亿,此次购买占 14%)。为了鼓励银行贷款,日本一方面通过将日本开发银行(DBJ)的紧急放款计划资金规模从 1 万亿日元提高到 10 万亿日元(1 010 亿美元),增加对中大型企业的放贷。另一方面通过国际协力银行联合中小企业金融公库,对在海外投资中遭遇流动性困境的中小企业提供援助。日本还采取了收购股票刺激经济的独特政策,2009 年 1 月 27 日,通过收购股份,向中小企业提供 1.5 万亿日元(167 亿美元)资金;2009 年 2 月 4 日,宣布将从地方银行收购 1 万亿日元(111.2 亿美元)的企业股份。日本政府和央行购买股票刺激经济的好处是低买高卖,从长远看,是成本较低的刺激经济方式。2012 年安倍经济学推行宽松货币政策,日本经济有一些积极表现,2014 年以来就业人数稳步增加,失业率保持在 3.5%,低于金融危机前水平。

3. 金融政策的运用

金融政策的内容很广。这里的金融政策专指促使金融机构向企业贷款的政策。自 1991 年初日本经济陷入衰退以来,日本的金融机构本来应该发挥为经济复苏"输血"的作用,但是由于泡沫经济的破灭,使金融机构形成了巨额的呆账和坏账。由于沉重的债务负担,日本自 20 世纪 90 年代初起就已出现了多家金融机构倒闭,尤其是 1997 年 11 月份以来接连四家大型金融机构倒闭使其产生严重的恐惧心理,不但不愿意向企业贷款,还千方百计地将以前贷出去的款项尽快收回。这虽然有利于实现金融机构本身的健全经营,但却由此对企业的生产性投资等带来了极大的消极影响,特别是对于不拥有发行债券、股票等直接融资手段的中小企业的消极影响更大。企业获得的贷款减少,则无力恢复生产和进行科技开发,进一步加深了生产领域的衰退和企业的破产。

为了促使金融机构积极向企业贷款,日本政府和金融当局实施了许多对策。1998 年 6 月 22 日设立了金融监督厅,此后又打算拿出 30 万亿日元的公共资金来稳定金融秩序。接着,1998 年 9 月 9 日,日本银行又将官方利率由 0.5% 降至 0.25%,1999 年 2 月 12 日,再将隔夜利率由 0.25% 下调至 0.15%。在上述一系列措施并未完全达到预期效果的情况下,1999 年 3 月,日本的金融再生委员会正式批准向金融机构注入了 7.6 万亿日元的巨额公共资金。这一做法桥本内阁时期就已使用,当时是动用 6 850 亿日元的国民税金协助住宅专项融资的私人金融公司清理不良债权,由于是动用国家财政预算拨款解决私人金融公司的呆账损失,所以一经公布便引起了舆论和民众的不满,从而又引发了一场政治危机。此次向金融机构注入的 7.6 万亿日元巨额资金的消息一透露,也同样引起了强烈的反响。

4. 产业政策的运用

日本的政府主导型经济体制表现在产业政策方面,是对产业部门的保护性限制。从实施保护性限制的具体手段看,主要是制定诸多的法律、法规。20 世纪 90 年代,涉及这方面的主要法律、法规有 220 项。从限制范围看,几乎涉及了整个产业部门,具体包括了建筑业、金融业、电力、煤气等公用事业、矿业、运输业、农林牧产业、服务业、制造业、商业、房地产业等领域。

按照上述法律规定,民间企业要参与这些领域的经营活动,必须向有关政府部门提出申请,并取得认可和批准。近几年中,日本政府对其经济职能进行了某些调整放宽了对产业部门的直接干预,扩大了由市场机制进行调节的范围。但同其他西方国家比较,日本仍属于政府干预较多的类型。政府的干预和限制对日本经济产生了重大的影响。不可否认,在日本政府目前仍然对产业部门实施的政策性限制中,有一部分属于与环境保护和国民生活安全等关系密切的必要限制,但也有一些限制,已经同现阶段世界经济发展的大趋势相违背,同日本经济的实际情况相背离。如若继续实施这些限制措施,不但会使日本经济丧失活力,还会影响其在经济全球化的背景下向外拓展空间,阻碍日本经济的发展。

面对国际金融危机,在产业政策方面,日本一方面试图通过优惠的税收政策吸引投资、提高东京作为国际金融中心的地位。但目前日本经济持续低迷,导致投资收益率很低,东京已不再具有发展国际金融中心、吸引投资的基本条件。另外,日本也看中了商业航天市场、信息技术应用、新型汽车、低碳产业、医疗与护理、新能源(太阳能)等新兴行业。2009 年 3 月 2 日,日本出台了为期 3 年的信息技术(IT)紧急计划,目标为官民共同增加投资 3 万亿日元,新增 40 万个~50 万个工作岗位,侧重于促进 IT 技术在医疗、行政等领域的应用。2009 年 4 月 9 日为配合第四次经济刺激计划推出了新增长策略,发展方向为环保型汽车、电力汽车、低碳排放、医疗与护理、文化旅游业、太阳能发电等。2013 年,日本政府为了应对激进的货币、财政政策对经济产生的长期负面效应,公布了旨在促进增长的结构性改革方案,其核心内容是通过设定经济特区,促进中小企业的发展,松动原有垄断企业占主导的经济模式。

(三)东亚经济模式中发展中国家(地区)政府对宏观经济的调控

"东亚模式"是第二次世界大战后东亚一些国家和地区,为实现工业化目标,从各自的情况出发,采取的一些大同小异的推进经济加速增长的做法,逐步地建立了不同特征的政府主导的市场经济体制(中国香港地区除外),政府在经济发展中起重要作用,尤其是政府与市场机制有效结合,构成了东亚模式的实质性特征。这种政府行为与市场机制紧密配合相互交融的模式,为东亚经济腾飞提供了巨大动力。这一模式首先由日本实施,20 世纪 60 年代后韩国、新加坡、韩国、中国香港和中国台湾相继效仿,70 年代后,又对东南亚的泰国、马来西亚、菲律宾和印度尼西亚等产生了重要影响。这里主要就东亚经济模式中发展中国家政府对宏观经济的调控进行阐述。

在东亚发展中国家市场经济的建立、发育、成长乃至成熟(指新加坡)的过程中,各国政府都发挥了极其重要的宏观调控作用。其调控的目标主要包括:保证经济增长、物价稳定、充分就业、公平分配、地区均衡发展、国际收支平衡、保护生态环境、节制人口增长等。一般说来,东亚发展中国家的经济运行都是在市场机制不完善的情况下展开的。因而,各国政府在培育市场方面的任务既繁重又复杂。它们既要保证经济快速增长,又要考虑到经济结构的转变。此种情况下,政府的调控往往采取直接调控和间接调控相结合的办法,在市场经济建立初期,由于客观历史条件的制约,政府承担了资源配置的主要任务,在有些情况下甚至采用带有某种强制性的调控手段。随着经济的发展、市场的力量不断增强,政府逐步放松了对经济的直接干预,扩大了经济自由的范围和市场调节的作用。

在市场经济运行中,东亚发展中国家对宏观经济的调控主要是指调控宏观经济的总量,即国民经济的增长水平、全部商品的总供给与总需求、市场价格总水平、利率总水平、就业总水平、产业结构等。为达到上述调控目标,有关国家的政府通常采取了如下手段进行调控。

首先,经济计划的调控。经济计划是东亚发展中国家在一定时期内根据预算确定的经济目标制定的,目的是影响、指导甚至控制宏观经济的发展。东亚发展中国家大都制订和执行 5 年或 10 年的经济发展计划,在计划制订后,各国政府同时配合其他经济手段实施和调节。

其次,经济政策的调控。为了促进市场经济的发展壮大,东亚国家一般都根据自己的国情和国内外经济形势的变化,制定相应的经济政策,引导生产部门组织结构的调整,实现资源的合理配置,确保各项经济、技术和社会目标的实现。这些有针对性的政策主要包括:财政金融政策、吸引外资政策、产业发展政策、控制通货膨胀的政策等。

财政政策手段是东亚国家实行宏观经济控制的最主要杠杆之一,其中尤以新加坡最为突出。政府充分利用税收和支出政策,调节总供给与总需求,促进资本积累,刺激生产与投资,从而缓和了生产和消费的矛盾,促进了出口贸易和经济发展。在税收上主要做法是:鼓励投资和外资引进的税收政策;扶持新技术的开发和先进技术产业发展的税收减免政策;鼓励出口的税收政策和促进金融国际化的降低、减少或豁免金融界的某些印花税和利润所得税政策等。在财政支出政策上,通过不断扩大的财政支出规模对经济发展进行干预。如重点建设社会公共设施,扶持加工出口业和教育事业的发展。

在吸引外资政策方面,东亚发展中国家都特别强调创造有利的投资环境,放松投资限制,开放内销市场,方便外汇出入,简化批准手续,改革管理制度,实行税收优惠,鼓励外商向对国民经济发展有重要意义的领域和部门投资。

东亚发展中国家还颁布了旨在控制物价的政策。控制物价的目标是抑制通货膨胀,因为通货膨胀不仅影响社会民众的消费心理,而且会增加社会的不稳定因素,同时也破坏整个宏观经济环境,影响国内外投资者的投资热情。

产业发展政策也是东亚发展中国家政府十分重视的政策。为促进具有比较优势和示范性的现代产业部门的发展,政府利用政策影响要素的投入和资源的配置。所采用的手段主要是:兴办公营企业并使其有效运行;干预生产要素价格以刺激现代产业部门和农业的发展;通过财政补贴、信贷分配、税收等办法,引导私人部门投资于经济发展急需和潜在收益率较高的项目。近年来,在市场基本成熟之后,政府又从某些经济领域中退出,实行不干预政策,只对部分主导产业进行扶持,尤其是重点扶持高技术产业的发展。

再次,法律手段的调控。为了保证市场经济的建立、完善和正常运行,必须有一整套相应的法律制度来规范生产者和消费者的市场行为。如以新加坡为例,法律和法令不仅完备而且还根据形势的变化及时加以修订。制定的《企业法》《外国投资法》《金融法》《外贸法》《工业产权与技术转让法》《税法》《会计法》《劳动法》等,内容非常全面,规定十分明确。其他国家也都依照本国实际,制定并颁布了许多法律法令,为市场经济的发展提供了良好的保证。

上述政府对宏观经济积极、有效地调控与干预为东亚经济的腾飞提供了巨大动力和保证,推动了 30 年来东亚经济的迅速增长。可见,政府干预经济对东亚的经济发展功不可没。需要指出的是,政府对经济的干预虽然必要,但必须是积极、有效、适度的干预与调控,而不应该是过度的干预调控,否则会妨碍市场发挥优化资源配置的作用。

第二节 当代世界经济大环境下的国际经济协调

当前,国际经济协调不仅在层次上多样化,而且随着经济全球化的发展,协调的范围也在不断扩大,几乎涉及世界经济的所有领域的各种问题,甚至扩大到社会政治领域,进入了一个全方位的多边协调的新时期。在贸易领域,已从过去的消除关税和非关税壁垒、一般商品进出口贸易问题,扩大到农产品、信息通信服务和知识产权等问题,纳入世界贸易组织全球多边谈判的问题日益增多和复杂化。在国际金融领域,由汇率目标安排、主要国家的金融与利率政策协调,扩大到国际债务危机、国际金融与货币危机的解决。现在的国际经济协调,既有世界经济中的全局性问题,也有区域性问题和专题性问题;既有经常性的经济协调,又有临时性的紧急磋商,充分显示了国际协调的全面性和灵活性。

一、国际经济协调的背景及其理论基础

(一)国际经济协调的含义

国际经济协调是指各个国家或地区的政府或国际经济组织,为了维持世界经济的稳定和发展,在承认各自经济相互依存的前提下,对国际经济活动进行联合干预和调节的政策行为。国际经济协调的范围非常广泛,它既包括全球范围的经济协调,也包括区域经济和多边经济协调;既包括由世界性经济机构进行的国际经济协调,也包括由主要国家和地区进行的国际经济协调。就内容来说,是就汇率政策、贸易政策、货币政策、财政政策等宏观经济政策在有关国家之间展开的磋商与协调。

(二)国际经济协调产生和发展的背景

1. 经济全球化发展促使国际经济协调的产生和发展

战后到20世纪70年代的20余年中,随着世界经济全球化的发展,为稳定国际经济秩序和推动经济增长,国际上建立了一系列超越国家的经济组织,如国际货币基金组织、世界银行、关税与贸易总协定、经济合作与发展组织等,进行各国的经济协调。20世纪80年代中后期以来,世界经济全球化步伐进一步加快,它使国际贸易获得了飞速发展,各国金融市场之间的联系日益密切,以跨国公司为载体的国际化生产全球蔓延,世界经济相互依存的特征日益突出。在这种情况下,任何一个国家或地区的经济波动都有可能在短期内传递到其他国家和地区。与此同时,各国政府制定和实施的宏观经济政策在很大程度上也能相互影响。特别是作为当今世界头号强国的美国,其经济的兴衰及政府的宏观经济决策,更是直接对全球经济及各国政府产生着非同一般的影响。同时,欧洲和日本等其他西方国家以及发展中国家的经济发展和政策导向反过来也会对美国经济运行产生一定程度的影响。经济全球化进程的加快,使得一国的宏观经济政策难以单独发生作用。经济全球化的发展所要求的不仅只是"自由化"和"跨国化",而且特别要求国际经济组织和各国政府在经济干预与协调方面的通力合作。"自由化""全球化"与国际社会和政府的干预与协调相辅相成,后者为前者维护了一个稳健的国际经济环境。

2. 全球性动荡和危机的出现促使国际经济协调的加强和完善

世界经济全球化、一体化的发展使各国之间的经济联系加强,同时使各国经济发展的周期呈现出同步性特征。一国的经济发展不仅取决于国内情况,而且已同世界经济发展密切相连,如一国发生经济危机,往往会波及周边国家和整个世界。如1974年至1975年、1979年至1982年和2007年至2009年三次经济危机,都是在一国发生危机后迅速波及其他国家。在这种情况下,各国只是单独解决国内经济危机很难奏效,由此进一步提出了国际经济协调的必要。1975年11月召开的布朗依埃首脑会议,是协调对付经济危机所取得的突破性进展的标

志,此后每当较大规模经济危机发生后,都会进行国际性协调,共谋解决对策。1997年至1998年亚洲金融危机爆发后,国际经济组织曾进行多边经济协调,提出了一系列解决方案,虽然收到了一定成效,但在全球化信息化发展迅速的当代,现有的协调机制和手段已经显现出其局限性。可见,随着经济全球化趋势的发展,经济和金融的全球性风险加大,风险的对应手段也应有所发展,提出了进一步加强和完善现有协调机制和手段的必要。

3. 世界经济的不平衡发展要求实行国际经济协调

世界经济发展的不平衡性是当代世界经济的一大特征。这种不平衡性既表现为由生产力发展水平的差异而形成的国家经济发展水平的层次性,也表现为同一层次国家经济发展状况的差异性;更表现为各国经济在增长速度上的差异性。第二次世界大战后,尤其是近十几年来,世界经济的不平衡发展加剧,与此相联系的国际竞争也进一步加剧。以美、日、欧三强为例,20世纪70年代中期到80年代末,美国经济地位相对下降,日本经济地位急剧上升,欧洲各国经济地位有升有降。但进入90年代,三强情况发生了较大变化。欧共体经过20世纪90年代初期的动荡和改革之后,在新的基础上得到了进一步发展。日本却在遭受泡沫经济和政局动荡的打击之后,由于深层次的问题进入了近10年的衰退期。与此相反的是,美国经济却在遭受20世纪80年代末的衰退后步入了持续强劲增长期。当今的美国不仅确立了信息技术的基础,占领了知识经济的制高点,而且实现了低失业率和低通货膨胀率的良性循环。世界经济的这种不平衡发展趋势,实际上是西方大国政治经济实力消长变化的集中体现。各国在彼此竞争实力消长变化的过程中始终充满了矛盾和斗争。在美国经济地位下降时,它力图借助其政治和军事上的优势,从日本和欧盟获得经济上的利益,而日本和欧盟在美国强权政治的压力下,又不得不在经济利益上有所牺牲。在美国地位上升,日本地位下降时,日本为了扭转劣势,以外贸出口的扩大抵消内需不足的矛盾,又会频频同美国和欧盟发生摩擦,使得贸易战愈演愈烈。目前美、日、欧三强正在积极地进行各自区域集团的建设,由此各大国之间的竞争会进一步演化为大集团之间的竞争。彼此之间争夺国际市场、投资场所和其他领域的斗争将更加激烈和复杂。这种情况下产生的种种矛盾和斗争,只能通过国际经济协调才能得到解决。

(三)国际经济协调的理论基础

国际经济协调是在资本主义经济动荡不稳、危机不断爆发的背景下盛行起来的,从更深层次来分析,它是战后世界经济相互依存性不断加深的必然产物。西方经济学家对国际经济相互依存问题进行了研究。较权威的要数美国学者理查德·库珀(Richard N.Capper)。他早在20世纪50年代末60年代初,就开始研究欧洲经济的一体化进程,并于1968年发表了专著《相互依存经济学:大西洋共同体的经济政策》。

在当今的世界上,国际贸易获得了飞速的发展,各国金融市场之间的联系日趋密切,而以跨国公司为载体的国际化生产更是在不断扩大,世界经济相互依存的特征日益突出,尽管理论分析表明,各主权国家的政府都能通过国内货币政策和财政政策的调整来实现其内部经济和外部经济的平衡;但使情况变得异常复杂的一个重要原因是:世界经济相互依存关系的不断加深,任何一国或一个地区的经济波动都有可能在短时期内传递到其他国家或地区,甚至酿成世界性危机;与此同时,各国政府制定和实施的宏观经济政策在很大程度上也能相互影响。特别是作为资本主义头号强国的美国,其经济繁荣与萧条更是直接关系到整个世界经济的盛衰;美国政府的宏观经济决策对其他国家有着举足轻重的影响。当然,欧洲和日本等其他西方国家以及发展中国家的政策行为反过来也会对美国的经济运行产生一定程度的影响。世界经济相互依存和各国经济政策产生"溢出效应"的典型事例有：1981年联邦德国政府大幅度地提高利率，增加税收，结果使得西欧各国陷入衰退。又如，美国政府在20世纪80年代初所采取的经济政策导致国内出现高财政赤字、高利率和高汇率并存的现象，而通过汇率等经济机制的作用，这又影响到有关国家的贸易收支和国际资本流动，从而"溢出"到世界各国等。宏观经济政策的国际协调，正是在世界经济一体化进程趋于加快，国与国之间的经济联系日益密切、西方大国经济政策的"溢出效应"明显加大的条件下，开始受到各国政府和经济学家重视的。

如果说国际经济相互依存的理论能说明宏观经济政策协调产生的背景或必要性的话，那么，揭示国际经济协调的结果或可能性的理论则是博弈论。博弈论是由匈牙利的著名数学家约翰·冯·纽曼（John Von Neumann）创立的，这是一种关于博弈的理性行为的理论，主要分析局中人在某种竞争的条件下，"当成果无法由个体完全掌握，结局要视群体共同决策而定时，局中人为了取胜而应采取何种策略"。最初，该理论只是运用于棋类、桥牌和战争中的策略制定和选择。1994年，冯·纽曼又与奥斯卡·摩根斯顿（Oskar Morgenstern）合著《博弈论与经济行为》，开创性地将这一理论运用于经济领域。1994年，美国加州大学伯克莱分校的约翰·豪尔绍尼（John Harsanyi）和美国普林斯顿大学的约翰·纳什（John Nash）及德国波恩大学的莱因哈特·泽尔滕（R. Selten）三位经济学家，因扩展和深化了博弈论在经济行为分析中的运用而获得了当年的诺贝尔经济学奖。

博弈论在经济学中的运用最先集中在微观领域。特别是在有关垄断竞争行为及其影响的分析中，博弈论精辟地推断了在各种行为形式的假设条件下市场趋向均衡的过程，博弈论在微观经济学中的成功应用对宏观控制乃至国际经济协调富有启示意义。我们知道，垄断竞争的重要特征之一，就是市场上存在着少量的参与者，各家厂商的价格和产量决策能相互影响，彼此作用。而在当今的世界经济舞台上也存在着少数几个发达的资本主义大国，它们的对外贸易额、资本流动量及国民生产总值在整个世界经济中所占的比重都很大。不仅如此，这些国家经济的相互依存性及政府宏观决策的彼此作用也非常引人注目。

一般来说，每个国家都有一个包括就业、产出和物价水平的社会经济福利函数，而政府管理经济的目标，就是要恰当地选择特定政策工具并确定其量值，以使社会经济福利极大化；或者说，使各种损失的组合极小化。然而，在世界经济相互依存性不断加深的情况下，一国的政策行为会影响到别国的社会福利函数。这样一来，各国的宏观经济政策制定或选择过程就好似一局博弈。博弈论所揭示的，就是局中人在各种状态下，如何做出决策来尽可能地使自身利益或结盟整体的利益达到最大化。

西方经济学家中最先尝试着将博弈论引入宏观决策分析和国际经济协调理论之中的要数施西托夫斯基（Scitovsky）和哈里·约翰逊（Harry Johnson），他们于1942年、1953年分别撰写的有关贸易关税与报复的文章，就是较早从博弈论的角度对国际贸易冲突进行的一种探索性分析，而里查德·库珀在其1968年发表的专著中也对欧共体的经济政策协调作了策略性分析。20世纪70年代末，日本经济学家滨田宏一（Koichi Hmnada），在其所著《国际货币相互依存性的政治经济学》对货币领域的国际协调（特别是对国际货币体制的选择）进行了策略分析，他还设计出一般均衡的动态模型，演绎了各国的宏观经济决策当局在三种不同行为形式的假设条件下，国际经济达到均衡的过程，并比较了三者的国民福利结果。

当然，博弈论在宏观经济分析中的应用并不意味着它能够直接消除或解决国际经济交往中所产生的各种矛盾或利害纷争，也不意味着它能帮助各国形成一个最优的经济发展战略；但

是,它确实有助于人们理解国际经济相互依存的条件下各种利益冲突局面所包括的利弊得失结构,并能为各国之间的宏观经济政策协调设计一个更好的博弈规则,提供坚实的理论依据。

全球治理理论是顺应世界多极化趋势而提出的旨在对全球政治事务进行共同管理的理论。该理论最初由社会党国际前主席、国际发展委员会主席勃兰特于 1990 年在德国提出。1992 年,28 位国际知名人士发起成立了"全球治理委员会"(Commission on Global Governance),并由卡尔松和兰法尔任主席,该委员会于 1995 年发表了《天涯成比邻》(Our Global Neighbourhood)的研究报告,较为系统地阐述了全球治理的概念、价值以及全球治理同全球安全、经济全球化、改革联合国和加强全世界法治的关系。

根据"全球治理委员会"的定义:治理是个人和制度、公共和私营部门管理其共同事务的各种方法的综合。它是一个持续的过程,其中,冲突或多元利益能够相互调适并能采取合作行动,它既包括正式的制度安排也包括非正式的制度安排。由此可见,全球治理的基本特征包括:一是全球治理的实质是以全球治理机制为基础,而不是以正式的政府权威为基础;二是全球治理存在一个由不同层次的行为体和运动构成的复杂结构,强调行为者的多元化和多样性;三是全球治理的方式是参与、谈判和协调,强调程序的基本原则与实质的基本原则同等重要;四是全球治理与全球秩序之间存在着紧密的联系,全球秩序包含那些世界政治不同发展阶段中的常规化安排,其中一些安排是基础性的,而另一些则是程序化的。

虽然全球治理的理论还不十分成熟,尤其是在一些重大问题上还存在着很大的争议,但这一理论无论在实践上还是在理论上都具有十分积极的意义。就实践而言,随着全球化进程的日益深入,各国的国家主权事实上已经受到不同程度的削弱,而人类所面临的经济、政治、生态等问题则越来越具有全球性,需要国际社会的共同努力。全球治理顺应了这一世界历史发展的内在要求,有利于在全球化时代确立新的国际政治秩序。就理论而言,它打破了社会科学中长期存在的两分法传统思维方式,即市场与计划、公共部门与私人部门、政治国家与公民社会、民族国家与国际社会等,它把有效的管理看作是两者的合作过程;它力图发展起一套管理国内和国际公共事务的新规制和新机制;它强调管理就是合作;它认为政府不是合法权力的唯一源泉,公民社会也同样是合法权力的来源;它把治理看作是当代民主的一种新的现实形式等,所有这些都为推动政治学和国际政治学的理论发展起到了非常重要的作用。

二、国际经济协调的组织形式和主要内容

(一)当代主要的国际经济协调组织形式

当前的国际经济协调是以世界经济多极化为基础,以西方大国为主的多层次全方位的多边国际经济政策协调,是具有多种形式和相当规模的协调体系的宏观经济协调。在这个体系中,既有国际机构性协调,又有区域性经济集团之间的协调和政府之间的协调;既有定期举行的经常性协调,又有临时性协调。其基本形式具体如下。

1. 全球性多边协调

主要包括国际货币基金组织、世界银行、关贸总协定或世界贸易组织、联合国贸易与发展会议等。

(1)国际货币基金组织,是根据 1944 年 7 月 44 个国家在美国的新罕布什尔州布雷顿森林镇达成的《国际货币基金协定》于 1946 年 3 月正式成立,负责货币金融事务的国际性协调机构。到 1997 年底,基金组织成员国已达 184 个国家和地区,中国是国际货币基金组织的创始

国之一,合法席位于 1980 年 4 月 18 日恢复。其主要职能为:制定成员国的汇率政策,与经常项目有关的支付以及货币的兑换性问题确立行为准则,并实施监督;向国际收支发生困难的成员国提供必要的资金融通,使其遵守上述准则;向成员国提供国际货币合作与磋商的场所。

(2)世界银行,是由国际复兴开发银行、国际开发协会和国际金融公司组成的集团,主要担负为成员国领土复兴开发,尤其是发展中国家经济发展和私营经济生产发展提供资金帮助的职能。由于受援对象往往是缺乏国际市场正常筹款能力而又极度缺乏资金的落后国家,因而提供的资金往往是非原则性的,一般具有贷款利率低、还贷周期长的特征,有的甚至是无偿增款或无息贷款。

(3)关贸总协定或世界贸易组织。当前世界贸易组织已经取代关贸总协定,成为当今国际经济多边协调的重要组织形式。它管辖、规范着 149 个成员的贸易与投资,对调控世界贸易、协调国际经济关系,促进国际经济合作进而加速经济全球化,起到了极其重要的作用。

(4)联合国贸易与发展会议,简称贸发会议,创始于 1964 年,是联合国大会的一个独立机构。其主要职能是调节国际贸易中的不平衡状况,解决初级产品与制成品贸易价格中的巨大差距,促进普惠制,为发展中国家产品在发达国家市场中创造较优惠的贸易条件。

2. 在领导人会晤机制下的定期经济协调

近年来,以美、日、欧为核心的"西方七国首脑会议"为主体的大国协调有进一步加强的趋势,它们在当今世界经济的许多重大问题上发挥着越来越多的协调作用。

(1)西方八国首脑会议。西方七国集团自建立至今已近 40 年,已经举行过近 30 多次首脑会议。最初为英、法、日、美、联邦德国五国会议,后来加拿大和意大利加入成为七国。1998 年俄罗斯正式加入形成八国集团。首脑会议之外,具体工作一般由七国财长和中央银行行长会议落实和解决。西方七国财长会议每年讲座的议题日益广泛,如减少失业问题、抑制通货膨胀和削减财政赤字问题,平息国际货币金融动荡和环境保护问题,与全球经济接轨问题等。近几年来,七国政府首脑会议的政治色彩愈益浓厚,特别是 1992 年 6 月在美国丹佛举行的会议,几乎涉及当今世界面临的所有问题。

(2)G20 峰会。二十国集团(G20)是一个国际经济合作论坛,于 1999 年 9 月 25 日由八国集团(G8)的财长在华盛顿宣布成立,属于布雷顿森林体系框架内非正式对话的一种机制,二十国集团由美国、英国、日本、法国、德国、加拿大、意大利、俄罗斯、澳大利亚、中国、巴西、阿根廷、墨西哥、韩国、印度尼西亚、印度、沙特阿拉伯、南非、土耳其共 19 个国家以及欧盟组成。这些国家的国民生产总值约占全世界的 90%,人口则将近世界总人口的 2/3。该组织的宗旨是为推动已工业化的发达国家和新兴市场国家之间就实质性问题进行开放及有建设性的讨论和研究,以寻求合作并促进国际金融稳定和经济的持续增长,按照以往惯例,国际货币基金组织与世界银行列席该组织的会议。20 国集团成员涵盖面广、代表性强,该集团的 GDP 占全球经济的 90%,贸易额占全球的 80%,因此已取代 G8 成为全球经济合作的主要论坛。

3. 区域集团之间的经济协调

基于一定的地缘经济范围,有比较明确的组织范围限制,呈现出某种对区域外国家排斥为特征的区域性国际经济组织,近几年进入快速发展阶段,并成为国际经济多边协调的重要组织形式。1996 年 4 月启动的欧盟和东亚国家定期举行的亚欧会议,北美自由贸易区、澳大利亚和新西兰经济自由贸易区、东南亚自由贸易区参加的亚太经济合作组织所召开的各次会议,标

志着地区性国际经济组织之间的协调与合作有了新的进展。尤其是北美、欧洲、亚洲三大经济中心的形成和三足鼎立的格局,不仅加剧了大国之间的竞争,而且使国际经济协调呈现出新的特征并进入新的阶段。

(二)国际经济协调的主要内容

1. 贸易政策的国际协调

贸易政策的国际协调可以分为全球范围内贸易政策的协调和主要大国为核心的国际贸易政策的协调。全球范围内贸易政策的协调主要表现为在关贸总协定法律框架下所举行的各多边贸易的谈判。主要发达国家之间贸易政策的协调近年中也一直是国际贸易领域中的热点。如20世纪80年代初,美元急剧升值,进口大增而出口下降,美国陷入了高汇率、高利率、高财政赤字、高外债及高额贸易逆差的困境。而日本、联邦德国及西欧一些国家则对美国大量出口,积累了高额顺差。尤其日本1987年顺差高达800亿美元,其中对美顺差高达500亿美元,占了美国贸易逆差的1/3。西欧等特别是原联邦德国对美顺差也达数百亿美元。由此美国、日本和西欧的贸易摩擦加剧。为缓解矛盾,推动国际贸易的发展,西方首脑会议多次将此列入议题,多次论述了美国贸易逆差以及美国与日本的贸易摩擦与冲突,要求日本开放市场,扩大内需,同时要求美国减少财政赤字。大国间的国际经济协调取得了一定成果,使激化的矛盾得以缓解,并在一定程度上促进了国际经济的稳定发展。

2. 汇率政策的国际协调

自1973年固定汇率制被浮动汇率制取代以来,西方各主要国家的货币汇率波动加剧,对世界经济造成很大冲击。于是西方国家加强了汇率政策的协调。1975年,在法国朗布依埃举行的首次西方七国首脑会议上,美、法两国达成一致意见,表示在浮动汇率制度下,两国中央银行通过经常性磋商,积极干预外汇市场以稳定汇率。但这只是双方意义上的政策协调,且没有更多地体现在实践中。西方国家通过对外汇市场进行大规模联合干预的办法实施的对汇率的控制是在20世纪80年代中期之后。第一次成功的协调即为著名的"广场会议"。20世纪80年代初美元急剧升值,1979年至1985年初,美元对马克升值83%,对法郎升值141%,对英镑升值97%。由于美元升值,西欧、日本等国的资金大量流入美国。造成的后果是,美国出口受阻,逆差大增,外债扶摇直上,成为净债务国,西欧、日本也因资金大量流出导致国内资金短缺,利率升高,影响投资和消费需求的扩大,并进而影响经济发展。为此1985年广场会议达成协议,由各有关国家抛出美元,购进本国货币。经过多次"软着陆",1986年7月与1985年9月相比,美元对日元的比价由1:240降至1:154。这是汇率的首次国际性协调,也是在短期内获得成功的国际性政策协调。此后,在1985年上半年,美元汇率发生急剧动荡,美元对日元的比价由年初的1:100.67跌至4月19日的1:79.75,创下了第二次世界大战以来美元对日元汇率的最低点。下半年西方主要大国调整了货币政策,七国首脑会议一致同意采取措施使美元汇率有序回升。8月15日日本中央银行率先在东京外汇市场抛售日元购入美元,此后,美国联邦储备委员会也在纽约外汇市场上进行积极干预,政策协调获得成功,美元对日元汇率一路上扬,创下了26个月来的最高点。2001年美国经济衰退,当年美元逆势走强。2002年至今,美国政府利用贸易逆差,顺势推低美元,实施弱势美元政策,意在通过美元贬值,让世界承担其财政和经常项目赤字的"双赤字"的风险。

3. 利率政策的国际协调

西方国家的利率协调主要是通过七国财长会议进行协商,确定政策方向,通过国内政策加以实施。20 世纪 70 年代末 80 年代初,为了抑制过高的通货膨胀率,以美国为首的西方国家大都推行了较为严厉的财政金融政策,国际利率扶摇直上。高利率对抑制通货膨胀虽然起了重要作用,但也促进了 80 年代初西方的经济衰退。在 1981 年渥太华会议上,西欧国家批评了美国的高利率政策,但美国没有对利率进行调整。1982 年西方经济衰退严重,凡尔赛会议要求会议各国降低利率,促使经济回升。在与会各国联合干预下,官方利率和金融市场利率均有了较大幅度的降低。西方首脑会议促使利率下降的联合干预已取得了明显的成效。在此之后,利率政策作为各国经济协调的工具被随时应用于控制通货膨胀、刺激经济回升。如西方各主要发达国家面对 20 世纪 90 年代初出现的经济衰退和 1997 年至 1998 年亚洲金融危机后全球性经济萧条,纷纷放松银根,降低利率,促进了经济的回升。

4. 能源政策的协调

20 世纪 70 年代西方经济遭受了石油价格暴涨、能源危机的重大冲击,导致一些国家通货膨胀率大幅上升,并提前诱发了全球性经济危机。在美国的积极推动下,发达国家有关组织决定成立有 19 个成员国参加的"国际能源机构",由该机构协调成员国的能源政策,制定和监督执行解决措施。同时,在 20 世纪 70 年代后期举行的几次西方七国首脑会议,几乎每次都将世界石油价格作为议题之一。1979 年第二次石油价格暴涨后,在日本东京举行了专就能源问题进行磋商与协调的第五次首脑会议,会上集中讨论了世界石油价格及能源替代品生产的政策协调问题。此后又曾多次进行七国首脑级的能源政策协调。使紧张的危机局面得以缓解。20 世纪 90 年代末,国际石油价格暴跌到 10 美元以下,这对遭受了亚洲金融危机打击后已陷入萧条的世界经济无疑更是雪上加霜。此后,有关经济组织再度进行政策协调,不仅扭转了石油价格直线下滑的局面,而且出现石油价格明显回升,成为国际经济发展触底回升、摆脱萧条的一个信号。自 2004 年起,国际油价一路飙升,10 月份达到 54 美元 1 桶的年度最高价,2005 年 8 月进一步蹿升至 70 美元 1 桶的历史最高价。高油价使消费需求趋软,全球经济增长放缓,同时油价上涨使消费者收紧其他消费支出,并使通胀压力上升。由此,也为国际社会提出了严峻的国际协调任务。

5. 发展中国家债务危机的国际协调

1982 年发展中国家爆发了严重的债务危机,不但给债务国造成很大的经济困难,也给债权国的资金周转造成阻力。为此,国际性机构和西方发达国家进行了三个阶段的协调。第一阶段(1982 年至 1985 年)国际货币基金组织提供了 37 亿美元的贷款援助计划,但要求债务国实行经济紧缩政策,结果导致整个拉美地区经济急剧恶化,大多数国家在 1982 年和 1983 年经济停滞或负增长。第二阶段(1985 年至 1988 年)的"贝克计划"决定 1986 年至 1988 年官方提供 90 亿美元贷款,商业银行提供 60 亿美元~70 亿美元新贷款;实施债务资本化计划,即债权银行按官方汇率将全部债务折合成债务国货币,购买债务国的股票或直接投资;债务国以回扣的办法,即债务国以一定现金折扣购回所欠债务等。由于该计划会加重债务国经济增长后的还债负担,对债务减免的实际帮助不大,且又缺少具体可行的措施,因而成效甚微。第三阶段(1989 年)公布的"布雷迪计划"是一个减债方案。该方案要求国际商业银行以一定的折扣率购买新债券或作为对债务国的直接投资,即通常所谓的债务证券化或债务资本化,使债务国所欠债务总额有所减少;或通过降低利率或提供新贷款的办法,使还本付息负担有所减轻。同时还要求国际货币基金组织和世界银行提供 200 亿~250 亿美元,要求日本政府提供 100 亿美元的资金支持。由于该计划以缓解和部分减免中等收入重债务国欠国际私人商业银行巨额债

务为主要目标,拉美债务国绝大部分债务又属于此类债务,因而受到许多拉美债务国的欢迎。经过协调,到 20 世纪 80 年代末 90 年代初,部分拉美国家的债务有所下降,债务形势有所缓和,经济开始出现转机。

6. 国际金融领域成为当今国际经济多边协调的焦点

布雷顿森林体系瓦解后,由固定汇率制变成管理浮动汇率制,伴随着世界经济贸易发展的不平衡和各国争夺市场斗争的日趋激烈,汇率的波动更加频繁,各发达国家围绕货币升值与贬值的斗争也时起时伏,以致引起金融市场动荡,进而对世界经济发展产生不良影响,因此,稳定货币汇率和国际金融秩序成为各国普遍关注和各国联合干预的重要内容之一。到 20 世纪 80 年代中后期,这种多边国际货币协调体系进一步加强,1985 年 9 月西方五国财长会议通过的广场协议,就联合干预外汇市场取得一致意见;以后西方五国或七国多次联合干预国际外汇市场,并取得一定的效果;美国和日本等发达国家为挽救墨西哥金融危机和 1997 年发生的东南亚金融危机以及 2002 年阿根廷发生的金融危机,都被认为是西方发达国家和国际金融机构加强多边经济协调的重要体现,特别是 1997 年爆发的东南亚金融危机,来势凶猛,持续时间长,波及范围广,影响深远,面对这种状况,国际货币基金组织和各国政府曾多次磋商,分析形势,研究对策,提出了为泰国、印尼和韩国提供 570 亿美元的一揽子救助计划,终于在多方联合协调干预下,使这次金融风暴得以缓和下来。不过这次基金组织在向救助国提供巨额贷款的同时,还要求使用这笔资金的国家以整顿本国金融机构、开放金融市场、减少政府干预、加速本国的结构调整作为受援条件,特别是对使用这笔资金最多的韩国所规定的条件更为苛刻,作为提供近 400 亿美元的一揽子援助的交换条件,国际货币基金组织为韩国开出的一剂苦药,包括大幅度减缓经济增长、提高税收和削减开支等紧缩措施。韩国为了尽快摆脱困境,防止危机进一步扩大,也只好吞下这个苦果。

总之,伴随着世界经济相互依存性的日益加强,国际经济协调的主张和实践越来越多地受到了西方各国宏观决策者的重视。因为政策协调能够在一定程度上、在一定时期内、在一定领域中使经济运行中的内在矛盾得以缓解和调和。各国政府发现,通过协调与合作来制定和实施有关经济政策要比各自为政、彼此独立地进行经济调控更能取得好的政策效果。但是,在世界经济格局中处于主导地位的西方大国,它们一直不愿放弃在处理国际事务中的特殊地位,因此协调的内容常常受它们的左右,所产生的协调效果带有很大的局限性。

三、国际经济协调的作用和发展趋向

(一)国际经济协调的作用

国际经济协调作为稳定国际经济秩序并推动世界经济发展的机制,一直在发挥着积极的作用。但它又有其局限性和一定的消极作用,需要不断地加以改进和完善。国际经济协调的积极作用主要表现在以下几个方面。

1. 减轻了各种危机对世界经济的冲击

战后以来的全球经济,面对着各种危机的冲击,除全局性的周期性经济危机之外,还有石油危机、债务危机、货币金融危机等局部性危机。这些危机都会对世界经济的发展造成不同程度的消极影响。但是,由于国际经济的协调,使其消极影响大为减轻。以周期性经济危机的作用程度为例,战前的危机如 1929 年至 1933 年的大危机,程度深、波及面广、持续时间长世人皆知。战后发生的历次危机,即使被世人认为最为严重的危机,同战前的危机相比,对经济的打击程度也要轻得多。出现这种情况的原因显然同各国政府的宏观调控以及国际宏观经济的政策协调密切相关。

2. 缓解了各国经济之间的矛盾和冲突

在世界经济全球化发展的条件下,各国经济的开放度加大,彼此面对的是由市场法则支配的激烈竞争。同时,现行国际货币体系下的浮动汇率制以及国际储备多元化的现实,又使各国的利率、汇率、股价以及世界主要商品市场行情等出现大幅度波动。因此,各国之间的矛盾和冲突必然会经常发生。通过国际经济的协调有利于减弱外汇市场、股票市场以及商品市场等各类市场震荡幅度,缓解和在一定程度上消除由此带来的各不同利益主体的矛盾。如在国际商品市场上,美国一直是巨额逆差,为减少逆差曾多次迫使日本欧盟等进行双边和多边谈判,并就宏观财政、货币政策、国际贸易政策进行协调。多次协调虽然并不能彻底解决矛盾,但毕竟通过讨价还价的协商,使其利害冲突得以缓解,从而有利于国际经济的较为稳定运行。

3. 促进了国际贸易的发展和资本的流动

国际性协调机构即国际经济组织的建立和运行对国际贸易的迅速发展和国际资本流速的加快起着极大的推动作用。这一点可以通过战后半个世纪世界贸易组织的实践得到证明。世界贸易组织的八轮谈判、国际货币基金组织在取消外汇管制、调节外汇供求和平衡国际收支方面对国际金融资本市场作出的贡献,尤其是当国际经济运行中出现严重失衡状态时,国际经济组织以及一些国际性调节机构相应措施的推出都可以看出国际经济协调对国际贸易和国际资本流动不可缺少的作用。如20世纪80年代初由墨西哥引发的发展中国家出现的债务危机。针对危机严重影响世界经济发展的问题,国际货币基金组织多次进行磋商,采取相应措施,先是要求发展中国家实行经济调整,着重紧缩经济,接着设立"结构调整贷款"基金,促进发展中国家增加投资,扩大供给,推动经济增长。随着发展中国家经济条件的改善,到20世纪80年代末,其国际收支严重失衡问题得到缓解。

4. 帮助了发展中国家克服困难

在经济全球化发展的条件下,各国之间的联系愈益密切,不仅发达国家的经济发展影响着发展中国家,而且发展中国家的经济发展也同样会影响发达国家。为减轻发展中国家出现问题对发达国家经济的负面影响,国际经济组织在向发展中国家提供支持方面做了不少有益的工作,主要表现在以下两个方面。首先,提供贷款帮助。贷款的发放集中于发展中国家和正在向市场经济过渡的国家。近20年来,已经停止了向发达国家提供资金支持。发达国家的资金应通过国际金融市场自行筹集,或可通过区域经济组织如欧盟得到资金帮助。其次,提供危机时的应急援助。当发展中国家出现危机时,如20世纪70年代的石油危机,80年代的债务危机,90年代的金融危机,国际经济组织都积极进行了干预和协调,提出了各种解决方案,并提供大力度的资金支持。以1995年墨西哥金融危机为例,危机爆发后,墨西哥政府曾采取了紧急对策,但并未奏效,为防止形势进一步恶化。阻止危机进一步向全球蔓延和对金融市场造成巨大动荡,国际社会向墨西哥提供了500亿美元的资金援助,与此同时还推出了应对危机阻止扩散的一揽子国际协调方案,为缓解危机,阻止危机的深化和蔓延发挥了重要的作用。

5. 抑制了通货膨胀的发展

进入20世纪70年代,西方国家在经历了1973年至1975年战后最严重的经济危机和第一次石油危机的打击之后,普遍陷入了"滞胀"的困境。面对这一普遍性问题,西方七国首脑会议和国际货币基金组织多次举行会议,将抑制通货膨胀作为最重要的协调内容,要求西方发达

国家共同实施紧缩性政策,控制货币供应量,提高贴现率,削减财政开支。由于协调一致的行动,到 20 世纪 80 年代初,终于使长达 10 年之久的高通货膨胀得到了抑制。此后在 80 年代中后期的较长时间里,西方发达国家也都通过政策的协调较好地解决了抑制通货膨胀和维持经济增长的关系。与此同时,国际货币基金组织还对发展中国家实施紧缩政策抑制通货膨胀提出了要求,经过 80 年代至 90 年代持续不断的努力,加上发达国家出现的低通货膨胀的有利形势,近年来发展中国家的通货膨胀率也出现了逐年下降的趋势。可见,正是由于国际经济组织的长期努力和各国经济的宏观政策协调,才使通货膨胀的抑制明显见效。

国际经济协调为推动世界经济发展发挥了积极的作用,使原有的甚至是已激化了的矛盾得到缓解,促进了国际经济形势的稳定与繁荣。但是这些矛盾和分歧并不会因为各国的协调而彻底消除,国际经济组织由于各种条件的限制也不可避免地使其协调具有局限性。如由于国际经济组织的权力大都被具有雄厚经济实力、在世界经济中占有绝对份额的发达国家控制,所以国际经济协调多从发达国家的利益出发,而较少考虑到协调对发展中国家带来的不良后果。往往只是当发展中国家的问题影响到发达国家的总体利益时,才将此问题列入议事日程。如 20 世纪 80 年代初西方国家为防止通货膨胀恶化,迅速提高了西方国家的利率,结果使得发展中国家债务的还本付息负担加重,引发了 80 年代的严重债务危机,再如,国际经济组织的协调由于缺乏完善的监督机制,往往是在问题或危机发生后扮演“消防队”角色,起着“灭火员”作用,而不能防患于未然。以 20 世纪末的亚洲金融危机为例,危机爆发前,其受灾国家几乎没有一点动静。但观察分析其经济运行状况却蕴含着一触即发的各种矛盾。泰国的国内清偿能力及通货膨胀的增长速度已经超过了泰铢与其他货币挂钩的国家;韩国的巨额对外债务以及与此形成鲜明对照的少得可怜的外汇储备,加上构成韩国微观基础的 30 个大的企业集团的高负债,使建立其上的高增长的泡沫一吹即破……种种不平衡现象和失误政策的存在、发展和蔓延有目共睹,但国际经济组织并未及时发出警告,并未在危机酝酿期间及时敲响警钟。此外,近年来国际经济协调还使本应是国际经济领域的宏观经济政策调控越来越多地掺杂了政治色彩,这不仅冲淡了对重大经济问题的解决,而且使协调的问题复杂化和困难化,加剧了各国之间的分歧和矛盾。

(二)国际经济协调的发展趋向

21 世纪国际经济协调不仅不会减弱,相反,将进一步向深度和广度发展。这是因为:原因和条件不仅存在,而且会进一步强化。世界经济在信息技术革命的推动下会加速全球化的步伐,加深各国在生产、贸易、金融领域的相互依存与联系,从而强化对各国经济的协调干预;世界经济的动荡、冲突和失衡不仅仍将存在,甚至还会有所发展,这仍是加强国际经济宏观协调的动力;区域集团化将进一步发展,世界经济政治发展的不平衡规律作用会使各经济主体彼此实力的较量和争夺国际市场的投资场所的竞争更为激烈,通过国际经济协调谋求矛盾的解决,仍是必然的选择。在加大协调力度的要求下,21 世纪国际经济协调将呈现如下发展趋向。

1. 国际经济协调的组织机构在数量和规模上会呈现较大发展

随着国际分工的细化,国际相互依存关系的日益密切,更多的领域需要进行国际经济协调。在这种情况下,国际经济组织就会在原来的基础上出现细化的趋势,或者在新的领域中组建新的国际经济组织。国际经济组织活动范围的拓宽不仅限于数量和领域的增加,而且还会因为成员国的增加而使得活动空间和规模不断扩展。以世界贸易组织为例,目前 160 个成员加上积极申请加入的国家和地区,其贸易总额已经占有了全球贸易 95% 的份额;而且,随着世界贸易组织的发展,对全球贸易的协调范围还将进一步得到扩展。

2. 各个国际经济组织间的彼此协调功能和权威性会进一步得到加强

由于国际经济组织数量的增加及其在全球经济各领域活动范围的拓展,各个国际经济组织之间的彼此协调功能将日益加强。目前这一趋向已经可以从有关组织的规章中得到显现。如《关贸总协定》已经将与各个相关国际经济组织的关系协调写进了总协定条款。总协定第十五条具体规定了与国际货币基金组织的关系,提出总协定缔约方应该谋求同国际货币基金组织的合作,明确规定缔约方在发生因国际收支问题引起的贸易纠纷时,总协定的裁决将以国际货币基金组织对国际储备的调查结果为依据。总协定还在第二十四条中具体规定了与各区域经济一体化组织之间的关系。在具体运作中,各国际经济组织之间的信息交流、专家合作、联合行动更趋频繁。可以预见,未来国际经济组织之间的协调将同国家之间谋求协调一样,会成为一种必然的潮流,在此基础上的国际经济组织协调作用上的权威性,也会得到进一步加强,并且占有更大的优势。总之,21世纪中国际经济的协调在坚持公正、公平原则的基础上会有助于各种危机和经济失衡的减少,从而对经济全球化的进一步发展和世界经济的稳定增长起到积极的促进作用。

第三节　面对国内和国际形势的中国宏观经济调控

一、中国宏观经济调控的方式和主要政策手段

(一)中国宏观经济调控的目标和方式

中国作为迈向市场经济的发展中国家,尤其是属于"赶超型"发展中大国,面对21世纪世界经济全球化和各国宏观调控力度加大的趋势,实行宏观调控的目标和内容更为广泛,既要保持总量的稳定,实现总供给与总需求的平衡,又要促进经济的较快增长,同时还要将长期的结构调整放在重要位置上,保持国民经济的持续、快速、稳定发展。

政府对国民经济的调节方式,有直接的和间接的宏观调控两种。在计划经济条件下,政府宏观调控采用直接调控的方式,通过指令性计划,运用行政手段来干预经济。实践证明,这种直接调控方式根本不能适应现代经济发展需要。在社会主义市场经济条件下,政府的宏观调控开始向间接调控为主转变。政府通过经济杠杆和正确的经济政策,对反映市场运行的经济指数及其变量参数进行调节和控制,通过法律与必要的行政手段,保护竞争,反对垄断,反对不正常的竞争行为,使经济运行处于政府的预期范围之内。间接调控的重点是协调社会总供给与总需求的矛盾。社会总供给与总需求能否保持平衡,对于国民经济的平衡具有头等重要的意义。宏观调控的任务就是努力保持总供需的大致平衡,从而使国民经济持续、稳定、协调发展。政府对宏观经济调控的政策手段主要是指通过制定和实施财政政策、货币政策、产业政策等实现对市场的宏观调控。

(二)中国政府在当前国际金融危机下宏观经济政策的运用

2007年末,美国次贷危机骤然爆发,而且愈演愈烈,从虚拟经济蔓延到实体经济,逐渐升级和演变为一场全球性金融危机。无论从波及的范围,还是其对各国经济的破坏力来讲,这场危机都是空前的,随着金融危机从虚拟经济向实体经济、从外向型产业向其他产业的传导,中国经济增长速度明显放缓,我们面对进入新世纪以来前所未有的困难,表现在:第一,影响了中

国的外贸出口。中国对外贸易近年来一直保持着较高的增长率,但在金融危机的影响下,东南沿海地区一些外向型程度高、对欧美市场依赖程度高的出口加工型企业出现破产倒闭高潮。第二,影响了中国企业引进外资。金融危机对工业项目招商引资和企业投资产生普遍影响,投资者缺乏信心,致使引进资金、技术等借助外力的发展受到限制,从而直接影响未来工业引进外资增资的能力。第三,降低了人们的普遍消费意愿。由于企业效益下滑,家庭收入降低,使得消费者在汽车、房地产和其他耐用大件消费品上保持谨慎与观望态度。对日常消费品和奢侈品的消费意愿降低,除日常用品外,都保持最低的消费开支。

　　面对危机,中国政府科学判断形势,果断出台战胜这场困难的一揽子方针,包括保增长、扩内需、调结构、惠民生,坚持实行积极的财政政策和适度宽松的货币政策。如:国家4万亿投资、信贷规模超预期、十大产业振兴规划以及区域经济政策等系列政策,使中国较快扭转了经济增速明显下滑的局面,企业利润由降转升,居民收入稳定增长,通缩阴影逐渐消退,在金融危机中率先实现经济企稳回升,V形反转,2010年经济保持了10.4％的增长。总结中国实施的一揽子保增长的政策及效果,主要表现在以下几个方面。

1. 通过鼓励国有企业投资保投资高增长

　　很显然在外需极端不景气的情况下,保增长主要是保投资增长,国家4万亿投资计划、十大产业振兴规划以及地方刺激增长的政策主要集中在扩大投资上。2010年一季度社会固定资产投资同比增长28.8％,比上年同期提高4.2个百分点,比2008年四季度加快6.3个百分点,之后两个季度继续强劲回升,1~2季度、1~3季度分别增长33.5％和33.4％,2009年投资增长超过30.1％,超过了上轮经济繁荣期的高点。推动投资高增长的主要原因是政策对国有企业的超强刺激。国有及国有控股企业投资(城镇固定资产投资口径)一季度增长37.7％,1~2季度上升到41.4％,1~3季度为38.8％。1~11月累计国有及国有控股企业投资增长37.8％,比上年同期提高16.2个百分点,对投资的贡献率高达49.2％,比上年同期提高14.1个百分点。所以,从投资上讲确实出现了"国进民退"问题,应引起重视。2014年我国政府继续深化国有企业改革,推进价格改革,完善能源产品、药品和医疗服务价格形成机制,从而拓展新的增长领域。

2. 通过持续达半年多的极度宽松的货币政策保"房市"

　　2009年中国房价出现戏剧性的变化,由年初房地产的低迷、悲观转化为三四月份的"小阳春",再由"小阳春"转化为"大炎夏"。支撑房地产市场需求大幅回升及房价不断攀升的原因只有一个,那就是国家采取持续达半年以上的极为宽松的货币政策,特别是信贷前所未有的扩张对房市的反转性变化起着关键性作用。上半年新增信贷达7.4万亿元,比2008年同期增长2.02倍,全年新增信贷9.2万亿元,相当于过去三四年的新增量,其中只有较少部分转化为GDP增量,很大部分却变成投机性资金流入房市。一方面推动住房销售额增长大幅回升,另一方面推动房价大幅攀升。2008年商品住宅销售面积同比下降20.3％。2009年一季度受信贷宽松政策的刺激,增长迅速转正,增幅为8.7％,之后逐月逐季强劲回升,1~6月累计增长33.4％,1~9月累计增长46.4％,1~11月累计增长54.4％。与此同时,房价的增幅超过了2007年最繁荣时期,许多大城市全年房价增幅超过了50％。房市的"价量齐升"既带动了房地产投资的大幅回升,也带动了相关产业,如钢材、水泥、建材投资需求和消费需求的大幅增长。保增长在很大程度就是保房市,房市的反转成为保增长的关键一环。

　　2014年我国房地产市场步入调整期,各地商品住宅库存量高企,对市场预期的转变进一步影响了整体新开工节奏,房地产投资增速明显下滑。在此背景下,中央政策以"稳"为主,更关注民生保障和顶层制度设计,并通过货币政策调整、户籍改革、棚户区改造等长效机制保障合理购房需求;各地方政府则灵活调整,限购、限贷手段逐步退出,行政干预趋弱,并通过信贷公积金、财政补贴多轮政策调整刺激住房需求,加快库存去化,稳定住房消费,保持经济增长。

3. 通过大规模的财政补贴刺激家电和汽车两大主要消费市场

2009 年社会消费品零售总额同比增长 15.5％,扣除价格因素实际增长 16.9％,比上年同期提高 2.1 个百分点。其中国家通过财政补贴鼓励家电、汽车下乡及降低汽车消费税等发挥了重要作用。1～11 月在限额以上批发和零售业中,汽车类增长 61.5％,家用电器和音像器材类增长 24.9％。全年新增汽车消费量超过 350 万辆,增长在 35％以上,这对 2009 年保增长的作用也相当明显。

这次中国经济的快速复苏主要显示的是政府强力干预的效应。内在的增长复苏需要市场力量的有力支撑,而目前市场性增长仍处于弱势,缺乏强劲复苏的基础。这表现在以下方面:①出口需求萎缩过大,恢复到正常增长水平仍需要一定的时间;②民间投资和外商投资相对低迷;③受就业压力大、居民收入差距过大、政策效应递减等因素影响,消费高增长难以持续。此外,中国经济还面临很多问题,如:产能过剩问题将加剧,影响宏观经济及微观经济效益;城市化严重滞后,产业综合竞争力严重偏低,收入分配结构不合理等结构性矛盾继续累积将严重影响下一轮经济增长;资产泡沫化的风险在加大;国际贸易摩擦可能进入集中爆发期,对中国贸易复苏将形成较大压力。面对国内国际复杂的经济形势,中国政府应加快转变经济发展方式,调整优化经济结构,大力推动经济进入创新驱动、内生增长的发展轨道。具体讲:①提高宏观调控水平,保持经济平稳较快发展。要继续实施积极的财政政策;继续实施适度宽松的货币政策;积极扩大居民消费需求;着力优化投资结构。②加快转变经济发展方式,调整优化经济结构;继续推进重点产业调整振兴;大力培育战略性新兴产业;进一步促进中小企业发展;加快发展服务业;打好节能减排攻坚战和持久战;推进区域经济协调发展。③加大统筹城乡发展力度,强化农业农村发展基础;促进农业稳定发展和农民持续增收;加强农业基础设施建设;深化农村改革;统筹推进城镇化和新农村建设。④全面实施科教兴国战略和人才强国战略。优先发展教育事业;大力发展科学技术;加快人才资源开发。⑤大力加强文化建设。⑥着力保障和改善民生,促进社会和谐进步;千方百计扩大就业;加快完善覆盖城乡居民的社会保障体系;改革收入分配制度;促进房地产市场平稳健康发展;加快推进医药卫生事业改革发展;做好人口和计划生育工作。⑦坚定不移推进改革,进一步扩大开放。

二、在国际经济合作与协调的大背景下更快地发展中国经济

近年来,在调节国际化不断发展的大趋势下,为了更好、更多地体现自己的利益,为了在国际事务中拥有更大的发言权,中国积极融入国际经济合作与协调,并获得了较大发展。在全球范围的协调方面,面对经济全球化带来的风险,正视现有协调机制存在的弊端,在各国和国际经济组织已形成建立国际经济新秩序、革新国际金融机构、确立新的游戏规则共识的情况下,中国为维护国际经济金融秩序,进而保障自身的经济安全,还应积极参与国际经济与金融合作,促进以主要发达国家和重要发展中国家为骨干,定期实现经济政策的对话与磋商机制的建立,并在此框架下创立或改革国际金融机构,使其具有风险预警、监视国际资本流动、紧急救助、组织集体干预等职能,力争作为发展中大国在创建国际经济新秩序中发挥更大的作用,为

维护发展中国家的利益争取到更多的发言与决策权。在区域组织的协调方面,目前除"10(东盟)+1(中国)"自由贸易区和亚太经合组织之外,正在加强与日本和韩国的经济合作与政治对话,为推动东亚经济合作走向更高层次创造条件。同时,还应努力建立与全球各国双边的合作与协调体系,加强与俄罗斯、印度、东北亚的区域合作,特别是中韩合作;加强与俄罗斯和独联体的双边合作;加强与欧盟的洲际合作;加强与南亚次大陆、石油输出国组织、阿拉伯世界、非洲、拉美等有经济发展潜力地区的合作。

我国还应大力推进"丝绸之路经济带"和"21世纪海上丝绸之路"建设,从而开辟新的出口市场,缓解我国产能过剩和资源压力,同时也有利于促进我国的西部大开发,直接促进我国经济与世界经济的一体化。

复习思考题

1. 简述宏观经济调控的目标和手段。
2. 简要说明国际经济协调的含义和组织形式。
3. 国际经济协调是在何种客观背景下产生和发展的?
4. 当代国际经济协调主要包括哪些内容?
5. 简述国际经济协调的作用和发展趋向。
6. 面对当前的国内和国际形势,中国在宏观经济调节方面应做哪些努力?

参 考 文 献

[1] 姜春明,佟家栋. 世界经济概论[M]. 天津:天津人民出版社,2009.

[2] 崔日明,刘文革. 世界经济概论[M]. 北京:北京大学出版社,2009.

[3] 张曙霄,吴丹. 世界经济概论[M]. 2版. 北京:经济科学出版社,2008.

[4] 卢望平. 世界经济概论[M]. 北京:北京理工大学出版社,2006.

[5] 张幼文,金芳. 世界经济学[M]. 2版. 上海:立信会计出版社,2004.

[6] 王德祥. 经济全球化条件下的世界金融危机研究[M]. 武汉:武汉大学出版社,2002.

[7] 谷源祥. 金融危机下的世界经济与中国讲座[J]. [2010-3-23]. http://www.wrsa.net/36/2010/03/23/34
@6149.htm.

[8] 程如烟等. 各国制定科技发展国家战略:抢占新一轮增长制高点. 人民网,2010-3-1.

[9] 梁艳芬. 当前世界经济贸易形势[M]. 商务部国际贸易经济合作研究院,2010年6月1日.

[10] 吴季松. 21世纪社会的新趋势:知识经济[M]. 北京:北京科技出版社,1998.

[11] 连平. 世界经济总论[M]. 上海:上海科学普及出版社,1998.

[12] 彭金荣. 世界经济新趋势与中国跨世纪发展[M]. 天津:天津社会科学院出版社,2000.

[13] 李琮. 世界经济学新编[M]. 北京:经济科学出版社,2000.

[14] 薛敬孝,佟家栋. 国际经济学[M]. 北京:高等教育出版社,2000.

[15] 张麦花,贺建平. 世界经济概论[M]. 北京:中国物价出版社,2002.

[16] 庄起善. 世界经济新论习题指南[M]. 上海:复旦大学出版社,2002.

[17] 余永定,李向阳. 经济全球化与世界经济发展趋势[M]. 北京:社会科学文献出版社,2002.

[18] 庄宗明. 世界经济学[M]. 北京:科学出版社,2003.

[19] 陈漓高. 世界经济概论[M]. 北京:首都经贸大学出版社,2006.

[20] 路甬祥. 以科技创新促科学发展[J]. 求是. 2007(23).

[21] 李惠国. 高科技的未来:正面与负面影响[M]. 北京:中国科学技术出版社,2007.

[22] 万钢. 科技事业改革开放三十年回顾与展望[J]. 中国高新技术产业导报,2008.12.1.

[23] 闫鸿鹂. 论国际分工、产业转移与我国产业发展战略[J]. 北方经济,2009(22).

[24] 毕吉耀. 国际产业转移新趋势与我国面临的机遇和挑战[J]. 中国金融,2006(20).

[25] 普格尔. 国际贸易[M]. 北京:中国人民大学出版社,2005.

[26] 池元吉. 世界经济概论[M]. 北京:高等教育出版社,2006.

[27] 庄起善. 世界经济新论[M]. 上海:复旦大学出版社,2008.

[28] 左大培,裴小革. 世界市场经济概论[M]. 北京:中国社会科学出版社,2009.

[29] 尹翔硕. 世界经济学[M]. 上海:立信会计出版社,2004.

[30] 赵忠秀. 国际贸易理论与政策[M]. 北京:北京大学出版社,2009.

[31] 陈同仇. 国际贸易[M]. 北京:对外经济贸易大学出版社,2005.

[32] 裴长洪. 吸进外商投资的增长点:理论与实践依据[J]. 中国工业经济,2009(4).

[33] 商务部. 2008 年度中国对外直接投资统计公报[J]. 2009-9-8.

[34] 李夏玲. 金砖四国对外直接投资比较[J]. 对外经贸实务,2009(11).

[35] 王含丹. 国际直接投资行业趋势及对中国的启示[J]. 中外企业家,2009(4).

[36] 徐艳,童春良. 中国国有企业海外并购现状及前景分析[J]. 现代经济,2009(6).

[37] 聂名华. 中国境外直接投资的变动特征与发展对策[J]. 国际贸易,2009(4).

[38] 邓小艳. 我国对外直接投资的经验、问题及对策建议[J]. 知识经济,2009(18).

[39] 高海防,王馨婷. 浅析中国对外投资中存在的问题[J]. 中国集体经济,2009(8).

[40] 胡少华. 美元霸权、全球金融危机与我国的金融战略[J]. 武汉金融,2010(4).

[41] 谷源祥. 世界经济概论[M]. 北京:经济科学出版社,2002.

[42] 查灿长. 当代世界经济发展新趋势[M]. 北京:新华出版社,2002.

[43] 谭雅玲. 国际货币体系待建新秩序[J]. 经济日报,2005.9.19.

[44] 杨小军. 当前国际货币体系新特征与人民币国际化[J]. 上海金融,2008(11).

[45] 文军. 西方多学科视域中的全球化概念考评[J]. 国外社会科学,2001(3).

[46] 郭连成. 全球化正负效应论[J]. 世界经济与政治,2000(8).

[47] 彭学诗. 关于经济全球化的几点思考[J]. 理论前沿,1999(5).

[48] 张叶烽. 当代国际劳务合作的特征和市场发展趋势[J]. 国际工程与劳务,2005(3).

[49] 张俊英. 消费全球化的内涵、发展阶段及特征[J]. 湖南社会科学,2005(4).

[50] 余永定. 美国次贷危机:背景、原因与发展[J]. 当代亚太,2008(5).

[51] 张燕生. 经济全球化与世界性危机关系的研究[J]. 宏观经济研究,2009(10).

[52] 王晓妍. 论经济全球化对发达国家经济的影响[J]. 管理观察,2010(12).

[53] 于光远. 经济大辞典[M]. 上海:上海辞书出版社,1992.

[54] 罗布森. 国际一体化经济学[M]. 戴炳然,译. 上海:上海译文出版社,2001.

[55] 胡鞍钢,门洪华. 中国:东亚一体化新战略[M]. 杭州:浙江人民出版社,2005.

[56] 樊莹. 国际区域一体化的经济效应[M]. 北京:中国经济出版社,2005.

[57] 孙新,徐长文. 中日韩经济合作促进东亚繁荣[M]. 北京:中国海关出版社,2005.

[58] 许宁宁,裴铺才. 中国东盟自由贸易区概论[M]. 北京:红旗出版社,2005.

[59] 刘晨阳. 中国参与双边 FTA 问题研究[M]. 天津:南开大学出版社,2006.

[60] 刘晨阳. 中国参与的区域经济合作组织研究[M]. 北京:中国商务出版社,2007.

[61] 李荣林,宫占奎,孟夏. 中国与东盟自由贸易区研究[M]. 天津:南开大学出版社,2007.

[62] 庄宗明. 世界经济学[M]. 北京:科学出版社,2004.

[63] 夏振坤. 再论东亚模式[J]. 当代财经,2004(2).

[64] 陈凤英. 2004 年的世界经济形势[J]. 国际资料信息,2005(1).

[65] 张平. "外部冲击"下的经济增长和宏观政策选择[J]. 经济学动态,2005(5).

[66] 张平. 宏观政策有效性条件、运行机制、效果和复苏后的抉择[J]. 经济学动态,2009(12).

[67] 王小广. 2009 年中国宏观经济运行回顾及 2010 年展望[J]. 经济学动态,2010(1).

[68] 张伯伟,张兵. 2009 年世界经济回顾与 2010 年展望[J]. 经济学动态,2010(1).

[69] 李海红,吴长春,同帜. 清洁生产概论[M]. 西安:西北工业大学出版社,2009.

[70] 张伯里. 世界经济学[M]. 北京:中共中央党校出版社,2004.

［71］中国科学院可持续发展战略研究组.2008中国可持续发展战略报告:政策回顾与展望［M］.北京:科学出版社,2008.

［72］中国科学院可持续发展战略研究组.2006中国可持续发展战略报告:建设资源节约型和环境友好型社会［M］.北京:科学出版社,2006.

［73］IMF. World Economic Outlook. 2015. 7.

［74］WTO. World Trade Report. 2014.

［75］UNCTAD. World Iuvestment Report. 2015.